**Entre hombres: masculinidades del siglo XIX
en América Latina**

Ana Peluffo /
Ignacio M. Sánchez Prado (eds.)

Colección nexos y diferencias
Estudios culturales latinoamericanos

Enfrentada a los desafíos de la globalización y a los acelerados procesos de transformación de sus sociedades, pero con una creativa capacidad de asimilación, sincretismo y mestizaje de la que sus múltiples expresiones artísticas son su mejor prueba, los estudios culturales sobre América Latina necesitan de renovadas aproximaciones críticas. Una renovación capaz de superar las tradicionales dicotomías con que se representan los paradigmas del continente: civilización-barbarie, campo-ciudad, centro-periferia y las más recientes que oponen norte-sur y el discurso hegemónico al subordinado.

La realidad cultural latinoamericana más compleja, polimorfa, integrada por identidades múltiples en constante mutación e inevitablemente abiertas a los nuevos imaginarios planetarios y a los procesos interculturales que conllevan, invita a proponer nuevos espacios de mediación crítica. Espacios de mediación que, sin olvidar los nexos que histórica y culturalmente han unido las naciones entre sí, tengan en cuenta la diversidad que las diferencian y las que existen en el propio seno de sus sociedades multiculturales y de sus originales reductos identitarios, no siempre debidamente reconocidos y protegidos.

La **Colección nexos y diferencias** se propone, a través de la publicación de estudios sobre los aspectos más polémicos y apasionantes de este ineludible debate, contribuir a la apertura de nuevas fronteras críticas en el campo de los **estudios culturales latinoamericanos.**

Directores

Fernando Aínsa	Jesús Martín-Barbero
Santiago Castro-Gómez	Sonia Mattalia
Lucia Costigan	Kemy Oyarzún
Luis Duno Gottberg	Andrea Pagni
Frauke Gewecke	Mary Louise Pratt
Margo Glantz	Beatriz J. Rizk
Beatriz González Stephan	Friedhelm Schmidt-Welle

Entre hombres: masculinidades del siglo XIX en América Latina

Anna Peluffo /
Ignacio M. Sánchez Prado (eds.)

Iberoamericana • Vervuert • 2010

Reservados todos los derechos

© Iberoamericana, 2010
Amor de Dios, 1 – E-28014 Madrid
Tel.: +34 91 429 35 22
Fax: +34 91 429 53 97
info@iberoamericanalibros.com
www.ibero-americana.net

© Vervuert, 2010
Elisabethenstr. 3-9 – D-60594 Frankfurt am Main
Tel.: +49 69 597 46 17
Fax: 49 69 597 87 43
info@iberoamericanalibros.com
www.ibero-americana.net

ISBN 978-84-8489-491-9 (Iberoamericana)
ISBN 978-3-86527-534-9 (Vervuert)
e-ISBN 978-3-86527-826-5

Depósito Legal:

Diseño de cubierta: Carlos Zamora
Impreso en España
The paper on which this book is printed meets the requirements of ISO 9706

ÍNDICE

ANA PELUFFO | IGNACIO M. SÁNCHEZ PRADO
Introducción 7

Masculinidades heroicas

BEATRIZ GONZÁLEZ STEPHAN
Héroes nacionales, Estado viril y sensibilidades homoeróticas 23

ÁLVARO FERNÁNDEZ BRAVO
Masculinidades coleccionistas: políticas del cuerpo en la
frontera, Argentina y Brasil, c. 1880 59

GABRIELA NOUZEILLES
El retorno de lo primitivo. Aventura y masculinidad 87

Masculinidad y civilización

EVA-LYNN ALICIA JAGOE
Asociaciones afectivas: literatura y política en la Argentina del
siglo XIX o «cómo ser europeo en América» 109

GRACIELA MONTALDO
Hombres de la multitud y hombres de genio en el *fin-de-siècle* 123

CLAUDIA DARRIGRANDI
De «Fulano» a dandi: escenarios, *performance* y masculinidad
en *Pot Pourri (Silbidos de un vago)* de Eugenio Cambaceres 145

FRANCISCO MORÁN
«Telas raras», «turbantes inversosímiles»: *posando* en el Barrio
Chino de la escritura modernista 167

Fraternidades y espacios homosociales

CHRISTOPHER CONWAY
El enigma del pollo: apuntes para una prehistoria de la homosexualidad mexicana 193

ROBERT MCKEE IRWIN
Homoerotismo y nación latinoamericana: patrones del México decimonónico 209

JOSÉ RICARDO CHAVES
Hombres que leyeron a Verlaine 227

DAVID WILLIAM FOSTER
Bom-Crioulo de Adolfo Caminha: un texto fundacional de la literatura gay brasileña 245

Masculinidades sentimentales e impotentes

SYLVIA MOLLOY
Sentimentalidad y género: notas para una lectura de Nervo 263

IGNACIO M. SÁNCHEZ PRADO
Nación y castración: *El bachiller* de Amado Nervo 275

ANA PELUFFO
De la paternidad republicana y la fetichización de la infancia en José Martí 289

KELLY COMFORT
Masculinidad rechazada: el artista recluido y no productivo en Darío y Silva 311

Los autores 331

Introducción

ANA PELUFFO
University of California, Davis

IGNACIO M. SÁNCHEZ PRADO
Washington University in Saint Louis

Los ensayos que constituyen este volumen tienen orientaciones teóricas muy diferentes aunque comparten una visión socio-histórica del género que busca apartarse de esencialismos, binarismos y biologismos. En este sentido, quisiéramos hacer hincapié en el plural del título para dejar claro que no existen conceptos unívocos o monolíticos de la masculinidad en el siglo XIX. Más que pensar la identidad masculina como el espacio de la autoridad simbólica en la cultura occidental y, como tal, genéricamente invisible, quisiéramos llamar la atención sobre la forma en que ésta se resiste, en sus múltiples poses, a ser encasillada dentro de un concepto normativo de la identidad sexual. Uno de los objetivos de este proyecto es historizar la construcción de las masculinidades en el siglo XIX para demostrar que las identidades sexogenéricas son artefactos culturales que actúan como respuestas a condicionamientos sociales precisos. Pensamos el género como un proceso de negociación constante con los discursos dominantes: un incesante devenir más que un inmanente ser, a través del cual los sujetos se posicionan y son posicionados dentro de los proyectos de emancipación, consolidación y modernización de las naciones.

En todo momento histórico, diferentes ideas sobre la masculinidad se entreveran y superponen en un proceso dinámico y mutante que busca ser reducido por la cultura dominante a la categoría de lo natural. Tal y como lo afirma Elisabeth Badinter en *XY*, la obsesión constante del sujeto masculino viril por hacer visible su fortaleza por medio de complicadas pruebas, sacrificios y competencias demuestra el carácter anti-natural de un constructo ideológico que puede ser siempre encontrado defectuoso (1995: 2)[1]. Al mismo tiempo, la idea de la masculinidad viril estoica asociada en América Latina con el heroísmo bélico puede ser leída como respuesta a las debilidades feminizantes de la masculinidad sentimental, una forma de subjetividad prevalente en la cultura decimonónica. Esta densidad ideológica a nivel identitario se materializa en un archivo por el que circulan modelos genéricos con diferentes genealogías: *dandies*, soldados, *self-made men*, hombres sentimentales y *flâneurs* son condiciones de enmascaramiento que interpelan a los actores sociales desde diversos rincones de la esfera pública.

Varios análisis históricos recientes han mostrado de manera directa e indirecta el rol que ciertas masculinidades tuvieron en la formación de las identidades nacionales. Un ejemplo de esto radica en el imaginario de las masculinidades militares. En su libro *Blood and Debt. War and the Nation-State in Latin America*, Miguel Ángel Centeno explora el ambiguo rol que la guerra y la militarización tuvieron en la formación de las identidades nacionales. Por un lado, argumenta Centeno, los ejércitos latinoamericanos formaron un imaginario y una economía simbólica fuertemente identificada con el patriotismo y la salvación de la nación. Si bien en el argumento de Centeno las guerras intestinas del siglo XIX contribuyeron a muchas de las divisiones internas de las naciones emergentes, es también un hecho que el militarismo decimonónico, fuertemente articulado en torno a un concepto masculinista y masculinizante del cuerpo político nacional, tuvo un profundo impacto en la formación de los imaginarios socio-políticos latinoamericanos. De hecho, como hace Peter Beattie en *The Tribute of Blood* para el caso brasileño, es posible trazar un arco histórico desde la articulación de los ejércitos nacionales del siglo XIX a los procesos militares de los años sesenta y setenta, basado en la manera en que prácticas masculinas, como el honor y la fraternidad, configuraron un espacio homoerótico que ha tenido profundos efectos en la constitución de formaciones políticas militaristas a lo largo del continente. Parte de la importancia del estudio crítico de las masculinidades decimonónicas queda demostrada por el enorme poder explicativo que el estudio de diversas prácticas de género otorga a los argumentos de Centeno y Beattie en torno a los cuerpos políticos latinoamericanos. Si aunamos estas prácticas de género a la

---

[1] Este deseo formativo de la masculinidad queda expresado en una serie de dichos populares que marcan la conversión del niño en adulto en las culturas patriarcales: «Los hombres no lloran», «portarse como un hombre», «es todo un hombrecito». Todos estos dichos apuntan a diferenciar al sujeto masculino de su contraparte femenina que queda identificada con la vulnerabilidad emocional definida como inferior.

emergencia de medios públicos descrita por Benedict Anderson en *Imagined Communities*, obtenemos un cuadro más complejo donde el espacio homoerótico y sus prácticas materiales es la contracara del espacio público y sus discursividades.

A lo largo del siglo XIX se asignaron virtudes fijas a las diferencias anatómicas de los cuerpos que van a ser recogidas, desmentidas, cuestionadas o modificadas por los sujetos interpelados. Ya Gail Bederman resumió este proceso en *Manliness and Civilization*, cuando le asignó a la crítica cultural la compleja tarea de estudiar desde una perspectiva historicista la forma en que «las ideologías de género masculino se desarrollan, cambian, se combinan, son cuestionadas, modificadas y ganan un estatus de verdad» (1995: 7). Como lo plantea Pierre Bourdieu en *La dominación masculina*, es cierto que algunas estructuras de dominio varonil tienen una proyección global, casi transhistórica, en las sociedades patriarcales. En el caso del período nacional, el poder del sujeto masculino republicano residía en la habilidad que éste tenía de circular libremente entre la esfera pública y la privada [2]. Sin embargo, la exclusión de las mujeres de ciertas esferas contaminadas por los vaivenes del mercado y de la política fue también para éstas una fuente de poder moral que les asignó paradójicamente un papel protagónico en los proyectos liberales. Dentro de este orden de cosas, nos interesa señalar que el poder masculino, analizado por Bourdieu, es menos estable de lo que se piensa, ya que está atravesado por factores identitarios como la orientación sexual, la edad, la clase y la raza de los sujetos. Según Michael Kaufman, las masculinidades dominantes, emitidas desde una posición de poder, varían de sociedad en sociedad y de época en época, aunque «cada subgrupo, con base en la raza, la clase, la orientación sexual, entre otros, define el ser hombre acorde con las posibilidades económicas y sociales del grupo en cuestión» (1997: 67).

Algo que nos interesó en un principio fue corregir el desequilibrio que notábamos en el campo de la crítica entre, por un lado, una abundancia de trabajos sobre la construcción de feminidades y, por el otro, una casi total ausencia de estudios que se ocuparan de la masculinidad, la virilidad y la hombría en el siglo XIX[3]. El auge de los estudios feministas en América Latina tuvo, en un principio, un propósito revisionista que encajó en muchos

---

[2] Para un estudio sobre la naturaleza dual de la masculinidad en el contexto limeño contemporáneo, véase Fuller (1997: 147).

[3] En los últimos años han surgido importantes trabajos sobre masculinidades latinoamericanas que parecen representar una excepción a este desequilibrio que notamos en el campo de los estudios culturales. Cabe señalar, entre otros, los estudios de Robert McKee

sentidos dentro de lo que Mabel Moraña llamó «el boom del subalterno». Dado que las escritoras del siglo XIX fueron marginadas por el hecho de ser mujeres, se las pensó colectivamente como un grupo periférico dentro de una ciudad letrada regida por la norma masculina. Aunque es cierto que la femineidad en el siglo XIX era un condicionamiento social que dificultaba la entrada a espacios del saber y del trabajo, la pertenencia a una clase privilegiada podía convertir esa exclusión en un espacio compensatorio de poder. Tal es el caso de escritoras como Eduarda Mansilla, Clorinda Matto de Turner o Juana Manuela Gorriti que, si bien eran marginadas por su género, tenían acceso a ciertas esferas de poder por su identidad de raza y clase. De la misma manera, cuando hablamos de lo masculino como norma sexo-genérica alrededor de la cual se construyen los proyectos de progreso, estamos hablando de una forma de masculinidad blanca (o a lo sumo mestiza) dentro de la cual no caben, dependiendo del contexto histórico referencial, formas de masculinidad ex-céntricas o subordinadas por su asociación con la cultura popular. Algunos tipos de masculinidad en el siglo XIX pueden ser pensados de acuerdo a una lógica de la subalternidad, sobre todo si se trata de sujetos pertenecientes a la base de la pirámide social (los indígenas, los gauchos) que eran colocados, como las mujeres, del lado de un ámbito más natural que racional. Teniendo en cuenta este marco de reflexiones, nos interesó revisar y complejizar una serie de términos semánticos que guardan en el imaginario crítico una relación casi tautológica: masculinidad = poder, masculinidad = esfera pública, masculinidad = racionalidad.

Dentro de los estudios que se ocupan de la cuestión de género en el campo de los estudios culturales del siglo XIX, la metáfora sobre la división de esferas que coloca culturalmente a las mujeres en el ámbito doméstico y a los hombres en el público ha sido tal vez el paradigma más citado y trabajado. Una de las estrategias de la crítica feminista latinoamericana, que fue fuente de inspiración para los estudios de la masculinidad, consistió en demostrar que la construcción del sujeto femenino republicano como privado, hogareño y sentimental era un discurso más deseado que real, ya que el ángel del hogar siempre había tenido un mayor o menor protagonismo en la esfera pública. El hecho de que las mujeres mismas invocaran el discurso de la domesticidad en el siglo XIX para justificar incursiones en espacios aleja-

---

Irwin (2003), Daniel Balderstorn y Donna Guy (1997), Teresa Valdés y José Olavaria (1997), Norma Fuller (1997) y Mathew Guttman (2003). Sin embargo, ninguno de estos trabajos se ocupa exclusivamente de la construcción de las masculinidades en el siglo XIX.

dos del hogar (iglesias, hospitales, escuelas, veladas literarias, narraciones periódicas) hizo que la revisión de este modelo no fuera fácil. Lecturas como las de Ludmer (1984), Masiello (1992), Denegri (1996) y Batticuore (1999), entre otras, resultan paradigmáticas en su deseo de demostrar que detrás de la celebración, a veces hiperbólica, del lugar doméstico asignado por parte de las mujeres transgresoras de la cultura decimonónica se escondía un deseo de combatir las rígidas divisiones recomendadas desde la cultura dominante (público/privado; corazón/cerebro; casa/calle; sentimiento/razón; ambición/auto sacrificio).

Menos atención se prestó en este debate a la relación que los hombres tuvieron con el espacio doméstico en el siglo XIX. La domesticidad como ideología constituyó una parte integral del discurso de la masculinidad decimonónica que tuvo como centro la iconografía hogareña. Así, a la hora de estudiar la constitución del género masculino en el proceso de construcción nacional se privilegiaron identidades anti-domésticas que confirmaban la asociación que hacemos en el siglo XIX de la masculinidad con la esfera pública. La figura del dandi, por citar sólo un ejemplo, es tal vez una de las más estudiadas dentro de los estudios latinoamericanistas que se ocupan del siglo XIX, ya que construye su identidad lejos del imperio privado del ángel del hogar, escudado por la arquitectura de los bulevares y el anonimato de las muchedumbres. Otra figura nómada y anti-doméstica del imaginario del siglo XIX fue la del gaucho que, a principios del siglo XX, dejó de ser un bárbaro primitivo para convertirse en el arquetipo hiper-viril de la masculinidad rural y de la nacionalidad. Al igual que su equivalente urbano (el dandi), el gaucho conforma su identidad en el afuera, en conflicto con el sedentarismo femenino, usando como marco el rústico y peligroso espacio de la pampa. El giro positivo en apreciación que dio esta figura, antes discriminada en la cultura alta por su primitivismo y su rudeza, es un perfecto ejemplo de cómo el concepto dominante de la masculinidad fue cambiando a lo largo del siglo de acuerdo a las necesidades de las elites[4]. Por último, la figura del *flâneur* benjaminiano, lindante con la del dandi, también se consolidó como un modelo de identidad público que evadía la fijeza claustrofóbica que se le asignaba al sujeto femenino en el espacio doméstico. Con la excepción de los estudios de Molloy sobre los excesos lacrimógenos de Isaacs, la monografía

---

[4] Vale la pena notar que el proceso de canonización del gaucho como modelo de identidad valeroso y fornido se hizo borrando atributos de su personalidad que a principios del XX eran asociados con lo femenino, tales como la propensión a las lágrimas, la ternura doméstica con los hijos y el homo-sentimentalismo.

de Monsiváis sobre la poesía rosa de Nervo, o el libro de Chouciño Fernández (2003) sobre la masculinidad sensible en la cultura mexicana del siglo XIX existen pocos estudios que se focalicen en formas de masculinidad sentimentales y privadas en parte porque estos atributos (la sensibilidad, las lágrimas, el hogar) pasan a formar parte en el siglo XX de la iconografía femenina[5]. La figura del hombre sensible que no se avergüenza de llorar o hacer visibles sus emociones ocupa un espacio importante en los textos de Jorge Isaacs, Rafael Delgado, Benjamín Cisneros, Miguel Cané y José Martí, entre otros. El fluir de lágrimas masculinas en textos casi canónicos da cuenta de que en el siglo XIX el hombre femineizado no era incompatible con los proyectos civilizatorios y que los paradigmas de la masculinidad dan un salto cuantitativo en lo que va de un siglo al otro.

En la esfera femenina la implantación del modelo civilizatorio coincidió con la expansión de la figura europea del ángel del hogar. La incesante asociación de la mujer con el espacio del hogar encontró equivalentes en el *clubman* que construyó escenarios fraternales de reunión para asociarse con otros hombres. La ideología de las esferas, aun en su condición de metáfora, fomentaba la homosociabilidad de los géneros a los que colocaba en espacios polarizados. El género como representación teatral se daba siempre en el marco de una calculada escenografía hasta el punto que, cuando los sujetos aparecen en contextos que no les corresponden, éstos son ridiculizados. La paranoia que sienten los letrados a fines de siglo con respecto a las masculinidades bárbaras se encuentra en novelas que caricaturizan a la figura del inmigrante o del gaucho cuando éstos tratan de construir identidades en lugares dominados por otros grupos sociales. Tal es el caso del *Fausto* de Estanislao del Campo, que se burla de la presencia del gaucho en la joya de la ciudad letrada (el Teatro Colón), o del Genaro de Cambaceres agredido por querer invadir el refinado Club del Progreso. En todos estos casos el modelo civilizado de la masculinidad estaba basado en privilegios de clase que remitían a la posibilidad de hacer buen uso de los refinamientos de la cultura y de la moda. Lo peligroso, sin embargo, era que ese modelo tenía a nivel socio-semántico una hibridez genérica que lo colocaba en peligrosa cercanía con el mundo de las mujeres.

En el campo de lo que en Estados Unidos se ha venido a llamar *men's studies*, se reconoce la existencia de una pluralidad de masculinidades den-

---

[5] El culto al hogar como un interior o refugio de la subjetividad masculina fue, según Tosh, una respuesta al avance de la urbanización y la cultura de masas (1999: 6).

tro de la que se diferencia entre identidades dominantes o hegemónicas, alternativas o subalternas. En este sistema de reflexión originalmente adaptado de Gramsci por William Connell, se sostiene que «en cualquier momento dado se exalta *un* tipo de masculinidad por oposición a otra». Sin embargo, dado que la masculinidad «no es un objeto coherente acerca del cual se pueda producir una ciencia generalizadora» (Connell 1997: 31), Connell afirma junto con otros estudiosos del género que la masculinidad hegemónica no es la misma siempre y en todas partes sino que es una posición de sujeto que no deja de ser disputable dentro de un complicado sistema dialógico (*ibid.*: 39)[6]. Según Michael Kimmel, la masculinidad dominante es un tipo de identidad que se fabrica relacionalmente y que busca la aprobación homosocial de los otros hombres: cuando un sujeto masculino pone en escena su hombría, lo hace para impresionar a los pares y para distanciarse de los grupos que carecen de ella (las mujeres, los homosexuales, los niños) (Kimmel 1997: 54-55). Así, lo que define a la masculinidad viril es la ausencia de una serie de cualidades «femeninas» que pasan a ser asociadas con el sexo opuesto. No ser como las mujeres, no ser infantil o no ser como los homosexuales son algunas de las consignas identitarias de una forma de masculinidad viril que se afianza en el imaginario sexo-genérico latinoamericano a principios del siglo XX.

Al historiar el desarrollo de las masculinidades en América Latina, es tentador establecer una cronología en la que el modelo neoclásico de la masculinidad heroica —focalizado en los helénicos cuerpos de los soldados— cede paso a lo largo del siglo a otros modelos conectados con el sentimentalismo romántico, con el estoicismo del dandi o con la hiper-virilidad del hombre primitivo. Sin embargo, creemos que es mejor pensar las masculinidades como una constante circulación de discursos que se yuxtaponen en caótico espesor sin seguir una linealidad cronológica. En este sentido, no es que haya habido un modelo sentimental de la masculinidad predominante a mediados de siglo que luego se metamorfosea en un modelo estoico o viril de la subjetividad, sino que esas posiciones de género estuvieron siempre disponibles en la esfera cultural. Si hacemos un corte sincrónico en cualquier momento histórico del siglo XIX podemos ver que los sujetos pudieron apelar a un vasto archivo de poses por medio de complejos procesos de citacionalidad (Butler 1990).

---

[6] Para Michael Kimmel, otro teórico importante de este campo de estudios, lo que define a la masculinidad hegemónica es el poder: «es un hombre en el poder, con poder, de poder» (1997: 51).

Algo que sí es posible detectar en el siglo XIX es que lo que Butler llamaría el «acto performativo» de la masculinidad tiene como marco varios espacios principales: la oficina de trabajo, los centros homosociales (clubes, tabernas, cafés, cenáculos letrados), la calle y el hogar. Todos estos espacios estaban asociados en la imaginación histórica del siglo XIX con valores diferenciados que establecen entre sí una relación conflictiva. Mientras que en las fraternidades viriles se enfatizaba la colaboración entre hombres y la solidaridad homosocial, en el mundo del trabajo el *self-made man* abrazaba una ética competitiva e individualista; mientras que en el hogar el *pater familias* debía actuar con ternura y benevolencia, en el campo de batalla su actuación heroica dependía del coraje, la agresividad y la fuerza física. Cuando John Tosh desmiente la idea de un yo estable basado en una sola sustancia identitaria, lo hace proponiendo un sistema de la identidad casi esquizofrénico en el que un mismo sujeto puede ser un padre benévolo en el hogar y un soldado asesino en el campo de batalla.

Aparte del binomio público-privado (domesticidad y política), otro paradigma importante dominó el imaginario crítico del siglo XIX: el de civilización y barbarie que se extendió radialmente, desde el epicentro del Río de la Plata, hacia otros países latinoamericanos. El intento de ordenar la heterogeneidad cultural del continente en términos bipolares ha sido leído sobre todo desde el punto de vista racial como una manifestación etnocéntrica que favorecía una política del blanqueamiento a través de la inmigración o la eugenesia. Menos atención, sin embargo, se prestó a las implicancias sexo-genéricas del paradigma civilizatorio en lo que se refiere a la producción socio-semiótica de identidades. ¿Eran las masculinidades civilizadas compatibles con el primitivismo masculino? ¿Tenía el modelo de identidad civilizatorio un efecto debilitante en el sujeto masculino republicano? ¿Qué papel simbólico cumplieron en el imaginario «civilizado» las masculinidades rurales o bárbaras? Una de las obsesiones de la cultura letrada del siglo XIX fue compartimentalizar las identidades masculinas para hacerlas encajar dentro de los dos extremos polares del binomio recomendado por Sarmiento. Del lado de la masculinidad «civilizada» se colocaron en un principio atributos feminizantes como el refinamiento, el saber cultural, las modas europeas y una cierta sensibilidad, siempre y cuando estuviera dominada por la razón. La fuerza física, la brutalidad y el primitivismo fueron a principios del siglo XIX asociados con la falta de control de los otros grupos raciales, que en el caso de Sarmiento eran los gauchos y los indígenas. En el imaginario letrado se osciló entre pensar a los indígenas como representantes afeminados de la mansedumbre nacional (González Prada) a los que había que virilizar o como feroces pieles rojas capaces de despedazar gringuitos y cautivas (Echeverría, Hernández). No obstante, una paradoja notada fue que en los textos fundacionales el modelo de la masculinidad refinada y sensible, heredado del romanticismo inglés y francés, parecía fuera de lugar en el contexto caótico de las guerras post-independentistas (*El matadero*). Las delicadezas y finuras de Rivadavia (idealizadas por Sarmiento en el *Facundo* como emblema de la civilización) son paradójicamente criticadas por Martí en «Nuestra América», quien cuestiona el paradigma civilizatorio de sus predecesores. Cuando Martí dice que Rivadavia «pecó de finura en tiempos bravos», asume que el modelo de la masculinidad civilizada propuesto por el autor del *Facundo* tenía un componente feminizante que debilitaba la masculinidad viril del hombre natural. En tiempos turbulentos de luchas entre naciones, la sensibilidad masculina resultaba anacrónica y hasta contraproducente. De ahí la necesidad de politizar el sentimentalismo y de rescatar para el imaginario político el carácter primitivo y salvaje del hombre natural. En el caso de «Nuestra América», el rescate de lo salvaje remitía a un contexto colonial en el que el sujeto masculino debía fortalecerse físicamente para luchar contra el avance del imperialismo.

La idea para la presente compilación de ensayos surgió de la organización de un panel para la división de literatura latinoamericana desde la independencia al 1900 del Modern Language Association sobre masculinidades del siglo XIX. La gran cantidad de propuestas recibidas así como también el interés del público nos dieron la pauta de que el estudio del género desde una perspectiva masculina era un área de los estudios culturales del siglo XIX que merecía ser cartografiada. Si bien existen en el campo de los estudios latinoamericanos libros importantes dedicados a estudiar los procesos de subjetivación de la identidad varonil, ninguno, que nosotros sepamos, estudia esta problemática focalizada exclusivamente en el siglo XIX. En este sentido, aunque no proponemos respuestas definitivas a las preguntas que planteamos, pensamos que los artículos incluidos servirán para fomentar un debate incipiente que se enriquecerá en los próximos años con nuevas contribuciones.

Para el presente libro, hemos decidido ordenar las distintas contribuciones en una serie de temáticas y espacios que permiten estructurar posibles discusiones críticas respecto a las masculinidades latinoamericanas. La primera sección, «Masculinidades heroicas», explora distintos escenarios de formación de masculinidades hegemónicas, así como las coordenadas culturales, ideológicas y políticas establecidas por ellas. En estos términos, Beatriz González Stephan dilucida distintos elementos de la cultura y la corporalidad viril en la base de los Estados nacionales del siglo XIX: la figura del héroe, la literatura varonil, la masculinidad del letrado, la sensibilidad homoerótica. En su análisis, detectamos una tensión entre la afirmación de una cultura letrada masculina que emerge como guía de la vida cívica nacional y la resistencia a una cultura sentimental que, también desde la letra, amenazaba con la «feminización» del panorama cultural. De esta manera, González Stephan ofrece pistas en torno al rol de la masculinidad en la configuración del *sensorium* ciudadano de las repúblicas nacientes, a partir de las prácticas y discursividades genéricas irradiadas desde la ciudad letrada. Por su parte, Álvaro Fernández Bravo estudia la forma en que las masculinidades asumen y transforman la discursividad masculina en los espacios fronterizos. Centrándose de manera particular en la frontera Argentina-Brasil, alrededor del icónico año de 1880, su artículo muestra un segundo momento del cuerpo masculino en la configuración de los idearios nacionales: la racialización. Basándose en el imaginario establecido por figuras como el gaucho de José Hernández y el guaraní de Alencar, Fernández Bravo utiliza el coleccionismo etnográfico, la transformación del Otro masculino en objeto, para examinar la manera en que fragmentos materiales de la masculinidad —cráneos, huesos— juegan un rol prominente en la construcción de sujetos colectivos nacionales. Finalmente, Gabriela Nouzeilles ofrece un punto de fuga en el estudio de estas masculinidades dominantes, a partir de una subjetividad viril central a la imaginación decimonónica: el viajero. Enfocada en un sugestivo contraste entre el icónico viajante de la Patagonia, William Hudson, y una contraparte feminista, Florence Dixie, Nouzeilles disecciona los elementos de masculinidad inscritos en el sujeto colonial moderno, cuya definición identitaria sufrió transformaciones fundamentales con la emergencia de la figura masculinizada del turista. El contraste con Dixie permite a Nouzeilles un mejor entendimiento de las características propiamente genéricas en la configuración subjetiva de un sujeto colonial masculino como Hudson.

La segunda parte, «Masculinidad y civilización», se centra en la manera y en las formas en que distintas masculinidades articulan y juegan con el archivo de simbologías civilizatorias del siglo XIX. Eva-Lynn Jagoe se ocupa de uno de los archivos culturales más prominentes: la eurofilia. Enfocado en el duelo entre el rosismo y la Generación del 37, el análisis de Jagoe se interesa en el conflicto entre dos masculinidades: la virilidad salvaje —bárbara— del caudillo y la masculinidad civilizada —íntegra— del letrado. Así, Jagoe muestra la forma en que el conflicto fundacional entre dos masculinidades en la Argentina tiene un rol central en la formulación de una de las cartografías centrales del discurso latinoamericano: civilización/barbarie. Por su parte,

Graciela Montaldo lleva este conflicto de las masculinidades a la arena del *fin-de-siècle*, a partir de su rearticulación en la dicotomía entre «hombres de genio» y «hombres de la multitud». En su estudio, podemos ver cómo el arco civilizatorio de la masculinidad abierto por las guerras del rosismo se cierra con el asedio de la multitud a la ciudad letrada, donde la masculinidad es, a la vez, la fuerza de la civilización y de la barbarie, del genio y de la multitud. En el mismo tono, Claudia Darrigrandi analiza la articulación de esta dicotomía de masculinidades en una obra de Eugenio Cambaceres, *Pot Pourri (Silbidos de un vago)*; y demuestra las formas en las cuales el protagonista de la novela, Fabio, «evoluciona» de una subjetividad masculina ordinaria, el «Fulano», a la distinción inscrita en el dandi, poniendo énfasis en el rol del cuerpo y la *performance* en la inscripción de lo masculino. La sección cierra con una instancia modernista en la cual la cartografía civilizatoria es actualizada en el contexto latinoamericano a través de la *performance* de la masculinidad: el orientalismo. En estos términos, Francisco Morán expone, casi como un contrapunto a la eurofilia descrita por Jagoe, cómo la pose orientalista en sus distintas vertientes opera en un código de masculinidad semejante a los otros discursos civilizatorios del siglo XIX.

La tercera sección, «Fraternidades y espacios homosociales», se dedica a las formas en que las comunidades homoeróticas comienzan a deslizarse hacia identidades homosexuales, explorando los límites y márgenes de la virilidad como centro de la masculinidad decimonónica. A través de una lectura de José Tomás de Cuéllar, Christopher Conway discute cómo el discurso moralizante y masculinista de la segunda mitad del siglo XIX permite el estudio de una «prehistoria de la homosexualidad en México». La emergencia de marcas homosexuales en el discurso virilizante del positivismo mexicano resulta, para Conway, una forma de comprender manifestaciones alternas de lo masculino que exceden las configuraciones discursivas dominantes. Robert McKee Irwin completa el mapa de esta prehistoria, al describir las formas en que la «hipervirilidad» alentada en ciertas instancias discursivas del siglo XIX, como el bandidaje, y su contrapeso en la masculinidad letrada, abrieron paso a la manifestación discursiva del homoerotismo. De esta manera, Irwin amplía el panorama del homoerotismo mexicano, rastreándolo a figuras canónicas como Fernández de Lizardi y Altamirano, y desembocando en el famoso escándalo de los 41 en 1901, el primer reconocimiento, en el discurso oficial mexicano, de la existencia de la homosexualidad. Por su parte, José Ricardo Chaves contribuye a otra instancia en la «prehistoria de la homosexualidad». A partir de la idea de que lo erótico adquirió focalidad en el modernismo, Chaves rastrea las distintas lecturas hechas por poetas hispanoamericanos de la obra de Paul Verlaine para plantear la emergencia de elementos como el homoerotismo y la androginia en la literatura decimonónica. La sección cierra con el caso brasileño de Adolfo Caminha: David William Foster hace una lectura detenida de *Bom-Crioulo* mostrando el desliz de la masculinidad decimonónica hacia lo que llama la primera novela homosexual brasileña.

Finalmente, la última sección, titulada «Masculinidades sentimentales e impotentes», se ocupa de algunas prácticas de la masculinidad que, pese a existir a contrapelo de los discursos de virilidad estoica, fueron igualmente importantes en la configuración del siglo XIX. Sylvia Molloy se enfoca en la figura de Amado Nervo para explorar una serie de coordenadas de las masculinidades decimonónicas claramente representadas por el poeta mexicano: el sentimentalismo, la femineidad, lo fraterno. Al establecer lo femenino como una categoría «deshabitada» y al estudiar momentos específicos de la configuración de la masculinidad en Nervo, particularmente el claustro de *El bachiller*, Molloy muestra las distintas formas en que Nervo, el poeta nacional *par excellence* de México, ocupa en realidad espacios a la vez conflictivos y fundantes en el discurso de género. Ignacio M. Sánchez Prado complementa esta lectura al enfocarse en el momento icónico de *El bachiller*, la castración del protagonista, para discutir la forma en que el imaginario conservador y religioso atado a este acto de impotencia funda una tradición literaria de cariz conservador y prefigura los debates sobre literatura y virilidad que asumieron un papel central en el México posrevolucionario. Por su parte, Ana Peluffo explora otra figura fundacional, José Martí, en términos de la tensión entre sentimentalismo y paternidad. En estos términos, Peluffo se ocupa del momento fundacional por excelencia de la masculinidad cívica, la infancia, y los entrecruzamientos entre espacio público y privado que Martí identificaba como parte del advenimiento de la modernidad. Finalmente, Kelly Comfort analiza otra masculinidad que entrecruza su posición fundacional con la masculinidad a contrapelo del modernismo: el artista. A partir del tropo del «artista no productivo», Comfort discute las formas en que figuras canónicas como Rubén Darío articulan una masculinidad central a la configuración del imaginario decimonónico a través de una falta de productividad que apela al tropo de la impotencia.

En su conjunto, los ensayos de este volumen ofrecen un panorama de discusión crítica fundado en la necesidad de ampliar las perspectivas de los estudios de género en torno al siglo XIX. Si bien, como mencionamos antes en esta introducción, los estudios sobre feminidad, sentimentalismo y melodrama han hecho contribuciones centrales y definitivas al estudio de la literatura y la cultura del XIX, el punto ciego de la masculinidad tiene un amplio potencial explicativo con mucho camino por recorrer. En este sentido, hemos buscado construir un libro que abra varias líneas de discusión en torno a este tema, planteando una conversación que, creemos, tiene muchas intervenciones por venir.

Bibliografía

ANDERSON, Benedict (1983): *Imagined Communities: Reflections on the Origin and Spread of Nationalism*. New York: Verso.
BADINTER, Elisabeth (1995): *XY. On Masculine Identity*. New York: Columbia University Press.
BEDERMAN, Gail (1995): *Manliness and Civilization: A Cultural History of Gender and Race in the United Status, 1880-1917*. Chicago: University of Chicago Press.
BALDERSTON, Daniel y GUY, Donna J. (1997): *Sex and Sexuality in Latin America*. New York: New York University Press.
BATTICUORE, GRACIELA (1999): *El taller de la escritora. Veladas literarias de Juana Manuela Gorriti. Lima-Buenos Aires (1876/7-1892)*. Buenos Aires: Beatriz Viterbo.
BEATTIE, Peter (2002): *The Tribute of Blood. Army, Honor, Race and Nation in Brazil 1864-1945*. Durham: Duke University Press.
BOURDIEU, Pierre (2000): *La dominación masculina*. Madrid: Anagrama.
BUTLER, Judith (1990): *Gender Trouble. Feminism and the Subversion of Identity*. New York: Routledge.
CENTENO, Miguel Ángel (2002): *Blood and Debt. War and the Nation-State in Latin America*. State College: Pennsylvania State University Press.
CHÁNETON, July (2007): *Género, poder y discursos sociales*. Buenos Aires: Eudeba.
CHOUCIÑO FERNÁNDEZ, Ana G. (2003): *La imagen masculina en la novela de sensibilidad hispanoamericana*. Veracruz: Universidad Veracruzana.
CONNELL, R. W. (1995): *Masculinities*. Berkeley: University of California Press.
— (1997): «La organización social de la masculinidad». En: Teresa Valdés y José Olavaría (eds.), *Masculinidad/es: poder y crisis*. Santiago de Chile: ISIS International/FLACSO, 31-48.
DENEGRI, Francesca (1996): *El abanico y la cigarrera. La primera generación de mujeres ilustradas en el Perú*. Lima: Flora Tristán.
FERNÁNDEZ, Marcos (2000): «Pobres, borrachos, violentos y libres: Notas para la reconstrucción de identidades masculinas populares del siglo XIX». En: José Olavaria y Rodrigo Parrini (eds.), *Masculinidad/es. Identidad, sexualidad y familia. Primer encuentro de estudios de masculinidad*. Santiago de Chile: FLACSO, 47-58.
FULLER, Norma (1997): *Identidades masculinas: Varones de Clase media en el Perú*. Lima: Pontificia Universidad Católica del Perú.

GUTTMAN, Mathew C. (2003): *Changing Men and Masculinities in Latin America*. Durham/London: Duke University Press.
IRWIN, Robert McKee (2003): *Mexican Masculinities*. Minnesota: University of Minnesota Press.
KAUFMAN, Michael (1997): «Las experiencias contradictorias del poder entre los hombres». En: Teresa Valdés y José Olavaría (eds.), *Masculinidad/es: poder y crisis*. Santiago de Chile: ISIS International/FLACSO, 63-81.
KIMMEL, Michael (1997): «Homofobia, temor, vergüenza y silencio en la identidad masculina». En: Teresa Valdés y José Olavaría (eds.), *Masculinidad/es: poder y crisis*. Santiago de Chile: ISIS International/FLACSO, 49-62.
LUDMER, Josefina (1984): «Tretas del débil». En: Patricia Elena González y Eliana Ortega (eds.), *La sartén por el mango: encuentro de escritoras latinoamericanas*. Río Piedras: Huracán, 47-54.
MARQUÉS, Joseph-Vincent (1997): «Varón y Patriarcado». En: Teresa Valdés y José Olavaría (eds.), *Masculinidad/es: poder y crisis*. Santiago de Chile: ISIS International/FLACSO, 17-30.
MASIELLO, Francine (1992): *Entre civilización y barbarie: mujeres, nación y cultura literaria en la Argentina moderna*. Buenos Aires: Beatriz Viterbo.
MOLLOY, Sylvia (1984): «Paraíso perdido y economía terrenal en María». En: *Sin nombre* 14.3, 36-55.
MONSIVÁIS, Carlos (2002): *Yo te bendigo, vida. Amado Nervo: crónica de vida y obra*. México: Hoja Casa Editorial.
MOSSE, George (1996): *The Image of Man. The Creation of Modern Mascculinity*. New York/Oxford: Oxford University Press.
NELSON, Dana (1998): *National Manhood. Capitalist Citizenship and the Imagined Fraternity of Wite Men*. Durham/London: Duke University Press.
PELUFFO, Ana (2004): «Why Can't an Indian be More Like a Man? Sentimental Bonds in Manuel González Prada and Clorinda Matto de Turner». En: *Revista de Estudios Hispánicos* nº 38, 3-21.
ROTUNDO, Anthony E. (1993): *American Manhood. Transformations in Masculinity from the Revolution to the Modern Era*. Chicago: University of Chicago.
TOSH, John (1999): *A Man's Place. Masculinity and the Middle class Home in Victorian England*. New Haven: Yale University Press.
— (2005): *Manliness and Masculinities in Nineteenth-Century Britain*. London: Pearson.
VALDÉS, Teresa y OLAVARIA, José (eds.) (1997): *Masculinidad/es: poder y crisis*. Santiago de Chile: ISIS International/FLACSO.
VIVEROS, Mara (2002): *De quebraderos y cumplidores: Sobre hombres, masculinidades y relaciones de género en Colombia*. Bogotá: Universidad Nacional de Colombia.

Masculinidades heroicas

Héroes nacionales,
Estado viril y sensibilidades homoeróticas*

Beatriz González Stephan
Rice University

A escasas dos décadas de distancia de la última batalla que decidiera el destino político de los países hispanoamericanos —la batalla de Ayacucho en 1824—, Miguel Cané, desde *El Iniciador* de Montevideo en 1838, lanzaba casi en calidad de manifiesto los derroteros cívicos por los que debían andar las letras patrias, como las nuevas armas obligadas a emprender una sostenida lucha que dominara las pasiones y los espacios bárbaros hacia los predios de la civilización:

> Nosotros concebimos que la literatura en una nación joven es uno de los más eficaces elementos de que puede valerse la educación publica [...]. Para nosotros su definición debe ser más social, más útil, más del caso, será el retrato de la individualidad nacional [...]. Pensemos que las Repúblicas americanas, hijas del sable y del movimiento progresivo de la inteligencia democrática del mundo, necesita una *literatura fuerte y varonil*, como la política que las gobierna, y los brazos que las sostienen (Cané 1938; énfasis mío).

Una parte notablemente importante del cuerpo de varones letrados, que se sentía responsable de la fundación de las repúblicas y de sus más caras instituciones —desde las academias, universidades, asociaciones y liceos, hasta el diseño de las constituciones, gramáticas y periódicos—, veía no sin alarma que la domesticación de los cuerpos y de las lenguas traía aparejados, como parte del mismo programa modernizador, una peligrosa dulcificación

---

* Este artículo fue publicado originalmente en *Estudios. Revista de Investigaciones Literarias y Culturales*, año 6, n° 12 (julio de 1998), 83-121. Agradecemos a Beatriz González Stephan cederlo para el presente volumen. [Nota de los editores.]

de las costumbres, que desdibujaba a sus ojos amenazadoramente la distribución diferencial de roles y composturas (sexuales y discursivas) dentro de una clara demarcación de los espacios públicos y privados[1]. El mapa de todos los *géneros* sufrió modificaciones, trasvases, que llevaron, por un lado, a un profundo desconcierto de la inteligencia masculina y, por otro, a nuevas estrategias que enriquecerían el horizonte cultural, sin dejar de ser un desafío para la compresión «sexuada» de las modalidades literarias del modernismo.

Poco antes de finalizar el siglo, José Martí, en su Prólogo al *Poema del Niágara* (1882) del venezolano Juan Antonio Pérez Bonalde, expresó, sin delicadeza y con su habitual vehemencia, un balance poco halagador de los gustos y maneras que habían ganado terreno con el contacto indiscriminado de las culturas europeas modernas:

> ¡Ruines tiempos, en que no priva más arte que el de llenar bien los graneros de la casa, y sentarse en silla de oro, y vivir todo dorado [...]. ¡Ruines tiempos, en que son mérito eximio y desusado el amor y el ejercicio de la grandeza! Son los hombres ahora como ciertas damiselas, que se prendan de las virtudes cuando las ven encomiadas por los demás [...]. ¡Ruines tiempos, en que los sacerdotes no merecen ya la alabanza ni la veneración de los poetas, ni los poetas han comenzado todavía a ser sacerdotes! [...] ¡Ruines tiempos! [...] para los poetas —hombres magnos— por la confusión que el cambio de estados, fe y gobiernos acarrea, época de tumulto y de dolores [...]. Hembras, hembras débiles parecerían ahora los hombres (Martí 1978a: 206-207).

La modernización euro-occidental trastocó en todos los órdenes de la vida los rancios privilegios señoriales, entre ellos, la preeminencia elitista (clasista, étnica y sexual) del sujeto del saber, aparte de la transformación de temas, tonos y facturas del intercambio cultural.

---

[1] Durante las primeras décadas de vida republicana y desde diversas arenas, se advertía el relajamiento de las costumbres. En sus *Lecciones de buena crianza* (1841), Feliciano Montenegro hacía un llamado a la juventud que se «aficionara [a] perder muchachas horas en pasatiempos, frecuentes paseos, y francachelas; un joven de catorce a veinte años, o sea en la edad del peligro, los corre muy grandes si se asocia [a] pervertidos, de los que llevan aquella vida; y no puede esperarse otra cosa de los que andan sueltos y han sido enseñados [a] no pensar sino en modas y en trajes de lujo» (27). No es diferente la apreciación de ciertos sectores a fines de siglo. Alberto Soria, de *Ídolos rotos,* viste a la última moda francesa, y junto a lo «exótico del traje y las maneras», al narrador no le cabe más que comparar su vanidad con las «fatuas mujerzuelas engreídas de la efímera gracia de sus formas» (Díaz Rodríguez 1901: 82). La contigüidad entre moda y afeminamiento es obvia.

La alfabetización era una obligante nacional para ambos sexos, para todos los sectores, que trajo a lo largo de la centuria una irrefrenable democratización; pero al tiempo y paradójicamente, los dispositivos disciplinatorios del mismo sistema de aburguesamiento tendían a una serie de cuadraturas sociales a ratos más deudores del rígido orden patriarcal, que indudablemente contradecían los impulsos igualitarios de los nuevos tiempos (Rama 1985; Montaldo 1994; Hobsbawm 1998; Romero, 1976). Las tensiones entre la imaginaria república con la que estas generaciones de letrados soñaban y las consecuencias reales de los cambios que introducían las nuevas instituciones sociales —desde la escuela, los teatros, los ateneos, las revistas literarias, hasta la moda del café, los comercios, los hipódromos, los balnearios— no dejaban de estar llenas de contradicciones que revelaban el carácter transicional de estos grupos, a caballo entre sensibilidades aún aristocratizantes —que separaban, distanciaban, segregaban—, y voluntades democratizantes —que acercaban, igualaban, horizontalizaban[2].

Los maestros fundadores querían, ante la posible amenaza de la pérdida de cualquier control que implicara poner en juego hegemonías de poder, asegurar la circulación de una literatura «varonil», y esto era popularizar más bien géneros literarios didácticos, históricos y biográficos. Sin embargo, los folletines y novelas por entrega, con sus pasiones desatadas, mujeres perdidas, estados anímicos mórbidos, hombres adúlteros e idilios imposibles, no sólo desplazaban sin mucho esfuerzo estos géneros «serios» —aparte de su moralidad rígida y pacata poco cónsona con los intereses de lectores y lectoras—, sino que iban simultáneamente moldeando estas sensibilidades hacia nuevos patrones conductuales, que efectivamente parecían domesticar tanto al hombre como a la mujer de acuerdo a una también nueva economía política de la producción reproductiva: domesticar al hombre para la capitalización de riqueza material a través del trabajo; y domesticar a la mujer como agente de la reproducción demográfica[3].

---

[2] El saldo de la Guerra Federal en Venezuela aceleró de algún modo este cambalache social que hubo de caracterizar los tiempos modernos. Entre 1867 y 1868, en una serie de artículos publicados en *El Federalista*, Cecilio Acosta hacía ya un agudo examen del trastrocamiento del orden: «En ese movimiento ascendente y rápido, en ese asalto, que no es menos, dado a las capas superiores, todo se pierde o se transforma. Pierde la virtud su estímulo, las costumbres su lustre, el talento su prez, las tradiciones su gloria, la gloria sus títulos [...] baja lo alto, sube lo bajo, se confunde la obra del tiempo, se desbarata la escala del mérito» (1982: I, 132).

[3] Entre 1870 y 1875 las obras literarias ocuparon el primer lugar de las publicaciones (Silva Beauregard 1993: 220); el segundo se las disputaban las obras didácticas (*ibid.*:

En ambos casos, este disciplinamiento moderno significaba para los sectores tradicionales un amaneramiento, particularmente bajo el hombre: su confinamiento a la familia sentimental, a los asuntos del corazón, y dedicación al patrimonio privado, podían «afeminar» su condición viril y afectar su carácter para las lides de los asuntos estatales. La cultura burguesa, con su predilección por las narrativas sentimentales, encorsetaba a hombres y mujeres, convirtiendo no en vano el *domus*, la sagrada familia, en el puntal del orden económico y social nacional, donde la mujer resultaría el centro privilegiado de las tecnologías de la domesticación represiva. Por consiguiente, no es otra la preocupación de José Martí cuando escribe por encargo su novela *Amistad funesta* (1885), viéndose casi en la obligación, porque así lo imponía el género, de diseñar a su protagonista Juan Jerez como «un mero galán de amores», cuando en realidad estaba dispuesto a más y a más altas empresas (grandes) hazañas. Juan quedaría reducido a «los deberes corrientes» y «a las imposiciones del azar a oficios pequeños» (1978b: 109, 113)[4].

La tradicional casta de letrados hizo sentir, a lo largo del siglo, su cada vez más acentuado desacuerdo con la difusión del género novelesco, en particular entre el sector femenino, además de otras costumbres en boga, como la profusión de una lírica intimista y la moda, entre otras, del álbum familiar (Silva Beauregard 1993). Desestabilizaba el orden que distribuía el discurso de las letras, de los géneros, de las atribuciones de la calle y de la casa[5].

El llamado de Miguel Cané en la etapa organizativa de las repúblicas y su refrendamiento por el cubano en la segunda mitad del siglo, revelaba

---

105); y en el tercer renglón obras dedicadas a Bolívar (*ibid.*: 52). La tensión se distribuía entre una nueva modalidad para dar libertad a la imaginación, y, por otra, la conservación de los buenos modales y el control de las maneras.

[4] En el prólogo a *Amistad funesta* José Martí confiesa que desprecia el género novelesco («esta noveluca»): «El autor, avergonzado, pide excusa [...]. El género no le place, sin embargo, porque hay mucho que fingir en él [...] ni siquiera es lícito, por lo llano de los tiempos, levantar el espíritu del público con hazañas de caballero y de héroes, que han venido a ser personas muy fuera de lo real y del buen gusto. Lean, pues, este libro [...] pero sepan que el autor piensa muy mal de él. Lo cree inútil; y lo lleva sobre sí; como una grandísima culpa» (1978b: 108).

[5] No son pocos los escritores que ridiculizan y se burlan de la mujer que empieza a alternar sus labores domésticas con las intelectuales. Muchos cuadros de costumbres sirvieron de vehículo para descalificar los peligros de la mujer letrada. Miguel Mármol se detiene en una de ellas en «Una boda»: «Allí logré deshacerme de mi compañera de viaje, que lo había sido una poetisa bizca, y entrada en años, la cual no dejó un momento de hablarme de lo oprobioso que es el lazo conyugal para las mujeres de vuelo, y de la próxima emancipación del sexo por medio del cultivo de las letras» (en Picón Salas 1980: 382).

básicamente dos cosas: una, la afirmación taxativa de pertinencia y pertenencia de una determinada práctica cultural a un determinado sujeto sexuado; es decir, naturalizar simbióticamente el quehacer letrado con el sujeto masculino blanco adscrito a la esfera pública. Lo que convertía las letras en un asunto de poder estatal, y en un agenciamiento marcado por una identidad viril (*letras fálicas* o una *falocracia letrada*), no sólo en cuanto a su distribución, sino también a la elección de géneros discursivos específicos «altos» y «duros». Esto definía un campo de poder de exclusiones obvias y, al tiempo, revelaba mecanismos de su propia defensa. Y dos, el implícito temor de una no muy lejana «feminización» de las letras y la profundización de la cultura sentimental (Douglas 1988; Showalter 1990; Armstrong 1991; Danahy 1991; Gay 1992; Silva Beauregard 1998), que supondría un cambio de agenda en las estrategias discursivas y modelos culturales (pasar, por ejemplo, a la novela sentimental o narrativas melodramáticas); modificar la noción de verdad y ficción de acuerdo a su representación en los correspondientes géneros literarios (jerarquizar la novela histórica, por ejemplo, por el ensayo historiográfico); banalizar las letras en formatos más asequibles al gran público que se estaba formando; redimensionar la función literaria hacia terrenos más hedonistas y estetizantes; pero, sobre todo, la emergencia de un nuevo fenómeno que terminaría por amenazar y desestabilizar esta identidad viril entre sujetos y letras, géneros literarios y sexuados, tal como ocurrió en la segunda mitad del siglo con la aparición de la mujer en el campo de la literatura y de las artes en general (la mujer letrada)[6]. Un ascenso que estuvo estrechamente vinculado al proceso de democratización de la literatura como resultado de los mismos dispositivos de la cultura liberal en marcha, masas de lectores, pero también a un número inusitado de escritores de las capas medias urbanas que transformaron las condiciones tradicionales de la producción letrada en un espacio regido por las reglas del mercado, que serían, a partir de entonces, las reglas del arte.

---

[6] El fantasma de la mujer adicta a la lectura de novelas atraviesa innumerables novelas de la época. Por lo general, si no son afeadas física y moralmente, terminan enfermas, enloquecidas o perdidas. La relación lectura/liberación sexual o adulterio es casi una constante. Por ejemplo, en *El Zarco* (1888) del mexicano Ignacio Manuel Altamirano, Manuela es una de las figuras femeninas que lee y, por ello, se pierde con el bandido; al final debe morir. En la novela de Eduardo Blanco, *Zárate* (1882), Aurora cancela su afán por la lectura al contraer matrimonio con Horacio Delamar: sienta cabeza para tornarse en el eje de la familia sentimental y (re)productiva. Asimismo, Horacio cambia el «Masculine Plot» de la milicia por el «Marriage Plot».

El campo de la escritura atravesó —no sin contradicciones ni resistencias inteligentes (al filo de 1900, el *Ariel* de José Enrique Rodó podría ser un buen ejemplo de ello)— por un lento proceso de desaristocratización. La adscripción androcéntrica de las letras a una virilidad señorial también se resentiría en las ansiedades de su próxima disolución. No son pocos los intelectuales —con acendradas raíces oligárquico-patricias— que dejaron la impronta de este malestar al trasponer en sus narrativas la figura problematizada del hombre de letras o del artista. Basta con recordar los casos venezolanos más obvios: *Julián* (1888) de José Gil Fortoul, el Julián Hidalgo de *Todo un pueblo* (1899) de Miguel Eduardo Pardo, y el mejor conocido, Alberto Soria de *Ídolos rotos* (1901) de Manuel Díaz Rodríguez. Estos escritores, entre críticos y escépticos, hicieron desfilar una galería de protagonistas masculinos que terminaron siendo proyectos de intelectuales fracasados, entre cuyas causas despuntaban los temperamentos excesivamente nerviosos, flébiles, volubles, inconstantes, quebradizos («todo nervios como una mujer», dijo Gil Fortoul de su Julián Mérida)[7]; atrapados en una vida disipada poco apropiada para el trabajo productivo; arrastrados por la tentación del juego, la adhesión a la bebida y, quizás, muy particularmente, por la pasión hacia las mujeres disolutas, cuya sexualidad exacerbada constituía, en la fantasía masculina finisecular, uno de los motivos más preocupantes de la pérdida de energía y estabilidad del intelectual o del artista[8].

La muerte abrupta y la enfermedad que sellan el término de las vidas de estos (anti)héroes nada modélicos permite pensar en la interrogante que estos letrados se hicieron sobre las nuevas condiciones que propiciaron la nueva formación histórica no sólo de un nuevo tipo de artista (conocido como *la bohemia*), sino la presencia activa de la mujer en diversos escenarios del espacio público (como maestras, instructoras, actrices, escritoras, músicas,

---

[7] Cuando aparece en el mapa la «novela del artista», la representación de la mujer fatal va ligada al extravío del hombre. Para volver al caso de Alberto Soria de *Ídolos rotos*, uno de los personajes pronostica: «Soria me parece perdido, perdido sin remedio [...] no se ocupa sino en venir al café, en vagar sin objeto [...]. El monstruo es la mujer. Ella es la perdición de muchos de los nuestros y va a ser de la de Soria [...]. Esa mujer le ha arruinado ya, física, intelectual y moralmente» (Díaz Rodríguez 1091: 27). Luego, el mismo protagonista corrobora: «Teresa, pérfida y voluptuosa [...] lo tenía en sus garras, y lo hacía víctima de su perfidia [...]. Ya era un mutilado» (*ibid*.: 264).

[8] José Gil Fortoul en su *Julián* (1888) desacredita en su protagonista la factura de las nuevas generaciones de intelectuales, «la bohemia». A sus ojos, la vida de cafés, donde no están excluidas las intensas y volátiles relaciones con mujeres, el éxito fácil de la tribuna, disipa al letrado. La muerte de Julián Mérida ni siquiera es trágica.

compositoras, pintoras, lectoras oficiales en tabaquerías y talleres de manufactura, directoras de revistas y ateneos)[9], que, en el gesto de su propia autorrepresentación, difuminaron o diluyeron en el plano de la ficción los perfiles identitarios estables del letrado tradicional.

La enfermedad, la locura o el afeminamiento de estos «héroes» pueden ser leídos como una metáfora, en cuyo reverso y anverso se proyectan simbólicamente la doble faz de una clase, que, al autoexaminarse, acumula simultáneamente sobre el mismo objeto de su representación tanto la pérdida de su hegemonía como sujeto histórico, como sus temores y ansiedades. La representación en sí misma revela una figura en crisis —de contornos

---

[9] La arqueología de la mujer en el campo intelectual en Venezuela apenas está configurando el mapa de coordenadas que permitirá posteriormente su lectura comprensiva. Pero la hilvanación de ciertos hechos resulta ya sorprendente: desde 1872, Isabel Alderson fue la primera mujer en dirigir una revista, *Ensayo Literario*, con más de 80 números. Concepción Acevedo de Taylhardad hacia 1888 dirigió en Ciudad Bolívar otro periódico, *Brisas del Orinoco*: se trasladó a Caracas en los años noventa no sólo para inaugurar su segundo periódico, *El Ávila*, sino también para asistir al primer curso de telegrafía. María Brito de las Casas, pianista y cantante, fue nombrada en 1886 directora de una escuela de canto. La misma Teresa Carreño aglutinó alrededor de su talento una intensa vida cultural en la Caracas del guzmanato, fama que trascendió los escenarios de las principales capitales europeas. Polita de Lima, una de las principales gestoras de los movimientos femeninos en Coro, junto con Virginia Gil de Hermoso, promovieron las actividades culturales en la región bajo unos criterios gerenciales poco frecuentes entre la intelectualidad masculina. Entendieron que no era suficiente que la mujer se dedicara también a escribir, sino que la cultura en general se podía administrar como una empresa rentable. Lejos de ser el ornato de una sociedad, era un bien simbólico capitalizable. Por lo tanto, exigía un cuerpo directivo para su admiración, gestiones de promoción, divulgación, publicidad, distribución. Los grupos *Armonía Literaria* (1890) y *Flores y Letras* (1890) fueron expresión de una amplia gama de actividades organizadas por ellas: conferencias, ediciones, ateneos, fundación de colegios, construcción de plazas y avenidas. En este mismo sentido, en la ciudad de Valencia se organizó una orquesta dirigida e integrada por mujeres músicos. En Lara un grupo de mujeres se apuntaron para asistir a un curso de filosofía. Ya hacia 1895, en la convocatoria que se hizo para el primer Congreso de Literatura, se invitó a participar a las señoritas letradas. Su número era tan notable que fue difícilmente silenciable. Alrededor de 1900 existieron casos de mujeres proletarias —como Luisa Capetillo de Puerto Rico— que se vincularon a las letras como lectoras en las manufacturas, logrando fundar y colaborar en periódicos obreros. La peruana Trinidad María Enríquez fundó en 1876 la Sociedad de Artesanos del Cuzco, y editó un periódico radical, *La Voz del Cuzco* (1891). Estos datos dispersos son las huellas superficiales de una historia escamoteada. Debo gran parte de esta información a las investigaciones en curso de Dunia Galindo y Mirla Alcibíades.

inestables, indisciplinada, atravesada por múltiples pasiones, de identidades sexuales imprecisas—, en la que, como en un espejo cóncavo, los nuevos sectores del panorama cultural se proyectan distorsionadamente. La mirada aristocratizante de este letrado estuvo sesgada por la miopía de sus valores, aparte del pánico inconsciente que le producía el demos y la expansión de la *mediocritas* en general. Por ello, el nuevo artista aparece en el marco de estas ficciones pervertido, enfermo, disoluto; y la figura femenina —que atormentó gran parte de la imaginación novelesca de la época— aparece en buena medida satanizada y reducida al puro y oscuro objeto del deseo. Tanto los protagonistas masculinos como femeninos condensan las ansiedades de un sujeto acosado y presionado por sus otros pares que desconoce: los escritores de las capas medias en ascenso y, el otro, aún más desconocido, la mujer que se ha puesto a leer y escribir[10].

Las nuevas situaciones se refractan sobre las figuras de la ficción novelesca —pensemos en otros ejemplos venezolanos como *Débora* (1884) de Tomás Michelena; *Mimí* (1898) de Rafael Cabrera Malo; *La tristeza voluptuosa* (1899) de Pedro César Domínici; y *Garrastazú o el hombre bueno perdido por los vicios* (1858) de Guillermo Michelena, que tempranamente parecían alertar sobre el problema—, y de la «deformidad» o «decadencia» de sus naturalezas se puede desprender la mirada distanciada del mismo letrado, que ve y se ve desdoblado en otros no deseados, y que, por tal, añora implícitamente otro tipo de protagonismo (de héroes y letras) que pudiese restablecer con su fuerza, voluntad, carácter y salud la representación de la hibridad de estas generaciones «Custodios del Saber» (Rama 1985).

Ante el inminente desordenamiento que estaba sufriendo el orden social, las marcas de la cultura patricia de estos intelectuales activaron enfáticamente muchos de sus presupuestos, entre ellos, uno, no menos neurálgico, que fue la negociación, en el terreno de las imágenes e ideologías culturales, de la asimilación entre la preeminencia del saber auténtico y noble (es

---

[10] Sin punto medio, entre dos extremos, Manuel Díaz Rodríguez en *Ídolos rotos* presenta a sus figuras femeninas entre la carencia y el exceso: Rosa Amelia, la hermana de Alberto Soria, es estéril, enflaquecida, pálida desexualizada; y Teresa Farías, voluptuosa, turgente, es «la hembra». En ambos casos hay un centro que se ha eludido: una es puro espíritu, la otra sólo carne. La *ratio* de la mujer es un vacío cultural, en cuyos bordes proliferan las mitologizaciones. Corre la misma o mejor suerte *Santa* (entre 1900 y 1902) del mexicano Federico Gamboa, que hacia 1910 ya iba por su tercera edición. Al parecer, la erotización desbordada de la mujer (Santa es una prostituta), excitaba el consumo literario y satisfacía placeres reprimidos.

decir, una escritura lejos de los vaivenes del mercado), capaz de agenciar ciudadanías y gobiernos, y la naturaleza heroica y viril de ese liderazgo intelectual; lo que indicaba retener y administrar el patrimonio de las letras en manos de un sector de varones elegidos (el «aristos» del logos masculino) (Fig. 1).

Fig. 1. La construcción de la propia identidad de las elites letradas en la segunda mitad del XIX pasa por las escuelas de derecho, medicina, y las academias de esgrima. En todo caso, el uniforme como vestimenta forma parte de esta fantasía finisecular de monumentalismo heroico que permea la creación artística y también la arena pública. El traje, a manera de disfraz, sirve de escudo para proteger virilidades amenazadas. Las guerras reales pertenecen al pasado.
Las guerras de géneros ocupan el presente.

Los tiempos que corrían «arruinaban» —desde la perspectiva martiana— el sacerdocio que merecían los poetas, porque «los poetas —hombres magnos— no han comenzado todavía a ser sacerdotes por la confusión en el cambio de estados». Crisis y reacomodo de la (auto)representación del papel tradicionalmente protagónico de los letrados patricios llevará al mismo Martí a concebir la tarea del intelectual como un soldado de las letras, un guerrero de la pluma al servicio de la construcción de patrias no sólo política sino ideológicamente emancipadas. Y fue en este sentido que Martí tuvo un aprecio muy especial hacia la obra del venezolano Eduardo Blanco (1839-1912), *Venezuela heroica* (1881), porque desplegaba a lo largo de sus densas y no pocas páginas la necesaria galería de héroes gallardos y esforzados, en hazañas épicas memorables, que la audiencia de lectores necesitaba para reorientar sus sensibilidades peligrosamente amoldadas a una «literatura morbosa y llena de entidades falsas» (Martí 1977: 233-234). *Venezuela heroica* podía restituir a las letras patrias ese «vigor» en riesgo. Recomendaba el cubano: «Un pueblo nuevo necesita pasiones sanas: los amores enfermizos, las ideas convencionales, el mundo abstracto e imaginario que nace del abandono total de la inteligencia por los estudios literarios, producen una generación enclenque e impura —mal preparada para el gobierno fructífero del país, apasionada por las bellezas, por los deseos y las agitaciones de un orden personal y poético— que no puede ayudar al desarrollo serio, constante y uniforme de las fuerzas prácticas de un pueblo» (*ibid.*: 233)[11].

En esas cruciales décadas casi finiseculares, esta extensa narración histórica de Eduardo Blanco, que rehace en sus trece cuadros los momentos épicos estelares que decidieron la independencia del país («La Victoria», «San Mateo», «Las Queseras», «Boyacá», «San Félix», «Matasiete», «Carabobo», serían algunos de ellos), pasó a convertirse en uno de los textos canónicos de las generaciones y culturas nacionales. Texto que supo articular la imaginación histórica del público venezolano de aquel entonces: el período fundacional de la nacionalidad se estructuraba en el tiempo con gloria y grandilocuencia; primer gran éxito editorial en la historia del libro nacional —en escasos dos años tendría dos ediciones, y ya en 1904 contaba con cinco—; texto de lectura obligatoria de los programas escolares hasta hoy en

---

[11] El desacomodo derivado de las nuevas situaciones de producción y consumo cultural de la modernidad generó entre muchos intelectuales actitudes nostálgicas que los llevaron a idealizar, a fines del siglo, aspectos del patriciado señorial, con una mirada a la vez crítica y ácida hacia su presente. Para el caso, Rufino Blanco Bombona, por ejemplo, en *El hombre de hierro* (1907) despliega en la figura de Crispín Luz todo el desprecio que siente hacia la ética puritana del trabajo —el hombrecito que se acoge a los manuales de buena conducta burguesa—, que convierte a los hombres en siervos enclenques y sin dignidad de los Perrines. La proliferación de las medianías produce para Blanco Fombona seres degenerados. A contrapelo, dedica no pocos libros a Simón Bolívar (*Bolívar pintado por sí mismo*, 1913; *Cartas de Bolívar*, 1921; *El espíritu de Bolívar. Ensayo de interpretación psicológica*, 1943; *Hércules y las Estanfálidas. Guerra a muerte 1812-1814*, 1941; *Mocedades de Bolívar*; *el héroe antes del heroísmo*, 1942): subsiste en él hasta entrado el siglo XX la añoranza por esas virilidades heroicas y ejemplares que están lejos de los Crispines.

día; texto que informó de cuerpo y vida a los restos olvidados de Simón Bolívar, apuntalando la progresiva construcción del Padre de la Patria (González Stephan, 1997)[12].

Sin embargo, siguen en pie algunas preguntas relativas al sentido más profundo que regula la estética de *Venezuela heroica*, aparte, desde luego, de su obvia filiación con toda la literatura cívico-patriótica que incentivó el largo régimen autocrático de Antonio Guzmán Blanco (1870-1888), en un período de crucial estructuración de las representaciones verbo-simbólicas nacionales; aparte, también, de una política que promovía un gusto hipertrofiado por el culto de los héroes. Todo ello abonó el terreno más que idóneo para vertebrar alrededor, por ejemplo, del centenario del natalicio del Libertador en 1883 una inflación de manifestaciones, que iban desde la trivialización del héroe en serializados pisapapeles y pañuelos, hasta la inauguración del Ferrocarril Caracas-La Guaira. Valses, odas, poemas, óleos, estatuas, vinos, coreografías, saturaron la cultura nacional: no sólo el Príncipe Henrique de Prusia vino a inaugurar la gran Exposición Universal, sino que también el gobierno del Ilustre Americano envió una estatua ecuestre del héroe nacional al Central Park en Nueva York. Resultó, entonces, casi natural dentro de esta dinámica hipertrofiada de gestos patrióticos el que *Venezuela heroica* consiguiera una pronta segunda edición, sustancialmente aumentada en capítulos épicos, como justo homenaje en el año del centenario.

Volvamos a nuestra preocupación central. *Venezuela heroica* no es un caso único; pero sí lo suficientemente paradigmático para interrogarlo desde otros ángulos. El texto pone en circulación, con una intensa plasticidad narrativa, *la metáfora de la guerra en tiempos de paz*, en tiempos de expansión de los gustos burgueses. Pone en el centro de las sensibilidades de sus lectores (hombres y mujeres) apoltronados en sus casas el gran fresco de las luchas encarnizadas entre bandos patriotas y realistas. Es el mismo cuadro bélico, que, a manera de un diorama circular, reitera siempre los

---

[12] Eduardo Blanco (1839-1912) fue uno de los intelectuales venezolanos de aquel entonces que medió exitosamente entre las armas y las letras. Nada menos que edecán del general José Antonio Páez (amistad que le permitió alimentar su imaginación novelesca para *Venezuela heroica*), pasó a convertirse desde los predios del periódico de *La Tertulia* en uno de los escritores más leídos y aclamados del guzmanato. A partir de 1875, su pluma enérgica fue construyendo un público que lo seguía con pasión: *Venezuela heroica* salió por capítulos —como novela por entregas—, hasta lograr dos ediciones seguidas en 1881 y 1883. Su novela *Zárate* se publicó en 1882, pero antes, y en el mismo semanario, salieron *Vanitas vanitatum*, *El número 111*, *Una noche en Ferrara* (1875) y *Lionford* (1879); sin olvidar *Noches del Panteón* (1895) y *Fauvette* (1905), entre otras.

mismos cuerpos musculosos de guerreros enfrentados que parecieran levantarse del polvo y de la muerte para continuar idénticos en la siguiente secuencia. La guerra en la ficción ha dejado de ser terrible, para convertirse en un espacio jubiloso y festivo, en el espacio de juegos deportivos, la guerra como deporte, la recreación literaria de un Olimpo nacional, donde soldados y generales parecieran no desgastarse en las encarnizadas luchas:

> Con patriótico orgullo contemplan los expedicionarios a aquellos sus compañeros de armas, casi desnudos, pero magníficos en su arrogante desnudez, quienes cabalgando en cerriles caballos, y sin más arma que la enastada lanza, habían podido sostenerse en bosques y llanuras combatiendo a los dominadores aun después de vencida la República en las pampas de Urica [...]. El Libertador aunque superior a su contrario en genio y prestigio, se apresura a abrir aquella nueva y gloriosa campaña, fortalecido con su fe inquebrantable [...]; ¿Qué pretende? ¿Librar él sólo una batalla? ¿Dar a la América, con la medida de su arrojo inaudito, el espectáculo de los juegos olímpicos de la remota antigüedad? [...] Los ímpetus heroicos no se explican; ellos se ven, se admiran y producen deslumbramiento y pasmo [...] los ojos lo ven maravillados, los corazones todos palpitan poseídos de embargante emoción [...]. Alegre y bulliciosa era la marcha de nuestros regimientos: más que a reñir una batalla, aquellos bravos, ansiosos por llegar al término deseado, parecían dirigirse a una feria. Ante la gloria de la Patria, nadie pensaba tristemente [...]. En medio del ruido acompasado de la marcha resonaban estrepitosos vítores, fanfarronadas estrambóticas; y se entonaban coplas de melodioso ritmo [...] pero lleno de virilidad y de alegría. Nuestros soldados, como los antiguos lacedemonios que presidía Tirteo, se enardecen con los himnos guerreros de sus bardos salvajes, y cantando sus pasadas glorias se dirigen a Carabobo (Blanco 1970: 240, 434, 353, 447).

¿Cuál es el discurso velado que subyace entre los pliegues de lo no dicho, sólo enmascarado —después de todo el Modernismo era un baile de máscaras—, bajo el disfraz del tópico dicho de la recreación del pasado independentista, a su vez también arropado por el vestuario de la moda greco-latina? ¿Qué se dice a través de la guerra, a través de una estética belicista que ha elegido la épica como género, que ha preferido moverse desde la ficcionalización del pasado, de la Independencia, mimetizándose con modelos de la Antigüedad? ¿Qué ansiedades ponen en marcha el imaginario de un sujeto que elabora en el tejido de su texto las respuestas a un diálogo múltiple con su contexto cultural? La transcripción necesariamente larga de la cita de *Venezuela heroica* nos va a permitir pensar, como muestra selectiva, el texto desde el *género como categoría de análisis histórico-cultural*; lo que implica entenderlo no como un espacio primario dentro o por medio del cual se forman, articulan y distribuyen los roles siempre cambiantes de la diferenciación biológica de los sexos, sino como una categoría mediada por los lenguajes que construyen los órdenes de representación simbólica de cada formación social. El género es una construcción histórica subjetiva, cuyos límites identitarios se van definiendo y reacomodando de acuerdo a una dinámica recíproca de las representaciones de los roles asignados a lo «femenino» y «masculino». Nada más distante que suponerlos universales fijos. Constituyen campos de fuerzas sociales que van estableciendo relaciones significativas de poder (Butler 1990; Scott 1996)[13].

El sujeto letrado ha elegido dentro de su imaginación creadora el espacio de la guerra —y que mejor que la propia experiencia histórica más inmediata de la Independencia— como el territorio idóneo para el establecimiento de una comunidad («compañeros de armas») enteramente integrada por hombres. Con mayor precisión, el ceñido escenario del campo de batalla donde se intensifican naturalmente los contactos, cercanías y relaciones entre los cuerpos de hombres en la plenitud de sus energías vitales («compañeros de armas, pero magníficos en su arrogante desnudez»). La metáfora de la guerra permite —bajo ninguna sospecha— crear una comunidad masculina, una fraternidad cerrada y segura de hombres pares (son «compañeros»). El oficio de la guerra configura un «Männerbund» o «Manhood» (Mosse 1985; Sussman 1995) donde la comunidad masculina puede negociar los límites peligrosos de su erotismo sin arriesgar las identidades masculinas socialmente aceptadas. Es el ámbito donde los cuerpos musculares y atléticos se pueden

---

[13] Las palabras de Joan Scott son esclarecedoras al respecto: «Pero la identificación de género, si bien siempre aparece como coherente y fija, es de hecho altamente inestable. Las identidades subjetivas son procesos de diferenciación y distinción, que requieren la eliminación de ambigüedades y de elementos opuestos con el fin de asegurar (y crear la ilusión de) coherencia y compresión común. La idea de masculinidad descansa en la necesaria represión de los aspectos femeninos —del potencial del sujeto para la bisexualidad— e introduce el conflicto en la oposición de lo masculino y femenino. Los deseos reprimidos están presentes en el inconsciente y son una amenaza constante para la estabilidad de la identificación de género, al negar su unidad y subvertir su necesidad de seguridad. Además, las ideas conscientes de masculino y femenino no son fijas, ya que varían según el uso del contexto [...]. Esta clase de interpretación hace problemáticas las categorías de "hombre" y "mujer", al sugerir que masculino y femenino no son características inherentes, sino construcciones subjetivas (o ficticias). Esta interpretación implica también que el sujeto está en un proceso constante de construcción y ofrece una forma sistemática de interpretar el deseo consciente e inconsciente, al señalar el lenguaje como lugar adecuado para el análisis» (1996: 282-283).

exhibir («contemplan sus compañeros casi desnudos»), permitiendo la exposición de una virilidad masculina que estimula («contemplan con orgullo», se «admiran», «los ojos lo ven maravillados») el espectáculo hedonista del cuerpo militar (Fig. 2)[14].

La sensualidad que producen los cuerpos «magníficos en su arrogante desnudez» hace girar subliminalmente todo el empaquetamiento y sexuali-

Fig. 2. Rostro de Páez, detalle de la Batalla de Carabobo que decora el Salón Elíptico del Capitolio de Caracas. El fresco de grandes dimensiones fue encargado a Martín Tovar y Tovar en 1883 con motivo del Centenario del Natalicio del Libertador. La efeméride sirvió para desplegar toda la imaginería épica del período de la Independencia y consagrar el aparato estatal. La disposición de la guerra en forma panorámica posibilitó «militarizar» las sensibilidades.

---

[14] George Mosse en su libro *Nationalism and Sexuality* analiza las correspondencias entre la «guerra, juventud y belleza»: «war was an invitation to manliness [...] but in the

dad reprimida de la narración histórica hacia una *poética masculina* que libera bajo control («ellos se ven, se admiran y producen deslumbramiento y pasmo») las sensibilidades homoeróticas reguladas —permitidas y vueltas a contener— sólo por el placer de la mirada («ellos se ven»), potencializándose la cualidad erótica de la guerra a través de una escritura que metamorfosea el deseo en metáfora («casi desnudos cabalgando en cerriles caballos, y sin más arma que la enastada lanza»). La guerra como metáfora de una tecnología de la virilidad (también moderna) que construye una fraternidad falocrática es más compleja que la que ofrecen de momento estas imágenes. Volveremos sobre ello.

El haber tomado un espacio temporal a la vez distanciado del presente y prestigiado por la misma cultura del siglo XIX (por un lado, el período de la Independencia y, por el otro, la Antigüedad greco-latina) permitió trabajar cómodamente: primero, ya no sólo la guerra en sí, sino ésta como un «espectáculo de los juegos olímpicos» (después de todo, el texto va construyendo sus héroes sobre la base de analogías que van asociando a Simón Bolívar con Hércules, Zeus y Minerva; Páez es un Centauro de los Llanos; Ricaurte un nuevo Prometeo; Ribas un moderno Sansón; y los soldados «antiguos lacedemonios»), que reconvierte una situación monstruosa en una «feria», en un lugar para la «alegría» («nadie pensaba tristemente») y la exposición de naturalezas viriles saludables, lejos de la insanidad implícita de una masacre. Así, la escritura puede desarrollar sin mayores interferencias la estetización de la guerra como escenario de una hipervirilización masculina. En ese sentido, se cuidará en precisar que «la entonación de coplas de melodioso ritmo» o «fanfarronadas estrambóticas *pero* llenas de virilidad» (énfasis mío) nada tienen que ver con un posible relajamiento o indisciplinamiento de esas masculinidades[15]. El texto no deja de oscilar en lo que era un terreno harto movedizo como lo fue el «complejo de virilidad», en un siglo preocupado por

---

trauma of war, nationalism strengthened its cult of youth, the sense of male beauty and camaraderie [...]. The war was regarded by many volunteers as an instrument of personal and national regeneration [...]. Withdrawing from a corrupt world, they would create a new and virile universe, in which man was conscious of his strength [...]. When the war brought the erotic element in manliness and male friendship close to the surface, it became ever more urgent to strip that element away [...]. The lust for life was to be satisfied through cruelty in combat [...]. Such transcendence entailed not the repression of sexuality but its redirection [...]. Aggression here is fueled by the libidinal drive» (1985: 114, 116, 124).

[15] Un detenido análisis semántico de la obra advertiría un uso enfático del término «viril», como si se temiera lo contrario: «una raza viril», «alma viril», «superior a la

estabilizar y diferenciar la apariencia masculina de la femenina en términos de fuerza, agresividad, dureza y serenidad, que destilasen sin titubeos la superioridad sexual y psicológica del hombre. La imaginería greco-latina — puesta en circulación por intelectuales y artistas de la talla de Winckelman, Pater, Canova, David, Gericault, Madrazo, Eakins, Tiépolo, Carlyle, Darío, hasta Nietzsche— ofreció satisfactorios modelos para canalizar esas fantasías masculinas (Reyero 1996).

Segundo, el tema histórico de la guerra visto a través del tamiz de la cultura greco-latina (la polis de «los juegos olímpicos» y del «areópago») privilegia un espacio público configurado exclusivamente por hombres; lo que equivale a establecer una correlación entre cúpulas de poder y virilidades[16]. Esto condujo en el plano de las representaciones simbólicas a que la ficcionalización de la *metáfora de la guerra* fuese una *metafísica de la nación*. Una postura que, por otra parte, legitimaba —silenciando y desplazando contradicciones— como más auténticos y sólidos los afectos y lealtades entre hombres. De este modo, la amistad masculina fue promovida como garantía de fecundidad intelectual.

Y tercero, *Venezuela heroica*, al acercar las virilidades atléticas y heroicas al poder bélico central, es decir, al equiparar virilidad con Estado —lo que era una combinación lógica dentro de la tradición patriarcal que el mismo Eduardo Blanco compartía—, extendió esta analogía al hombre de letras. En otras palabras, las letras y el letrado, como parte de la cúpula del poder estatal, debían tener la misma cualidad viril y heroica de los guerreros. Por ello, los soldados sólo pueden «enardecerse con los himnos guerreros de sus bardos salvajes» si los *intelectuales viriles* («bardos salvajes») ponen sus virtudes (su saber decir en «himnos guerreros») al servicio del Estado nacional. La «metafísica de la nación» es la política cultural (simbólica) del Esta-

---

virilidad humana», «pujante virilidad de aquella generación», «sin par ejemplo de su virilidad y entereza». El carácter viril va asociado al implícito deseo de desentimentalizar la cultura, y resituar la masculinidad (y las letras) lejos de las lágrimas y los suspiros.

[16] Esta apreciación de Joan Scott es útil: «los temas de la guerra, diplomacia y alta política aparecen con frecuencia cuando los historiadores políticos tradicionales cuestionan la utilidad del género de su obra [...]. La legitimación de la guerra —de derrochar vidas jóvenes para proteger el Estado— ha adoptado diversas formas de llamadas explícitas a los hombres, a la confianza implícita en el deber de los hijos de servir a sus dirigentes y a su (padre el) rey, y de asociaciones entre la masculinidad y la firmeza nacional. La propia alta política es un concepto de género, porque establece su crucial importancia y el poder público, las razones y el hecho de su superior autoridad, precisamente en que excluye a las mujeres de su ámbito» (1996: 299).

do moderno, que, frente a una economía de mercado que transformaba las funciones y formatos de la literatura, intensificó las concepciones tradicionales de las letras. De acuerdo con esta perspectiva, entre los géneros literarios que mejor sirvieron como maquinaria estética («metafísica») de la política del Estado, la épica vino a ser la modalidad narrativa más adecuada para contrarrestar la avalancha de géneros «blandos» (líricos y novelescos) que «afeminaban» las costumbres y, sobre todo, desdibujaban *la estabilidad de los géneros*. La literatura en «serio» debía seguir siendo pedagógica, en el sentido patricio, en el sentido de formar «bravos» ciudadanos, y, con ello, regular adecuadamente la distribución de las sensibilidades duras y fuertes para el espacio público, y las blandas y débiles para el espacio doméstico[17]. A la feminización de las letras, pues, una poética masculina. El culto de los héroes nacionales en la época fue, entre muchos, una excelente excusa.

De momento, los presupuestos del texto, aunque profundamente deudores del pensamiento oligárquico-señorial, no contravinieron mayormente los nuevos valores burgueses en consolidación. Si bien estos últimos estaban más inclinados a una «sentimentalización» de las letras —para ordenar y regular las inquietudes del ángel del hogar—, no desaprovecharon estas manifestaciones «épicas» de la cultura, por cuanto que reforzaban oportunamente una concepción del hombre viril (fuerte y contenido, sano y disciplinado, productivo y centrado) conveniente también a la nueva ética puritana del trabajo. La moderna sensibilidad burguesa podía acomodarse a las empacaduras marciales o a la permisividad del *laisser faire*. Después de todo, era una cuestión de saber posar.

---

[17] La producción literaria del guzmanato prácticamente se puede agrupar en una tendencia épico-patriótica y otra nostálgico-sentimental. Como importante instrumento de la consolidación del aparato estatal, la inflación de manifestaciones de carácter patriótico construyó un contexto propicio para la recepción de *Venezuela heroica*. No era un gesto aislado, sino tal vez el que más trascendió. Entre estatuas ecuestres, obeliscos, arcos de triunfo, un rosario de odas celebraban a los héroes. Sólo algunos hilos dicen de la moda épica que contextualizó la narración de Eduardo Blanco: en el año de Centenario, *Canto a Bolívar* de Rogelio Aguirre, *Boliviana* de Telésforo Silva Miranda, *La Boliviada* de Felipe Tejera; años antes, *El genio de América* (1873) de Juan Vicente Mendible; *Los héroes muertos* (1880) de Julio Calcaño, *La batalla de Carabobo* (1882) de Francisco Calcaño; y años después, *Ecos de la lucha* (1887) de Miguel Eduardo Pardo, *La batalla de Carabobo* (1888) de Amendoro Urdaneta; y aún hacia fines de siglo, en 1895, *Sucre, gloria americana* de A. Urdaneta y *Canto al Gran Mariscal de Ayacucho* de Niobe Jiménez. Prácticamente la atmósfera de los círculos culturales oficiales exudaba a himnos homéricos.

Y sigue siendo muy significativo que en esta «guerra de los géneros» por el poder interpretativo, el que de nuevo José Martí, en ocasión de la primera edición de *Venezuela heroica* (1881), celebrase esta poética masculina como el «triunfo de una batalla», prescribiendo este «noble ensayo histórico» como «libro de lectura de los colegios americanos». Pero no para todos los americanos: sólo —como aquellos manuales de urbanidad para sexos diferenciados— para ser leído por el «maestro a su discípulo, del *padre* al *hijo*». El acto performativo de la lectura de la épica también promueve la creación de comunidades masculinas: «Todo *hombre* debe escribirlo: todo *niño* debe leerlo» (Martí en Blanco 1970: 7-8). Comunidades masculinas virilizadas con esta lectura —«es un viaje al Olimpo, del que se vuelve fuerte para las lides de la tierra, templado en altos yunques» (*ibid.*: 7)—, que como bastiones impidieran la propagación de las sexualidades desviadas perniciosas a las jóvenes republicanas. La batalla cívica de las narrativas épicas o históricas configuraron una de las tecnologías —y microfísicas— de la definición de los géneros.

En una etapa de crucial consolidación del aparato burocrático y verbo-simbólico del Estado, la cuestión del carácter nacional (es decir, ciudadano) de la literatura fue un asunto que competía a los intelectuales más comprometidos con el mismo proceso de institucionalización del poder estatal; y la selección de los géneros discursivos no era simplemente un asunto de gustos ni de azares, sino un problema que decidía y marcaba campos de poder en conflicto y subjetividades sociales en pugna.

Las estrategias a las que se ve expuesta la construcción de la subjetividad intelectual —situación de clase, de género, de raza, lugar en el campo profesional— están presentes en el mismo tramado de la obra. La lucha por el poder interpretativo se desenvuelve en el mismo tejido de la escritura. Los intensos diálogos con la cultura de la época se van trenzando en los altos y bajos relieves del texto; y las huellas de lo no dicho son sólo el negativo de un conjunto de positividades que negocian su lugar en el horizonte de las formas estéticas dadas en un momento histórico. Sujeto y géneros, el género del sujeto, son elecciones y construcciones que llevan la impronta de un haz no menos complejo de hilos, cuya trama configura un conjunto textual de transacciones que dicen de este diálogo de géneros literarios y posicionamientos de género sexual. En otras palabras, lo que pudo haber estado en *Venezuela heroica* era una apuesta en el campo interpretativo y distribucional de los géneros en su doble acepción en cuanto a la cualidad femenino/masculino tanto de los géneros discursivos (la oferta que abría, por un lado, la novela y la lírica sentimental y, por el otro, las modalidades épicopatrióticas) como en las prácticas socio-culturales. Que sería como decir: la oda era a los hombres como la carta a las mujeres; los bronces ecuestres al escultor como la repostería a la cocinera[18].

El texto que nos ocupa representa una respuesta estética sensiblemente marcada al respecto en medio de un profundo reacomodo de fronteras «genéricas», que para la época habían perdido sus límites precisos y estables, lo que ocasionaba inquietudes y ansiedades, tanto en la imagen y quehacer «viril» del letrado, como también en la cualidad pedagógica (varonil) de las letras. No perdamos de vista que la cuestión por definir y estabilizar la identidad masculina del hombre fue tal vez uno de los ejes más recurrentes en todas las artes en un siglo regido por los axiomas patriarcales.

En su esfuerzo por acentuar compulsivamente la hegemonía falocrática, las sensibilidades patriarcales amenazadas encubrían todo un proceso de sutiles desplazamientos acusando sus causas, tales como la emergencia de la mujer y de los sectores medios y populares en los escenarios públicos, sin contar con la importancia que había adquirido el tópico del matrimonio y de la familia como reguladores de una sexualidad desbordada y bisagras del nuevo orden productivo burgués. Obviamente, la «estabilidad» que ofrecía la familia «domesticaba» en cierto modo las tradicionales virilidades, y controlaba el desvío de sexualidades ahora no deseadas (Diego 1992; Reyero 1996).

Acechado por varios flancos (la moderna economía libidinal burguesa, el ascenso de la mujer letrada, el demos alfabetizado, la condición hiperestésica del artista), el imaginario patriarcal, entonces, se autoexamina, se

---

[18] La distinción genérica sexuada y de lenguaje artístico cruza todas las esferas de la vida social, a tal extremo que casi se emparenta la idea de «arte» sólo con las manifestaciones que los historiadores han visibilizado. Esta distribución política operó en el área de la plástica en la Exposición Universal de Caracas en 1883. Mientras que en las salas principales eran expuestos los grandes óleos de *El Juramento de la Independencia* de Martín Tovar y Tovar, *La muerte de Girardot* de Cristóbal Rojas, la *Batalla de Carabobo* de Juan Antonio Michelena, y el fresco de la *Batalla de Carabobo* de Tovar y Tovar que decora el Salón Elíptico del Capitolio, en las galerías laterales no pocas mujeres también hacían gala de sus dotes artísticas; pero, en materiales que la historiografía consideró desechables: doña Josefa de Moreno Fernández hizo un retrato del General Guzmán Blanco, bordado con pelo sobre gró; la señorita Amelia Cocking, un cuadro alegórico con pelo; J. Paz Guevara, un retrato de Policarpia Zalavarrieta también hecho con pelo; Bárbara R. Sánchez, un escudo bordado en oro y seda. Artes menores o simplemente «manualidades», no hay aparato retórico que ponga a dialogar estas manifestaciones con aquellas otras. Los «patrimonios» que construyen la memoria nacional están hechos con materiales «duros» de la tradición patriarcal: piedras, mármoles, óleos, libros.

autorefiere, problematiza estéticamente su propia condición[19]; y la variedad de respuestas que el arte dio a la representación de las identidades masculinas revelaba, por una parte, un centro álgido de configuración de las ciudadanías modernas y, por otra, la inestabilidad e inseguridad misma de la apariencia aceptable de la identidad viril[20]. Por consiguiente, el espacio ficcional de *Venezuela heroica* entrega una mirada interpretativa de esta distribución y reacomodo de géneros en un período de intensa actividad nacionalista, interpelando con no poca fortuna la articulación entre identidades sexuales y ciudadanías: la *performance* del texto disciplina las pulsiones masculinas para el poder político e intelectual con la requerida economía libidinal. Por ello, la metáfora de la guerra así como el «Männerbund» emblematizan una poética de la represión productiva.

¿Cuál y cómo es el mapa de las identidades sexuales que nos dibuja subrepticiamente esta escritura fundante del imaginario histórico venezolano? ¿Cuáles son las ansiedades y fobias hacia los modelos culturalmente disponibles? ¿Cómo representar(se) los patrones anhelados y bajo sospecha? El régimen maniqueo de la narración heroica obliga en su esquema a acentuar las polaridades como base de su *ethos*: patriotas y realistas se reparten toda una política de la represión productiva. Dejemos pendiente por unos instantes la construcción de los héroes y pasemos al campo enemigo.

Como todo movimiento pendular, lo reprimido se desplaza y desborda en las «otredades» no controlables, en este caso forzosamente representadas en los enemigos de la patria. Sobre el adversario recaen los estigmas de la materialidad del cuerpo, los prejuicios de clase, etnia y género. Condensan uno de los mitos más acendrados del pensamiento letrado tradicional:

---

[19] El mismo sujeto histórico masculino que, al interrogar su lugar dentro del espectro de las posibles identidades sexuales, habla simultáneamente de la representación de la mujer como del sí mismo: coexisten, por un lado, un conjunto no despreciable de reflexiones en torno a la «cuestión femenina» (que podrían coronar con el ensayo de Leopoldo Lugones *El problema feminista* en 1916) y, por el otro, innumerables versiones dedicadas a rememorar las clásicas amistades de Aquiles y Patroclo, David y Jonatán, Sócrates y Alcibíades, Apolo y Jacinto, Dédalo e Ícaro. Explicar a la mujer era una forma de explicarse.

[20] Queremos remarcar que uno de los ángulos de la problemática es la apariencia civil y otra la sexualidad. Nos interesa la masculinidad como una apariencia, una representación cultural, una manera de identificar lo que es viril, que no tiene que ver con el comportamiento sexual. Nuestro análisis e interés ciñe sobre cómo una determinada sociedad imagina el cuerpo de la identidad viril y sus implicaciones político-culturales (Reyero 1996).

Componíase este ejército, casi en su totalidad, de rudos moradores de nuestras llanuras, por entonces completamente salvajes; de esclavos [...] corrían desatentos a degollar a sus libertadores; y de esa masa flotante, torpe, viciosa, hambrienta de botín [...] asiste como los cuervos al horrible festín de las batallas, para hartarse de sangre [...].

Aquella falange desordenada; aquel tropel de bestias y de hombres feroces; aquel híbrido hacinamiento de razas en el más alto grado de barbarie [...] aquel ejército fantástico y grotesco por la singularidad del equipo en que predominaba el desnudo, ponía espanto e inspiraba horror.

Veíase, en la revuelta confusión de los desordenados escuadrones, hombres tostados por el sol y apenas cubiertos con un calzón de lienzo arrollado hasta el muslo; fisonomías ceñudas, pies descalzos, talones armados de acicates de hierro; cabezas erizadas de greñas [...]; sillas de pieles sin adobar [...] o simplemente el terso lomo del animal bravío que completa aquellos centauros de las pampas (Blanco 1970: 43-44).

El *desnudo* de los cuerpos —énfasis de la misma escritura— centra e incomoda al tiempo la voz del narrador. El enemigo —probablemente el «otro» de sí mismo del sujeto enunciativo— no se compone únicamente de llaneros («rudos moradores de nuestras llanuras»), sino que es reducido a sólo cuerpo (cuerpo del deseo, cuerpo de la incontinencia); condensa en su naturaleza «salvaje» (son «hombres feroces») las pulsiones «viciosas» del bajo cuerpo: tienen sed de sangre humana y hambre de riqueza. Ser cuerpos desnudos («hombres tostados por el sol y apenas cubiertos con un calzón») perturba el cuerpo vestido de los patriotas («ponía espanto e inspiraba horror»), lo que provoca en primera instancia su «barbarización» («tropel de bestias») como mecanismo de autodefensa, pero sin dejar de ser objeto de una no problemática fascinación («aquellos centauros de las pampas»).

En una cadena de analogías semánticas, los moradores del llano (digamos, los sectores populares), por su «desnudez», están enmarcados de sexualidad; el demos, a su vez, es un «híbrido hacinamiento de razas», lo que equivale a decir que los sectores sociales no blancos representan las fuerzas peligrosas del cuerpo nacional porque son portadores de una sexualidad desbordada, que «desordena» y «confunde» un orden social imaginado bajo el régimen de una distribución de las sexualidades no necesariamente heterosexual, como tampoco una economía libidinal productiva en el sentido de aumentar el índice demográfico y amasar riquezas materiales. La soldadesca no sólo es viciosa porque viola a las mujeres —«danzan los sanguinarios triunfadores con las esposas y hermanas de las víctimas llevadas por la fuerza a aquel sarao del crimen» (Blanco 1970: 162)—, sino también porque su «ardiente codicia, al par que se ceban sin piedad en los vencidos, procuran encontrar los tesoros ocultos [...] para adueñarse de las escasas joyas y dinero» (*ibid.*: 271).

El deseo «sanguinario» y «lascivo» que siente este otro por el cuerpo femenino, violado y poseído, además de constituir un *Leitmotiv* del ejército anti-patriota, desplaza toda la temida materialidad del cuerpo sexuado hacia zonas de lo prohibido: no en vano su valoración negativa se torna «enemiga» del bando patriota. Constituye la parte opuesta del cuerpo elegido como ciudadanía modélica. Una disyunción, donde «*nuestros* rudos moradores del llano» representan el cuerpo indisciplinado de la nación, lleno de pulsiones y codicias, la parte de sí que despierta ansiedades, que en la «metáfora de la guerra» habría que vencer para garantizar un orden donde el deseo masculino fuese una fuerza sublimada o un deseo erótico desexualizado[21]. Precisamente, el exceso de sexualidad en las «razas híbridas» confunde el mapa social y genérico, obligando a pensar que el restablecimiento del orden depende de la no contaminación de las categorías puras. De aquí se va a desprender, como veremos, una predilección especial por aquellas ciudadanías que, en su capacidad de autocontrol y disciplinamiento, consigan su blanqueamiento étnico y la potestad a cierto liderazgo, porque han sabido sobreponer a las pasiones la serenidad y contención de la razón.

En este sentido, el sujeto atrapado por su incontinencia sexual y ambición material, regulado por la gramática de una producción reproductiva de capitales personales (de semen y oro), caracteriza en esta contienda armada no sólo lo abyecto sino aquello que debe ser vencido a través de su reconducción. No en vano, el contingente enemigo está formado en gran parte por «nuestros» llaneros.

---

[21] Interesa observar cómo, en *Venezuela heroica*, la mujer sólo es un cuerpo sexuado para las tropas enemigas: «Chamberland, uno de los más denodados [...] se destroza el cráneo de un pistoletazo antes de someterse a los ultrajes que le esperan. Desde el piso alto, su joven esposa, mujer de alma levantada, le ve caer y corre a socorrerle: un grupo de frenéticos la asalta, la detiene; ella resiste y los insulta: las bayonetas se bajan para darle muerte; pero acierta a presentarse un oficial realista, y prendado de la belleza de aquella intrépida mujer, se interpone diciendo a los soldados: *Esa mujer me pertenece, ¿no miran que es muy guapa?* Y como le excitasen a más grosero insulto las risas y las obscenas alusiones de su tropa, rodea con uno de los brazos la cintura de la dama e intenta estampar un beso en los convulsos labios de aquella desagraciada; pero ésta, abatida un instante, se rehace indignada, arrebatada del cinto del oficial una pistola, y se la dispara a quema ropa, atravesándosele el corazón» (Blanco 1970: 269). Sin embargo, en la medida que la mujer se resiste y defiende su honor, y con sacrificio evita el contacto con el otro, no sólo permanece incontaminada y desexualizada («mujer de alma levantada»), sino salva su ciudadanía tutelada. No sin contradicciones, su descorporización abre un espacio epistemológico para ser sujeto de sí misma.

En todo caso, las sexualidades peligrosas (que producen «espanto» y «horror») las ejercen sujetos masculinos, heterosexuales, no blancos, que en su anonimato (son «hordas invasoras», «selváticas falanges», «escuadrones salvajes») refieren a una masa popular de diverso origen, presta a ocupar el lugar del patriciado oligárquico, porque posee a sus mujeres y se apropia de sus riquezas. Son los nuevos sectores de los tiempos modernos que, para validar su ascenso, introducen el culto al dinero y a la familia heterosexual como patrones de adecentamiento social. Y es en este sentido que, desde las sensibilidades más aristocratizantes de los hombres de letras —y éste es el caso que nos ocupa—, una leve nostalgia recorre el texto con la añoranza de otras épocas donde «se ambicionaba gloria» y «no riquezas» (Blanco 1970: 426).

La representación de una identidad viril heterosexual, en *Venezuela heroica*, aparece marcada por una violencia transgresora. El ejercicio de esta sexualidad está en una relación directa con la apetencia de dinero. Los valores burgueses tendían a difundir, como parte de su programa de disciplinamiento general, dispositivos que implicaban axiomas de una producción reproductiva. Esto suponía la imposición del modelo del «homo economicus» (Cominos 1963; Foucault 1976 y 1977) en la esfera pública como privada: la fuerza masculina más preciada se concentraba en la capacidad sexual. El derroche irresponsable de ella podía acarrear la pérdida de la virilidad por debilitamiento o contagio de enfermedades venéreas. Como el capital —precisamente en una economía de acumulación— sólo crecía si se ahorraba. Igualmente, el fluido masculino —capital de la virilidad—, si se preservaba y sólo se disponía de él para una calculada reproducción de la especie (una inversión productiva) dentro de la familia monogámica, el patrimonio del hombre así como su honorabilidad crecían: en hijos y bienes. Por consiguiente, las políticas del ahorro, tanto en la contención de pulsiones como en la acumulación de dinero, contribuían a fortalecer el poder masculino acrecentando su fuerza viril como expandiendo su capacidad adquisitiva. Entonces, no es de extrañar que la nueva moral burguesa miró con sumo recelo las sexualidades solitarias o «raras», propiciando intensivas campañas a favor de la institución familiar como reguladora de la «paz» social, así como la promoción casi compulsiva del modelo de pareja heterosexual. No olvidemos que el progreso de un país también se media en términos de poblar desiertos; lo que suponía una combinatoria entre las políticas de inmigración y el culto de la mujer como «madre de familia»[22].

---

[22] Desde la primera mitad de la centuria ya aparecen obras que plantean la necesidad de reencauzar las pulsiones disipadas hacia una economía de la familia monogámica.

Las tecnologías de la construcción cultural de la virilidad son operaciones complejas, y en particular en un período preocupado por fijar sus límites. Por una parte, el pánico hacia una sexualidad espontánea impuso estrictas medidas de vigilancia para penalizar tanto la homosexualidad como el libertinaje. Por la otra, se consideraba que una virilidad saludable para la nación entrañaba el flujo metódico de su *élan vital* (impulso vital), o sea que la identidad viril respetable del hombre público debía circunscribirse a la institución matrimonial. Era obvio que la maquinaria de la civilización había puesto en marcha la domesticación del hombre o, en otras palabras, la «feminización» de aquel héroe hacedor de repúblicas con las armas de la palabra. Así pues, dentro de esta lógica, no dejaba de ser coherente que la representación de la mujer optara por dos extremos: demonizada o espiritualizada, igualmente la gran culpable de la pérdida de la energía masculina, inclusive dentro de los mismos predios de la institución familiar. Un régimen simbólico de intercambios heterosexuales como modelo también para la elite intelectual, ciertamente amenazaba la tradición falocrática del espacio letrado.

En esta intersección finisecular, muchos hombres de letras interrogaron sus identidades frente a estos desplazamientos de géneros y su adscripción a los espacios públicos y privados. Su distancia despectiva del utilitarismo burgués («comprad con oro, si podéis, la gloria de ser Ricaurte. Absurdo; donde el oro no alcanza principia lo sublime», insiste Eduardo Blanco) incluía la fobia hacia el «Marriage Plot»: antes de enfrentar las lides familiares, aunque fuese con un dulce «ángel del hogar», muchos intelectuales prefirieron refugiarse en círculos enteramente masculinos: la masonería, los cafés, los clubs, y también las academias sirvieron como espacios para establecer profundos lazos y complicidades entre ellos. La amistad entre pares, más si eran hombres, garantizaba una mayor riqueza afectiva o intelectual. Después de todo, la mujer era tenida como un ser voluble y pobre de espíritu que difícilmente podía en esas condiciones, ser la compañera ideal para los héroes de la nación (Sussman, 1995). Por consiguiente, la fantasía de la guerra abre ese espacio donde las virilidades pares se reconocen «amigas», compañeras de la misma causa —«hombres eminentes salen electos para formar aquel Areópago... especie de club de jacobinos» (Blanco 1970: 19) (Fig. 3).

La familia y el matrimonio como reguladores de la virilidad sana, el orden social, correlacionan el programa de civilización con la heterosexualidad. Para citar casos menos conocidos del ámbito venezolano: el drama *El libertino arrepentido* (1838) de Gerónimo Pompa; y las dos novelas de Guillermo Michelena, *Garrastazú o el hombre bueno perdido por los vicios* (1858) y *Gullemiro o las pasiones* (1864).

Fig. 3. *Carta de visita* (1870). Fotografía de Jacinto Cotera de Cienfuegos, Cuba. El lente de la fotografía captaba en ciertas poses afectos sutiles indicadores de otras sensibilidades cómplices. El tema de la amistad masculina no sólo era frecuente sino sinónimo de una auténtica relación entre pares. Decía, además, de la capacidad de lealtades entre hombres. El abrazo masculino asegura precisamente este «Männerbund» de las comunidades viriles. Raramente se verá al hombre abrazar a su mujer.

Si bien el ejército anti-patriota es el cuerpo material desbordado por sus deseos e instintos, el sujeto femenino en *Venezuela heroica* configura una masa diluida entre los niños y ancianos, víctima de la guerra. Desexualizado, porque forma un solo bloque indiferenciado con los niños y ancianos, es decir, sin un cuerpo sexuado constituido; viudas y huérfanas, desancladas del núcleo familiar que las articularía a una economía reproductiva: enflaquecidas y hambrientas, desmaterializadas de su peligrosa feminidad; «sobrecogidas de espanto», «masa», que en su «inconsciencia», explota en pura irracionalidad; sin centro, sin entes tutelares, «mitigan la sed con licores espirituosos», y «embriagadas corrían desatentadas por la ciudad dando alaridos espantosos» (Blanco 1970: 121).

Presas de la locura y sujetos sin razón, constituyen una no ciudadanía; más bien una pre-ciudadanía —«personas de todos los sexos, edades y condiciones, locas y despavoridas de temor» (Blanco 1970: 141)—, conjunto humano cuyo desdibujamiento invita la intervención de un agente racional, masculino, maduro y centrado que relocalice en unidades discretas las identidades de sexo, edad y clase. De momento, en el horizonte de esta ficción masculina, el sujeto femenino goza de la inmadurez, fragilidad e insanidad de los niños, ancianos y enfermos que la acompañan. Por lo tanto, la hace impertinente para formar pareja con los héroes de la patria.

Es importante recalcar que el sujeto femenino, al formar parte de la «plebe inconstante», se inscribe también dentro de las sensibilidades «bárbaras» y subalternidades desquiciadas que no ameritan una identificación individualizada. Salvo en casos muy puntuales, como Luisa Cáceres de Arismendi, carecen de rostro y de nombre propio. Son cuerpos que en su desestructuración pasan igualmente a ser recipiente de los bajos instintos como ser el quicio de la razón.

Fantasmas sin cuerpo, sin rostro —por lengua sólo alarido—, siguen siendo, no obstante, una presencia amenazante para la imaginación letrada, que, por ello mismo, reconvierte a la mujer en esta ficción en pura «sombra» y en mero «murmullo». Había que borrar la fuerza históricamente pujante que iba teniendo la mujer en los diversos frentes. Y es en este sentido que el texto acusa el reverso de su propia solución imaginaria: casi al pasar, paréntesis disruptivo en la solemnidad del estilo épico, dos mujeres del pueblo, armadas, soldaderas de la revolución independentista, departen en medio de una plaza. Único diálogo a lo largo de las páginas. El narrador no tiene otro recurso que cederles la palabra. Nadie habla por ellas. Intercambian asuntos de la guerra; se compadecen del sacrificio silencioso de Luisa Cáceres... Ellas tienen otro destino: la acción y el campo de batalla.

La mujer popular tiene corporeidad porque está cargada de trabajo (traen plátanos y júreles salados para alimentar a la tropa, y pelean en las trincheras junto a sus hombres); pero contradictoriamente también tiene voz propia. Recupera su cuerpo y su lengua. Sin embargo, no deja de ser la mujer del «otro», y, por lo tanto, cabe preguntarse si no se trata de una imagen virilizada de la mujer ya que incurre en temas de la plaza pública, o de una licencia que se permite el texto al incluir otra representación de la mujer dada la numerosa audiencia femenina que seguía ávida los capítulos de *Venezuela heroica*. ¿Mecanismo de compensación estética? ¿Admiración de la propia «barbarización» del «otro» sexuado del «otro» desnudo, del otro sexo? Escritura que deja traslucir la oscilación de fronteras y sensibilidades inestables, sentimientos confusos, híbridos, como el centauro de los llanos, mitad hombre, mitad caballo, temido y admirado a la vez.

En todo caso, el escenario de la guerra permite con suficiente coherencia borrar la identidad de la mujer del patriciado. Es, después de todo, sujeto más próximo y de mayor resistencia para el narrador letrado. Por otro lado, en la dialéctica de la escritura, lo reprimido se desplaza: lo tachado —la desexualización del cuerpo de las ciudadanías patrióticas— reaparece sobrecargado como pura sexualidad en el cuerpo del «otro», que es también, al fin y al cabo, el cuerpo del pueblo, a caballo entre estar o no estar con el bando enemigo.

En síntesis: tanto el cuerpo masculino del «otro» como el cuerpo «otro» femenino se dibujan entorno a la preocupación de ser o no marcados sexualmente. El péndulo oscila entre dos compulsiones: la homofobia y la misoginia. Cuerpos masculinos desbordantes de sexualidad; cuerpos femeninos desexualizados. Ambos fuera de los límites de la ley y de la razón: por hurto, violación, sadismo, embriaguez, locura, insanidad.

Para concluir con la representación de las tecnologías de la virilidad, pasemos a considerar el punto central de esta *poética masculina*, el cuerpo heroico de la patria; los cuerpos de la ciudadanía modélica para los asuntos del Estado; la resolución imaginaria de una virilidad conflictuada en tiempos modernos.

Todas las miradas de la narración convergen hacia una figura central: el Padre, eje imantador de la *civitas* y del derecho. Cual «Hércules americano», «arcángel terrible», «adalid apóstol», «antiguo gladiador», Simón Bolívar descuella por encima de todos sus congéneres porque su imperturbable humanidad muestra una voluntad capaz de haber disciplinado todas sus pasiones (Fig. 4).

> El Libertador aguarda confiado en su destino [...]. Al terror general que le circunda, opone, como fuerza mayor, su carácter tenaz e inconstrastable. [...] el NO supremo de una voluntad incorruptible, opuesto como un escudo de hierro a la propia flaqueza y a la contraria fuerza [...]. No rehuir jamás un sacrificio; aceptar el peso de todas las responsabilidades; vencer su propio cuerpo, sus dolores, las flaquezas del ánimo, las delicadezas del corazón, las tempestades del espíritu. Sofocar la propia sensibilidad en los momentos en que perdonar casi era delinquir. Ser generoso y aparecer avaro. Ser magnánimo y ostentarse cruel [...]. Se transforma en sacerdote de la ley [...] soldado del deber [...]. Su alma espartana

[…] le da el poder sin límites […] para libertar la patria […]. De ahí la pujante virilidad de aquella generación (Blanco 1970: 40, 72, 107, 48, 54, 62, 426).

En la medida en que el deseo viril («las flaquezas del ánimo») permanezca alejado y contenido de las «delicadezas del corazón» (del matrimonio y familia heterosexual), el sujeto masculino casto («sacerdote de la ley») podrá preservar toda su fuerza («carácter tenaz») para menesteres que trasciendan su individualidad. El precio de la «pujante virilidad» está en una relación directamente proporcional con el «sacrificio de la propia sensibilidad» y «el vencimiento del propio cuerpo». Lo que por otra parte permite desprender que el cuerpo desbordado es sinónimo de una anti-virilidad, falta de carácter, y extrema debilidad: los realistas pierden la guerra por indisciplinamiento... La economía del derroche los extravía. La continencia es, pues, el «escudo de hierro» de una férrea voluntad que trae la victoria.

Fig. 4. *Bolívar en Carabobo* (1888), de Arturo Michelena. La atmósfera que rodea al máximo héroe en *Venezuela heroica* es retomada por el cuadro de Michelena: virilidad erguida, severa, contenida, que solitariamente monta su caballo. Sin embargo, Eduardo Blanco para representar a los demás héroes de su narrativa prefirió seguir la tradición homérica: funcionan en parejas.

En este sentido, y desde esta perspectiva, la economía libidinal que promueve la familia sentimental atenta contra el cuerpo del hombre público, ablandando su ánimo para «libertar a la patria». Por el contrario, la máxima expresión de virilidad («el yo supremo» de «su propio cuerpo») implica la desexualización del deseo. La serenidad apolínea del héroe significa ese triunfo de la razón. Lo que sería la propuesta básica de una masculinidad que cuanto más íntegras conserve sus energías pulsionales tanto más incólume («incorruptible») sea su virilidad. No en balde, el ejército patriota cubre su cuerpo con vistosos uniformes.

De allí que la identidad viril del hombre —y en particular del hombre de Estado— deba estar disociada de los patrones de la cultura sentimental; la cercanía con la ley le exige un «alma espartana», y un carácter que le sirva como «escudo de hierro» para evitar que sus pulsiones entren en contacto con mujeres casi «fantasmas invisibles», «poseídas de desesperación», «enloquecidas por la miseria y el terror». La mecánica del texto de «despojarlas de humanidad» legitima el distanciamiento prudente de este cuerpo viril de un sujeto femenino «enfermo».

Y no es ésta una tecnología para elegidos; es una ética para fraternidades. También los «soldados republicanos» abrazan esta «pasmosa tranquilidad», «serenos», con «los ojos reposados» y «sin fiereza, la enérgica expresión de un ánimo resuelto a sobreponerse, en cumplimiento del deber» (Blanco 1970: 146).

Curiosa combinatoria de cuerpos atléticos, de «atributos olímpicos», con el ascetismo de caballeros medievales, configuran el patrón de una virilidad casta, de gladiadores serenos: Bolívar, Páez, Soublette, Ribas, Arismendi, Piar, Cedeño, Bermúdez, «¡qué hombres!», «figuras prestigiosas», «cual antiguos paladines», «apuestos», «sonreídos», «jóvenes», «exhibiendo en los desnudos pechos cicatrices gloriosas», remedan «los tiempos heroicos de la Grecia». La puesta en circulación a lo largo del siglo XIX de la imaginería greco-latina, con predilección por el estereotipo del atleta griego, que combinaba tentadoramente un erotismo sereno con un cuerpo desexualizado, cautivó profundamente la fantasía masculina, porque veía en estos musculosos efebos, entre otras posibilidades, un símbolo que resumía, al tiempo, la eternización del poder viril de la nación en esa serena fuerza desnuda.

Juventud, belleza, equilibrio, pureza, eran el rostro idóneo para representar la dedicación de aquellos hombres que construían la patria. La ciudadanía, entonces, devino en un sueño de camaraderías masculinas, hermanadas por la virtud y la belleza serena (la contención y el erotismo) como maneras que permitían negociar (desplazar y sublimar) el terror homosexual. El clásico modelo griego, de héroes y dioses, le dio a esa cúpula de hombres letrados y políticos la ilusión de inmutabilidad del poder patriarcal; y la evocación del pasado de las guerras independentistas el adecuado marco estético para trasladar y viabilizar sus fantasías masculinas fuera de su presente histórico[23]. El ideal griego exorcizaba y convocaba a la vez el homoerotismo latente en la sensualidad de estos cuerpos y la respetabilidad de una virilidad purificada de pasiones explícitas.

El «alma espartana» dentro de un «porte calmado», por un lado, y la «voluptuosidad» que «conturba los ánimos» de estos «formidables atletas», por el otro, colocan estas virilidades en una situación de interdicción: la inquietud inconsciente hacia la homosexualidad —lo reprimido bajo «la serena calma»— potencia bordes difusos que se mueven sin definirse (como los seres híbridos) dentro de un espacio estético homoerótico (la épica homérica) que valida proximidades e intercambios «blandos» sin perder la compostura:

> Bolívar sale al encuentro de Bermúdez, a quien avista en el puente del Neverí, y olvidando los pasados resentimientos, corre a él y le abraza llamándole *el libertador del Libertador*. Tierna fue la escena entre aquellos dos hombres que tanto se habían hostilizado aunque militaban en las mismas banderas. Bermúdez, conmovido y dominado por la generosidad de Bolívar, a quien tanto había ofendido, no pudo articular una sola palabra; sus lágrimas sin embargo fueron más elocuentes que sus labios, y desde aquel momento su adhesión al Libertador fue sincera y constante (Blanco 1970: 257-258).

La línea que bordea las sexualidades prohibidas es muy frágil, casi imperceptible. El deseo del cuerpo masculino está regulado por la mezcla de tradiciones greco-judeo-cristianas que controlan los posibles desvíos o ama-

---

[23] El gusto por la mimetización heroica adquirió durante el guzmanato una hipermetrofia a ratos grotesca. No es desconocida la obsesión que sintió Guzmán Blanco por simbiotizarse en cada acto público con la apariencia de Simón Bolívar. El juego de identificaciones y sustituciones entre símbolos patrios y personas hacía (con)fundir en ellos Estado, patria, héroes. Leocadio Guzmán Blanco, el padre del Ilustre, vestía desde 1874 la espada del Libertador. Y Eduardo Blanco sirvió de modelo para el Francisco de Miranda del cuadro de Arturo Michelena (*Miranda en la Carraca*, 1896). El juego de la pose deja traslucir el oscuro anhelo de mimetizarse con esas apariencias de una imaginación heroica señorial deudora de la presión democratizadora de los tiempos finiseculares. El asedio de la nostalgia une la realidad del modelo y su representación en el héroe derrotado y envejecido. Ya no es una pose heroica retadora y triunfante.

neramientos. El discurso recalca a manera de sospechoso ritornello la «pujante virilidad», «la raza viril» de estos hombres, aparte de su devoción «apostólica» hacia la patria. Pero el ejército configura una gran familia, espacio permisible para relaciones homosociales, amistades entre seres de iguales condiciones. Por consiguiente, los héroes de *Venezuela heroica* han preferido el «Masculine Plot» al «Marriage Plot» (Halperin 1990; Sussman 1995). La «metáfora de la guerra», a la vez que soluciona imaginariamente tensiones, vuelve a ser un dispositivo encubridor. Y es en este sentido que nuestro análisis de la obra propone una lectura desviada, descontrolada de una tradición también falocrática de la crítica literaria.

Van formando parejas acopladas en cuerpo como en vocación política:

> Mac-Gregor, todo ímpetu, con su carácter aventurero y romanesco [...] es el brazo del ejército; Soublette es el cerebro. El uno aventura, el otro cuida y dirige los golpes cuando los cree certeros. Las simpatías y el respeto de las tropas, las poseen por igual (Blanco 1970: 238).

> Emulándose Ribas y Bermúdez en intrepidez y ardimiento, se ostentan gigantescos [...]. No avasalla, empero, el desaliento, ni a Ribas ni a Bermúdez; la recíproca emulación que los domina, al par los enardece, y nada ven como imposible a su genial bravura [...]. ¡Qué hombres! (*ibid.*: 207-208).

> Campo-Elías y Montilla se abrazan en medio del combate; y juntos cargan, de nuevo al enemigo, que retrocede amedrentado ante el máximo esfuerzo de aquel grupo de héroes (*ibid.*: 61).

Esta clase de parejas obedece a una formación cultural muy particular; son compañeros de armas; constituyen una amistad heroica, y pueden formar «pareja» pública («las simpatías y el respeto de las tropas las poseen por igual»), porque están construyendo un nuevo orden social. Y a despecho del modelo burgués heterosexual en marcha, pueden exaltar dentro de este marco las cualidades no menos eróticas y productivas de las comunidades masculinas.

El intercambio entre virilidades elitistas —heroicas— en un espacio que sólo permite hombres, les produce «ese fuego sublime», «ese ardor entusiasta», «un sublime vértigo», donde la ficción de la guerra y el pasado son metáfora que dice de la añoranza del letrado por defender el ámbito viril de las letras, y el ejercicio de la escritura como un asunto de Estado. La paradoja entre «sentir el alma fuerte», «serena la conciencia», «dominar la naturaleza hasta acallar el instinto», pero vivir «la voluptuosidad», «la embriaguez», «los espasmos» del heroísmo (Blanco 1970: 53), sitúa la identidad viril del hombre de Estado o letrado en una castidad erótica que supone reconducir la energía hacia los asuntos públicos o literarios, logrando escapar del cerco de la moral burguesa y poder refugiarse con la misma respetabilidad y reconocimiento públicos detrás del aristos de los trabajos del espíritu.

El roce de las inteligencias masculinas estimula la productividad intelectual; eros y afectividad en este necesario maridaje homosocial es tan rentable para los asuntos de la «alta» política de la nación como la economía reproductiva de la ética burguesa. En un caso, se capitalizan ideas, leyes, letras, arte; y, en otro, se produce dinero, mercancías e hijos. Una buena dosis de soledad, entonces, era indispensable para realizarse como hombre de letras; o las letras y la arena política eran el río idóneo para camuflar una sexualidad inapropiada. En este ángulo, el *ethos* viril de origen patricio no colidía con la nueva apariencia severa y empaquetada exigida por la decencia burguesa. Ambas perspectivas rechazaban el carácter flébil de las virilidades modernas.

El estilo marcial así como el gusto por motivos épicos tan en boga en el último tercio del siglo llamó la atención sobre la necesidad de apostar por una imagen más estable y firme de la virilidad, aparte de reforzar la naturaleza noble y profunda de las amistades masculinas[24]. También frente a la progresiva expansión de las medianías, ciertos círculos apelaron con nostalgia a la reposición de toda una imaginería litúrgica de temas antiguos con los que se podía fabricar un resguardo virtual de mitos aristocratizantes. Obviamente los tiempos que corrían ya no eran heroicos (Mosse 1975; Nelson 1998).

La relectura de la tradición griega y su reposición más inmediata a través de la cultura humanista de la Ilustración popularizó la idea del hombre universal, que en su condición andrógina contenía simbólicamente en su única naturaleza los dos sexos, al hombre (*andro*) y a la mujer (*gyne*), componentes duales de la totalidad (Diego). El concepto del andrógino como padre de los hombres —en este sentido se habla también de la condición andrógina de Dios— tuvo una profusa iconografía a partir del XIX, muy ligada a la paternidad de las gestas fundacionales —los héroes son los Padres de la Patria—, que implicaba la capacidad procreadora (femenina) y fundante a la vez del

---

[24] En este punto no queremos dejar pasar otra lectura posible del cuadro de Martín Tovar y Tovar *La Firma del Acta de Independencia* para conmemorar el centenario del natalicio del Libertador. El grupo de figuras masculinas declara *su* independencia. (En)cerrados sobre sí mismos tienen un pacto de vida civil falocrática: están firmando la pertenencia masculina de las academias, ateneos, colegios, periódicos, artes y letras del presente moderno. La firma del acta es una lucha por el poder interpretativo.

hombre. Al contener ambos sexos —ser así una hermafrodita—, se subrayaban la castidad y la asexualidad del hombre. Simón Bolívar, «armado cual Minerva» (Blanco 1970: 340), configura esta identidad andrógina —porque es también Zeus, Bonaparte y Carlo Magno—, padre y madre a la vez, «genio inmortal», «foco de luz», cuya «entereza» debe «perseverar sin tregua» para «entregar a la patria, alma, cuerpo, sangre, vida» (*ibid.*: 106); o, en otros términos, en su sexualidad onanística conservarse célibe para ofrecerse, por un lado, como padre y jefe de todos los hombres del «Männerbund», y, por otro, como padre, esposo, y hermano de las mujeres.

Su asociación con Minerva y Hércules permite concebirlo dentro de una tecnología de las sexualidades que funciona como bisagra («híbrido centauro») para ambos sexos. Su energía reproductiva no pasa por la sexualidad: Zeus parió a Minerva de su cabeza sin la necesidad de cohabitación. Fue un parto «racional», puro, sin contactos. Así, la partenogénesis es una atribución de dioses; y, de nuevo, una sugerente metáfora que no deja de estar cargada de ambigüedades: al magnificar la autosuficiencia falocrática, condensa una potente virilización de la identidad masculina, que permite tanto la necesaria misoginia para bordear el programa heterosexual burgués, como difuminar las ansiedades homoeróticas. La heroización de la abstinencia en Bolívar intensifica, de algún modo, su deseo homoerótico de su par más cercano: «semejante a un centauro», «apuesto», «moderno Aquiles», Bolívar se reconoce en Páez, y lo «proclama Capitán General» (Blanco 1970: 463).

Sin duda, la mecánica de la desexualización de los hombres poderosos es un programa «heroico» que viabiliza productivamente los efectos ideológicos de la unidad nacional, y consagra el aparato estatal y los asuntos públicos en manos de comunidades masculinas, ocultando, tras poses austeras y victorianas, un flujo de tensiones que revelarían otras sexualidades, otras pieles, otras ciudadanías[25].

Mediante la retórica de la poética masculina de *Venezuela heroica*, Eduardo Blanco creó un espacio de virilidades heroicas que decían de un nostálgico deseo de restituir en el presente de los tiempos modernos el carácter de una virilidad aristocratizante de las letras; lo que suponía una contrarrespuesta a la apropiación democrática y feminizante del campo. Por otra parte, contrarrestar la «amoralidad» del presente con una literatura didáctica

---

[25] El Simón Bolívar (1994) de Juan Dávila despliega todo lo reprimido. Mestizo, andrógino, travesti, hermafrodita, maquillado, postizo, grosero, irreverente, es el desmontaje de las máscaras de las elites criollas occidentales que al construir los símbolos nacionales sólo han transfigurado en ellos sus obsesiones y fantasías.

refundante de ciudadanías viriles; y resituar al hombre de letras como un soldado entregado por entero al servicio de la palabra ejemplar.

Bibliografía

ACOSTA, Cecilio (1982): «Deberes del Patriotismo» [1867-1868]. En: *Obras completas*. Caracas: La Casa de Bello, 2 vols.

ARMSTRONG, Nancy (1991): *Deseo y ficción doméstica*. Madrid: Cátedra.

BARRÁN, José Pedro (1992): *Historia de la sensibilidad en el Uruguay*. Montevideo: Ediciones de la Banda Oriental, 2 vols.

BLANCO, Eduardo (1970): *Venezuela heroica* [1881]. Con «Un Juicio de José Martí» (2ª ed. aumentada, 1883). Madrid: Ediciones J. Pérez del Hoyo.

BUTLER, Judith (1990): *Gender Trouble: Feminism and the Subversion of Identity*. New York: Routledge.

CANÉ, Miguel (1838): «Literatura». En: *El iniciador*. Montevideo: s/e.

COMINOS, Peter (1963): «Late-Victorian Sexual Respectability and the Social System». En: *International Review of Social History* nº 8.

COPJEC, Joan (1994): *Supposing the Subject*. London: Verso.

DANAHY, Michael (1991): *The Feminization of the Novel*. Gainesville: University of Florida Press.

DELEUZE, Gilles y GUATTARI, Félix (1994): *Mil mesetas. Capitalismo y esquizofrenia*. Valencia: Pre-Textos.

DÍAZ RODRÍGUEZ, Manuel (1901): *Ídolos rotos*. Barcelona: Nueva Cádiz.

DIEGO, Estrella de (1992): *El andrógino sexuado. Eternos ideales, nuevas estrategias de género*. Madrid: Visor.

DIJKSTRA, Bram (1994): *Ídolos de perversidad: la imagen de la mujer en la cultura de fin de siglo*. Madrid: Debate.

DOUGLAS, Ann (1988): *Feminization of American Culture*. New York: Anchor Books.

EDMONDSON, Belinda (1999): *Making Men. Gender, Literary Authority, and Women's Writing in Caribbean Narrative*. Durham: Duke University Press.

FOUCAULT, Michel (1976): *Vigilar y castigar. Nacimiento de la prisión*. México: Siglo XXI.

— (1977): *Historia de la sexualidad*. México: Siglo XXI.

— (1990): *Tecnologías del yo*. Barcelona: Paidós.

FULLER OSORES, Norma (1997): *Identidades masculinas. Varones de clase media en el Perú*. Lima: Pontificia Universidad Católica del Perú.

GAY, Peter (1992): *La experiencia burguesa. De Victoria a Freud*. México: Fondo de Cultura Económica, 2 vols.

GILMORE, David (1990): *Manhood in the Making. Cultural Concepts of Masculinity*. New Haven: Yale University Press.

GONZÁLEZ STEPHAN, Beatriz (1995): «Las disciplinas escriturarias de la patria: constituciones, gramáticas y manuales». En: *Estudios. Revista de Investigaciones Literarias y Culturales* n° 5.
— (1997): «Fundar el Estado/Narrarla Nación (*Venezuela heroica* de Eduardo Blanco)». En: *Revista Iberoamericana* n° 178-179.
GREEN, Laura (1995): «Strange (in)difference of sex; Thomas Hardy, the Victorian Man of Letters, and the Temptations of Androgyny». En: *Victorian Studies* 38, n° 4.
HALPERIN, David (1990): *One Hundred Years of Homosexuality and other Essays on Greek Lore*. New York: Routledge.
HELLER, Ben (1996): «Saturando espacios: comunidad, sexualidad y pedagogía en José Martí». En: *La Torre* n° 1-2.
HOBSBAWM, Eric (1998): *La era del imperio, 1875-1914*. Buenos Aires: Grijalbo Mondadori.
JENKYNS, Richard (1980): *The Victorians and Ancient Greece*. Cambridge: Harvard University Press.
KIMMEL, Michael (1995): *The Politics of Manhood*. Philadelphia: Temple University Press.
LAQUER, Thomas (1994): *La construcción del sexo. Cuerpo y género desde los griegos hasta Freud*. Madrid: Cátedra.
MANGAN, J. A. y WALVIN, James (1987): *Manliness and Morality. Middle-class masculinity in Britain and America 1800-1940*. Manchester: Manchester University Press.
MÁRMOL, Miguel (1980): «Una boda». En: Mariano Picón Salas (comp.), *Antología de costumbristas venezolanos del siglo XIX*. Caracas: Monte Ávila.
MARTÍ, José (1977): «Un viaje a Venezuela» [1875-1877]. En: *Nuestra América*. Caracas: Biblioteca Ayacucho, vol. 15.
— (1978a): «Prólogo a *El Poema del Niágara* de Juan Antonio Perez Bonalde» [1882]. En: *Obra literaria*. Caracas: Biblioteca Ayacucho, vol. 40.
— (1978b): «Amistad funesta» [1885]. En: *Obra literaria*. Caracas: Biblioteca Ayacucho, vol. 40.
MONTALDO, Graciela (1994): *La sensibilidad amenazada. Fin de siglo y modernismo*. Buenos Aires: Beatriz Viterbo.
MONTENEGRO, Feliciano (1841): *Lecciones de buena crianza, moral i mundo, ó Educación popular*. Caracas: Imprenta de Francisco de Paula Núñez.
MONTERO, Oscar (1997): «Hellenism and Homophobia in José Enrique Rodó». En: *Revista de Estudios Hispánicos* vol. 31, n° 1, 25-40.
MOSSE, George (1975): *The Nationalization of the Masses*. New York: Howard Fertig.
— (1985): *Nationalism and Sexuality. Middle-Class Morality and Sexual Norms in Modern Europe*. Wisconsin: The University of Wisconsin Press.
— (1997): *L'image de l'homme. L'invention de la virilité moderne*. Paris: Éditions Abbeville

NELSON, Dana (1998): *National Manhood: Capitalist Citizenship and the Imagined Fraternity of White Men*. Durham: Duke University Press.

NYE, Robert (1993): *Masculinity and Male Codes of Honor in Modern France*. New York: Oxford University Press.

RAMA, Ángel (1985): *Las máscaras democráticas del modernismo*. Montevideo: Fundación Ángel Rama.

RAMOS, Julio (1989): *Desencuentros de la modernidad en América Latina. Literatura y política en el siglo XIX*. México: Fondo de Cultura Económica.

REYERO, Carlos (1996): *Apariencia e identidad masculina. De la Ilustración al Decadentismo*. Madrid: Cátedra.

ROMERO, José Luis (1976): *Latinoamérica: las ciudades y las ideas*. México: Siglo XXI.

SCOTT, Joan (1996): «El género: una categoría útil para el análisis histórico». En: Marta Lamas (comp.), *El género: la construcción cultural de la diferencia sexual*. México: UNAM/Porrúa, 265-302.

SEDGWICK, Eve K. (1985): *Between Men: English Literature and Male Homosocial Desire*. New York: Columbia University Press.

SHOWALTER, Elaine (1990): *Sexual Anarchy. Gender and Culture at the Fin de Siècle*. London: Penguin Books.

SILVA BEAUREGARD, Paulette (1993): *Una vasta morada de enmascarados*. Caracas: La Casa de Bello.

— (1998): *¿De qué hablaban cuando hablaban de amor? Narrativas sentimentales y médicas en Venezuela*. Tesis doctoral. Universidad Simón Bolívar.

STALLYBRASS, Peter y WHITE, Allone (1986): *The Politics and Poetics of Transgression*. New York: Cornell University Press.

SUSSMAN, Herbert (1995): *Victorian Masculinities. Manhood and Masculine Poetics in Early Victorian Literature and Art*. Cambridge: Cambridge University Press.

TICKNER, Lisa (1992): «Men's Work? Masculinity and Modernism». En: *Differences: A Journal of Feminist Cultural Studies* 4.3, 1-37.

THEWELEIT, Klaus (1987-1989): *Male Fantasies*. Minneapolis: University of Minneapolis Press, 2 vols.

MASCULINIDADES COLECCIONISTAS: POLÍTICAS DEL CUERPO EN LA FRONTERA, ARGENTINA Y BRASIL, C. 1880

ÁLVARO FERNÁNDEZ BRAVO
New York University en Buenos Aires/CONICET, Argentina

Las fronteras han sido —y todavía son— espacios de tráfico de cuerpos y de conocimiento, zonas donde se interrogan las identidades y donde emergen posiciones de género a partir del contacto violento entre sujetos desiguales. La colisión entre subjetividades opuestas —no restringida sólo a individuos de distinto género sino también al contacto entre indios, blancos y negros del mismo sexo (como, por ejemplo, en el *Martín Fierro*), o a nacionales y extranjeros, europeos y americanos, agentes estatales y comunidades nómades, bárbaros y civilizados— dejó huellas en la subjetividad colectiva que se fundía y afirmaba su diferencia en el espacio fronterizo. Allí se gestaba un nuevo sujeto y se polarizaba el contraste entre universos simbólicos diferentes. La literatura se hizo cargo de esta cuestión en algunos de los libros más representativos del siglo XIX latinoamericano: *Una excursión a los indios ranqueles* (1870) de Lucio V. Mansilla; el *Martín Fierro* (1872-1878) de José Hernández; *O guaraní* (1857) e *Iracema* (1865) de José de Alencar; y *Tabaré* (1888) de Juan Zorrilla de San Martín; todas obras donde se enfrentan subjetividades divergentes y convergentes constituidas en escenarios fronterizos.

Aunque la frontera fue hegemonizada durante el siglo XIX por la presencia masculina de exploradores, conquistadores y aventureros —la expresión «hombres de ciencia» y las crónicas militares de la frontera hablan por sí mismas de un régimen simbólico androcéntrico—, en el caso de la Argentina, el problema de las cautivas y un corpus de relatos de viaje escritos por mujeres permite reconocer una presencia femenina en este ámbito por otra parte dominado por lo masculino (Szurmuk 2000)[1]. El mestizaje forzado y el rescate de las cautivas operaron a la vez como emergencia de una cultura de la frontera y como argumento para la intervención militar con el propósito de rescatar a las mujeres secuestradas. Así, el protagonismo de los agentes hombres, científicos o soldados, se vio reforzado en el escenario fronterizo a partir de la presencia de mujeres.

También en Brasil la literatura romántica incurrió en representaciones de personajes femeninos en el contacto entre la cultura urbana del litoral y el interior «salvaje», como lo denomina uno de los autores estudiados en este artículo. No sólo la literatura «indianista» sino también la pintura y la música (la ópera *O guaraní*, de Carlos Gomes, estrenada en 1870 en La Scala de Milán) acudieron a una iconografía indígena como *locus* de la identidad nacional. Las representaciones de mujeres indígenas proveen imágenes altamente ideologizadas de una subjetividad edénica, eventualmente amenazada por la corrupción masculina y europea (Sommer 1993; Sá 2004)[2]. Habría que distinguir, no obstante, un régimen menos polarizado y más atento a imágenes de lo indígena como representaciones de lo nacional en el extendido romanticismo brasileño, en contraste con la frontera en la tradición argentina, atravesada por una carga de violencia física y simbólica que supuso un lugar problemático —cuando no simplemente inexistente y silenciado— para los indios en las representaciones de la identidad colectiva (Martínez Sarazola 2005; Viñas 1982; Carneiro da Cunha 1998)[3].

Asimismo, el tráfico de indígenas para el trabajo esclavo en distintas fronteras del Brasil habla de un tipo de comercio de cuerpos y seres humanos con el propósito de explotarlos y someterlos a un régimen laboral que también produjo consecuencias en el nivel simbólico. Las bandeiras paulistas ocupan un lugar destacado en el imaginario brasileño, junto al mameluco y los indios tupí; conviven allí personajes antagónicos que, sin embargo, comparten un escenario común donde representan a la identidad colectiva[4]. Tanto

---

[1] Mónica Szurmuk reunió un corpus de relatos de viaje de mujeres, muchos de ellos en territorios de frontera. Sobre aventuras y masculinidad, véase Nouzeilles (2000 y 2002). Existe también un corpus de literatura de viajes escrito por mujeres referido al Brasil.
[2] Lilia Moritz Schwarcz analiza el romanticismo indianista en *As barbas do Imperador* (1998: 126-150).
[3] La *História dos Índios no Brasil*, editada por Manuela Carneiro da Cunha, es la mejor fuente sobre el tema en Brasil.
[4] Sérgio Buarque de Holanda, en *Raízes do Brasil*, distingue las bandeiras paulistas como un tipo de acción colonizadora local, diferente de la escasa penetración portuguesa

en Argentina como en Brasil, el desplazamiento forzado de grupos étnicos completos a nuevos espacios constituyó una práctica frecuente. El ejercicio de dominación masculina —militar y científica— de los indígenas durante la segunda mitad del siglo XIX será el foco de mi ensayo, donde me interesa examinar las estrategias de control de cuerpos y subjetividades «otras» por parte de fuerzas estatales, y la constitución a través de ese procedimiento de una autoimagen viril y patriarcal para los agentes de los nacientes Estados nacionales argentino y brasileño. La masculinidad estatal fue articulada principalmente en una frontera interior, donde el Estado palpaba su propio perímetro, elaboraba una muy necesitada mitología nacional y ejercía una política de sujeción simbólica y colección cultural capaz de ser interrogada en torno a la cuestión de la masculinidad[5].

La voluntad de regular el cuerpo salvaje tanto mediante la formación de un capital simbólico científico —estudios antropométricos, registros de datos, especulaciones sobre formaciones étnicas nacionales, investigaciones lingüísticas— como mediante un régimen laboral habla de un sistema de saber racional tendido sobre los cuerpos indígenas con el propósito de dominarlos y someterlos a un sistema de saber estatal.

Un episodio ficcional en la novela *Quilito*, de Carlos María Ocantos (1890), permite reconocer esta coyuntura[6]. El texto se abre con la historia de Pampa, una india secuestrada en la frontera y asignada al trabajo doméstico en una familia de Buenos Aires:

> Pampa se había quedado dormida, acurrucada en el umbral. Envuelta su monstruosa cabeza en el refajo de bayeta amarilla, que había levantado por detrás al sentarse; un pie montado sobre el otro, como para prestarse mutuo calor, calzados ambos en gruesos zapatos claveteados; las manos debajo del delantal blanco, dormía sobre la dura piedra, como sobre un cómodo colchón de muelles (*Quilito*, 11).

---

en el interior del continente; las bandeiras serían así una manifestación temprana de la identidad brasileña (1957: en especial, 100 y ss.). Sobre las bandeiras, véanse Morse (1965) y D'Escragnolle Taunay (1924-1950), quien ha escrito con mayor consistencia sobre el tema.

[5] Trabajé sobre este tema en *Literatura y frontera: procesos de territorialización en las culturas argentina y chilena del siglo XIX* (1999). María Helena P. T. Machado analiza extensamente el lugar de Couto como mitógrafo en «Um mitógrafo do Império» (2000).

[6] Empleo la edición de 1985 publicada en Madrid. En adelante, las citas corresponden a esta edición.

La novela narra la llegada de un contingente de indígenas a Buenos Aires —«turba miserable [...] botín de la última batida en la frontera» (*ibid.*: 15)— entre los que se encuentra la india Pampa, alojada en la casa de Pablo Aquiles, escenario de la historia relatada en el texto. Los indígenas transportados a Buenos Aires fueron insertos en un régimen laboral de explotación y sometidos también a mediciones y estudios. La cabeza monstruosa referida en la cita alude al cuerpo como objeto de un análisis científico. Así, en este caso la dominación se ejerce doblemente sobre un sujeto femenino e indio, asignado al lugar subalterno de la servidumbre doméstica. Su cuerpo es observado en sus rasgos específicos —definidos en el discurso racialista como deformes— que serán materia de estudios científicos[7].

Según veremos más abajo, el interés por los cuerpos, esqueletos y cráneos indígenas es muy extendido en el escenario fronterizo en el marco del creciente prestigio de las doctrinas raciales. Me gustaría postular que en la voluntad de dominación de la materia —los cuerpos y el territorio que habitaban; la naturaleza todavía indómita en las fronteras interiores de América Latina— puede leerse una afirmación y construcción de las identidades masculinas pensadas como dispositivos racionales de control de la naturaleza[8]. En ese marco, la subjetividad indígena es descrita como masculina y viril de modo simétrico al de su antagonista blanco. En los libros sobre la frontera de la tradición argentina abundan imágenes y referencias a indígenas hombres (a menudo caciques, jefes y líderes capturados y exhibidos como trofeos militares) y, aunque las cautivas aparecen referidas, siempre ocupan un lugar remoto y silencioso. Quienes ponen en práctica las políticas de apropiación de cráneos y cuerpos, el transporte masivo de indios, y sostienen un interés científico son los «hombres de ciencia», los militares y los viajeros, capaces de recorrer e

---

[7] En la *Revista del Museo de La Plata*, hay un conjunto de fotografías de indígenas fueguinos transportados desde la Patagonia para trabajar en el museo. F. H. Hinsley (1972) propone que la soberanía siempre supone la dominación de un grupo sobre otro. Las cabezas indígenas fueron materia de estudios médicos y antropológicos en la Argentina, muchos de ellos publicados en la *Revista del Museo de La Plata*. Los indígenas, cuyos cuerpos, una vez muertos, eran estudiados y alojados en la colección del Museo, son materia de fotografías y mediciones. Sobre el tema, véase el artículo de Andermann y Fernández Bravo (2004). La bibliografía sobre raza en América Latina es bastante extensa; véanse Graham (1990); Nouzeilles (2000); Stepan (1991); y Zimmermann (1992).

[8] Butler (1993) y Haraway (1991) elaboran las hipótesis más provocativas para pensar la relación entre género y naturaleza. Véase también Andermann (2003b) para un análisis en el contexto brasileño decimonónico.

intervenir sobre los territorios donde se alojaban esos cuerpos y de ejecutar políticas culturales del Estado. Por esta razón, en este artículo no me interesa tanto el tráfico de mujeres que se realizó en el período, no obstante lo que ha señalado Judith Butler acerca del intercambio de mujeres entre hombres en la teoría de Lévi-Strauss, elaborada parcialmente durante su estadía en Brasil. Sostiene Butler que ese intercambio resulta central para entender la formación de una subjetividad masculina, y también puede reconocérselo en relación al problema de las cautivas, intercambiadas al fin y al cabo entre indígenas hombres y militares criollos (1999: 38-43). Cabe señalar que desde Mansilla hasta Hernández, en la tradición literaria argentina de la frontera son habituales las relaciones de reciprocidad entre hombres y también los cuerpos indígenas masculinos son descritos, según veremos, con una minuciosidad y fascinación no exentas de un deseo erótico[9].

Quisiera desplazarme entonces de la representación femenina al problema del cuerpo y la masculinidad tal como emerge en la obra de dos viajeros científicos y militares latinoamericanos del siglo XIX en las fronteras de Argentina y Brasil, más específicamente en los territorios de la Patagonia y la Amazonia —un universo representado como masculino, nacionalmente indeterminado, abundante en manifestaciones culturales autóctonas pasibles de apropiación estatal—. Quienes ejecutan estas políticas son los viajeros científicos y militares autores de los libros que me interesan: Estanislao Severo Zeballos y José Vieira Couto de Magalhães. La Patagonia y la Amazonia —el desierto y la selva— fueron representadas como «regiones vacías», «tierra sin historia», como llamó Euclides da Cunha a la Amazonia. Consideradas como espacios donde se debate la subjetividad, permitieron tanto las incursiones de los exploradores hombres como la apropiación de un patrimonio cultural «intacto» y puro, eventualmente utilizado en la formación de una subjetividad nacional y moderna[10]. El sujeto siempre se define en contraste con un exterior

---

[9] Laura Malosetti (2000) señala el erotismo del cuerpo masculino indígena en la representación iconográfica de los indios en la pintura del siglo XIX.

[10] Cuando digo «vacías» se trata de una expresión irónica: por supuesto que no lo estaban, pero así eran representadas en el discurso, de modo semejante a cuando Conrad hablaba del mapa en blanco del continente negro; Florence Dixie, la viajera británica que recorrió la Patagonia a fines del siglo XIX también expresó su deseo de viajar por esa región debido a la fascinación que le causaba un territorio vacío. Véanse Nouzeilles (2002); Antelo (2005); y el número 5 de la revista *Margens/Márgenes*, que contiene varios artículos sobre Amazonia y Patagonia desde una perspectiva cultural.

que lo delimita y marca sus bordes: lo abyecto sobre cuyo telón de fondo se recorta la subjetividad moderna (Butler 1993: 3). El desierto y la selva son, por otra parte, espacios habitualmente recorridos por sujetos masculinos blancos que contrastan con un mundo salvaje y abyecto. Existe una bibliografía considerable sobre la frontera como espacio de negociación de la identidad, particularmente en los estudios de literatura, historia general e historia del arte. En la Argentina abundan trabajos sobre el problema de las cautivas en la frontera, aunque estos enfoques no han analizado el problema de la masculinidad sistemáticamente[11]. Apelando a los debates teóricos sobre la formación de la subjetividad masculina y al uso del cuerpo masculino como materia prima en la imaginación de la identidad colectiva, propongo estudiar los libros de José Vieira Couto de Magalhães, *O selvagem* (1876), y de Estanislao S. Zeballos, *Viaje al país de los araucanos* (1881), como *locus* de un debate donde la masculinidad ocupa una posición relevante (y con diferencias en cada contexto) en dos niveles: a) como emblema de la victoria militar a partir de la cual se profanan cementerios y se transportan desde la frontera a la ciudad los cuerpos (principalmente cráneos, muchos de ellos de jefes indígenas) y objetos frecuentemente asociados con el poder militar y masculino del enemigo (armas, lanzas, cuchillos, amuletos y objetos rituales, básicamente cultura material indígena), así como capital simbólico (gramáticas, lenguas, glosarios, repertorios de leyendas indígenas, material debidamente procesado y textualizado por los viajeros coleccionistas); y b) como fuerza de trabajo necesaria para la explotación económica de la frontera y su eventual ocupación efectiva. En el caso de la Amazonia, según veremos, opera una fantasía de explotación de la cual no es ajena el problema de la esclavitud, ante cuya eventual abolición los cuerpos indígenas podían proveer fuerza de trabajo; en la Patagonia se trata más bien de vaciar el territorio (despoblar) para repoblarlo con inmigración europea. En ambos contextos los cuerpos masculinos son dispositivos clave.

Resulta importante señalar la divergencia en la idea de frontera y con ella la imagen de los indígenas en los contextos argentino y brasileño. En el primero, la frontera fue concebida, sobre todo a partir de los años setenta del siglo XIX, como un territorio a ser avasallado por una fuerza militar estatal.

---

[11] Una excepción sería el trabajo de Jens Andermann (2003a), donde vincula la frontera con el imaginario masculino. Un libro indirectamente relacionado con este problema que no obstante plantea ideas sugerentes sobre masculinidad y frontera es *Sueños de exterminio* de Gabriel Giorgi (2004).

Hasta entonces la frontera había sido sostenida mediante precarios pactos entre caciques y agentes estatales (por ejemplo, con Rosas y Mitre). La relación de tensión entre el espacio fronterizo patagónico y el universo nacional urbano y civilizado define el mundo fronterizo en la Argentina. En Brasil, por el contrario, la frontera fue escenario de la expansión de las bandeiras paulistas, que traficaron indígenas tomados como esclavos y expandieron el control territorial desde el período colonial. La misma necesidad de mano de obra para la economía de plantación, particularmente a partir del fin del tráfico de esclavos en 1850, planteaba un tipo de relación específico entre ambos mundos[12].

La frontera brasileña, entonces, operó con un régimen distinto que la frontera patagónica. Por un lado, hubo una canonización del indio tupí que fue más tempranamente asimilado y sedentarizado, por ejemplo, en San Pablo, sin paralelo con la Argentina. Por el otro, ciertas regiones del Brasil, como el Amazonas, permanecieron aisladas del contacto con la cultura nacional moderna y ese alejamiento de los centros urbanos disminuyó la violencia. Sérgio Buarque de Holanda (1957) retrata la frontera como un mundo donde se gestan nuevas formas culturales características de la cultura nacional. Costumbres, muebles —la *rede-de-dormir*—, prácticas, comidas como el *feijão tropeiro* nacen en la frontera, imaginada como sinécdoque de la nación. Como señalé antes, el bandeirante y el mameluco, dos representaciones de la identidad colectiva brasileña, provienen de la frontera, del mismo modo que el gaucho, siempre situado próximo a ella.

No obstante, el indígena estuvo virtualmente ausente en el capital simbólico argentino; no hay en la tradición cultural argentina un equivalente a la antropofagia brasileña —el movimiento modernista liderado por Oswald de Andrade que recuperó la cultura tupí— u otras reivindicaciones de las culturas

---

[12] Boris Fausto y Fernando Devoto señalan: «Assim, em relação ao território não dominado, a Argentina tinha duas fronteiras permeáveis mas conflituosas com os indígenas, que, ainda por volta de 1870, costumavam chegar em seus assaltos —os *malones*— até as proximidades das cidades de Buenos Aires, pelo sul, e de Santa Fé, pelo norte. No Brasil, a relação com os territórios não controlados era menos conflituosa e mais distante no espaço. Por certo, havia indígenas bem próximos, como os do interior de São Paulo, por exemplo, que só desaparecriam com a expansão da ferrovia, mas tratava-se de grupos sedentarizados. Já os indígenas menos assimiláveis e mais numerosos estavam muito longe dos principais centros de povoação, e entre seus territórios e as zonas produtivas havia largas áreas de amortecimento, geradas nos avanços para o interior. Assim, por sua localização e seu número, esses grupos não constituíam uma ameaça endêmica, tal como ocorria no país platino» (2004: 33-34).

originarias siquiera en un nivel retórico. Las ideas acerca de los indios tupí que tuvieron una presencia intermitente en el imaginario cultural brasileño desde mediados del siglo XIX hasta el período glorioso del Modernismo y aun después, también hablan de una imagen del indígena, si bien fuertemente ideologizada, de signo contrario a la que circuló en el Río de la Plata.[13] Es decir, la frontera ocupa en Brasil un lugar menos antagónico con el mundo urbano —precisamente porque el proceso de urbanización fue más pausado—. En la Argentina, por el contrario se percibió a la frontera desde Sarmiento como un espacio enemigo y hostil a la nacionalidad, que debía ser eliminado. Este proceso en Brasil, si bien no está exento de violencia, exhibe una voluntad de apropiación simbólica del indígena diferente del caso argentino, donde la frontera genera una fricción no resuelta por la negociación sino por una política de exterminio y sumisión militar de los indígenas al Estado, implementada a partir de 1870.

Los cuerpos masculinos, pensados como objetos etnográficos, trofeos obtenidos en las campañas militares («botín de la última batida en la frontera», como dice Ocantos) y fuerza viva de trabajo capaz de ser incorporada al régimen económico estatal, están en el centro de la mirada científica, coleccionista y masculina que recorre ambas obras. En el caso de Zeballos, la atención se dirige principalmente a los cráneos, donde es posible determinar, a diferencia de los esqueletos, rasgos masculinos y femeninos además de características raciales específicas. El interés de Zeballos anuncia el de la frenología positivista y pretende abastecer a los museos etnográficos con evidencia científica para estudios futuros, especímenes de una pureza racial amenazada por el avance de la civilización. Mi lectura se centra en la apropiación de cráneos que serán destinados al Museo de La Plata, en la segmentación de los cuerpos (la decapitación de los cráneos en los cementerios indígenas) y en su manipulación para —literalmente— ensamblar el sujeto colectivo imaginado en el Museo, para el cual los fragmentos de cuerpos saqueados de los cementerios indígenas fueron una pieza clave.

En el caso de Brasil, aunque Couto de Magalhães se interesó por la lengua y la gramática nheengatu —Zeballos y Couto de Magalhães comparten la voluntad de formar un archivo abastecido con conocimiento obtenido en las expediciones y arrebatado a las poblaciones autóctonas—, el brasileño también estudió los cuerpos y comparó, por ejemplo, el tamaño de los penes de los indígenas amazónicos (*O selvagem*, 62). Además, especuló sobre los

---

[13] Schwarcz habla de una vertiente que tomó «lo exótico como símbolo local» (1998: 144).

indígenas como fuerza laboral y dispositivo de territorialización en el proceso de expansión estatal. En un momento de intensa especulación racial, los cuerpos despertaron atención como insumo en la formación de la subjetividad. El interés de Couto de Magalhães por la fuerza laboral indígena lo llevó a comparar la frontera brasileña con la argentina, aunque postulando un modelo de población opuesto al rioplatense, que defendía la sustitución de los indígenas con inmigración europea[14].

La sujeción de los indígenas comprende procesos de desubjetivación al promover desplazamientos masivos, facilitar la transculturación y, simultáneamente, permitir la reconsideración del valor coyuntural de los indígenas como hombres, una vez sometidos a la soberanía estatal que, al mismo tiempo, los dominó y los canonizó como representaciones de la identidad colectiva[15]. Leídos como relatos de confrontación entre sujetos masculinos, en estos libros la masculinidad del indígena aparece realzada cuando ya no ofrece resistencia, su peligrosidad ha sido amansada y convertida en una imagen útil y dúctil para el museo de la nación: cuerpos inanes, emasculados, pasibles de ser almacenados y coleccionados en los museos etnográficos que en ese momento estaban comenzando a formarse[16]. La victoria de la civilización sobre la barbarie habilitó la apertura de un yacimiento de íconos apropiables para naciones ávidas de abastecer un capital simbólico nacional despoblado y deficitario. El cuerpo viril, entonces, reenvía al sujeto de la enunciación el valor de la gesta fronteriza, confirmando la importancia del acto de dominación como acto heroico y donde la masculinidad se afirma, alimentándose a su vez de la masculinidad bárbara que resulta simultáneamente consagrada como símbolo nacional y neutralizada para alojarla en una vitrina o en un libro.

---

[14] Couto de Magalhães propone inspirarse en la experiencia fronteriza argentina como ejemplo de explotación económica y contraejemplo de política militar (ineficaz y violenta). Postula, en cambio, incorporar a la población indígena brasileña en la actividad económica ganadera. Jens Andermann (2003a) compara la frontera Sur con la frontera del Chaco en la Argentina, y señala que en el régimen ganadero característico del territorio pampeano-patagónico no resulta necesaria mano de obra abundante (a diferencia de lo que supone Couto de Magalhães).

[15] Habría como dos niveles: instrumental e imaginario. El primero toma los cuerpos masculinos como fuerza de trabajo; el segundo a los jefes, sus emblemas, armas, cráneos, etc., como fetiches de la identidad.

[16] Sobre la formación de los museos etnográficos, véanse Schwarcz (1993) y Andermann y Fernández Bravo (2004).

Sexo salvaje: Couto de Magalhães

José Vieira Couto de Magalhães (1837-1898) publicó *O selvagem* en 1876[17], con una dedicatoria en tupí —eliminada en ediciones posteriores— al Emperador D. Pedro II, protector de las artes y las ciencias (Sá 2004: 103; Schwarcz 1998). El autor fue novelista, periodista y empresario en el Amazonas, y «criador de muitas matrices do imaginário brasileiro» (Machado 2000: 4). El libro fue compuesto para representar al Brasil en la Exposición Universal de Filadelfia, conmemoratoria del centenario de la Independencia americana. La obra, que recibió el apoyo explícito del Emperador, indica el lugar del saber científico para el Brasil imperial y señala la emergente presencia de un conocimiento antropológico sobre los indios en el imaginario brasileño. El libro plantea una curiosidad desde su posición como documento oficial del Imperio en una Feria Mundial: en un escenario donde las naciones exhibían su progreso de acuerdo a patrones universales y buscaban demostrar su sintonía con los valores de la modernidad, Brasil aparece representado con un estudio sobre el salvaje, concentrado en los indios tupí. ¿Cómo entender la posición de los indígenas en un libro oficial que representaba al Brasil en la Exposición? ¿Qué lugar tenían los tupís en el imaginario colectivo brasileño? ¿De qué modo opera la masculinidad en estas imágenes?

La valorización del cuerpo indígena puede observarse en el subtítulo de la obra: «trabajo preparatorio para la explotación de los salvajes y de la tierra ocupada por ellos en el Brasil». Con un propósito económico y político, el volumen reúne un conjunto de conocimientos sobre la cultura tupí agrupados bajo el formato de una colección de datos antropológicos y culturales (que incluye un repertorio de leyendas tupís) y abunda en consideraciones sobre los cuerpos indígenas, su aprovechamiento como fuerza de trabajo y también la contribución de su sexualidad a la subjetividad nacional en el proceso de mestizaje. Como sugiere Monteiro, no se puede ignorar la abolición del tráfico de esclavos en 1850 en el surgimiento del interés por la fuerza laboral indígena como reemplazo de la esclavitud que comenzaba su declinación (1992: 15-22). De todos modos, *O selvagem* fue sometido a una severa crítica por parte de sus contemporáneos, acusado de ser un estudio poco científico (Romero 1888). El texto de Couto de Magalhães, en contras-

---

[17] Empleo la edición de 1976 publicada en São Paulo por Edusp/Editora Itatiaia, 1976. En adelante, las citas corresponden a esa edición.

te con las doctrinas racistas que tendrían una fuerte difusión en Brasil en años posteriores, defiende el aporte indígena e incluso desafía las teorías sobre la degeneración de la raza blanca en los trópicos (Schwarcz 1993). Sobre el proceso de mestizaje, señala el autor:

> Os cruzamentos modernos tomaram diversas denominações, segundo os troncos progenitores. O índio e o branco produziram uma raça mestiça, excelente pela sua energia, coragem, sobriedade, espírito de iniciativa, constância e resignação em sofrer trabalhos e privações; é o *mameluco*, tão justamente célebre na história colonial da Capitânia de São Vicente (*O selvagem*, 63).

El cuerpo recibe atención tanto por su valor como herramienta de trabajo y ocupación de la tierra como por su contribución al mejoramiento de la raza. Es posible advertir en la posición de Couto de Magalhães una afinidad con las doctrinas poligenistas y eugenistas: no hay un único tronco para la raza humana, el mestizaje no supone degeneración, e incluso puede permitir lo contrario: un «mejoramiento dirigido» del sujeto colectivo que aproveche las capacidades y aptitudes de la raza indígena —de claras connotaciones masculinas: energía, coraje, resistencia, fuerza—. Pero la mirada indulgente sobre la raza tupí no debe impedirnos reconocer una voluntad de manipulación de esos mismos cuerpos por parte del sujeto blanco y letrado que les asigna valor y propone un plan para su explotación cuando el régimen esclavista enfrentaba un complejo futuro.

Por otro lado, también es preciso señalar la perspectiva típicamente paulista de Couto de Magalhães en su mirada sobre los tupís. Los indígenas de este grupo siempre fueron reivindicados por los paulistas como representantes del buen salvaje rousseauniano, dóciles y trabajadores, en oposición a los tapuias, retratados como indígenas violentos y rebeldes. El argumento es coherente con esta posición (Monteiro 1992).

El texto habla sobre el cuerpo, pensado como materia y como espíritu (ya que encarna también atributos morales), y lo considera como un objeto pasible de ser conducido, utilizado y explotado. Por eso se comparan en el subtítulo los cuerpos con la tierra ocupada por ellos; cuerpos y tierra forman una unidad simbólica semejante a una «subjetividad femenina»: pasiva, natural, retratada como fértil e inofensiva, mientras los hombres blancos son quienes deben ejecutar la tarea de fertilizarla, incrementar su valor económico, «darle forma» (Butler 1990: 31 y ss.). De hecho, imaginar a los indios como materia fértil (igual que la tierra) y pasible de ser fecundada coloca al autor y a su audiencia presumiblemente masculina en una posición de dominación y poder sexual «activo» y al mundo indígena como receptáculo de la razón nacional y masculina que lo guía. Se trata de una operación característica de «sexualización» de la naturaleza bajo una matriz heterosexual (*ibid.*: 35-78). El proyecto que recorre el argumento del volumen postula precisamente un uso útil del cuerpo indígena, ajustado a una racionalidad abstracta masculina que «dota de significado» a una naturaleza rústica, desprovista de sentido por sí misma. Como señala Maria Helena P. T. Machado, «Couto dedicou a maior parte de seus esforços intelectuais na construção do mito do índio bom e perfectível, célula-mater de toda a possibilidade de constituição de uma nacionalidade brasileira» (2000: 8).

El libro fue presentado en la Exposición de Filadelfia y no tuvo una circulación masiva; estaba dirigido a la elite masculina capaz de leerlo y a promover las recomendaciones en él sugeridas[18]. Los indígenas se presentan, entonces, como naturaleza pasible de ser poseída por la civilización litoral, europeizada y brasileña. Del mismo modo, la tierra también debe ser infiltrada y aprovechada por el agente estatal, definido bajo rasgos nítidamente masculinos: activo, racional, capaz de fecundar una materia inane y receptiva, aunque bajo ciertas condiciones.

La carátula de la primera edición de *O selvagem* resume los objetivos perseguidos y nos permitirán organizar la lectura:

> Conseguir que o selvagem entenda o portuguez, o que equivale a incorporal-o á civilisação, e o que é possivel com um corpo de interpretes formado das praças do exercito e armada que fallem ambas as linguas, e que se dissiminarião pelas colonias militares equivaleria à: 1º Conquistar duas terças partes de nosso territorio. 2º Adquirir mais um milhão de braços aclimados e utilissimos. 3º Assegurar nossas communicações para as bacias do Prata e do Amazonas. 4º Evitar no futuro grande effusão de sangue humano e talvez despezas colossaes, como as que estão fazendo outros paizes da America (*O selvagem*, vi).

Como toda empresa coleccionista, *O selvagem* permite reconocer una jerarquía con dos niveles: el de quien trafica, acumula, clasifica y articula la colección, un saber extraído del hombre natural (el patrimonio cultural indígena alojado en la selva que busca ocupar el Estado, convirtiéndolo en valor de cambio); y el de quien provee, fabrica y elabora ese conjunto de conocimientos «naturales»: los indios, que son quienes, como reza la cita —debidamente estudiados y analizados— pueden facilitar la anexión del territorio por

---

[18] Véase, al respecto, Jorge (1970).

ellos poblado al Estado-Nación. El par coleccionista-coleccionado —forma y materia—, que articula el argumento, asimila a los indígenas con la región extensa que ocupan, de abundantes recursos naturales que pueden ser explotados; pero para hacerlo es preciso conocer la lengua, sistematizarla y asimilar con ese instrumento a los indígenas a la civilización moderna.

Habría que pensar entonces, en un par binario que asocia lo masculino con la dimensión racional del conocimiento en una matriz que se aplica sobre los cuerpos y el hombre natural con el objeto de someterlo al régimen del saber occidental. La lengua es, de hecho, un instrumento no sólo de interpretación y comprensión; también sirve para «dar significado», es decir, intervenir en la dimensión abstracta y racional. El millón de cuerpos («braços aclimados e utilíssimos») puede ser aprovechado en una intervención apoyada por el conocimiento de la lengua y la recolección de la cultura (las leyendas tupís). El museo o, en este caso, la Exposición son ejemplo de un régimen donde el conocimiento racional y la organización de un patrimonio cultural disperso y no sistematizado son condición de posibilidad para la realización del Estado. Pensado como sede física donde se acumula el conocimiento y se lo procesa, el museo y la colección preservan el saber y pueden ser empleados para administrar la subjetividad colectiva. La lengua, sistematizada en un orden filológico, era entonces uno de los saberes de mayor reputación y, sobre todo, un conocimiento capaz de ser aplicado de manera eficiente para gobernar una población trabajadora disponible y desaprovechada.

La presencia de un saber instrumental para la asimilación de los indígenas al orden nacional permite entender la presencia del libro en la Exposición Universal de Filadelfia: se trata de un volumen que celebra, como cualquier exposición, el triunfo de la razón occidental-colonial y apela a ella como tecnología de intervención sobre un mundo natural y salvaje (el mundo indígena), pensado como cuerpo y materia, ubicado en el exterior de la racionalidad universal y pasible de ser regulado por una fuerza externa a él. Para asimilar esos cuerpos todavía indómitos, la lengua cumple dos funciones: por un lado, permite clasificar y entender mejor un universo parcialmente desconocido. La teoría expuesta por Couto de Magalhães divide el territorio americano en dos grandes familias lingüísticas, el quechua y el tupí-guaraní. Hay en esta organización una clara homogeneización donde lenguas y culturas menores quedan subsumidas en estructuras dominantes. Con el mismo espíritu de comprensión del mundo indígena, *O selvagem* incluye un repertorio de leyendas: el patrimonio cultural intangible —ya que los tupís no tenían escritura, ni monumentos o restos arqueológicos significativos—

permite conocer mejor esa cultura y facilita la asimilación perseguida en el libro. Es decir, lengua y leyendas trazan un mapa de la sociabilidad salvaje y sirven para delimitarla.

Por otro lado, la lengua funciona como un vehículo de penetración cultural y de asimilación de los indígenas a la cultura nacional, apelando a un recurso «racional» de sujeción pedagógica mediante la enseñanza de la lengua a sus eventuales colonizadores militares brasileños. La producción de una gramática implica verter la lengua indígena en una estructura racional de conocimiento, útil tanto para los brasileños interesados en penetrar en esa cultura (intérpretes militares) como para los tupís, que gracias al «Curso de lingua tupí viva o nheengatu» tendrán quienes puedan *interpretarlos*. El autor rechaza incluso una política militar de asimilación, privilegiando «as conquistas pacíficas da inteligencia pelas suas revelações nas artes, ciencias e indústrias» (*O selvagem*, 21). O sea que la inteligencia y la razón operan como instrumentos de sujeción más efectivos que una intervención militar con pérdida de vidas, como la que tenía lugar en la Argentina en ese momento. Couto de Magalhães cita noticias periodísticas sobre invasiones de indios en la Provincia de Buenos Aires con pérdidas materiales —mil cabezas de ganado equino (*O selvagem*, 60)— y humanas muy elevadas (*O selvagem*, 25-26). Así, la frontera argentina tiene una doble imagen: espacio de riqueza pecuaria y también sede de la amenaza indígena. Sin embargo, ante la irracionalidad atribuida al mundo indígena, *O selvagem* propone una estrategia pacífica que rechaza la violencia y la reemplaza por un arma intelectual que, además de ser potencialmente más efectiva —como lo demuestra la sangrienta opción militar en la frontera argentina—, corrobora la superioridad moral de quien la ejecuta y permitiría también ejercer sobre esa materia física (cuerpo y territorio) un tipo de transformación, asimilándola a la nación de la cual todavía no forma parte plena. La operación confirma la jerarquía del coleccionista y recomienda un recurso racional-masculino de dominación —la lengua— para llevar a cabo la empresa.

Judith Butler ha estudiado y criticado extensamente la asociación de la materia con lo femenino, aquello que puede ser fecundado y transformado por un sujeto masculino capaz de darle forma a través de una racionalidad dominante. En su discusión de Luce Irigaray y Jacques Derrida, Butler señala a la materia como aquello que ocupa el lugar de una alteridad radical e inasimilable (una catacresis), y por lo tanto rechaza la analogía materia = mujer (1993: 27-55). Butler desarma la estructura binaria y supone a la mujer como aquello que queda fuera del binarismo materia-razón, aunque esto no impide reconocer la asociación de lo racional como una forma de definir la masculinidad en la matriz ideológica heterosexual[19]. Aceptando su crítica, me interesa la idea del régimen falocéntrico como aquello que atraviesa la materia para fecundarla y darle forma, autoreproduciéndose y apelando para esa reproducción imaginaria a la materia, a la que imagina poseer para emplearla en su actividad performativa.

Hay que señalar, en este sentido, que *O selvagem* no registra indias mujeres que quedan en un lugar casi invisible. El libro se interesa, por el contrario, en los hombres por su capacidad de trabajo, fuerza y virtudes viriles. Paradójicamente, son a esos hombres a los que imagina pasibles de «fecundación» y fertilización, cuando postula una fantasía de ingeniería social mediante el mestizaje. Esta maniobra discursiva permite reconocer que, más allá de las evidentes matrices binarias, lo que funciona en el nivel imaginario es una autoafirmación de la masculinidad más allá del género de quienes intervienen en el intercambio. La materia femenina podría pensarse, entonces, como el exterior constitutivo de la subjetividad masculina.

La operación de Couto de Magalhães con los cuerpos indígenas debería ser leída en términos de una afirmación de la masculinidad dominante estatal que se recorta sobre un sujeto pasible de ser incorporado y útil para definir la identidad colectiva a partir de la sujeción y un mestizaje «guiado». Esta operación tiene como herramienta fundamental el lenguaje: sin la mediación del lenguaje, como ya lo señaló Althusser, el sujeto no puede ser interpelado. Por eso, la gramática tupí es un arma indispensable. La autoridad estatal no puede ejercer su capacidad de sujeción sin la mediación del código lingüístico, por eso resulta imprescindible conocer la lengua indígena, y a través de agentes estatales (los intérpretes del ejército y la armada) subordinar los cuerpos rebeldes asimilándolos a la totalidad nacional. Pero la sujeción mediada por el lenguaje es sólo un paso para un objetivo de mayor importancia: la virilización del cuerpo nacional por intermedio de los cuerpos indios.

La utilidad del indígena radica en la virilidad que puede proveer para contrarrestar la amenaza de feminización proveniente de la influencia europea:

> Os jovens talentos, em vez de haurir nas tradições indígenas exemplos tão freqüentes nela de dedicação levada ao heroísmo, amor da pátria, desprezo da vida e energia de caráter, exemplo, estes próprios para inspirar virilidade a uma nação que começa, foram buscar na literatura francesa os modelos mulherengos de seus heróis afeminados (*O selvagem*, 135).

---

[19] De hecho, la mujer es irrepresentable en estos textos: las cautivas casi no se representan, o se las representa en imágenes altamente ideológicas como las de Della Valle y otros.

Como señala Giorgio Agamben (1998), excepción y ejemplo siempre están próximos. El lugar de excepción que ocupa el indígena en tanto habitante de un territorio no sometido a la soberanía estatal, ubicado en un borde ambiguo de la nación, aún fuera de la soberanía legal del Estado pero en vías de inclusión, es también el lugar del ejemplo. Aquí el indio es ejemplo de sacrificio, heroísmo, fortaleza y virilidad, por lo que puede ser aprovechado como antídoto de la amenaza de afeminamiento francesa y europea. Aunque ocupe un lugar alejado de la norma, se lo invoca como garantía de reproducción, en la medida en que el ejemplo sirve para reproducir algo que busca ser imitado, en este caso la masculinidad necesaria para «uma nação que começa».

Lo que tiene de innovador y sorprendente el argumento de Couto de Magalhães es que el instrumento de intervención —la lengua que se emplea para dominar y someter a la naturaleza y al cuerpo— es un producto de la sociabilidad indígena, no del mundo civilizado-europeo. Es la lengua tupí o nheengatu la que, sistematizada por medio de la gramática, puede reemplazar a la violencia estatal para someter al salvaje. Así, el Estado renuncia a la violencia militar y se apropia de un recurso del salvaje —su lengua— que sistematiza a través de la gramática (lo procesa al textualizarlo), para nutrirse del insumo viril alojado en el cuerpo indígena, necesario para formar el sujeto nacional masculino y potente. La masculinidad se afirma entonces tanto en el acto de la posesión como en el objeto poseído, cuyas propiedades pueden nutrir una subjetividad amenazada por los héroes afeminados de la cultura europea.

Cazadores de cabezas

Estanislao Severo Zeballos (1854-1923) fue un militar y coleccionista paradigmático del siglo XIX argentino y latinoamericano. Hombre público, ocupó diversos cargos oficiales, fue ministro de Relaciones Exteriores, diputado, abogado, autor de leyes y tuvo una destacada trayectoria pública en la que se mezclan la actividad política con un afán de escritor y «publicista», como se denominaba entonces esa forma de la actividad intelectual —si bien su obra pertenece más al universo del testimonio histórico que al de la literatura—. Como Couto de Magalhães, Zeballos fue aficionado a la ciencia (fundador de la Sociedad Científica Argentina) y su obra no sólo está vinculada a su experiencia en la Patagonia sino también a la expansión del Estado y a la aniquilación de los últimos bastiones de resistencia indígena en la llamada «Conquista del Desierto» (1878-1886). A diferencia de Couto de Magalhães,

Zeballos no criticó la opción violenta como arma de conquista del territorio. Por el contrario, la reivindicó como el único camino para someter a los indígenas y se aprovechó de ella y de sus estrechos vínculos con la elite dirigente para montar expediciones en las que reunió una colección de cráneos araucanos con los que formó su propio museo. Eventualmente donó al Museo de Ciencias Naturales de La Plata su colección de cráneos, donde hasta hoy se encuentra alojada[20].

La formación de una colección puede ser pensada en términos de un imaginario posesivo masculino edificado sobre el Otro: la manipulación de los cuerpos indígenas por parte de un agente estatal reafirma la idea del ejercicio de dominación de un grupo cultural sobre otro. F. H. Hinsley, en su erudito estudio sobre el concepto de soberanía, señala que la amalgama de elementos heterogéneos (derivada a menudo de la conquista de unos grupos culturales sobre otros) puede ser condición para el surgimiento del Estado (1972: 10-20). Es interesante que la argumentación de Hinsley se base en ejemplos de tribus americanas o de culturas primitivas africanas, donde identifica el surgimiento del Estado a partir de la dominación y la imposición de un régimen sobre otro considerado pre-estatal, consuetudinario, «atrasado», porque algo semejante vemos en los autores estudiados. Estanislao Zeballos y Couto de Magalhães se interesan por las culturas indígenas primitivas, que adquieren importancia y funcionalidad en la política cultural estatal y se convierten en representaciones de la identidad nacional cuando esas mismas culturas, sobre todo en la Argentina, estaban siendo sometidas a una severa ofensiva de sujeción por parte del Estado.

Mi interés se dirige a analizar ciertos episodios narrados en una de las obras principales de Zeballos, la monumental *Descripción amena de la República Argentina* (1881-1889), donde bajo la forma de una obra descriptiva, a medio camino entre el atlas geográfico y el relato testimonial, narra aspectos de su labor de apropiación. El relato de Zeballos es el de una expedición sobre los restos humeantes de las culturas pampeano-patagónicas arrasadas por el ejército, ya que tiene lugar simultáneamente a la ofensiva que culminaría en la campaña liderada por Julio A. Roca de exterminio de

---

[20] En el tomo XII de la *Revista del Museo de La Plata* (1906), dirigida por Francisco Pascasio Moreno, hay varios artículos de antropología física que tienen como objeto cráneos indígenas de hombres y mujeres. Incluyen fotografías, tablas de medidas, gráficos y una descripción de los cráneos. Los artículos son de Herman Ten Kate y Christfried Jakob. En el tomo XI también hay varios artículos de antropología física de Roberto Lehmann-Nitsche que toman como objeto cráneos indígenas.

los indígenas. Su empresa está definida como una actividad heroica y típicamente masculina por los peligros que entrañaba. El foco de mi lectura será la primera parte de la obra, titulada *Viaje al país de los araucanos*, publicada como un volumen independiente en 1881[21].

En sintonía con la idea del explorador como un sujeto sacrificado y heroico, Zeballos abre su narración refiriendo el dolor de la separación su familia:

> Estaba, pues, listo para marchar... Digo mal, faltaba aún el más difícil y doloroso de los pasos para mí. No me había separado de mi familia, de mi madre, de mi esposa, de mi único hijo y de mis hermanas. Todo el valor con que estas nobles mujeres habían cooperado a los preparativos, desde el arreglo de los víveres hasta el de un costurero de viaje, las abandonaba a medida que se aproximaba la hora de partir. [...] Me soñaban cautivo de los indios, ahogado en los torrentes, o postrado bajo la influencia de los soles de diciembre, tan perjudiciales para los que sufren de la cabeza, como yo. Con todo, era necesario sobreponerse a la irresistible ternura de los sentimientos y me desprendí el 17 de noviembre a las 7 a.m. de los brazos de mi desolada familia (*Viaje al país de los araucanos*, 28-29).

El sacrificio del viajero al emprender la aventura masculina hacia el afuera (la frontera) comprende también separarse de las mujeres y la familia e iniciar una actividad donde la separación del ámbito doméstico define la masculinidad. Esta separación entraña, naturalmente, una distancia de la ciudad y la civilización, pero debemos pensarla asimismo como un deseo del mundo salvaje y primitivo, donde una masculinidad despojada de los límites de la razón doméstica puede expresar libremente su vocación agresiva y brutal. El mundo de la frontera resulta así contrapuesto al hogar y se lo describe como un espacio, por un lado, de puros hombres y, por el otro, de plena aventura, en contraste con el mundo cerrado, protegido, asociado al confinamiento, que es al que corresponde la mujer (Bourdieu 2000: 40). La constitución de la subjetividad masculina, tanto en términos individuales como en términos colectivos, siempre encierra una fantasía de separación: primero del yo, que debe alejarse de la madre y las mujeres (Ulises), luego, de la civilización —considerada como en Couto de Magalhães, «afeminada»— y, por fin, en su retorno al punto de partida, nuevamente del Otro con el que ha tomado contacto, se ha nutrido de él y después se ha reintegrado al mundo urbano y civilizado de los museos y los libros. El viaje de iniciación masculino puede ser pensado así como una excursión a la otredad para constituir

---

[21] Empleo la edición de 2002, publicada por El Elefante Blanco. En adelante, las citas corresponden a esta edición.

el yo —«entre otros», como lo definió con precisión Julio Ramos (1996)— y un regreso a la racionalidad de origen, por ejemplo, en la manipulación de los cráneos, en su separación y posterior confinamiento en la colección. Los cráneos arrebatados con violencia terminan su periplo en las vitrinas serenas y silenciosas del museo. El viaje a la frontera tiene, así, una estructura circular de aproximación deseante y pulsional y alejamiento autoreprimido del salvajismo. La frontera, donde Zeballos no se enfrentará con indios amenazantes sino más bien con indígenas abatidos por el avance de las fuerzas militares, es también aquí un espacio donde se define la subjetividad masculina.

Como Couto de Magalhães, Zeballos comienza su descripción de la Argentina acudiendo a los indígenas sobre los que opera una voluntad de dominación legible en términos masculinos. Los indígenas marcan una alteridad que señala el borde abyecto exterior de la subjetividad, contra el cual el sujeto masculino se recorta y se define (por momentos como la contraparte sublime de lo abyecto), pero a su vez el indígena debe ser poseído y esa posesión resulta útil para ensamblar una subjetividad en proceso de formación. La posesión es un acto de dominación masculina característico, dice Bourdieu, y, según veremos, aquí opera por medio de una cosificación. Pierre Bourdieu observa que «las manifestaciones (legítimas o ilegítimas) de la virilidad se sitúan en la lógica de la proeza, de la hazaña, que glorifica, que enaltece» y es precisamente en estas coordenadas donde sitúa su acción sacrificada Zeballos (2000: 33). Dominar, poseer y apropiarse del objeto que posteriormente se articula en partes (los cráneos), cercenadas y coleccionadas, integran una misma operación de ensamble y composición. La subjetividad convoca la acción violenta y masculina de separar y escindir para poder poseer.

Zeballos observa, en su viaje desde Buenos Aires hacia la Patagonia, primero a los colonos en Azul y Olavarría, y habla sobre la inmigración exitosa, evocando la lucha contra los indios, pero su itinerario promete inmersión y búsqueda de objetos. Se trata, de hecho, de un viaje hacia lo profundo, organizado bajo la lógica de la excavación y profanación en búsqueda de reliquias; una internación en la barbarie que es donde se aloja el patrimonio necesario para abastecer una cultura incierta de sus propios bordes y contenidos. Los cementerios son un imán que articula la búsqueda y Zeballos se muestra interesado en cuerpos y osamentas, cráneos y artesanías que saquea ante la mirada reprobatoria y atónita de sus acompañantes indios y cristianos. En principio, uno de los atributos más valorados en el texto es la pureza. Veamos una cita:

Estas reliquias indígenas tienen tanto más valor para el antropólogo, cuanto es evidente que el tipo puro de la raza araucana se perdía en nuestro país por cruzamiento de los blancos [...]. Cincuenta cráneos extraídos de los cementerios araucanos de Guaminí y que están agregados a mi Museo, fueron cuidadosamente elegidos, y son tipos cuyas formas acusan plenamente la pureza primitiva que buscaba (*Viaje al país de los araucanos*, 163).

Es decir, la pureza resulta asociada con el pasado y lo primitivo: un origen incontaminado aunque, paradójicamente, bárbaro. Lo muerto es puro por hallarse conservado en el cementerio, que resulta así asociado con el museo —Adorno *dixit*[22]—. El museo, como el cementerio, también preserva y aísla, valora y consagra: una tumba, como un museo, es un monumento donde encontrar cultura en estado puro.

Los cuerpos devienen objetos y los cráneos, una evidencia científica para poblar vitrinas en los museos y abastecer un patrimonio ávido de cultura material genuina, con la cual ensamblar imágenes de la subjetividad colectiva. El valor de los cráneos araucanos aparece vinculado a la pureza que se encuentra en peligro debido al mestizaje. Se trata de una reificación radical que despoja no sólo de sacralidad a los cementerios indígenas (aunque la desplaza al templo estatal, sustituyendo la religión primitiva por el culto laico de la nacionalidad en el museo), sino de humanidad a los muertos, a los que manipula como objetos, desubjetivándolos, al servicio de una subjetividad futura y «modular». La singularización necesaria para poblar el museo consiste en un movimiento complejo que podemos descomponer en los siguientes pasos: 1) La profanación de la tumba indígena. 2) La fragmentación del cuerpo. Al separar los cráneos de los cuerpos se los fetichiza: los cráneos adquieren propiedades de repetibilidad, se convierten en materia comparable, medible, y pasible de ser estudiada en laboratorio junto a otros cráneos, así como de ser contemplados en las vitrinas. Los cráneos señalan también el poder de descabezar, volver impotentes e incompletos los cuerpos salvajes que amenazaban a la nación. 3) Al ser exhibidos, los cráneos pueden revelar un origen violento (Marx decía sobre el fetichismo de la mercancía, que la mercancía oculta pero también revela). Los cráneos operan entonces como testimonio de la violencia estatal, del saqueo y la profanación. Así son contemplados por quienes reclamaron, algunas veces con éxito, la devolución de los cuerpos y restos de sus ancestros a su territorio. Sabemos que recientemente se implementaron exitosamente estas restituciones de restos a sus «descendientes» (Lazzari 2005).

---

[22] Theodor Adorno (1982) asocia el museo con el mausoleo y lo muerto.

La cultura araucana no sólo adquiere así un valor en tanto objeto inerte, capaz de ser dispuesto en función de una audiencia que lo observe, sino que asimismo queda vinculada con el desplazamiento: los cráneos que obsesionan a Zeballos valen porque están destinados a cambiar de lugar, a ser transportados de un cementerio araucano saqueado en la Patagonia a un museo urbano (el museo privado primero, el Museo de La Plata después), donde pasarán a integrar una colección de valor científico y político. Es decir, las propiedades de los objetos no están en ellos mismos, sino en los atributos que adquieren al ser recontextualizados; toda recontextualización modifica el valor del objeto, lo vuelve más valioso pero cambia su significado, insertándolo a una nueva narrativa que en este caso tiene una marca nacional y masculina. Zeballos lleva cráneos por docenas, los transporta en bolsas, recién desmembrados de sus cuerpos, como se encarga de recordar:

> [H]abía en aquellos lechos mortuorios algunos cráneos de formas tan raras y de tipo tan evidentemente araucano, que dando al trasto con la majestad de la escena ordené reunirlos para mi colección; y como los soldados no pusieran buena cara a la operación de cortarlos por las vértebras cervicales, ni les agradara mucho el olor que algunos exhalaban, yo mismo puse mano a la obra, y envolví en mi poncho de goma, seis de los buenos cráneos de mi colección araucana ya numerosa y que un día regalaré a los museos de mi Patria (*Viaje al país de los araucanos*, 316).

Lo más sugerente de la operación de Zeballos es la posibilidad de cercenar el cuerpo y convertir los cráneos en piezas de museo mutiladas y separadas de su contexto, que es su propio cuerpo: hay una idolatría de la parte y el fragmento, porque el fragmento habilita combinación y puede ser coleccionado, inserto en una nueva combinación, atribuyéndole un nuevo sentido. Cortar es también operar sobre una identidad masculina que resulta castrada, emasculada y privada de su condición fálica. En contraste con la totalidad, el fragmento es adaptable y puede funcionar, como en este caso, como un borde abyecto y liminar de la subjetividad colectiva. Los cráneos representan la victoria militar masculina, la pureza racial y lo humano, pero al mismo tiempo no lo representan. Al convertirse en objetos coleccionables, en elementos que sirven para representar totalidades abstractas: el pasado aborigen, el hombre primitivo, un ancestro de la argentinidad, piezas de una cultura pura, suman atributos ausentes en su posición anterior, se convierten en otra cosa y son testimonio de la lucha entre el componente histórico y la voluntad por abolir el pasado para refundarlo en clave nacional.

Se trata de partes manipulables, apilables, capaces de ser exhibidas y combinadas (acaso mostrando la cadena de la evolución), y también inscriptas en una narrativa nacional y masculina. La violencia del saqueo indica a la vez la tarea noble del interés científico y la brutalidad y agresión descontrolada propia del mundo fronterizo donde el viajero puede liberar su codicia primitiva. Así los cráneos se deshumanizan y cosifican; se vuelven fetiches estatales. Sirven al Estado para mostrar una máscara que lo representa, ora como maquinaria de guerra triunfante (el trofeo), ora como muestras de la antigüedad vernácula (matriz científica), piezas de una genealogía necesaria. En todos los casos, lo exhibido opera como objeto reverencial. El museo, que es el destino de los cráneos, puede ser considerado, siguiendo a Bataille, como un templo estatal que, de hecho, fue fundado a partir de otra decapitación, la de la guillotina en la Revolución francesa (2003: 69). De hecho, el Museo de La Plata, con sus columnas griegas, sus líneas neoclásicas y su estampa sobre la pampa, evoca la idea de un espacio sagrado y (con)sagrado al culto de la nación.

En ese espacio aséptico y monumental quedaron alojados los cráneos indígenas saqueados por Zeballos en los cementerios patagónicos, botín de una experiencia histórica donde se afirmó la identidad masculina del coleccionista, pensado como aquel capaz de ejercer su voluntad de posesión sobre un sujeto que, verbigracia, también es reconocido y observado por sus cualidades masculinas. Así, la colección de cráneos testimonia un duelo entre hombres y señala la victoria de los blancos. En el comienzo de su viaje, Zeballos hace un retrato del cuerpo indígena del que se puede desprender el vínculo ambivalente, fronterizo entre lo humano y lo inhumano, donde la atracción de la barbarie también se manifiesta en la masculinidad de lo salvaje y primitivo:

> Al salir de Nievas vi el más puro arrogante y soberbio tipo del araucano, que haya encontrado a mi paso en las tribus, que he tenido ocasión de visitar. Estaba recostado sobre el pasto, apoyado un codo en el suelo y la cabeza en la palma de la mano.
> Había colocado un cuero sostenido por dos palos frente al sol, y desde aquella miserable sombra, jadeante como una fiera fatigada, nos miraba con cierta mezcla de ferocidad y de arrogancia.
> Ancha la frente, revuelto el cano cabello, sujeto por una huincha colorada, grandes órbitas que se hundían en el siniestro fondo cobrizo de su tez todavía sin arrugas, ojos envueltos en red de sangre vagando sin cesar, como si quisieran esquivar nuestras miradas, salientes los pómulos y voluminoso el cráneo tal es un bosquejo de tipo de *Aucá-Nahuel*, visto al pasar.
> Solamente él permanecía soberbio y ajeno a las alegrías que causaba la presencia del coronel, cuya llegada era para todos una fiesta y que él parecía despreciar o maldecir. Pasamos a su lado y no se movió, no nos miró siquiera. Había en su semblante un sello de salvaje dignidad.

Aucá Nahuel se llamaba, es decir Tigre (*Nahuel*), Rebelde o Alzado (*Aucá*), y era de los últimos prisioneros (*Viaje al país de los araucanos*, 61).

La virilidad del indio despierta una fascinación, pero importa sobre todo por la atención hacia el cuerpo y los rasgos físicos que denotan dignidad y desafían la presencia criolla. La fuerza amenazante, no exenta de erotismo, sexualmente feroz, que debe ser controlada, dominada, aplacada por la razón cultural, es lo que el texto realiza al cortar las cabezas: afirmar la masculinidad como política de posesión y control. El museo y la gramática nheengatu son dispositivos de racionalidad capaces de dominar aquello que genera atracción: expropiar la lengua y las cabezas a sus poseedores es también castrarlos y privarlos de aquello que los define. La acefalía alude así a la posesión del falo. La lengua y «el voluminoso cráneo» que eventualmente se depositan en los espacios racionales y civilizados de la Exposición Universal y el museo, son emblemas de la modernidad arrasadora y despiadada con aquéllos de los que, sin embargo, el sujeto depende para afirmar su virilidad.

Conclusión

Tanto el libro de Zeballos como el de Couto de Magalhães operan como tecnologías modernas de dominación cultural masculina. La convivencia de modernización y masculinidad encierra una tensión: lo masculino está asociado con una forma de violencia primitiva y la modernidad encarna valores opuestos como educación, derechos civiles, tolerancia e igualdad. No es preciso recordar los abusos llevados a cabo en nombre de los principios de la razón universal. Sólo basta reconocer que los escenarios institucionales asociados con los libros también alojaban la contradicción entre universalismo liberal y mundo colonial. La Exposición Universal de Filadelfia y el Museo de La Plata son, cada uno a su manera, emblemas de una racionalidad instrumental, empleados como destino del cuerpo salvaje exhibido y analizado a partir de la fragmentación y encierran, por lo tanto, el rastro de una violencia ejercida sobre los cuerpos y la política de las metrópolis (incluso metrópolis dependientes, como podían serlo Buenos Aires y Río de Janeiro respecto de su propio territorio) sobre las colonias y territorios fronterizos.

El acto de dominación masculina se ve incluso reforzado por su enfrentamiento con un enemigo potente que en ambos casos es señalado por sus atributos viriles. Esos atributos de virilidad bárbara son deseables pero sólo a condición de una intervención de los dispositivos estatales capaces de asimilarlos como partes despojadas de propiedades ofensivas, cuerpos amansados, muertos, escindidos de su contexto y con sus partes cercenadas. Se trata de una lógica biopolítica donde el objetivo es obtener cabezas y conocimiento de los cuerpos, pero para conseguirlo es preciso exterminarlos o dominarlos. El cuerpo debe quedar acéfalo: su identidad lingüística (la lengua está en la cabeza, material y conceptualmente) expropiada y volcada en una gramática en el caso de *O selvagem*. Reconvertida así en materia escrita para poder disponer de la fuerza física de trabajo, la lengua opera mediante la traducción e interpretación de agentes militares y la incorporación de una reserva disponible de trabajadores ante la inevitable disminución de la fuerza de trabajo esclava. *Viaje al país de los araucanos*, por su parte, defiende la lisa y llana decapitación de los cráneos y su incorporación a una colección de objetos inertes alojados en el museo, que los devora para exhibirlos como un trofeo y para someterlos a la mirada científica que también procura extraer conocimiento de los cráneos. En ambos casos, la acefalía supone la expropiación del falo salvaje, una cosificación fetichista y su exhibición triunfante en el museo de la nación.

El acto de la colección (acción y resultado al mismo tiempo) no sólo queda asociado entonces con el abastecimiento de un patrimonio cultural deficitario, sino que puede leerse como una intervención donde se define la subjetividad masculina en términos de una dominación ejercida sobre otros cuerpos masculinos y con un rédito también reconocible en el género de quien la ejecuta. La colección afirma el poder del coleccionista. Los cuerpos son así instrumento y destino de la colección, objeto y sujeto de una operación que inscribe sobre el género y, a partir de él, los efectos perdurables de la acción coleccionista. La masculinidad, pensada como dispositivo de dominación estatal, disciplinaria y racional de lo salvaje, ejerce una seducción que precisa cercenar y escindir para afirmar su poder —plasmado en libros, exposiciones y museos— sobre lo irracional amenazante. Se trata de una lucha que atraviesa la historia cultural de América Latina.

Bibliografía

ADORNO, Theodor (1982): «Valéry Proust Museum». En: *Prisms*. Cambridge: MIT Press, 173-185.
AGAMBEN, Giorgio (1998): *Homo Sacer I: El poder soberano y la nuda vida*. Traducción de Antonio Ginero Cuspinera. Valencia: Pre-Textos.
ALENCAR, José de (1957): *Iracema* [1865]. Rio de Janeiro: José Olympio.
— (1961): *O guaraní* 1857]. Rio de Janeiro: José Olympio.

ANDERMANN, Jens (2003a): «Crónicas de un genocidio: últimas instantáneas de la frontera». En: Julio Schvartzman (ed.), *Historia crítica de la literatura argentina*. Buenos Aires: Emecé, vol. 2, 355-381.
— (2003b): «Empires of nature». En: *Nepantla: Views from South* 4, n° 2, 283-315.
— y FERNÁNDEZ BRAVO, Álvaro (2004): «Objetos entre tiempos: coleccionismo, soberanía y saberes del margen en el Museo de La Plata y el Museo Etnográfico». En: *Margens/Márgenes* n° 4, 78-89.
ANTELO, Raúl (2005): «Sentido, paisagem, espaçamento». En: *Margens/Márgenes* n° 5, 18-23.
BATAILLE, Georges (2003): «Museo». En: *La conjuración sagrada: ensayos 1929-1939*. Traducción de Silvio Mattoni. Buenos Aires: Adriana Hidalgo, 69-70.
BOURDIEU, Pierre (2000): *La dominación masculina*. Barcelona: Anagrama.
BUARQUE DE HOLANDA, Sérgio (1957): *Caminhos e fronteiras*. Rio de Janeiro: Libraria José Olympio Editora.
— (2005): *Raízes do Brasil* [1936]. São Paulo: Companhia Das Letras.
BUTLER, Judith (1990): *Gender Trouble: Feminism and the Subversion of Identity*. New York: Routledge.
— (1993): *Bodies that Matter: On The Discursive Limits of Sex*. London: Routledge.
CARNEIRO DA CUNHA, Manuela (1998): *História dos Índios no Brasil*. São Paulo: Companhia Das Letras.
COUTO DE MAGALHÃES, José Vieira (1976): *O selvagem* [1876]. São Paulo: Edusp/Editora Itatiaia.
D'ESCRAGNOLLE TAUNAY, Afonso (1924-1950): *História das bandeiras paulistas*. São Paulo: Typ. Ideal, H. L. Canton.
FAUSTO, Boris y DEVOTO, Fernando (2004): *Brasil y Argentina: um ensaio de história comparada 1850-2002*. São Paulo: Editora 34.
FERNÁNDEZ BRAVO, Álvaro (1999): *Literatura y frontera: procesos de territorialización en las culturas argentina y chilena del siglo XIX*. Buenos Aires: Sudamericana.
GIORGI, Gabriel (2004): *Sueños de exterminio*. Rosario: Beatriz Viterbo.
GOMES, Carlos (1870): *O guaraní*. Libreto de la ópera. La Scala, Milano.
GRAHAM, Richard (ed.) (1990): *The Idea of Race in Latin America, 1870-1940*. Austin: University of Texas Press.
HARAWAY, Donna (1991): *Simians, Cyborgs, and Women: The Reinvention of Nature*. New York: Routledge.
HERNÁNDEZ, José (2005): *Martín Fierro* [1872-1878]. Buenos Aires: Colihue.
HINSLEY, Francis Harry (1972): *El concepto de soberanía*. Barcelona: Labor.
JAKOB, Christfried (1906): «Contribution à l'étude de la morphologie des cerveaux indiens». En: *Revista del Museo de La Plata* vol. 12, 61-72.
JORGE, Miguel (1970): *Couto de Magalhães. A Vida de um Homem*. Goiâna: Departamento Estadual de Cultura.
LAZZARI, Axel (2005): «La repatriación de los restos de Mariano Rosas: disputas y paradojas en el reconocimiento multicultural de los ranqueles». Ponencia presentada en el Seminario de Antropología Social, IDES, Buenos Aires.

MACHADO, María Helena P. T. (2000): «Um mitógrafo do Império». En: *Estudos Históricos* n° 25, <http://www.cpdoc.fgv.br/revista/arq/284.pdf>.

MALOSETTI, Laura (2000): «Mujeres en la frontera». En: Fernanda Gil Lozano, Valeria Silvina Pita y María Gabriela Ini (eds.), *Historia de las mujeres en la Argentina: Colonia y siglo XIX*. Buenos Aires: Taurus, 84-109.

MANSILLA, Lucio V. (1980): *Una excursión a los indios ranqueles* [1870]. Buenos Aires: Centro Editor de América Latina.

MARTÍNEZ SARAZOLA, Carlos (2005): *Nuestros paisanos los indios: vida, historia y destino de las comunidades indígenas en la Argentina*. Buenos Aires: Emecé, 8ª ed.

MONTEIRO, John Manuel (1992): «Tupis, São Paulo: Tapuias e a História de São Paulo. Revisitando a Velha Questão Guaianá». En: *Novos Estudos Cebrap* n° 34, 125-135.

— (1998): «As "raças" indígenas no pensamento brasileiro de império». En: Marcos Chor Maio y Ricardo Ventura Santos (orgs.), *Raça, Ciência e Sociedade*. Rio de Janeiro: Editora Fiocruz, 15-22.

MORSE, Richard M. (ed.) (1965): *The Bandeirantes: the Historical Role of the Brazilian Pathfinders*. New York: Knopf.

NOUZEILLES, Gabriela (2000): *Ficciones somáticas: naturalismo, nacionalismo y políticas médicas del cuerpo (Argentina 1880-1910)*. Rosario: Beatriz Viterbo.

— (2002): «El retorno de lo primitivo. Aventura y masculinidad». En: Grabriela Nouzeilles (comp.), *La naturaleza en disputa: retóricas del cuerpo y el paisaje en América Latina*. Buenos Aires: Paidós, 163-186.

OCANTOS, Carlos María (1985): *Quilito* [1890]. Madrid: Hyspámerica.

(1906): *Revista del Museo de La Plata* n° 12.

RAMOS, Julio (1996): «Entre otros: Una excursión a los indios ranqueles de Lucio V. Mansilla». En: *Paradojas de la letra*. Caracas: Ediciones eXcultura, pp. 73-96.

ROMERO, Sílvio (1888): *Ethnographia Brazileira*. Rio de Janeiro: Livraría Classica de Alves.

SÁ, Lúcia (2004): *Rain Forest Literatures*. Minneapolis: University of Minnesota Press.

SCHWARCZ, Lilia Moritz (1993): *O espectáculo das razas*. São Paulo: Companhia Das Letras.

— (1998): *As barbas do Imperador*. São Paulo: Companhia Das Letras.

SOMMER, Doris (1993): *Foundational Fictions: The National Romances of Latin America*. Berkeley: University of California Press.

STEPAN, Nancy Leys (1991): *The Hour of Eugenics: Race, Gender, and Nation in Latin America*. Ithaca: Cornell University Press.

SZURMUK, Mónica (ed.) (2000): *Mujeres en viaje*. Buenos Aires: Alfaguara.

TEN KATE, Herman (1906): «Matériaux pour servir à l'Anthropologie des Indiens de l'Argentine». En: *Revista del Museo de La Plata* n° 12, 31-43.

VIÑAS, David (1982): *Indios, ejército y frontera*. México: Siglo XXI.

ZEBALLOS, Estanislao S. (1881-1888): *Descripción Amena de la República Argentina*. [Este libro se compone de 3 volúmentes publicados separadamente: *Viaje al país de los araucanos, La rejión del trigo* y *El país de las cabañas*.]
— (1888): *El país de las cabañas*. Buenos Aires.
— (1984): *La rejión del trigo* [1883]. Madrid: Hyspamérica.
— (2002): *Viaje al país de los araucanos* [1881]. Buenos Aires: El Elefante Blanco.
ZIMMERMANN, Eduardo (1992): «Racial Ideas and Social Reform: Argentina, 1890-1916». En: *Hispanic American Historical Review* 72, n° 1, 23-46.
ZORRILLA DE SAN MARTÍN, Juan (1986): *Tabaré* [1888]. México: Porrúa.

El retorno de lo primitivo. Aventura y masculinidad

GABRIELA NOUZEILLES
Princeton University

> Las topografías discursivas e imaginarias del viaje occidental, desde la investigación científica al turismo transnacional, se revelan como sistemáticamente sexualizadas: son escenografías simbólicas del sujeto y su otro.
>
> JAMES CLIFFORD (1997)

> Las formas de la masculinidad se viven en la carne, pero se constituyen en la imaginación.
>
> GRAHAM DAWSON (1994)

> Lo primitivo hace todo lo que le pedimos que haga. Sin voz, nos deja hablar en su lugar. Es el muñeco de nuestra ventriloquia.
>
> MARIANNA TORGONOVNICK (1990)[1]

La experiencia de la distancia y el extrañamiento ha sido uno de los nódulos centrales de la modernidad. La subjetividad moderna se definió a sí misma principalmente a través de la figura del viajero y las articulaciones de sentido derivadas del contraste entre lo mismo y lo diferente. La aparente exageración de Zygmunt Bauman, cuando afirma que el peregrino es la metáfora más apropiada para dar cuenta de la estrategia de una modernidad preocupada por la tarea impostergable de construir una identidad coherente, debe entenderse dentro de este contexto. Para el peregrino, la verdad estaría

---

[1] Todas las traducciones del inglés al castellano son mías.

siempre en otra parte; el lugar verdadero estaría siempre lejos, distante en el tiempo (1996: 20). Más allá de esta definición laxa, el peregrino no constituye una entidad constante. Sus manifestaciones históricas, y las relaciones de poder que las sustentan en cada caso, son variadas y múltiples. Según Bauman, con el advenimiento del capitalismo tardío y la posmodernidad, las figuras del paseante, del vagabundo, del turista y del jugador habrían devenido las manifestaciones dominantes del peregrino, desplazando otras anteriores (*ibid.*: 26). Entre ellas, es precisamente en las prácticas del turista alternativo en busca de experiencias no-mediadas de lo natural en la periferia donde persisten, reformulados, los rasgos esenciales de dos formaciones culturales anteriores, fundamentales para la razón imperial desde el Renacimiento, a saber, las del conquistador y el explorador coloniales[2].

La transformación del turista en protagonista del viaje colonial es el producto de un lento proceso de reacomodamiento del imaginario imperial de la aventura, que alcanzó un punto de viraje decisivo en las últimas décadas del siglo XIX. En 1914, en uno de los apéndices a la narración de su viaje a través del Amazonas, *Through the Brazilian Wilderness*, el ex-presidente de Estados Unidos, Theodor Roosevelt, reconocido explorador, cazador y viajero, registraba, lamentándose, el avance sostenido del turismo como modalidad dominante del viaje a zonas periféricas, en un planeta donde los lugares intocados por la modernidad, los últimos refugios de «lo natural», desaparecían a ritmo cada vez más acelerado. Bastaba con observar a los viajeros Euro-Americanos que recorrían Sudamérica en esos años para advertir la degradación que estaban sufriendo la exploración y la aventura. Había tres clases de viajeros. Primero, estaban los hombres y mujeres que, contando con los medios económicos necesarios, recorrían las ciudades de la costa, sin alejarse mucho de ella, en cómodos barcos a vapor. En opinión de Roosevelt, estos viajeros no se diferenciaban en nada de los turistas burgueses que hacían el recorrido en tren de Atlanta a Calgary, o de Madrid a Moscú (1992: 354). Ni Mark Twain ni James Bryce habían excedido los límites de esta categoría. En segundo lugar, estaban los viajeros que llegaban hasta las ciudades coloniales del interior, hombres y mujeres «que t[enían] el gusto de viajar a lugares remotos y a quienes, por lo tanto, no les molesta[ba] padecer

---

[2] Casi la totalidad de la infraestructura del turismo a países del Tercer Mundo está en manos de Estados Unidos y Europa. El carácter imperialista del turismo internacional residiría sobre todo en el hecho de que convierte las culturas y los paisajes del Tercer Mundo en mercancía, al mismo tiempo que provee prácticas hedonistas a los turistas acomodados del Primer Mundo. Véase Mowforth y Munt (1998: 47).

cierto grado de incomodidad e inconveniencias a cambio de tener la oportunidad de disfrutar de viajes de esta índole en Sudamérica, y hacer que otros se benefici[aran] también de ellos» (*ibid.*: 354). Los libros de viaje de Louis Agassiz, William H. Hudson y Richard Burton eran, insiste Roosevelt, relatos ejemplares de esta forma del viajar. Con todo, y en contradicción con una opinión difundida en la época, si bien proporcionaban sin duda información más valiosa que las impresiones superficiales que emitía el turista, los viajeros que practicaban esta modalidad híbrida del viaje distaban mucho de ser verdaderos exploradores. Esta tercera categoría del viajero, a la que Roosevelt aspiraba, estaba en franco proceso de extinción, contando para entonces con muy pocos representantes.

En la clasificación tripartita de Roosevelt, el explorador encarna una forma superior del viajar. En él se combinan el coraje del guerrero con el saber del geógrafo y el naturalista. Su terreno son los espacios de la pura naturaleza y de lo primitivo. A diferencia de los otros viajeros que permanecen en posiciones resguardadas desde la cual observan, a salvo, la diferencia periférica, el explorador se lanza a lo desconocido y corta, si bien momentáneamente, amarras con lo moderno. El contraste entre los tres tipos de viajeros también se organiza a lo largo del eje de la sexualidad. Mientras las dos primeras variantes del viaje pueden ser practicadas en mayor o menor medida tanto por hombres como por mujeres, en los viajes de exploración son sin duda los hombres los únicos capacitados para afrontar los peligros y las pruebas que se les imponen.

No obstante sus diferencias, todos los viajeros que describe Roosevelt participan de un mismo imaginario cultural, centrado en fantasías de exploración, conquista y aventura. Los imaginarios culturales son redes amplias que conectan temas, imágenes y formas narrativas que se encuentran disponibles dentro de una cultura dada en un momento determinado, articulando sus dimensiones psíquicas y sociales. Dentro del imaginario del viaje imperial, la esencia de la aventura reside en un riesgo que da origen a una experiencia de novedad y de irrefrenable excitación. En su sentido moderno, supone cierto grado de tensión entre ansiedad y deseo, que es también característico de su narrativización. El placer narrativo de un relato de aventura, en cualquiera de sus manifestaciones, procede del contraste entre la familiaridad de convenciones genéricas bien establecidas y la inestabilidad que constituye el contenido mismo de sus tramas. La estructura narrativa de la aventura es la búsqueda, la cual adopta la forma de un viaje peligroso que conduce a uno o varios enfrentamientos cruciales. La victoria es lo que, en última instancia, hace posible el reconocimiento del protagonista como héroe. El mecanismo de lectura que sustenta esta dinámica supone la identificación del lector con la versión idealizada del sujeto que encarna el personaje del héroe. Los contenidos ideológicos particulares de esta matriz narrativa abstracta varían de acuerdo con sus concretizaciones históricas. Como bien ha señalado Dawson, según el contexto, la misma idea de «búsqueda» conlleva valores y presupuestos diferentes acerca de por qué y cuál es el sentido de llevar a cabo un viaje desde lo familiar a lo desconocido para alcanzar un objeto o estado deseado (1994: 57). En el siglo XIX, el viaje de aventuras representa en la literatura lo que el Imperio y el Estado modernizador en política. En tanto la razón de Estado se proyectaba espacialmente estableciendo por la fuerza militar su geografía política mientras acumulaba saber y recursos, en la figura moderna del viajero se superpusieron las del soldado, el científico y el mercader. Parte crucial del esquema de la aventura era el encuentro con el otro no-moderno a quien se aniquilaba a través de la violencia directa o a través de su neutralización simbólica, proyectándolo hacia el pasado como infancia del presente.

Si bien, para ser legibles y efectivos, los imaginarios culturales necesitan mantener cierto grado de cohesión, esto no significa que sean absolutamente unívocos. Más bien se trata de formaciones altamente contradictorias donde conviven elementos tradicionales con otros más novedosos. Uno de los cambios más notables en el imaginario imperial de la aventura a fines del siglo XIX se dio en el área de las identificaciones sexuales. La masculinidad que siempre había caracterizado la figura del explorador colonial se reorganizó alrededor de un par contradictorio en el que convivía, en tensión, la fantasía de posesión racionalista, heredada de la Ilustración, con la fantasía de retorno a través de la experiencia a una masculinidad «más auténtica» y primitiva, y, por lo tanto, «más natural». El primer tipo de fantasía correspondería a lo que Gail Bederman (1995) ha llamado «hombría» («manhood»), la cual conecta el poder masculino con la supremacía racial. Fuertemente imbricada con las nociones de razón y progreso, la hombría fue un elemento importante en los argumentos que Occidente esgrimió para legitimar la misión imperial y el dominio sobre razas consideradas primitivas. El segundo tipo de fantasía, por el contrario, más ligado a la noción de «virilidad» entendida como un ideal físico apoyado en la agresión, la fuerza física y la sexualidad masculina, postulaba una identidad sexual que hacía colapsar lo masculino con lo primitivo. Mientras las ideologías de la hombría se asociaron con los ideales de la civilización occidental y sus jerarquías biológicas, la virilidad comprendía atributos supuestamente compartidos por todos los hombres. Los viajes de exploración y aventura que se popularizaron por entonces incluyen estas dos variantes de lo masculino. Por un lado, se trata de relatos triunfales de la expresión civilizada de la masculinidad en que indefectiblemente los protagonistas, controlando las pasiones del cuerpo y basando sus acciones en la eficacia del cálculo racional, se imponen sobre lo salvaje. Por el otro, son historias celebratorias de experiencias viriles cuyos heroicos protagonistas trascienden los límites impuestos a su masculinidad ancestral por la sociedad moderna[3]. A pesar de que el reclamo de autenticidad se enunciaba en oposición a la artificiosidad de lo moderno y la cultura del consumo, la experiencia supuestamente no-mediada de la virilidad adquiría en ese mismo gesto el valor de una mercancía que el turismo internacional explotaría de maneras cada vez más sofisticadas.

Las condiciones propicias para el retorno a lo primitivo como puerta de acceso a lo masculino estaban dadas sobre todo en dos zonas geográficas, tradicionalmente consideradas manifestaciones extremas de lo natural: la selva y el desierto. Era verdad que, una vez allí, el hombre civilizado, cuyos instintos de supervivencia estaban adormecidos por siglos de cultura, corría siempre el riesgo cierto de perecer; pero si lograba evitar la muerte y superar los obstáculos con que lo confrontaba una naturaleza indómita, el viajero que se atrevía a internarse en la selva o el desierto tenía la posibilidad de reinventarse a sí mismo y regresar, trayendo consigo una sabiduría a la que únicamente accedían los que atravesaban las fronteras de lo conocido.

Con la aceleración de la modernización y la globalización en la segunda mitad del siglo XIX, la Patagonia, junto con el Amazonas, se fueron perfilando como unos de los últimos refugios naturales en el globo donde la aventura todavía era posible. Diferentes líneas de sentido confluyeron en sus representaciones.

Entre ellas, una de las más sobresalientes fue la representación de la Patagonia como límite absoluto de la razón y de lo humano que ha recorrido la serie de sus representaciones desde el primer viaje colonial. La barbarie extrema de los gigantes patagones que inmortalizara Pigafetta en el siglo XVI sería rearticulada por Darwin trescientos años más tarde en sus impresiones sobre

---

[3] En *Manliness and Civilization* (1995), un estudio sobre las ideologías de lo masculino y la civilización en Estados Unidos en el fin de siglo, Gail Bederman sostiene que la doble orientación de la identidad masculina habría sido una respuesta —si bien no la única— de la burguesía a los cambios acelerados producidos por la modernización finisecular, entre los cuales se encontraban la cultura del consumo, el feminismo y la popularización de teorías médicas sobre el deterioro de la salud mental que causaban los excesos de la vida urbana.

los Schelkman de Tierra del Fuego: «Estoy convencido», apuntó en una nota a *Voyage of the Beagle* (1839), «de que en este extremo de Sudamérica, el hombre existe en un estadio inferior de evolución al de ninguna otra parte del mundo»[4]. Así como sus habitantes lindaban con lo infrahumano, el espacio natural de la Patagonia constituía en sí mismo una frontera absoluta, intratable y estéril, donde el viajero civilizado se arriesgaba a morir las más horribles de las muertes, pereciendo en medio de un naufragio o después de una larga agonía causada por el hambre o la degradación inaudita que sufría quien caía cautivo de pueblos abominables. Dentro de esta tradición narrativa, el aventurero era sobre todo un sobreviviente, que retornaba desde el fin del mundo para escribir su pasaje por la abyección de lo natural. En *Naufragio en las costas Patagónicas* (1768), John Byron, uno de los pocos sobrevivientes del hundimiento de la Wagner en las costas del estrecho de Magallanes en 1741, basó la excepcionalidad de la Patagonia en la escasez de vida. El exceso de lo natural rozaba su reverso. No sólo la tierra no producía frutos ni granos ni raíces para el sustento del hombre, apunta un Byron estupefacto, «hasta el mismo mar, que, en tantas costas estériles, proporciona abundantes productos, en esta tempestuosa e inhospitalaria costa es casi tan estéril como el litoral» (1996: 11). En *Cautivo en la Patagonia; o Vida entre los Gigantes* (1853), Benjamin Franklin Bourne, otro sobreviviente, concluiría el relato de sus aventuras con otra declaración categórica: «La tierra es triste, y ya sería una suficiente prueba de fortaleza sobrevivir a ella, en contra de los riesgos inminentes de perecer por el frío y el hambre y la sed. Pero los peligros extremos que nacen de la pobreza del país son nada comparados con los que brotan del corazón del pueblo que lo habita» (1999: 209).

Suplementando la idea del límite y de lo abyecto, se encontraba la idea del desierto como sitio de revelación, donde el sujeto civilizado podía reinventarse a sí mismo. En esta segunda línea de sentido, lo que importa ya no es tanto la noción de frontera sino su opuesto. Eran más bien los espacios desmesuradamente abiertos del desierto, resistentes a la inscripción transformadora del progreso, los que permitían al viajero metropolitano poner una distancia entre él y las imposiciones de la rutina moderna. En la ciudad, no importaba en qué dirección uno se desplazara, se estaba siempre en un lugar estriado por las coordenadas de lo social. El desierto, por el contrario, repre-

---

[4] En la micro-jerarquía de lo primitivo que procede a desplegar, los Selkman quedan al final de una larga lista de pueblos que la comunidad científica de la época ubicaba en el estadio inferior de la humanidad, después de los isleños de los mares del sur, los esquimales, las tribus africanas, y los nómadas australianos (Darwin 1839: 177).

sentaba un *continuum* espacial que todavía no había sido segmentado en lugares, y en ese sentido, prometía una vía de acceso a lo primario, lo desnudo, lo transparente: la libertad absoluta que se derivaba de la absoluta falta de límites.

Las dos trayectorias de sentido que recorren la serie de representaciones de la Patagonia, la del límite absoluto y la del vacío, corresponden a grandes rasgos a las dos articulaciones de lo masculino apuntadas arriba. La lógica de sentido que rige estos pares de opuestos se explica a partir de la doble orientación que caracteriza la modernidad, la cual se piensa a sí misma en contraste con lo natural y lo primitivo, al mismo tiempo que identifica aquello que le es exterior con lo real. En este sentido, se podría decir que la preocupación del sujeto moderno por la «naturalidad», la nostalgia y la búsqueda de autenticidad no serían fijaciones meramente casuales, hasta cierto punto decadentes pero inofensivas, con los restos de culturas y espacios destruidos por el progreso. Se trataría más bien de un componente fundamental del impulso expansivo y homogeneizador de la modernidad, la base de su autoconciencia (MacCannell 1976: 3).

Las páginas que siguen ofrecen una reflexión acerca de algunos de los modos en que la aventura y la masculinidad funcionaron como actos performativos en relación con el Estado y con el ocio moderno en los viajes finiseculares a la Patagonia.

Aventura y Estado

Para Roosevelt, el explorador no era un viajero sólo llevado por el interés y la curiosidad de lo desconocido, o el deseo de librarse momentáneamente de las restricciones y obligaciones de la vida urbana. Los itinerarios del explorador ideal estaban guiados por una misión secular, la de recoger información y ser la vanguardia de la civilización sobre territorios marginales del globo. Aun cuando fondos privados financiaran las expediciones, la legitimidad última del explorador emanaba del Estado, en tanto el estado burgués era la expresión política de lo moderno y de la aceptación de los valores de Occidente. Con este criterio, Roosevelt incluye en su breve lista de exploradores auténticos a Francisco P. Moreno, a quien califica de servidor público destacado y científico inminente cuyas expediciones a la Patagonia habían contribuido grandemente al progreso de Argentina, y en general, de la ciencia (1922: 27 y 366). La inclusión de Moreno en ese grupo exclusivo por parte de Roosevelt, la figura más sobresaliente del nuevo orden imperial instaurado por el poder económico y militar de Estados Unidos, no sólo subraya la eficacia del proyecto político-epistemológico de Moreno, sino también la complicidad de los programas de exploración auspiciados por los gobiernos nacionales latinoamericanos con la ideología imperial[5].

El libro de Moreno, *Viaje a la Patagonia Austral*, publicado en 1879, responde punto por punto al imaginario imperial de la aventura y sus códigos sexuales. Junto a la masculinidad racional del científico-militar que se impone y sobreimpone sobre territorios y pueblos primitivos, se detecta la presencia de una noción de masculinidad asentada en la experiencia vicaria de lo primitivo, experiencia que en pocos años se convertiría en una de las motivaciones principales de los viajes a la Patagonia en su versión turística.

Viaje a la Patagonia Austral combina al menos dos géneros discursivos: un relato de exploración, observación y colección de especímenes, y otro complementario de experiencia y aventura. Mientras el registro científico subraya el carácter supuestamente neutral, objetivo, del primero, el registro autobiográfico organiza los elementos que a lo largo del libro sirven para dar forma a una subjetividad ejemplar. La anécdota infantil que enmarca el relato, adjudicándole una genealogía cultural prestigiosa, condensa los mecanismos de producción de una identidad masculina heroica, articulada alrededor de la figura del viajero y comprometida con la idea de Estado, que la escuela y la prensa de la época contribuían a infundir en las clases educadas[6]:

> Niño aún, la lectura de las aventuras de Marco Polo, de Simbad el Marino y de las relaciones de las misiones de China y Japón publicadas en los *Anales de Propaganda Fide*, hecha en alta voz en el refectorio del colegio, despertó en mí un *vivo deseo de correr tierras*. Y, más que todo, los cortos extractos que los diarios de entonces publicaban de los viajes y exploraciones de Livingston, ese verdadero apóstol que tan bien supo conciliar las ideas de Cristo con las de la ciencia, y las noticias de las expediciones enviadas en busca de Franklin, perdido entre los hielos del norte, *ejercieron en mi cerebro predispuesto un efecto singular e inexplicable, suscitaron en mi alma un sentimiento de profunda admiración*

---

[5] Como bien ha apuntado David Viñas, las expediciones militares de ocupación de territorios indígenas del nuevo estado nacional no marcaron tanto el final del sistema colonial como su consagración bajo una nueva configuración política.

[6] Moreno propone otros modelos heroicos que emular y que el Estado debería reconocer como tales. La apología del capitán Luis Piedrabuena, protagonista de innumerables hazañas en el mar austral, al comienzo del *Viaje* (28), y la celebración del «milico» o soldado raso en *Reminiscencias* (19) son parte del mismo movimiento de identificación de la idea de Estado con figuras masculinas heroicas.

por esos mártires de la ciencia y un vivo anhelo de seguir, en esfera más modesta, el ejemplo de tan atrevidas empresas (*Viaje*, 9; énfasis mío).

El pasaje contiene el archivo esencial del imaginario imperial de la aventura en el que la literatura se confunde con los discursos de la ciencia y la religión. La lectura es el disparador de una serie predeterminada de asociaciones que conducen a la identificación con el explorador imperial que se aventura en tierras desconocidas, y el deseo de reinventarse en función de esa imagen. Que Moreno califique de «modesta» su esfera de acción (Argentina) representa, más que una admisión de una diferencia (colonial) irrevocable, la distancia simbólica entre metrópolis y periferia que el propio autor se empeñó en anular a través de sus viajes exploratorios a la Patagonia, y su subsecuente narrativización.

Si la estructura profunda de todo relato de aventuras consiste en recorrer un itinerario interrumpido por obstáculos que el héroe debe superar para probar su condición de tal, en el caso del texto de Moreno tal estructura significa en dos niveles. Por un lado se trata de la lucha con los elementos naturales (el frío, el hambre, la sed, el cansancio, etc.) y humanos (las tribus indígenas) que dificultan el mapeo y la clasificación del espacio natural que Moreno se propuso incorporar en nombre del Estado nacional. Por el otro, se trata de competir y medirse con los viajeros imperiales que habían recorrido la Patagonia antes que él, tratando de superarlos tanto en lo que hacía a la exactitud de su saber como a su capacidad de resistencia física.

Los capítulos que narran la ascensión del río Santa Cruz desde la costa atlántica a la cordillera de los Andes están organizados de este modo[7]. El relato se abre con la evocación de la fantasía masculina de conquista y penetración de lo natural que inspira al grupo expedicionario. Navegar al pie de los Andes, surcar con la quilla del bote aguas donde hasta entonces sólo habían flotado témpanos y sumar conocimiento a la geografía nacional, son las acciones finales que dan dirección y sentido al viaje. La expectativa de la aventura produce una fuerte reacción física en el cuerpo de los participantes —«[e]l entusiasmo hace vibrar las más humildes de las fibras del jefe y de sus compañeros al penetrar en el bote»—, que se traduce, en el caso de Moreno, en un desafío personal formulado como serie de preguntas —«¿Llevaré a cabo mi proyecto? ¿Tendré suficientes fuerzas para ello? Son las cuestiones que se

---

[7] El relato de la huída de los toldos de Caleufú donde el cacique Shaihueque lo hizo su prisionero en 1880, incluido en *Reminiscencias*, responde al mismo esquema.

agitan en mi espíritu sin que pueda resolverlas»—. Es el patriotismo, entendido como el culto a la idea de Estado, el que le proporciona una respuesta:

> Se dice, con o sin razón, que el patriotismo ciega y de ser cierto esto, quizás en mí se produce este noble fenómeno. Nada veo en este día que pueda ocasionarme tropiezos; olvido las penurias del marino inglés que me ha precedido y sólo pienso que, con energía y voluntad, condiciones con las cuales se vencen todos los obstáculos, obtendré el fin deseado (*Viaje*, 260-261).

El relato pormenorizado del viaje confirma, después de un largo desvío, la fuerza de la convicción heroica. Para que el éxito de la empresa no obscurezca la dimensión del esfuerzo, Moreno se detiene en las enormes dificultades con que los maltrataba una naturaleza despiadada. El efecto estilístico de esta decisión narrativa es la acumulación exasperante de demoras y frustraciones:

> hay que cruzar al sur para pasar un nuevo rápido y perdemos tres horas en andar cien metros; hecho esto, descansamos un momento. La fatiga nos vence [...]. Atacamos la alta muralla, pero hay que tomar grandes precauciones; un previo reconocimiento muestra rocas que hacen bullir el agua al pie, y el paredón geológico a pique no permite que cerca de ella lo costeen los hombres (*Viaje*, 285).

> Vamos adelantando con la proa hacia el río, que desciende, y así llegamos al sur. Trabajamos, pues, pero con dificultad; son muy empinadas las costas y llega un momento en que la barranca es a pique; Decido acampar en un desplayado donde abundan los arbustos; pero, para esto, hay que andar una milla más y es bien penosa (*Viaje*, 288).

> No hemos comido nada hoy (*Viaje*, 334).

La medida de valor de la empresa no proviene solamente del significado intrínseco de las acciones. El marco de sentido de la expedición de Moreno está dado sobre todo por las continuas referencias a las fracasadas expediciones de Fitz Roy y otros exploradores imperiales, quienes habían intentado en vano remontar el río Santa Cruz y que, a pesar de contar con mayores recursos, debieron retornar a la costa sin lograr su objetivo. El desplazamiento sobre el espacio patagónico supone una comparación obsesiva con itinerarios ajenos. Es por eso que la superación de los puntos de retorno de las expediciones anteriores está marcada en el texto como un triunfo decisivo, aun cuando no esté acompañado de grandes esfuerzos: «Es el momento crítico; hemos dejado muy atrás el último punto alcanzado por Fitz Roy y nos hallamos en el mismo que, con diferencia de unos doscientos metros, sirvió de campamento a Feilberg» (*Viaje*, 346). Feilberg representa la última valla después de la cual sólo habría tierra virgen, inexplorada. En su conquista se cifra la prueba definitiva del triunfo del Estado periférico sobre el Estado imperial en la carrera del progreso.

Los restos del campamento del explorador Feilberg marcan también en el texto la transición de una experiencia del paisaje patagónico a otra. Se trata de una distinción que inaugura Moreno y que reaparecerá más o menos intacta en la mayoría de las narraciones posteriores que contienen una trayectoria este-oeste, desde las costas atlánticas, a través del desierto, hasta los lagos y bosques de los Andes sureños. La diferencia empírica entre el desierto y las montañas se traduce en el contraste entre dos tradiciones culturales occidentales de representación del espacio natural, ambas influidas por el imaginario religioso. La tradición cultural que trabaja el desierto narra la travesía por la negatividad patagónica (la falta de agua, la falta de alimento, la falta de refugio, etc.) como un rito de pasaje, una prueba de valor y entereza que se ve premiada con la visión espléndida de montañas, lagos y glaciares. Este segundo paisaje, actualizado desde la estética de lo sublime, da lugar a una experiencia extrema que arrebata al viajero dejándolo en un estado, primero de terror, y luego de éxtasis.

Cada experiencia remite a un espectáculo en el que se hace visible la idea del Estado-nación. En el primero, el espacio patagónico y sus habitantes primitivos quedan encuadrados dentro de la estética del Museo de Ciencias Naturales. La superficie árida, desnuda, del desierto despliega el panorama completo de la evolución prehistórica de la nación que el explorador científico viene a revelar. A falta de un pasado cultural prestigioso que se pueda equiparar con el europeo, el explorador periférico visita las «ruinas» de épocas perdidas que se remontan infinitamente en el tiempo (*Viaje*, 321). Al mismo tiempo que detecta y clasifica los vestigios de una vida de siglos, su mirada se encarga de «museificar» a las tribus nómades contemporáneas que todavía atravesaban el desierto patagónico, expulsándolas del presente de la historia, y fabricando en ese gesto el pasado antropológico de la patria: su infancia. El placer que se deriva de esa visión compensa todas las penurias sufridas en el viaje:

> Háblase de la fatiga de los viajeros, pero no se cuentan sus compensaciones. ¿Puede haber una mayor que aquella que proporciona en un momento dado, con la prueba a la vista, el poder *abarcar desde sus extremos toda la evolución física y moral del hombre y abrazar con una mirada mental retrospectiva desde la ciudad moderna hasta la tienda del hombre contemporáneo con las faunas perdidas?* Los museos y las bibliotecas perpetúan parte de la vida humana en manifestaciones

materiales, pero la infancia de la sociabilidad, el principio de la vida intelectual de los pueblos en sus manifestaciones psicológicas, no se encuentran sino allá, en la vida salvaje (*Viaje*, 153-154; énfasis mío)[8].

La visión del paisaje montañoso con que Moreno tropieza al llegar a los Andes, en cambio, está estructurada desde una estética de lo sublime. Lo sublime como respuesta a una naturaleza grandiosa también se transfiere a la idea de Estado. Mientras la elevación y dimensión de las montañas expresan su monumentalidad, la superficie del lago que se encuentra al final de la travesía por el desierto, convenientemente bautizado «Argentino» por Moreno, funciona como superficie reflectora donde aparece proyectada la imagen inefable de la patria: «Es la Edad de Oro; aquí se olvida la estepa pero se recuerda la patria; su imagen está arriba de todo» (*Viaje*, 357).

En cada experiencia del paisaje se cruzan las dos variantes finiseculares de lo masculino. En la travesía del desierto, la mirada clasificadora toma posesión del espacio natural y de la otredad indígena desde la perspectiva de un sujeto masculino y blanco que encarna el avance de la razón moderna, y cuyo control sobre las pasiones contrasta fuertemente con la voluptuosidad y degradación de los indígenas. Pero al mismo tiempo la lucha con la naturaleza y la adaptación a las condiciones de supervivencia de las tribus que Moreno visita y estudia, le otorgan la oportunidad de reactivar una masculinidad primitiva, adormecida en el interior del explorador civilizado. Se pregunta Moreno en *Reminiscencias*: «¿[C]uántas veces en viaje, he notado en mi espíritu al hombre fósil y a su descendiente civilizado? Goce intelectual inmenso, pero que mi pluma no puede describir» (154). La incomunicabilidad del retorno a lo primitivo que forma parte del viaje de aventura es equivalente al momento negativo de la experiencia de lo sublime, cuando el sujeto permanece abrumado por la sensación de postración y de vulnerabilidad que lo gana en el clímax de su experiencia. El segundo momento de lo sublime, en cambio, supone un estadio afirmativo, cuando la masculinidad en control del sujeto cognoscente queda reinstaurada[9]. En ese instante de consagración de la aventura se revela en su esplendor la totalidad del Estado.

---

[8] En este sentido, el orden narrativo intrínseco a la disposición de los materiales del Museo de Ciencias Naturales de La Plata diseñada por Moreno sería una recreación estacionaria que buscaba reproducir en la imaginación de los visitantes del Museo la experiencia del desierto. Para un excelente análisis del orden simbólico del mencionado Museo, ver Andermann (s/f).

[9] Según Jacqueline Labbe, lo sublime es sobre todo un rito de pasaje masculino, y así habría sido teorizado y vivido desde el siglo XVIII. Labbe relaciona el estado de postración

Aventura y ocio

> Este argumento sostiene que lo que llamamos civilización es en gran medida responsable de nuestra miseria, y que seríamos mucho más felices si la abandonáramos y volviéramos a nuestra condición primitiva.
>
> SIGMUND FREUD, *El malestar en la cultura*

Roosevelt no pudo percibir en 1914 lo que ya era un hecho: la enorme adaptabilidad del turismo como práctica cultural, y la conversión de la naturaleza en mercancía y espectáculo. Los nuevos viajeros salían al mundo no sólo con el equipamiento necesario para sobrevivir en lugares inhóspitos, sino que también partían cargados con el archivo cultural del Imperio y su repertorio de personajes. Rápidamente, viajar pasó a ser otra expresión del simulacro.

En 1878, harta de «la articiosidad superficial de la existencia moderna», y en busca de emociones más intensas que las que era posible experimentar en una Inglaterra victoriana, la escritora y militante feminista Florence Dixie emprendió un viaje a la Patagonia. ¿Por qué la Patagonia?, habían preguntado alarmadas sus amistades sociales, preocupadas por la suerte que podía correr en tierras tan remotas y salvajes uno de los suyos. En las primeras páginas de *Across Patagonia* (1880), su relato de viaje, Dixie explica que fue precisamente porque se trataba de un lugar tan extraño y remoto que decidió dirigirse a la Patagonia. Sin duda había otras regiones salvajes más favorecidas por la Naturaleza, pero en ningún otro lugar uno podía hallarse tan completamente solo:

> En ningún otro lugar existe un área de 100.000 millas cuadradas que se puedan atravesar al galope, y donde se pueda disfrutar de un clima saludable y tonificante, al mismo tiempo que se está libre de la persecución de fiebres, amigos, tribus salvajes, animales molestos, telegramas, cartas, y todas las molestias a las que uno se expondría en cualquier otro sitio (1881: 3).

---

y de pérdida del yo, que caracterizarían el momento negativo de lo sublime, con una especie de instancia feminizadora que debe ser superada para alcanzar el segundo momento de lo sublime, el cual permite el acceso a una noción de totalidad y poder (1998: 37-48). En mi opinión, ese momento de debilidad cognoscitiva puede llenarse con cualquiera de las posiciones subalternas definidas en oposición a un sujeto masculino, blanco y burgués. En este contexto, lo femenino equivaldría al lado de lo primitivo que no es recuperable como valor.

A estas atracciones se sumaba la posibilidad de penetrar en vastas soledades naturales, vírgenes todavía de la presencia del hombre (blanco). «¿Sería yo la primera en pisarlas?» —se pregunta Dixie— «[...] un placer egoísta sin duda; pero la idea tenía un gran atractivo para mí, como para muchos otros» (*ibid.*).

Florence Dixie es una turista. El turista es la expresión del sujeto moderno que usa su tiempo libre para ir en busca, consciente y sistemáticamente, de experiencias más auténticas, experiencias nuevas y diferentes, y experiencias de lo diferente y de lo fuera de lo común, en un mundo desencantado, donde lo familiar ya ha perdido atractivo[10]. Pero si bien su meta es huir de la artificiosidad de la vida moderna en busca de sensaciones placenteras y estimulantes, el turista se sumerge en lo extraño solamente bajo la condición de poder regresar al mundo que dejó detrás. El turista posee un hogar, un lugar agradable y seguro, al cual puede volver cuando termina la aventura turística. Aunque es precisamente la placidez de lo doméstico la que lo ha llevado a intentarla en primer lugar. Con el regreso de Dixie a Inglaterra y la puesta en escritura de su viaje, el circuito se cierra perfectamente. Registrar que «se ha estado allí» y vuelto para contarlo subraya hasta qué punto el sentido de la partida depende de la misma modernidad que se rechaza.

Florence Dixie representa además un nuevo tipo de turista, desconocido hasta entonces. Se trata de un viajero que, contrariamente a la tipología que Roosevelt propondría en 1914, encuentra valor en la experiencia de la pura naturaleza reservada hasta entonces a exploradores como Francisco Moreno. A diferencia de ellos, sin embargo, Dixie no se proponía con su viaje ni aumentar el saber de la ciencia, ni ocupar territorio en nombre del Estado o del Imperio, ni evangelizar a los indígenas que todavía habitaban la región. El interés principal de Dixie, aquello por lo que estaba dispuesta a gastar grandes sumas de dinero, era la sola experiencia vigorizante de la aventura, separada de sus funciones pragmáticas. La idea del desierto como espacio sin límites, donde los viajeros podían reinventarse a sí mismos asumiendo papeles culturales que les estaban vedados en las sociedades a las que pertenecían, hacía el proyecto de Dixie viable. En el vacío social de la Patago-

---

[10] MacCannell considera la tendencia a buscar en «otro lugar» marcadores de realidad y autenticidad un impulso característico de la modernidad euroamericana. Este rasgo se derivaría de la tensión moderna entre espacio y tiempo. Lo real y lo auténtico estarían siempre en otra parte, en otros períodos históricos y otros pueblos, afuera de lo moderno y ajenos a los imperativos del progreso (1976: 3).

nia y en la virtualidad de la aventura una mujer podía hacer suyas las poses de la masculinidad disponibles entonces[11].

Como en el caso de Moreno, la travesía del desierto funciona en el relato de Dixie como rito de pasaje en que ella debe apelar al ingenio y la destreza física para sobrevivir en el contexto de una naturaleza extremadamente inhóspita. Pero lo que importa ya no es tanto la meta como ese mismo esforzarse[12]. Las cabalgatas interminables, los enfrentamientos con animales salvajes, el hambre y la sed que ponen el viaje de placer al borde de la tragedia, ofrecen a Dixie la oportunidad de acceder a las sensaciones del hombre primitivo pero bajo la forma de una ficción cultural cuyo valor de mercancía se mide por la calidad y cantidad de experiencia que pueda proporcionar. No obstante, a diferencia de Moreno, la mirada clasificadora es reemplazada por una mirada que captura lo natural exclusivamente desde lo estético. Como turista, a Dixie sólo le interesa coleccionar imágenes y *souvenirs* donde se fije el aura de lo auténtico.

Si *Across Patagonia* cuenta cómo una turista juega a ser explorador, en *Idle Days in Patagonia* (1893) de William Hudson lo que se cuenta es el viaje de exploración y aventura de la imaginación. Hudson llega a las estribaciones del desierto patagónico pero, imposibilitado de atravesarlo físicamente a causa de un accidente, procede a desplazarse a través de las ficciones que lo producen como objeto cultural. En este sentido, Hudson es un turista sentimental.

Su libro consiste en una colección más o menos heterogénea de reflexiones, digresiones y anécdotas que, sin seguir un hilo narrativo común, se detienen en diferentes aspectos de la naturaleza patagónica y de los personajes sociales que la habitan, que resultan interesantes desde la perspectiva de la ciudad. Aunque las evoca para luego desdecirse de ellas, el marco del libro refiere al lector a las convenciones del viaje de aventura. El texto se abre con el fantasma aterrorizador del naufragio y del motín, dos lugares comunes de

---

[11] Como feminista que creía en la igualdad absoluta de los sexos, para Dixie el viaje a la Patagonia era a la vez una oportunidad de escapar a las restricciones que la sociedad victoriana ponía a las mujeres, y de probar que una mujer podía mostrar un grado de resistencia física del que muy pocos hombres eran capaces. Sobre las motivaciones de las mujeres para viajar a regiones exóticas y «primitivas», durante la época victoriana, ver Stevenson 1982: 2-3.

[12] En su descripción de los modos narrativos en el diario de viajes victoriano, Catherine Barnes Stevenson concluye que el énfasis en las actividades del viaje, más que en las metas del viajero, era más frecuente en los relatos escritos por mujeres (1982: 8). Podría pensarse que, con la expansión del turismo, esta modalidad «femenina» del relato de viajes habría pasado a ser la más apropiada para las nuevas concepciones del viaje.

las historias de mar. Aprovechándose de la oscuridad y la confusión creada por una tormenta feroz que azota sin respiro el desvencijado barco que transporta a Hudson, un grupo de marineros aterrorizados intenta salvarse abandonando al resto de la tripulación y los pasajeros a su suerte. Sólo la intervención heroica y oportuna de un ingeniero inglés evita el desastre. La tormenta aminora pero la calamidad persiste. El barco termina encallado en la playa, no lejos del puerto de Carmen de Patagones, para llegar adonde Hudson y otros tres pasajeros deben someterse a una larga y ominosa caminata durante la cual casi se extravían en los laberintos indiferenciados del desierto.

La visión panorámica del vacío patagónico y la inquietud que despierta prometen no sólo peligro sino también liberación:

> ¡Al fin Patagonia! ¡Cuántas veces me la había representado en la imaginación, deseando intensamente visitar esta naturaleza solitaria, yaciendo remotamente en su paz desolada y primitiva, intocada por el hombre, lejos de la civilización! Allí estaba frente a mí, a plena vista, el desierto inalterado que despierta en nosotros extrañas sensaciones (*Idle Days in Patagonia*, 4).

Sin embargo, como sucede en el caso de Florence Dixie, la constatación empírica confirma lo que la imaginación ya ha decidido. La sensación de «alivio», de «escape», y de «libertad absoluta», que Hudson experimenta en las vastas soledades patagónicas, nunca perturbadas por el hombre, y que aun cuando lo hayan sido, han borrado todo rastro de su acontecer, son parte de un repertorio cultural sobre lo natural establecido de antemano. Nuevamente los espacios abiertos del desierto sirven de vehículo a las fantasías escapistas con las que una modernidad escindida hacía frente al «malestar de la cultura»[13]. Lo que distingue a Hudson es que, en su relato de viaje, el escapismo de la aventura, ese afuera absoluto de lo doméstico, nunca llega a traducirse en movimiento real.

En vez de responder a las expectativas despertadas por el primer capítulo introduciendo un relato de exploración, el segundo capítulo explica por qué Hudson se convirtió en el ocioso («idler») inmóvil al que alude el título. A

---

[13] La figura del aventurero ha sido central en las tradiciones críticas de la modernidad desde las antinovelas de Melville y Poe, a la filosofía de Bataille. Resulta claro que el aventurero está en el centro de la crítica de Nietzsche a los valores de la modernidad. No como héroe moral, cuyas acciones son una forma de la obediencia —al Estado, a Dios, o a un ideal—, sino como aventurero, cuya vida es, en su forma más extrema, una guerra de todos contra todos. Para una historia de los usos políticos y culturales de la aventura en el siglo XIX, véase Zweig 1974.

diferencia de la noción de «tiempo libre» que subyace a la experiencia turística, entendido como el tiempo de la no producción en que de todos modos existe la necesidad de echarse a andar, la noción de ocio en el texto de Hudson remite al trabajo de la imaginación y de los sueños diurnos.

    El accidente con el arma de fuego que deja a Hudson momentáneamente inválido, impidiéndole proseguir con su proyecto de estudiar y clasificar las aves e insectos de la región, lo descalifica, por su torpeza, como héroe digno de ese espacio, al mismo tiempo que lo habilita como compilador desinteresado de impresiones y relatos que se traducen en escritura. Si hay aventura, ésta se encuentra en las historias y anécdotas que circulan entre los pobladores, también ociosos, del pueblo; pero se trata de relatos que solamente pueden constituirse y circular una vez que hay escasez de aventura. El pueblo es una isla flotante entre la modernidad y la naturaleza, levantada como frente de una guerra de fronteras contra los indígenas, ya concluida, y otra incancelable contra una naturaleza que los rodea sin ahogarlos del todo, pero que resiste toda inscripción permanente. No obstante su costo, la guerra encarnada en la lucha del pionero constituye para Hudson un elemento indispensable para mantener abierto el margen de riesgo donde se inscribe el remanente de lo real, el resto en el que se registra el afuera de una modernidad artificial y opresiva, dominada por un falso sentido de lo infinitamente nuevo (*Idle Days in Patagonia*, 70-71). El mantenimiento de una masculinidad más «auténtica» también depende de la afirmación del conflicto. Siguiendo a Mills, Hudson opinaba que para el hombre cuyos instintos viriles no se habían atrofiado en las condiciones artificiales de lo moderno, la lucha por algo, fuera física o mental, era esencial para la felicidad y la salud: «Es un principio natural que sólo por medio del conflicto se puede mantener la fuerza. Tan pronto como se coloca una especie por encima de ella, o se la sobreprotege, la degeneración comienza» (*Idle Days in Patagonia*, 75).

    A los viajeros circunstanciales que, como Hudson, llegaban a la Patagonia desde las ciudades para volver a partir, experimentar brevemente la soledad del desierto les daba un acceso momentáneo, pero no por ello menos poderoso, a un estadio primordial, anterior al pensamiento. Dentro de esta articulación ideológica, la aventura ya no es la empresa a través de la cual el sujeto civilizado se esfuerza por alcanzar una meta, sino un viaje imaginario a través de los estratos arqueológicos de su subjetividad, durante el cual el pasado de la especie le «ad-viene»:

> Durante esos días de soledad, era raro que me asaltara un pensamiento; las formas de los animales no cruzaban mi visión y las voces de los pájaros pertur-

baban mis oídos muy raramente. *En este estado único en que me encontraba, pensar se había vuelto imposible.* [...] Pensar era como poner en movimiento una máquina ruidosa; había algo allí que me mantenía quieto, y me forzaba a obedecer. *Mi estado era de suspenso y atención extrema, y sin embargo no esperaba encontrarme con ninguna aventura,* [...]. El cambio operado en mí era tan grande y maravilloso como si hubiera cambiado mi identidad por la de otro hombre o animal (*Idle Days in Patagonia*, 199; énfasis mío).

Estos instantes de iluminación, aunque breves, consisten en una «regresión instantánea a lo primitivo y a condiciones mentales totalmente salvajes» (*Idle Days in Patagonia*, 200), que Hudson compara con la acción de «volver a casa». Cualquier hombre moderno podía experimentar esta regresión, hasta entonces reservada a los soldados, marinos y aventureros, si se aplicaba a este ejercicio de la imaginación en el desierto. Con Hudson, la Patagonia ya no representa sólo el escenario donde se puede recrear performativamente el ingenio y el coraje del explorador y el conquistador imperial. Entrar en el desierto es convertirse en el Otro de la civilización, volver a un origen perdido, a un momento pre-cultural cuando los hombres eran «todo cara», cuando no había nada entre humanidad y naturaleza (*Idle Days in Patagonia*, 207-209). Por ese motivo, el estado mental inducido por el vacío patagónico hace de la estética romántica del paisaje una operación mental obsoleta. En el desierto, sostiene Hudson, la razón geométrica ya no es capaz de proyectarse sobre el espacio natural para dominarlo, sino que el mismo cerebro se vuelve espejo donde la naturaleza se exhibe a sí misma como totalidad sin fisuras.

Los relatos de viaje de Dixie y Hudson marcan una transformación profunda del imaginario imperial del viaje. Se trata sin duda de precursores de la figura contemporánea del turista alternativo en busca de experiencias no-mediadas de lo natural. Dentro de esta articulación ideológica, el desierto patagónico se fue constituyendo como el lugar ideal donde actualizar fantasías primitivistas de lo masculino. Los viajeros metropolitanos y sudamericanos, reales e imaginarios, que desde las últimas décadas del siglo XIX hasta hoy repiten el ritual de internarse en los espacios aparte de la Patagonia se empeñan, en vano, en librarse del malestar que les genera una modernidad castradora.

Bibliografía

ANDERMANN, Jens (s/f): «Evidencias y ensueños», versión manuscrita facilitada por el autor.

BAUMAN, Zygmunt (1996): «From Pilgrim to Tourist — or a Short History of Identity». En: Stuart Hall y Paul Du Gay (eds)., *Questions of Cultural Identity.* London: Sage Publications.
BEDERMAN, Gail (1995): *Manliness and Civilization. A Cultural History of Gender and Race in the United States, 1880-1917.* Chicago/London: The University of Chicago Press.
BOURNE, Benjamin Franklin (1999): *Cautivo en la Patagonia.* Buenos Aires: Emecé.
BYRON, John (1996): *Naufragio en las costas patagónicas.* Buenos Aires: Ediciones del Sol/Unesco.
CLIFFORD, James (1997): *Routes. Travel and Translation in the Late Twentieth Century.* Cambridge: Harvard University Press.
DARWIN, Charles (1839): *Voyage of the Beagle.* Londres: Pilot Press.
DAWSON, Graham (1994): *Soldier Heroes. British Adventure, Empire and the Imagining of Masculinities.* London/New York: Routledge.
DIXIE, Florence (1881): *Across Patagonia.* New York: R. Worthington.
FREUD, Sigmund (1981): «El malestar en la cultura». En: *Obras completas.* Madrid: Biblioteca Nueva, vol. III, 3024-3029.
GREEN, Martin (1993): *The Adventurous Male. Chapters in the History of the White Male Mind.* University Park: The Pennsylvania State University Press.
HUDSON, W. H. (1923): *Idle Days in Patagonia* [1893], vol. XVI. London/Toronto: J. M. Dent/Sons LTD.
KAPLAN, Caren (1996): *Questions of Travel. Postmodern Discourses of Displacement.* Durham: Duke University Press.
LABBE, Jacqueline N. (1998): *Romantic Visualities. Landscape, Gender and Romanticism.* New York: St. Martin's Press.
MACCANNELL, Dean (1976): *The Tourist. A New Theory of the Leisure Class.* New York: Schocken Books.
MORENO, Francisco P. (1997): *Reminiscencias.* Buenos Aires: El Elefante Blanco.
— (1997): *Viaje a la Patagonia Austral* [1879]. Buenos Aires: El Elefante Blanco.
MOWFORTH, Martin y MUNT, Ian (1998): *Tourism and Sustainability. New Tourism in the Third World.* London: Routledge.
NOUZEILLES, Gabriela (1999): «Patagonia as Borderland: Nature, Culture, and the Idea of the State». En: *Journal of Latin American Cultural Studies* vol. 8, n° 1, 35-48.
PRATT, Mary Louise (1992): *Imperial Eyes. Travel Writing and Transculturation.* London/New York: Routledge.
ROOSEVELT, Theodore (1922): *Through the Brazilian Wilderness.* New York: Charles Scribner.
STEVENSON, Catherine Barnes (1982): *Victorian Women Travel Writers in Africa.* Boston: Twayne Publishers.
TORGOVNICK, Marianna (1990): *Gone Primitive. Savage Intellects, Modern Lives.* Chicago: The University of Chicago Press.

VIÑAS, David (1982): *Indios, ejército y frontera*. México: Siglo XXI.
ZWEIG, Paul (1974): *The Adventurer*. New York: Basic Books Publishers.

Masculinidad y civilización

Asociaciones afectivas:
Literatura y política en la Argentina del siglo XIX o «Cómo ser europeo en América»

EVA-LYNN ALICIA JAGOE
University of Toronto

En el año 2004, el grupo de rock argentino *Bersuit Vergarabat* lanzó «La argentinidad al palo», un tema que satiriza el chauvinismo del patriotismo argentino[1]. En él se enumeran esos atributos de Buenos Aires que enorgullecen a los porteños, sinécdoques de los argentinos, tales como «la calle más ancha, el río más ancho». El estribillo repite la frase epónima identificando «argentinidad» con erección (tal es el sentido de la expresión idiomática «al palo») y de ese modo pone en evidencia que ese tipo particular de fervor patriótico es, en su origen, masculino. Una parte del tema alude a la ascendencia europea y la mezcla de razas que subyace a todos los que ahora se consideran a sí mismos argentinos: «Tanos, gallegos, judíos, / criollos, polacos, indios, negros, / cabecitas... pero con pedigree francés». Si Sarmiento, que impulsó la inmigración de trabajadores europeos a su país, pudiera escuchar esta lista, se revolcaría en su tumba[2]. Y quizás sin comprender la ironía de ese «con pedigree francés», pues él mismo, en un primer momento (y antes de viajar a Francia), deseó firmemente todo lo que Francia, en su opinión, tenía para ofrecerle a la Argentina.

---

[1] Gracias a Jerónimo Ledesma por su traducción de este artículo y también por iniciarme en los placeres de la música de Bersuit.

[2] Sarmiento estaba muy consciente durante su vida de la inmigración inesperada a Argentina de europeos del sur, no del norte. Véase su *Conflicto y armonías de las razas en América* (1883) donde intentó explicar los problemas de su país a través de un discurso racista sobre la inferioridad genética de sus ciudadanos.

Ciento cincuenta años después de Sarmiento, todavía parece relevante recordar (cierto que en un tema de rock y con tono burlesco) las aspiraciones argentinas a la cultura y los modales de Francia. ¿Será que la eurofilia sigue vigente en la Argentina? ¿Qué asociaciones afectivas podría sugerir hoy un «pedigree francés» que aún tengan influencia sobre la imaginación cultural? ¿Cómo y cuándo arraigó ese principio fundamental de la identidad y la identificación con Francia? Estas preguntas quizás tengan respuestas simples en el marco de las relaciones de la Argentina con Europa luego de la Independencia, pero vale la pena revisar el discurso francófilo tal como fue construido en la primera mitad del siglo diecinueve, para examinar los términos en que se planteó y cómo condujo al *impasse* que sigue inquietando a la cultura argentina en el presente.

Propongo examinar en este artículo los rasgos más elementales del discurso argentino sobre su cultura a partir de las adscripciones de género con que confusamente aparecen vinculados. Los términos «civilización» y «barbarie», polos enfrentados de una dicotomía que para muchos se remonta al *Facundo* de Sarmiento, encontraron de hecho su primera gestación política en la Generación del 37, a la que Sarmiento no pertenecía[3]. Esa generación respondió a los problemas que afectaban a la Argentina durante el régimen de Juan Manuel de Rosas formulando una estructura binaria de pensamiento que aún sigue modelando la política y la cultura argentinas, incluida la música popular. Para ellos, Rosas, ese hombre cuya violencia y habilidad con el caballo lo asimilaban al gaucho, era «el monstruo del *americanismo* hijo de la Pampa» (1999: 348). Al caricaturizarlo de ese modo, lo que estos jóvenes hacían era, en realidad, cederle a Rosas el campo semántico del «americanismo». Si Rosas era el hijo americano de la Pampa, ¿qué eran ellos mismos? ¿Cómo podían ser ellos argentinos si Rosas representaba tanto el «Nuevo Mundo» como sus conexiones con la tierra? De este dilema surgió la oposición binaria que asimila al elemento americano la barbarie y su opuesto, la civilización, al elemento europeo; oposición que reaparece sin cesar en la escritura decimonónica. En cierto sentido, es como otra oposición que se manifiesta en buena parte de esa escritura, y que veo ligada a la de «civilización y barbarie», a saber: la de masculino y femenino. Rosas y Facundo, en las obras de Sarmiento y José Mármol, por ejemplo, son bárbaros cuya feroz masculinidad necesariamente feminiza a sus opositores.

---

[3] La Generación del 37 incluye a Esteban Echeverría, Juan Bautista Alberdi y Juan María Gutiérrez. Después, se adhirieron a la asociación otros como Domingo F. Sarmiento, Bartolomé Mitre y José Mármol.

El discurso al que pertenecen tales formulaciones fue producto de una reacción emocional muy intensa ante los padecimientos y humillaciones que los integrantes de la Generación del 37 sufrían a diario. Queriendo representarse como políticos y hombres de letras en ese momento conflictivo de la política argentina, descubrieron que una de sus armas más poderosas era la literatura de circunstancias. Los textos de estos hombres suelen estar caracterizados por la indeterminación genérica: se entremezclan en su interior la historia, la política y los tropos sentimentales; pero si hay algo que todos tienen en común, es la movilización del sentimiento. Anima a esta literatura la creencia de que ella es el único bastión para defenderse de la violencia circundante. Así pues, civilización y barbarie, masculinidad y feminidad, son menos formaciones ideológicas que afectivas y su poder como tropos constitutivos de la cultura argentina reside en la incómoda pero productiva tensión que establecen: ideología y afecto, política y literatura.

La identidad específica de los hombres del 37 empezó a configurarse en una atmósfera de violencia y miedo. Descendían en su mayoría de unitarios que se habían opuesto al régimen de Rosas por el uso indiscriminado del terror y la violencia como tácticas para someter los ciudadanos a la obediencia. La tortura, el asesinato y las ejecuciones públicas sin juicio, mediante la censura y los humillantes castigos públicos, generaban la sensación de que el poder de Rosas era ubicuo e inflexible. Su imagen estaba en todas partes: incluso llegaron a crearse leyes para asegurar que el rojo, el color de los federales, se luciera en todas las ropas, en todos los cuerpos. De este modo, la figura de Rosas era una presencia compulsiva, hasta a la hora de vestirse, y aquéllos que la resistían debían padecer severos castigos físicos.

Pese a no haber participado en las guerras de Independencia —pues eran demasiado jóvenes en ese momento—, los integrantes de la Generación del 37 debieron enfrentar, en cambio, la tarea de inventar la República. Esta tarea fue signada por la presencia de Rosas, cuya «barbarie» los impulsaba a situar en Europa la sede de la civilización. Sin modelos disponibles en su propio país, tomaron a los europeos como matriz única de su futuro.

Los jóvenes de la Generación del 37, en su mayoría porteños, crearon un Salón Literario donde se reunían a leer poesía y novelas importadas de Europa. Amantes de todo lo francés, llegaron a publicar una revista llamada *La Moda*, donde abundaban traducciones de novelas francesas y consejos sobre moda contemporánea que permitían a los porteños ser perfectos franceses. La «moda» era para ellos inseparable de la «modernidad», de manera que esta publicación, de naturaleza aparentemente frívola, alojaba entre sus páginas la agenda del 37 para la realización del progreso. Considerada como indicador de las diferencias entre bárbaros y civilizados, la moda era en ese entonces un asunto de vida o muerte. Sarmiento muestra de qué modo ambos bandos poseían estilos distintivos, aunque sólo uno contara con el poder para imponerse:

> A la par de la destrucción de todas las instituciones que nos esforzamos por todas partes en copiar a la Europa, iba la persecución al fraque, a la moda, a las patillas, a los peales del calzón, a la forma del cuello del chaleco y al peinado que traía el figurín: y a estas exterioridades europeas se sustituía el pantalón ancho y suelto, el chaleco colorado, la chaqueta corta, el poncho, como trajes nacionales, eminentemente americanos (1999: 319).

Por eso, aun cuando *La Moda* parecía inofensiva y hasta genuflexa frente a las proscripciones federales, el tono irónico de algunos de sus artículos y la importancia atribuida a la moda en aquel tiempo hicieron que el Gobierno la clausurara luego de cinco meses.

Al relacionarse alrededor de una serie de textos literarios, fue surgiendo en los miembros del Salón la conciencia de una comunidad, una fraternidad de sentimientos y gustos comunes que iba más allá de un amor por la literatura. Por sus sentimientos, emociones y reacciones compartidas, comenzaron a formar un campo de ideas para la construcción de un programa político. Aunque el Salón fuera concebido inicialmente como una mera actividad cultural, había en él un pequeño grupo al que le parecía que «la situación en Buenos Aires se hacía intolerable» (Echeverría 2007: 123). Estos hombres se agruparon y constituyeron lo que denominaron la Asociación de Mayo, una sociedad dedicada a la libertad, la fraternidad y la lucha contra Rosas. En su acta fundacional, el *Dogma socialista*, Esteban Echeverría enumera un grupo de «palabras simbólicas», la primera de las cuales es «asociación». Con ella se refiere a la idea de que todas las fuerzas individuales, en lugar de aislarse en su egoísmo a la manera de la administración rosista, necesitaban converger simultánea y colectivamente en pos de la meta común del progreso nacional. Aun cuando no debían menospreciarse los derechos individuales, era preciso que los individuos formaran asociaciones para alcanzar un ideal colectivo más elevado. El manifiesto, bella y apasionadamente escrito, adolece de cierta vaguedad, y calla acerca de los mecanismos que habría que implementar para constituir las requeridas asociaciones. No se trata, pues, de una agenda política definida, sino de un conjunto de ideales que podrían conducir a una sociedad armoniosa.

A mi entender, no había un plan concreto, no había una visión de futuro que pudiera ser traducida en una acción política directa. Después de todo, estos hombres no se agrupaban por el deseo constructivo de elaborar algo nuevo sino por un deseo opositor, a saber: el de reformar la nación, el de expurgarla de todo lo que Rosas representaba. Esto era totalmente comprensible ya que las circunstancias eran tremendas y los objetivos que se proponían los miembros de la Generación del 37 involucraban operaciones urgentes y peligrosas, como sacar amigos del país y obtener apoyo europeo para organizar la resistencia. Al parecer, en ese momento lo que hacía falta era derrocar a Rosas. Lo que habría de hacerse luego podría considerarse una vez removido el peligro actual. Los instrumentos con que la Asociación se dispuso a actuar fueron los mismos que los habían vinculado en primera instancia: inventaron poemas, relatos, ensayos y novelas, toda una literatura de retórica persuasiva, claramente antirrosista, pero haciendo uso de la estética romántica europea, ganando así autoridad discursiva para sus sensibilidades. Esta literatura buscó civilizar la propia experiencia americana apelando al estilo europeo. En este sentido, el término «asociación» parecía referir menos a un principio que a una resonancia afectiva, a un llamado a la fraternidad entre mentes afines que compartían todo un mismo abanico de antipatías y simpatías, resonancias y repugnancias.

Echeverría, usando una humilde tercera persona, describe la reunión inaugural en la crónica retrospectiva que prologa su *Dogma socialista*:

> En efecto, el 23 de junio de 1837 por la noche, se reunieron en un vasto local, casi espontáneamente, de treinta a treinta y cinco jóvenes, manifestando en sus rostros curiosidad inquieta y regocijo entrañable. El que suscribe, después de bosquejar la situación moral de la juventud argentina [...], manifestó la necesidad que tenía de asociarse para reconocerse y ser fuerte, fraternizando en pensamiento y acción. Leyó después las *palabras simbólicas* que encabezaban nuestro credo. Una explosión eléctrica de entusiasmo y regocijo saludó aquellas palabras de asociación y fraternidad; parecía que ellas eran la revelación elocuente de un pensamiento común, y resumían en un símbolo los deseos y esperanzas de aquella juventud varonil. Inmediatamente se trató de instalar la Asociación. Por unánime voto cupo al que suscribe el honor de presidirla, y nos separamos dándonos un abrazo de fraternidad indisoluble.
>
> Ahora, después de tantas decepciones y trabajos, nos gozamos en recordar aquella noche, la más bella de nuestra vida, porque ni antes ni después hemos sentido tan puras y entrañables emociones de Patria (Echeverría 2007: 103).

El lenguaje empleado para describir esta reunión no pretende tanto proporcionar información pormenorizada del encuentro como recrearlo por medio de un registro emocional más persuasivo que histórico. Al lector no se le ofrece meramente un relato de los hechos: se lo sumerge en una interpretación *performativa* del momento que es como una invitación a participar de la fraternidad. Como las palabras simbólicas que eran «una revelación de deseos y esperanzas», la descripción de este momento busca traducir una afectividad cargada de resonancias emotivas y corporales. Al resultado pragmático de la reunión (la formación de la Asociación y la elección de Echeverría como presidente) se le asigna en el texto menos importancia que a la inspirada evocación de «la explosión eléctrica de entusiasmo», «los abrazos», y «el regocijo» de la noche. En la escritura de esta «noche bella» se revela, pues, una fusión entre discurso descriptivo y lenguaje del sentimiento.

La fundación de esta asociación política, por lo tanto, está inscripta en un discurso que debe su potencia a la literatura; algo razonable, dadas sus anteriores reuniones. La literatura, parece, los ha llevado inexorablemente hacia esta causa común y la fraternidad se constituye «casi espontáneamente». Todo elemento previo de una determinación práctica queda reducido al mínimo como para instalar en el núcleo de la Asociación de Mayo una espontaneidad que connota el común acuerdo y la alianza apasionada.

Hacia el final del *Facundo*, Sarmiento también describe la formación de la Asociación, pero no basándose en un conocimiento de primera mano (Sarmiento no pertenecía al Salón), sino en su interpretación de testimonios ajenos[4]. Su descripción hace aún más explícito el lazo entre la asociación política y la literatura.

> Al fin esa juventud que se esconde con sus libros europeos a estudiar en secreto [...], se interroga, se agita, se comunica, y al fin se asocia indeliberadamente sin saber fijamente para qué, llevada de una impulsión que cree puramente literaria, como si las letras corrieran peligro de perderse en aquel mundo bárbaro (1999: 230).

Como en la descripción de Echeverría, los hombres se agrupan de manera espontánea, «indeliberadamente». Su motivación procede del común reconocimiento de la amenaza que representa para sus estudios compartidos «aquel mundo bárbaro» que impone el terror alrededor. Recuperando la metáfora de la electricidad de Echeverría, Sarmiento emplea otra palabra muy en boga en el siglo XIX: impulso. Como «electricidad», «impulso» con-

---

[4] Sobre la admiración que sintió Sarmiento por el Salón y su intento de fundar un grupo análogo en San Juan, véase Shumway (1991: 130).

nota una reacción afectiva preverbal que antecede al lenguaje o el pensamiento. Los jóvenes ni siquiera saben «fijamente para qué» se agrupan. La mención de autores y libros europeos delata en Sarmiento la inseguridad de su origen provinciano y su distancia con respecto a la asociación urbana. Pero también manifiesta otro temor: el aislamiento de la Argentina con respecto a la civilización europea. Lejos de Europa, estos jóvenes leen sus libros asiduamente para entender su cultura e ideología y conseguir aquello que anhelaban: «ser europeos en América» (Mármol 1999:146). En ese proceso de europeización, sin embargo, subordinaron el destino americano al de Europa y desarrollaron lo que para muchos fue una insalubre dependencia del Viejo Mundo.

Sarmiento defiende esta alianza insistiendo en que su relación con Europa era de reconocimiento e identificación:

> La juventud de Buenos Aires llevaba consigo esta idea fecunda de la fraternidad de intereses con la Francia y la Inglaterra; llevaba el amor a los pueblos europeos asociado al amor a la civilización, a las instituciones y a las letras que la Europa nos había legado [...]. Esta juventud, impregnada de las ideas civilizadoras de la literatura europea, iba a buscar en los europeos enemigos de Rosas sus antecesores, sus padres, sus modelos, apoyo contra la América tal como la presentaba Rosas (1999: 348).

Ésta fue la primera generación nacida en una Argentina libre. Ninguno de ellos poseía recuerdos personales de la colonia española y por lo tanto la noción de una identidad criolla, independentista y opositora, que había caracterizado a la generación previa, ya no servía como eficaz grito de guerra para impulsar a la acción política. Así, pues, el intento de crear una Argentina europea era en parte la elección de una tradición cultural y la creación de un linaje que no procedían, decididamente, de la tierra donde habían nacido. Desposeída de su patrimonio cultural por Rosas, la Generación del 37 sostuvo que la Argentina era europea por herencia, patrimonio y elección. «Impregnados» como estaban «de las ideas civilizadoras de la literatura europea», los jóvenes buscaban crear una asociación que era, a la vez, una asociación con Francia e Inglaterra. En «Sarmiento the Writer», Ricardo Piglia reflexiona sobre esa asociación:

> Argentine literature is a selfautonomizing force; it tends to dissociate political power from another power that transcends it [«the intelligentsia»]. It is here that the specific function of writing is defined. On the other hand, we discover the attempt to create an emancipated literature whose autonomy is defined in

relation to foreign literature [...]. However, this emancipated literature is construida in alliance with one foreign literature: French literature taken as world literature (1994: 129-130).

La literatura, sin embargo, es problemática para el ideal de asociación, y en particular la literatura romántica, ya que privilegia los sentimientos del individuo. ¿Cómo puede la literatura ser un instrumento político efectivo cuando tiende a focalizarse en afectos personales y no en objetivos comunitarios? ¿Qué uso puede hacerse de un discurso que privilegia el individuo si se está tratando de inspirar un discurso de asociación? Este dilema está presentado en una escena de la *Amalia* de José Mármol, novela de 1851 que trata de la relación amorosa entre Eduardo y Amalia, dos jóvenes unitarios que deben ocultarse de la Mazorca. Su amigo más cercano es el primo de Amalia, Daniel, que, al igual que Eduardo, pertenece a la Asociación de Mayo. Después del encuentro con los otros jóvenes (que sigue muy de cerca la crónica de Echeverría), Daniel va a su casa a vestirse para una fiesta y siente que su amigo se ha trasladado «de lo más alto de la vida a las vulgaridades de ésta» (Mármol 1999: 149). Daniel defiende esta transformación al decir que cambiar es propio de la naturaleza humana y que los contrastes que se producen dan belleza y armonía a la vida. Y más impredecible aún debe ser su amigo por ser porteño, «hijo de esta Buenos Aires cuyo pueblo es por carácter el más inconstante y veleidoso de la América» (1999: 150). Apunta después que Eduardo no es diferente: pasa de ser un gran filósofo que alaba los beneficios de la asociación a ser un hombre enfermo de amor que sólo desea ver a Amalia. Daniel ve en esto una prueba de que «las inteligencias más altas descienden de las ideas más sociales a un sentimiento de individualidad y de egoísmo» (1999: 150). Éste es el punto crucial del problema de la asociación. ¿Cómo pueden coexistir el individualismo y la asociación, supuestos contrarios en la política argentina?

La novela de Mármol intenta formular una interpretación que admita el sentimiento en la esfera de los ideales sociales. Prestar atención a la ropa y soñar con la mujer amada no son acciones incompatibles con la política; de hecho, son funcionales a ella. Porque si Rosas está ligado a la barbarie y la crueldad, su poder debe contrarrestarse con las costumbres de la civilización. Vestirse a la europea y amar como un héroe de novela francesa son modos de combatir el sofocamiento de la civilización al que Rosas estaría sometiendo a la Argentina.

Sin embargo, ésta no es una solución cómoda. La trampa en que se hallan estos jóvenes seguirá inquietando el pensamiento argentino durante el siglo XIX. Al construir una oposición binaria entre civilización y barbarie, crean para sí mismos un rol que deberán desempeñar incómodamente, pues conlleva el riesgo de feminizarse. Por una parte, colocan a la tierra y los habitantes de la Argentina del lado de la barbarie. Los gauchos, principal ejemplo de la masculinidad argentina, son individualistas, incapaces de pensar en el bien público y antisociales. Rosas no es un hombre de pensamiento sino un despiadado hombre de acción. Como otros caudillos (empezando por Facundo), Rosas rechaza Europa y sus costumbres, y se jacta de su inamovible americanismo, su destreza física, su virilidad. La Generación del 37 ha debido posicionarse en contra de esto; y se encuentra, pues, en el bando de la civilización, la europeización, los libros y la literatura, el mundo de la alta cultura y sus atavíos. Pero esta posición produce al mismo tiempo una consecuencia desafortunada: feminiza a los hombres. Nadie podría cuestionar la masculinidad de un caudillo, pero la del hombre literato, cultivado, bien vestido es mucho más débil y sospechosa.

Esta problemática atraviesa los escritos de la Generación del 37. «El matadero» de Echeverría opone la violencia machista de los Federales a la fortaleza virtuosa del unitario. Luego de matar y castrar al toro, los hombres del matadero ven al unitario pasar en un caballo y lo reconocen por su montura inglesa, la figura de sus patillas y la falta de insignia federal. Lo capturan y lo atan, no sin advertir que en su resistencia, el unitario «está furioso como toro montaraz» (Echeverría 2000: 142). A la luz de la castración que acaba de ocurrir, presentimos que tendrá lugar un segundo proceso de emasculación. El lenguaje que se emplea es escalofriante: «Abajo los calzones a ese mentecato cajetilla y a nalga pelada dénle verga» (*ibid.*: 144). Luego de forcejear con cuatro federales, el unitario es vencido y se desangra hasta morir. Semejante violación escenifica la brutal masculinidad de los federales, a la que se opone la admirable inteligencia unitaria. La única arma del joven es su lengua, tal como lo ratifica la amenaza que repite el líder federal: «Te haré cortar la lengua si chistas» (*ibid.*: 144). A la elocuencia del joven se le opone el habla limitada, pero colorida, de los federales, que le aplican el mote «cajetilla»[5]. Aunque este lenguaje está incluido obviamente para

---

[5] Piglia ha señalado la ironía de que, al escribir este texto de denuncia, Echeverría consiguiera dar voz al lenguaje de la clase baja, fundando un lugar para el marginado en literatura: «it is paradoxical that the lasting value of *El matadero* lies in the vitality of this popular tongue which has betrayed Echeverría's presumptions and explicit ideology» (1994: 132).

denunciar la barbarie de los federales, Echeverría presenta a su héroe con palabras que en cierta medida le dan crédito al costo de feminizarlo. Es «de gallarda y bien apuesta persona» (*ibid.*: 139). Cuando lo atrapan, su cuerpo se convierte en vehículo afectivo, enervado de emociones: «El joven, en efecto, estaba fuera de sí de cólera. Todo su cuerpo parecía estar en convulsión. Su pálido y amoratado rostro, su voz, su labio trémulo, mostraban el movimiento convulsivo de su corazón, la agitación de sus nervios» (*ibid.*: 142). Su cuerpo es el vehículo transparente de sus reacciones emocionales: «trémulo», «convulsivo» y «agitado» podrían ser adjetivos de las descripciones de una heroína literaria. Parecería que Echeverría imprime al encuentro marcas de género porque es la única manera que imagina para oponerse a los federales. Enfrentado a su violenta masculinidad, sólo puede invocar el opuesto, el afeminamiento literario del héroe.

En el *Facundo*, Sarmiento escribe sobre el modo en que la europeanización y las alianzas con las potencias de Francia e Inglaterra fueron recibidas por la generación anterior de unitarios. En lugar de celebrarlo con gratitud, fueron acusados de traicionar a la patria por esta asociación. Sarmiento se descubre a sí mismo teniendo que defender a los jóvenes (entre los que él mismo se cuenta) que arriesgaron su reputación en el país para alinearse con los extranjeros: «Así, pues, diré en despecho de quienquiera que sea, que la gloria de haber comprendido que había alianza íntima entre los enemigos de Rosas y los poderes civilizados de Europa, nos perteneció toda entera a nosotros» (1999: 233). Este «nosotros» es vital para la idea de asociación que Sarmiento postula como indicadora de civilización:

> Los que se echaron en brazos de la Francia para salvar la civilización europea, sus instituciones, hábitos e ideas en las orillas del Plata, fueron los jóvenes; en unas palabras, ¡fuimos NOSOTROS! Sé muy bien que en los Estados americanos halla eco Rosas, aun entre hombres liberales y eminentemente civilizados, sobre este delicado punto, y que para muchos es todavía un error afrentoso el haberse asociado los argentinos a los *extranjeros* para derrocar a un tirano (*ibid.*: 233).

Tanto «nosotros» como «extranjeros» están tipográficamente resaltados en el párrafo, llamando la atención de tal modo sobre su conexión y semejanza, y al mismo tiempo sobre la diferencia con respecto a quienes ven este vínculo como problemático. En efecto, para Sarmiento estas identificaciones del yo y del otro han de haber sido complicadas. Atento a la importancia del patriotismo —«Los argentinos, de cualquier clase que sean, civilizados o ignorantes, tienen una alta conciencia de su valor como nación [...]. ¡Ay del pueblo que no tiene fe en sí mismo! ¡Para ése no se han hecho las grandes cosas!» (*ibid*.: 73)—, también percibe de qué modo la nacionalidad desata primitivas pasiones que reafirman el poder de bárbaros como Rosas: «estaban demasiado preocupados de esa idea de la nacionalidad, que es patrimonio del hombre desde la tribu salvaje, y que le hace mirar con horror al extranjero» (*ibid*.: 347).

En esta manipulación tipográfica que asocia al «nosotros» con «los extranjeros» se ve asomar un problema. Al echarse a los brazos de la Francia, ¿a qué brazos se entregan estos jóvenes? La imagen está en consonancia con otra que aparece antes en el *Facundo*, cuando Sarmiento habla de figuras históricas femeninas «que hacen el sacrificio de su reputación por asociarse a nombres esclarecidos» (*ibid*.: 229). No es infrecuente que «una mujer bella» cambie «un poco de deshonor propio, por un poco de la gloria que rodea a un hombre célebre» (*ibid*.). Es de notar que los dos ejemplos que da son de mujeres francesas. Queriendo asociarse con Francia, los jóvenes quedan expuestos al mismo deshonor y sacrificio de su reputación que los hombres civilizados les adjudican a las mujeres de su país. Esto es, sin ninguna duda, «un delicado punto», pues, en el marco del texto, la asociación de los jóvenes con Francia está ligada indirectamente a las famosas amantes. Los hombres de la Generación del 37, al echarse a los brazos de los franceses, son, podríamos decir, «francesas».

Por consiguiente, la única versión de la Argentina que les sirve es una versión feminizada que busca seducir a Europa entregándole la propia identidad. Cuando viajan a Europa como embajadores autoconvocados, estos jóvenes tratan de representar una Argentina civilizada ante una Europa que, desafortunadamente, se siente bastante cómoda con Rosas. Buscando una complicidad con Francia que lecturas y sentimientos deberían garantizarles, encuentran en cambio que la realidad política francesa no es republicana, que los ministros franceses se esfuerzan más por hacerse un nombre que por luchar a favor de la justicia, y que muchas figuras públicas se sienten perfectamente cómodas haciendo tratos con Rosas. Sarmiento se da cuenta, al enfrentarse a estas realidades, que la generación ha imaginado una civilización europea que quizás no exista realmente en Europa: «era preciso que desencantamiento semejante nos hubiese hecho conocer la Francia poder, la Francia gobierno, muy distinta de esa Francia ideal y bella, generosa y cosmopolita, que tanta sangre ha derramado por la libertad, y que sus libros, sus filósofos, sus revistas nos hacían amar desde 1810» (1996: 236). Leyendo desde la periferia, los intelectuales argentinos interpretan como realidad histórica la Europa imaginaria que proyecta la literatura europea.

Si los proyectos ideológicos argentinos parecen no reconocer el desencanto en el nivel de la política, los textos literarios no dejan de señalar la trampa en la que han caído, ya que, en lugar de delinear un futuro posible, tienden a la aniquilación del héroe. En «El matadero», por ejemplo, el único recurso disponible que tiene el unitario para enfrentarse a la fuerza masculina indiferenciada es el martirio; literalmente «revienta de rabia». Es posible que la muerte no sea el mejor modo de ganar una batalla, pero en términos literarios cuenta con una potente carga afectiva y es acaso el mejor modo de poner a los lectores contra Rosas y su gente. Más significativas todavía son las muertes de los héroes al final de *Amalia*. Atacados por la Mazorca, Eduardo y Daniel buscan defender a Amalia gritando en francés: «¡Sálvala!» —aunque se dice que hablan en francés, la palabra aparece en el diálogo en castellano (Mármol 1999: 427)—. Luchando por su vida y por la de una mujer europeizada que, en términos alegóricos, representa la Argentina que desean, Daniel y Eduardo recurren al lenguaje europeo que los diferencia de sus asesinos. Eso, sin embargo, no los salva. Al menos uno de los héroes muere, y así el texto literario nos dice más que lo que declara el autor en sus textos políticos. La literatura comunica lo que le está vedado al discurso ideológico: a pesar del postulado de la Asociación de Mayo de que la civilización francesa es lo que les permite ser «europeos en América», el destino de los héroes demuestra cuán insostenible es esa posición.

La condición de posibilidad del discurso de la Generación del 37 es la barbarie de Rosas, por lo cual, una vez que el «tirano» ha sido derrocado, la generación queda sólo con una idea europeizante, oposicional y de escasa relevancia, que no permite la organización de un programa político coherente. Los jóvenes siguen no obstante apegados a la idea, sin poder superar el hecho de que la «argentinidad» iba a estar siempre contaminada por los numerosos rasgos que habían trasladado al territorio de Rosas. Es decir, igualando a Rosas con todo lo argentino, olvidaron reservar para sí un espacio desde el cual gobernar la Argentina *en tanto* argentinos. En cambio, prefirieron acometer un proceso de europeización mediante diversas políticas que impulsaban el comercio europeo y, por eso mismo, la dependencia económica argentina, y alambrar la tierra y los modos de vida del gaucho. La política inmigratoria de atraer europeos del norte, que Sarmiento fomentó como presidente, puso en evidencia las implicaciones ideológicas de un gobierno que creía que sus propios ciudadanos no eran lo suficientemente buenos, que no eran dignos de gobernar y que era mejor importar europeos.

Al término del siglo, se empezó a comprender que «echarse a los brazos de Europa» no había sido el mejor recurso para los argentinos. ¿Qué otras opciones tenían los intelectuales latinoamericanos frente al dominio económico y político europeo? Aunque vino de una situación muy distinta y colonizada, el ensayo de José Martí de 1891, «Nuestra América», formula una postura radicalmente masculinizada y rechaza a esos latinoamericanos que buscaron en Europa sus modelos culturales y políticos. Con el privilegio de la mirada retrospectiva, denuncia la eurofilia del siglo XIX subrayando con precisión el afeminamiento al que debió enfrentarse la Generación del 37:

> A los sietemesinos sólo les faltará el valor. Los que no tienen fe en su tierra son hombres de siete meses. Porque les falta el valor a ellos, se lo niegan a los demás. No les alcanza al árbol difícil el brazo canijo, el brazo de uñas pintadas y pulsera, el brazo de Madrid o de París, y dicen que no se puede alcanzar el árbol. Hay que cargar los barcos de esos insectos dañinos, que le roen el hueso a la patria que los nutre. Si son parisienses o madrileños, vayan al Prado, de faroles, o vayan a Tortoni, de sorbetes (2002: 292).

Para Martí, Europa carece de encantos y los hombres que se han embellecido con sus adornos han vendido su masculinidad convirtiéndose en debilitados habitantes de «la patria que los nutre» (*ibid.*: 294). En lugar de estos pensadores y políticos castrados se requiere un «hombre natural» viril que abrace sus raíces y quiera crear una ideología procedente de los rasgos particulares de la tierra americana, su gente y su historia. Es interesante, sin embargo, el hecho de que Martí rechace sus ideas pero no su estilo literario. El legado de su escritura, potente y afectiva, como único instrumento para combatir la violencia y el error, aflora en Martí, cuya prosa apasionada demuestra su deuda para con ellos.

La Generación del 37 era conciente, a cierto nivel, de los problemas que podían surgir por abrazar a Europa sin matices, pero, obsesionada con la oposición binaria de civilización y barbarie, se vio atrapada en un ideal de cultura europea que parecía el único camino abierto. Es en esta fricción, en este posicionamiento oposicional, que la literatura tomó forma en la Argentina y que la Argentina tomó forma en la literatura. El siglo XIX supo utilizar la fuerza del afecto para crear fraternidades y dar impulso a la política. El problema, como Martí lo señaló agudamente, radicaba en que el programa de la Generación del 37 era insostenible, una falla que se manifiesta en la literatura que produjo. Hubo que esperar hasta el final del siglo para que se comprendiera que «Europeos en América» era un grito de batalla que conducía al fracaso, mientras que «Nuestra América» poseía la carga afectiva suficiente para movilizar las identidades y prácticas latinoamericanas durante el siguiente siglo.

Bibliografía

ECHEVERRÍA, Esteban (2000): «El matadero». En: Carlos Dámaso Martínez (ed.), *La cautiva, El matadero*. Buenos Aires: Losada, 117-148.
— (2007): «Dogma socialista de la Asociación de Mayo, precedido de una ojeada retrospectiva sobre el movimiento intelectual en el Plata desde el año 37». En: Alberto Palcos (ed.), *El dogma socialista y otros escritos*. La Plata: Terramar, 95-223.
MÁRMOL, José (1999): *Amalia*. México: Editorial Porrúa.
MARTÍ, José (2002): «Nuestra América». En: John F. Garganigo (ed.), *Huellas de las literaturas hispanoamericanas*. Upper Saddle River: Prentice Hall, 2ª ed., 291-295.
PIGLIA, Ricardo (1994): «Sarmiento the Writer». En: Tulio Halperín Donghi, Iván Jaksic, Gwen Kirkpatrick y Francine Masiello (eds.), *Sarmiento, Author of a Nation*. Berkeley: University of California Press, 127-144.
SARMIENTO, Domingo F. (1996): *Viajes*. Edición crítica coordinada por Javier Fernández. Nanterre: ALLCA XX (Colección Archivos, 27).
— (1999): *Facundo, o, Civilización y barbarie* [1845]. Edición de Roberto Yahni. Madrid: Cátedra.
SHUMWAY, Nicolas (1991): *The Invention of Argentina*. Berkeley: California University Press.

Hombres de la multitud y hombres de genio en el *fin-de-siècle*

Graciela Montaldo
Columbia University

Quisiera tomar dos fechas, 1892 y 1930, y dos libros que abren y cierran ese período, *Degeneración* de Max Nordau y *La rebelión de las masas* de José Ortega y Gasset. Fechas y libros podrían ser otros, entre 1880 y 1930 abundan los materiales a los que quiero referirme. Sin embargo, estos dos libros me interesan especialmente porque fueron *best-sellers* entre la hegemonía intelectual latinoamericana que los siguió con una controlada distancia crítica. No son libros aislados pero sobresalen, junto con *Psychologie des foules* de Gustave Le Bon (1895), por las lecturas que han generado. Y me interesan como síntomas de una forma problemática en que se empiezan a plantear aspectos de la conflictividad social y política de la modernidad en términos principalmente *culturales*. Estos libros instalan a la cultura como una práctica en la que se diagnostican y resuelven conflictos ligados a la justicia, a la moral, a la política y, principalmente, a las identidades; en ellos, la cultura es la práctica en la que se hacen visibles los conflictos sociales y políticos y, al mismo tiempo, es la forma de resolverlos. La cultura está adentro y afuera del problema, es síntoma y medicamento. Los ejes centrales en esta historia son las categorías de multitud y masa, y las formas en que conviven con su opuesto: individuo, hombre de genio, aristocracia del espíritu. Esta oposición existe en un contexto que polariza las diferencias y donde la idea de *cultura* (en tanto sinónimo de formación institucionalizada) se erige como bien universal —aunque es propiedad de la institución letrada— operando conjuntamente desde la verdad universal de la ciencia y desde la universalidad de la estética. Mi tema será cómo se enfrenta esa cultura a la difusión de la estética en el mundo cotidiano y la forma en que el mundo de lo «masculino» y el de lo «femenino» intervienen, culturalmente, en la creación de nuevas identidades dentro de la categoría de lo humano. Me interesa el mundo mezclado del mal gusto *fin-de-siècle*, las formas en que se protesta, desde la institución letrada, por la «degradación» de la cultura sofisticada y hermética de los artistas e intelectuales en manos del consumo cultural al que somete la multitud los bienes simbólicos, cuando esa multitud se dirige al mercado a comprar aquello que sólo debería proporcionar el refinamiento. Mal gusto, masa y multitud se engloban en el problema político y estadístico del número, marco en el cual pensar, también, las identidades de género y el problema más general de lo humano.

Como sabemos, la problematización de «la cuestión social» en Europa entre mediados del siglo XIX y los años treinta del siglo XX generó teorías de todo tipo; teorías que forman parte de la organización moderna, masiva, de las sociedades posrevolucionarias; teorías que nacen como discursos de divulgación, pues pertenecen al mundo politizado, y se constituyen rápidamente como discursos que simulan un aparato científico-filosófico distanciado del saber común, pero que tienden a una forma ampliada de difusión del pensamiento científico y social de la época. Son producto de la sociedad masificada. Esas teorías se desarrollan sobre la idea de que la cuestión social es un problema de número, puesto que hay *demasiada gente* en este mundo —Europa—, y ese *exceso* produce el conjunto de causas que derivan en la perspectiva pesimista sobre el presente, se llame revolución, terror, degeneración, decadencia, deshumanización o totalitarismo; un malestar irreversible que sólo puede acabar con la «resolución» del problema del exceso a través del control o el exterminio. Y las dos soluciones fueron usadas por igual. Baste recordar que la inconformidad política y cultural europea y su filiación con el crecimiento de la población pueden leerse en términos biopolíticos en el tratado de Hannah Arendt, *Los orígenes del totalitarismo* (1950), donde se describe y analiza la historia de exterminio de pueblos enteros como respuesta a la conflictividad y la insatisfacción de las crisis políticas del Estado-Nación. La demencial búsqueda de los «espacios vacíos», la voluntad mortífera de desplazar primero y exterminar después a millones de personas, surge de un complejo entramado en que la insatisfacción por el número —síntoma que se vuelve causa— es creciente, pues ni el Estado, a través de sus instituciones, ni la Nación, con sus emblemas y rituales, pueden albergar todas las diferencias que ambos intentan homogeneizar[1]. Hasta que la política de homogeneización se vuelva política del exterminio.

---

[1] El proyecto civilizador fue, en su esencia, un esfuerzo por descartar toda relatividad señalan Lloyd y Thomas (1999), incluso la pluralidad de modos de vida. Apareció entonces una noción absoluta de «civilización humana», una noción unitaria y coherente.

La categoría de multitud y el malestar por el número creciente de personas también tiene otra cara, la que se muestra durante la consolidación de la industria cultural y la redistribución de los bienes simbólicos. Es ella quien genera el fenómeno de los libros divulgativos que, si bien se amparan en la autoridad de un saber, ya participan abiertamente del mundo de la cultura en vías de masificarse. La exclusión a través de la cultura será la forma menos perversa en el cambio de siglo, pero no la menos efectiva. Y se realizará tanto vía las instituciones del Estado como a través de los rituales de la nacionalidad.

Es en este marco político-cultural en que surge la reflexión científica, estética y divulgativa sobre la *masa*, la *multitud*, el *populacho*, las *turbas*, las *muchedumbres*[2]. Sin embargo, estos nombres no designan exactamente a los mismos sujetos en los libros de los numerosos intelectuales que se dedican al tema. Esa misma proliferación habla de un sujeto difícil de definir, relativamente amorfo y siempre peligroso. Todas ellas se oponen, en este contexto, no sólo a la categoría de ciudadano sino específicamente a la de *pueblo*, la que modernamente servirá para articular el colectivo homogéneo, que ordena la diversidad en un plural nacional. Si —como señala McClelland— es con Hyppolite Taine y *Les origines de la France contemporaine* (1876-1894) que se liga definitivamente la masa con el Terror y se crea el sujeto peligroso de la modernidad, será con Jules Michelet con quien ingrese definitiva y románticamente el sujeto *pueblo* al léxico del intelectual moderno como héroe de la Nación. Si Taine, presentándose como «elector», señala en su prefacio que «diez mil ignorancias no hacen un saber. Un pueblo consultado puede, en rigor, decir la forma de gobierno que prefiere, pero no aquella que necesita» (Taine 1896: i), Michelet en *Le Peuple* (1847) se declara un hijo del pueblo, capaz de hablar por él, porque proviene de él a quien valora positivamente:

> A menudo se compara la ascensión del pueblo, su progreso, a la invasión de *los Bárbaros*. La palabra me gusta, la acepto [...] *¡Bárbaros!* Sí, llenos de

---

Mucho del horror de los legisladores culturales, la emancipación de la cultura del control del Estado, prueba ser la emancipación de la cultura de su propio poder.

[2] Según McClelland (1989), «the people» se usaba para denominar a los grupos humanos que se caracterizan por alguna propiedad definida cuando cooperaban activamente en una empresa común (los pelotones de hombres durante la guerra, por ejemplo); «the crowd» podía referirse a colectivos humanos diferenciados cuando estaban en un estado pasivo y necesitaban un líder para cualquier empresa común; «the mob», «el populacho», se refiere a esos mismos grupos cuando son capaces de violencia y pueden encontrar sus propios líderes. Algo semejante sucede en español.

una savia nueva, viva y rejuvenecedora. [...] Tenemos, nosotros los Bárbaros, una ventaja natural; si las clases superiores tienen la cultura, nosotros tenemos sobre todo calor vital (Michelet 1974: 72).

El Pueblo se convierte en el polo positivo del fenómeno de las masas porque es un sujeto más identitario que político, a uso de intelectuales y políticos que pueden neutralizar su peligrosidad.

Por el contrario, objeto de disciplinas finiseculares como la psicología social, articulada por Gustave Le Bon, como fenómeno manifiestamente positivista, la multitud no podrá encontrar su versión positiva. Como sabemos, vuelve a reaparecer en el léxico político y cultural de fines del siglo XX, a través de la resignificación que Antonio Negri, Paolo Virno y Michael Hardt hacen del término para analizar las resistencias al poder, tal como ya lo había hecho antes Elías Canetti en *Masa y poder* (1960) al pensar el totalitarismo. El término —explícitamente moderno pero también contemporáneo— se vuelve opaco, se confunde con masa, muchedumbre, pueblo[3]. La política y la cultura reservan sentidos diferentes para él y es en el ámbito de esta última en que la proliferación de sentidos y valores se hace más problemática. A la vez, es interesante subrayar que, en español, la palabra positivista para designar el nuevo fenómeno es una palabra que procede del latín culto. Corominas no registra «multitud» sino que reenvía a «*Mucho*»: del latín *Multus* del que se deriva «muchedumbre» (1954: 1680). «*Multitud*» es el duplicado culto. Y se lo usa como concepto cultural que fue útil a la hora de clasificar sujetos en sociedades que estaban diversificando sus parámetros y justamente cuando se usa la propiedad de la cultura para discriminarlos.

Al revisar parte de la historia intelectual latinoamericana moderna resulta claro cómo los artistas e intelectuales emplazaron a ese sujeto esquivo en el centro de su discurso. La desconfianza o celebración letrada, desde el siglo XIX, hacia ese sujeto múltiple y amorfo, se apoyó en la fuerte autoridad de lo que Ángel Rama llamó en América Latina «la ciudad letrada», en la modernización del campo cultural y en las disputas culturales que sujetos nuevos estaban introduciendo en diversos países del subcontinente. Si las masas y multitudes fueron y son un problema de nominación y, por lo tanto, de cultura, es

---

[3] Según McClelland (1989), el intento de construir una teoría exacta del comportamiento de las masas comienza en 1870. Desde 1789 la masa se convierte en una fuerza política permanente y las nuevas doctrinas políticas democráticas aparecen para hablar directamente a y por el pueblo. Tras la Revolución francesa, esos miedos hacia las masas son más específicos gracias, precisamente, a la ideología de las masas.

porque su aparición transforma y moderniza muchas de las prácticas culturales que pierden entonces su estatuto tradicional. En cierto modo, el miedo a las turbas, sujeto de destrucción, el miedo a las muchedumbres, al consumo «indebido y no legítimo» de los bienes culturales, es el síntoma de los cambios permitidos durante la modernización, pues su aparición se termina convirtiendo en un motor que permite integrar nuevos sujetos a la comunidad letrada y propiciar cambios estéticos fundamentales en el sector más culto, además de introducir problemáticamente la democratización política.

Parafraseando a Judith Butler, podríamos decir que esa transformación ocurre no solamente por juntar a la masa en tanto número en torno a una causa determinada sino precisamente a través de los modos en que las relaciones sociales cotidianas se rearticulan y se abren nuevos horizontes conceptuales a través de nuevas prácticas, algunas de ellas anómalas o subversivas. Es decir que su presencia en el campo cultural va a alterar las viejas formas de la hegemonía letrada no sólo como algo externo al campo, que se agrega y pelea por un espacio, sino, más concretamente, por la aparición al interior mismo de los gustos y valores estéticos de la cultura finisecular. No se trata de que la aparición de este «monstruo» sea el único motor del arte modernista, como sostiene, por ejemplo, John Carey para la tradición inglesa, pero sí de entender qué introduce la masa en el corazón de la cultura moderna que la vuelve reactiva y desintegrada, y que hace a la percepción de lo estético parte de un trabajo intelectual progresivo y a la razón misma, principal órgano de disfrute, que elimina y penaliza toda percepción no institucionalizada y condena, paradójicamente, la sensualidad de lo estético. Trabajo intelectual y razón funcionan con el alimento de las tradiciones culturales que activan toda una maquinaria de conocimiento, actualización, rechazo, y que no están disponibles para todos.

Los políticos e intelectuales latinoamericanos siguieron muy de cerca las teorizaciones sobre la cuestión social, la masa, la decadencia. Aunque en plena modernidad, en varios países, es la idea de *vacío* más que la de *lleno* la que funda la Nación y es el exterminio lo que permite constituir el Estado, la masa también se constituye allí, en el discurso letrado, simultáneamente como el gran enemigo de la Nación y el Estado. Me interesa la cuestión de las masas como sujeto expulsado de la comunidad nacional; de qué modo las masas, las multitudes, que en el siglo XIX impidieron la constitución de la *res publica* en el discurso letrado y de los políticos liberales (Sarmiento, Bello), sufren procesos de transformación en el interior de la Nación en la Argentina del cambio de siglo donde el mercado —de trabajo y de bienes simbólicos— comienza a ser otra instancia de identificación social. Intento ver cómo, en su versión benigna, esas masas reactivas al orden pasan a ser pueblo en la constitución del Estado nacional, y cómo en su lado negativo se mantienen como sujeto peligroso, como sujeto caótico que amenaza constantemente a la Nación recién constituida. Me interesa subrayar que será precisamente el *carácter divulgatorio* de muchos de los libros que se escriben para condenarla el que permita hablar tan sencillamente y con tanta eficacia de y desde la aristocracia del espíritu, objetivar el sujeto colectivo y penalizar sus actos así como sus gustos.

Ahora bien, la masa, la multitud, es un sujeto que ha sido, desde su aparición, feminizado. Es precisamente por ser el lado oscuro de lo social, la cara conflictiva de la vida en común, por lo que se usan las características femeninas para describirla. Es voluble, instintiva, caprichosa, vengativa, excesiva. Todo esto aparecerá en el primer compendio sobre la masa de Le Bon, que repitirán todos los teóricos posteriores. Se feminiza, en su aspecto negativo.

Lloyd y Thomas (1998) han destacado que desde fines del siglo XVIII a fines del XIX tiene lugar en Europa una curiosa convergencia entre teorías del Estado moderno y teorías de la cultura. Ambos son vistos como espacios en los que las expresiones más altas del ser humano y de la libertad humana se realizan y, por ello, la formación cultural gradualmente juega el rol de formar ciudadanos para el Estado moderno. Dentro de estas teorías, la elaboración de lo estético considera a la cultura como un proceso de cultivo, una formación gradual de un sujeto humano ético, caracterizado por la reflexión desinteresada y los juicios universalmente válidos. En este sentido, para ellos, la cultura estética representa la verdadera forma de la ideología burguesa. La cultura es a la sociedad civil concebida como el lugar de la guerra de todos contra todos (esta concepción es muy importante) un dominio de reconciliación, del mismo modo a como lo es el Estado. Pero mientras la función del Estado es mediar conflictos entre grupos de intereses, la función de la cultura es interpelar individuos estimulándolos a la «reflexión desinteresada» que hace posibles las mediaciones del Estado. Para Lloyd y Thomas la cultura designa no una formación discursiva en oposición a la sociedad sino más bien un conjunto de instituciones dentro de la sociedad que se intersectan con el Estado. Crucial en este tema es la historia de la resistencia de los círculos radicales de la clase obrera a la emergencia de las instituciones educacionales del Estado así como la aceptación gradual de la educación del Estado de los movimientos trabajadores posteriormente. Como sabemos, la expansión del sistema educativo fue entendida como un instrumento de control social dirigido específicamente a la clase obrera. El tema de las «masas» aparece en este contexto, como el producto, vagamente inquietante, de esta destrucción: la sociedad ya no es vista como un todo jerarquizado y estructurado sino como un conjunto de individuos atomizados y gregarios.

Según Zygmunt Bauman (1987), cuando se acuñó, a principios del siglo XX, la palabra «intelectual», fue un intento de recapturar esa centralidad societal y aquellas implicaciones globales que se habían asociado con la producción y diseminación del saber durante el Iluminismo. La palabra designaba a un conjunto de novelistas, poetas, artistas, periodistas, científicos y otras figuras públicas que confiaban en su responsabilidad moral y en su derecho colectivo para intervenir directamente en el proceso político influenciando los pensamientos de la Nación y moldeando las acciones de sus líderes políticos. Todas tienen un rasgo común que las hace diferentes de otras definiciones: todas son auto-definiciones. Cada definición es un intento de esbozar un límite de su propia identidad. Asimismo, la destrucción de la cultura popular premoderna fue el principal factor responsable de la nueva demanda de expertos administradores, maestros y cientistas sociales especializados en convertir y cultivar las almas y los cuerpos humanos. Estaban creadas las condiciones para que la cultura fuese conciencia de sí y un objeto de su propia práctica. Una de las tareas fue hacer que la política estatal fuera racional, es decir, efectiva y eficiente; la otra fue hacer que la conducta de las clases peligrosas fuera manejable, predecible.

Es en este marco en que Max Nordau inserta sus ejemplares «degenerados», que no son sólo los artistas sino los consumidores de bienes simbólicos baratos. El concepto de degeneración, que fue introducido por Morel, viene de la ciencia de las enfermedades mentales: «La definición más clara que podemos formular de la degeneración es verla como *una desviación mórbida de un tipo original*», escribe Nordau citando a Morel (1895: 25). El concepto se refiere entonces, explícitamente, a la copia, a la degradación, a la simulación, que irrumpe con la modernidad. Recordemos que Sylvia Molloy propuso entender *la pose* «como gesto decisivo en la política cultural de la Hispanoamérica de fines del diecinueve» (1994: 128), como una forma de relación política de la intelectualidad que posa y condena la simulación al mismo tiempo. Si en el campo de la clínica la idea se refiere a los que simulan, dentro de la sociedad, ser lo que no se es (y la masa es el refugio perfecto para estos individuos), en el ámbito de la cultura se liga al proceso de consumo y reproducción de bienes simbólicos (también la masa es aquí la protección de los que no tienen la instrucción suficiente). En un cambio significativo, el *fin-de-siècle* despoja de valor al original, las normas de la tradición, «lo auténtico»; del mismo modo que en la reproducción humana aumentada de manera exorbitante —de 1800 a 1914 la población europea asciende de 180 a

460 millones— en el arte y la cultura letrada la masificación impide ver, en la maraña caótica de producción indiscriminada, los valores de la tradición. Allí también hay que deportar y exterminar, vaciar el lleno.

Es a partir de aquí que quisiera ver de qué modo estas ideas irrumpen conjuntamente en la categoría de *mal gusto*, es decir, en los usos culturales de los bienes de consumo masivo y en la masificación de esos mismos bienes de consumo y a qué tipo de sujetos se les atribuye. El público que compra los libros «baratos» que ponen al alcance de públicos muy amplios las «grandes obras» de la cultura mundial, las antologías con los «cien mejores poemas de amor» y otras obras por el estilo, es el mismo que accede a las revistas técnicas, las nuevas modas del maquillaje y la ropa y los espectáculos públicos como el teatro de zarzuela, el circo, luego el cine. La «cultura» tiene la marca del prestigio pero también la del ascenso social, por ello se volverá un campo de disputa permanente. Intento ver cómo en el seno de la masa —de la idea de masa según los intelectuales del *fin-de-siècle*— se crean los dispositivos para describir a los sujetos peligrosos no tanto al nuevo orden social como a las nuevas propiedades de la cultura y cómo esos dispositivos están marcados por el género y otras formas de diferenciación que permiten la inclusión y exclusión según las decisiones de la comunidad letrada.

Copia y degeneración

El libro de Ramos Mejía, *Las multitudes argentinas*, publicado en 1899, apenas cuatro años después de *Psychologie de foules* de Le Bon, no es una mera versión en español del clásico sobre las masas como podría sospecharse, y no lo es a pesar de que en la época del cienticifismo, muchos libros europeos comenzaron a ser traducidos en la Argentina en medio de un vasto plan de apropiación de la cultura científica europea, en un intento *nacionalizador* del saber moderno[4]. Muchos de esos libros son transcripciones de citas que ponen la novedad al alcance del español bajo una lacónica figura de autor. Por el contrario, Ramos Mejía se sirve de los argumentos de Le Bon para sustentar una serie de ideas de interpretación de la historia, la reali-

---

[4] Entre los muchos ejemplos de libros científicos, que antes que libros originales son versiones o traducciones de otros europeos o americanos, está *Los hombres de presa* (1888) de Luis María Drago, en donde el discurso del autor sirve como hilo para organizar las citas de autoridades científicas de la época.

dad y la identidad nacional que son completamente funcionales al presente de la Argentina y no sólo del saber científico. Una de las primeras cosas que destaca es la diferencia «cultural» entre las multitudes, evaluando, de paso, la realidad americana y la europea:

> Si el hombre moderno de las sociedades europeas, que aislado es culto y moderado, se muestra tan bárbaro cuando constituye muchedumbre, ya os imagináis cómo serían las multitudes americanas formadas por ese elemento más instintivo y violento, más sujeto a los entusiasmos y a los heroísmos de los seres primitivos. Si la muchedumbre europea es tan impresionable y sensorial [...] ¡qué no serían estas nuestras informes colectividades, sin el secreto freno de la fuerza de inercia que da la civilización acumulada inconscientemente en el cerebro! (Ramos Mejía 1934: 36).[5]

Ramos Mejía nacionaliza la categoría de multitud frente al texto europeo de Le Bon (quien también hace diferencias importantes: las multitudes «latinas» son más volubles, por ejemplo, que las sajonas); pero también le otorga una agencia fundamental en el curso de la libertad de los pueblos, con lo cual se distancia de su enjuiciamiento. Sin embargo, destacará un comportamiento general de la teoría de la masa; como señala Jonathan Crary, Le Bon habla de la masa moderna como una máquina de ver, capaz de generar «alucinaciones colectivas» tanto a través de sus acciones internas como a través de las respuestas a un manipulador: «Le Bon concibe la masa como un lugar para el consumo de ilusiones» (1999: 245). Y me interesa la doble definición: la del consumo y la de las ilusiones. Porque en el libro veremos desarrollarse un teatro de representaciones, que es la política moderna y que merece toda la atención de los científicos, pero también un mercado de baratijas que es correlativo a la actuación política de las masas porque forma su gusto. La misión histórica y el mal gusto no congenian y en este desacuerdo se funda la lectura de Ramos Mejía sobre la modernidad que no se decide, al reescribir la fórmula civilización/barbarie, por la condena completa del sujeto popular.

José M. Ramos Mejía (1849-1914) fue tanto científico como político[6]. Sus obras, *La neurosis de los hombres célebres* (1878-1882), *Estudios de*

---

[5] Sigmund Freud, en *Psicología de las masas*, seguirá muy de cerca a Le Bon y también verá en la cultura (y en *El malestar en la cultura*) un freno a lo instintivo.

[6] Doctor en Medicina, periodista, reformador estudiantil que se ocupó de darle una orientación científica a los estudios, fundó el Círculo Médico Argentino (1973) y, luego, creó la Asistencia Pública (1883), así como la Cátedra de Enfermedades Nerviosas en la

Patología nerviosa y mental (1893), *La locura en la historia* (1895), *Las multitudes argentinas* (1899), *Los simuladores del talento* (1904), *Rosas y su tiempo* (1907), muestran un rasgo característico de la época, el cientificismo, en su doble cara, como forma de apropiación de la realidad y como política de formulación y circulación del saber. Dentro y fuera de sus actividades como funcionario estatal, el impacto de *Las multitudes argentinas* fue enorme. El libro se organiza en ocho capítulos: el primero plantea la teoría biologista de Le Bon y establece críticas y especificidades del caso americano; los siguientes aplican esa teoría a la historia de América y analizan las multitudes del Virreinato, de la Emancipación, de las tiranías y de los tiempos modernos. Esta organización le da al libro un carácter más histórico-político que de psicología social y lo convierte en un libro sobre la Argentina, su historia y su presente, sobre la modernidad y la Nación, como su título lo subraya. Asimismo lo coloca entre los textos que responden al proyecto estatal de la Generación del Ochenta, que se pregunta qué hacer con lo que ha creado: una sociedad heterogénea, inmigratoria y jerarquizada, sostenida en la exclusión de muchos sujetos, que debe ser homogeneizada a través de los dispositivos de la cultura —científica, como lo ha demostrado Jorge Salessi (1995), y estética.

Las multitudes argentinas apoya la idea leboniana de que la multitud es el caos; son femeninas y se oponen al «hombre». Es precisamente en el interior de la idea humanista donde irrumpe la multitud con mayor fuerza, oponiendo hombre y masa, individuo y sociedad. Y es en ese momento cuando la categoría «hombre» empieza a sufrir nuevas demarcaciones y usos culturales. Como Crary (1999) y antes Kracauer (1998) lo han señalado, la *dispersión*, la *distracción*, define a la percepción de las masas y eso las deja al margen —en el discurso letrado contemporáneo— de la toma de decisiones, ya que sólo pueden seguir las ideas ajenas:

> [los hombres de la multitud] son temperamentos análogos a la sensible placa fotográfica que va fijando, a medida que los recibe, los detalles de un objeto. En virtud de ser todo órgano de percepción, y de nula o mediocre intelectualización, van recibiendo en el turbio *inconsciente*, uno a uno, los detalles de una de esas

---

Facultad de Medicina. Fue diputado nacional (1888-1892), presidente del Departamento Nacional de Higiene (1893-1898), y también presidente del Consejo Nacional de Educación (1908-1913) desde donde le imprimió una orientación nacionalista a la instrucción pública. Es el intelectual más importante entre los iniciadores de la Psiquiatría y la Sociología en la Argentina.

grandes ideas que a ellos llega en forma de vago sentimiento, y que, por paulatina evolución, viene surgiendo del seno profundo de las naciones (Ramos Mejía 1934: 119).

La técnica, el impacto de lo visible es lo moderno por excelencia, que no es sólo lo que se puede verificar sino que supone la percepción visual como órgano eje de la modernidad. Crary ha dicho que la modernidad occidental desde el siglo XIX ha hecho que los individuos se definan en términos de su capacidad de «prestar atención», desprendiéndose de un campo exterior de atracción, visual y auditivo, para aislarse en un reducido número de estímulos; desde mediados del siglo XVIII, la percepción se caracteriza fundamentalmente por experiencias de fragmentación, *shock* y dispersión, de ahí que sostenga que la distracción moderna sólo se entiende a través de su recíproca relación con el crecimiento de las normas y prácticas de atención. Y por ello la percepción es fundamental en la formación de la multitud y la condena del sector letrado como enemigo que asalta su fortaleza es constante; poco falta para que se vea el potencial emancipatorio del modo distraído de recepción, capaz de reinstrumentalizar las capacidades perceptuales y motoras para la nueva economía sensorial de la modernidad. Pero no es el caso de Ramos Mejía.

¿Cuál es la dispersión que actúa en las multitudes argentinas? Ramos Mejía la extiende a toda la historia nacional. Los mecanismos ciegos, las fuerzas sin conciencia, la dominan[7]. Irracionalismo, espectáculo, representación, son categorías que hacen sistema con las elecciones sospechosas de la multitud, que se caracterizan por el evidente *mal gusto* que los intelectuales atribuyen a los productos de la incipiente —pero activa y veloz— industria cultural:

> Por eso éstas [las multitudes] son impresionables y veleidosas como las mujeres apasionadas, puro *inconsciente*; fogosas, pero llenas de luz fugaz; amantes ante todo de la sensación violenta, del color vivo, de la música ruidosa, del hombre bello y las grandes estaturas; porque la multitud es sensual, arrebatada y llena de lujuria para el placer de los sentidos. No raciocina, siente. Es poco inteligente, razona mal, pero imagina mucho y deforme; todo lo quiere grande,

---

[7] Oscar Terán ya había advertido acerca de ese componente irracional: «Según Ramos Mejía [...] la imposición de ese orden debía derramarse desde arriba hacia abajo, circulando por una serie de instrumentos personales e institucionales que interpelaran las zonas oscuras del sujeto psicológico, en tanto haz de pulsiones sugestionables por estímulos manipulados desde el poder. Es cierto, entonces, que "la *virtus* racional de Sarmiento se ha trocado en la *virtus* irracional de Ramos Mejía"» (2000: 123).

ampuloso, porque vive en un perpetuo gongorismo moral, ampliando y magnificándolo todo en proporciones megalomaníacas (Ramos Mejía 1934: 38).

La debilidad de la razón fue suplantada por las percepciones que suponen una relación directa con el mundo, una abolición de toda distancia cultural. Continúa:

> Por regla general, [la multitud] no quiere el genio ni la virtud, cosas que no hieren los sentidos, ni pueden llegar a las materializaciones sensuales que ella necesita; busca al hombre hermoso grande si es posible, de talla esbelta y de bellos ojos, de larga barba o de mostachos altaneros, porque, como he dicho, ama sobre todo lo físico, lo plástico vulgar, no por amor a la forma sino porque en su mediocridad de pensamiento no concibe de otro modo la idea abstracta de grandeza (*ibid.*: 107)[8].

La forma que deviene mal gusto bajo las modalidades de la industria cultural escandaliza al representante del Estado. El hombre que la multitud admira es pura sensualidad y apela, precisamente, a esa condición en las masas. No olvidemos que estamos asistiendo a la aparición del populismo moderno en la Argentina que poco después se consolida con el Partido Radical, cuando la seducción en la política comienza a tener un papel central.

Como es claro en el discurso científico de la época la marca de género impregna toda la interpretación científica; todos los rasgos negativos de la multitud son femeninos y se estudia su comportamiento de manera muy cercana a la contemporánea interpretación de la histeria. Y Ramos Mejía incorpora otro rasgo de la época, el de «los invertidos»[9]. A propósito de la interpretación del *guarango* (forma moderna del hombre de la multitud), señala que «[e]s un invertido del arte, y se parece a los invertidos del instinto sexual que revelan su potencia dudosa por una manifestación atrabiliaria de los apetitos. Necesita de ese color vivísimo, de esa música chillona, como el erotómano del olor intenso de la carne» (*ibid.*: 256). Hablando del hombre

---

[8] Y sí es por amor a la forma, como poco después lo dirá claramente Rubén Darío en su prólogo de 1905 a los *Cantos de Vida y esperanza*: «En cuanto al verso libre moderno... ¿no es verdaderamente singular que en esta tierra de Quevedos y de Góngoras los únicos innovadores del instrumento lírico, los únicos libertadores del ritmo, hayan sido los poetas del *Madrid Cómico* y los libretistas del género chico? / Hago esta advertencia porque la forma es lo que primeramente toca a las muchedumbres. Yo no soy un poeta para muchedumbres. Pero sé que indefectiblemente tengo que ir a ellas» (1985: 333-334).

[9] Véanse los trabajos de Salessi (1995) y Molloy (1994) para la homosexualidad en el *fin-de-siècle*.

vulgar se desliza hacia el invertido y regresa a la vulgaridad. Mujeres, invertidos y hombres de la multitud (conformada, en gran parte, por inmigrantes), todos comparten un rasgo para los hombres del Estado, están ganados por la oferta de la industria cultural, por los gustos dispersos y dispersantes que le disputan a las instituciones del Estado su predominio y sucumben a la sensualidad. Y esto también los hace peligrosos.

En música, [ese hombre] tiene los atavismos del organillo que manejaron sus padres en la miseria; y en lo que a la pintura se refiere, posee en la retina los colores chillones de la oleografía con que ellos fueron sorprendidos en sus primeros contactos con las pinturería del suburbio o de la aldea fronteriza. [...] Todo eso mezclado en revueltas combinaciones, lo veréis luego aparecer, en su ropa barroca, en la indumentaria del hogar, con excesos de *mercería*, en sus gustos literarios, en sus fiestas inocentes, en su rúbrica copiosa, en la perfumería *sui generis* y, finalmente, hasta en su entierro. [...]

Lo que en materia de gusto y de arte se le ocurre a un *guarango*, solo un invertido puede pensarlo. Verdad que este último es un enfermo, y el primero un primitivo [...] (*ibid.*: 257-258).

¿Dónde está la diferencia entonces entre el enfermo y el primitivo? Esa «bolsa de gatos» que es la sociedad moderna, en proceso de democratización, se pone en movimiento en estos discursos que la condenan por entregarse a los propios impulsos que liberan: una cultura del mal gusto para la multitud, donde todos quieren salir con algo bajo el brazo. Alejados de un bien original, los consumidores de estas baratijas están condenados a la degeneración, pues jamás podrán obtener sino copias, reproducciones. Su número los condena; los productos masificados (las publicaciones semanales baratas, los actos culturales en sindicatos, colectividades, asociaciones), la vida hacinada (en los conventillos) y masificada (en fábricas, transportes públicos) los coloca del lado de la estadística y el control, de la condena moral y estética. Por eso dejan de ser hombres primero, para feminizarse después a través del gusto. De lo que se trata es de quién *forma* a los nuevos ciudadanos, los que llegan con la inmigración, los que se incorporan a la política, los que se benefician de la movilidad social de la Argentina de entonces. Ramos Mejía encuentra que esos hombres, deformados por los gustos de la industria cultural, forman las masas del país moderno y, al agrupar a ese hombre en la multitud, le quita humanidad (otra de las metáforas recurrentes para la masa es la de lo animal: hormigas, moscas, termitas, de Le Bon a Deleuze) y le quita masculinidad (como a las mujeres, le gusta lo grandioso, los hombres grandes, preparándose para dejarse dominar por el líder). En la guerra de todos contra todos, poco a poco, se deberá negociar el espacio de ingreso y tolerancia de los gustos bajos que se imponen por la fuerza del número y no por la de la comunidad letrada. La biopolítica hará el resto.

Imágenes y voces

José Ingenieros, por su parte, en la descripción del *hombre mediocre*[10] y de la «mediocridad intelectual» en el capítulo segundo de su libro, caracteriza a la multitud con formas de la negatividad; sólo sirve para «conservar la memoria de la especie» y por ello es necesaria, pero también es la vergüenza del género humano. Un eslabón vergonzoso, el hombre mediocre (el de la multitud) «reproduce» la especie a la vez que la degenera. Ingenieros se aparta de Ramos Mejía, porque no concibe a la multitud como parte de una dinámica social o política sino como un lastre, que le sirve para destacar la contraparte humana de la modernidad: el *hombre de genio*, que describió en el folleto «La moral de los idealistas» (y que fue incorporado como introducción a *El hombre mediocre*) y que pone de contrapeso, en todos sus textos, a la mediocridad de su presente. Donde Ingenieros sí se reencuentra con las ideas más generales de su época es en la condena al hombre mediocre como consumidor de cultura barata, a la que utiliza siempre para diagnosticar el *mal* del presente. En *El hombre mediocre* ese advenedizo es visto como un consumidor y reproductor de los materiales de la industria cultural en un grado mucho mayor que en Ramos Mejía; lo define como un hombre que consume, que se entrega a lo que el mercado le ofrece y que no se arma un criterio propio. La idea de consumidor ya la había usado Nordau para estudiar algunos fenómenos de la degradación cultural: el gran arte, de la Antigüedad clásica al Renacimiento, es «imitado» por la moda; se escandaliza porque los modistos hablan de «peplos» como los filólogos; todo se degrada, desde la moda personal hasta los interiores de las casas en un fenómeno que abarca hombres, mujeres y niños. Y se trata de una degeneración porque el «rasgo común en todos estos especímenes es que ellos no expresan sus idiosincrasias reales sino que tratan de presentar algo que no son» (Nor-

---

[10] *El hombre mediocre* está formado por las lecciones sobre la psicología del carácter que dio Ingenieros en la Facultad de Filosofía (1910). Se publicaron en *La Nación* y después en los *Archivos de Psiquiatría y Criminología* (1911). Como libro apareció en 1913 en Madrid.

dau 1895: 9). La degradación abarca todos los órdenes de la vida moderna: la música, la pintura (influencia de los colores de Manet en la ropa, por ejemplo), la publicidad, la literatura (Zola y la representación de la sexualidad), los espectáculos de circo, la ropa de segunda mano, etc. Todo esto pertenece a la sociedad de masas. También Ingenieros (y ambos están mediados por Cesare Lombroso) ve claramente la forma en que el mercado de bienes simbólicos comienza a diseñar identidades[11].

Por ello señala, por ejemplo, que los hombres mediocres son indiferentes a un Rembrandt cuando visitan un museo, pero «a la salida se asombran ante cualquier escaparate donde haya oleografías de toreros españoles o generales americanos» (Ingenieros 1936: 69); leen mala literatura, pero no son ajenos al prestigio de la letra y, por lo tanto, «pueblan su memoria con máximas de almanaque» (*ibid.*: 70). *Bouvard et Pécuchet* son el modelo perfecto del hombre mediocre y Gustave Flaubert un escriba condenado a reproducir, en todos sus textos, esta nueva raza. Los mediocres y rutinarios no piensan, no tienen cerebro, carecen de cualidades *intelectuales*. Por aquí, precisamente, se corta la diferencia: el refinamiento del gusto y las prácticas no mediocres son producto de la educación y cuanto más sofisticada ésta sea, más «genial» será el hombre, más alejado de la mediocridad espiritual: «En el verdadero hombre mediocre la cabeza es un simple adorno del cuerpo» (*ibid.*: 75). «Sus páginas [de los escritores mediocres] están embalumadas de lugares comunes, como los ejercicios de las guías polígotas. [...] se desesperan pensando que la calcomanía no figura entre las bellas artes» (*ibid.*: 83). La racionalidad sucumbe, en esta etapa de la modernidad, al sujeto como mero órgano perceptivo. Y lo interesante es el inventario de lo vulgar que nos presenta, muy a su pesar, Ingenieros: los cromos, las guías, las calcomanías y todos aquellos objetos culturales que consumen los recién llegados a la cultura. No tarda en aparecer la gran estrella de esta constelación de vulgaridades: la prensa.

En su libro *La psicopatología en el arte*, que reúne artículos de juventud, sostiene en el capítulo «La vanidad criminal», publicado en 1905 en Roma, que a los criminales les encanta aparecer en la prensa contando —y muchas veces aumentando— sus prontuarios: «Bajo la obsesión del éxito, que en vano persiguen, los impotentes adquieren una exagerada noción de

---

[11] Hay que entender todo esto, por lo demás, dentro de la idea de *lucha por la vida*, que sostiene el pensamiento de Ingenieros; en su *Sociología argentina* sostiene: «La política internacional es la expresión de la lucha por la vida entre las nacionalidades; la política nacional es la expresión de la lucha por la vida entre los grupos que coexisten dentro de la nacionalidad» (1946: 83).

los méritos propios. Todo hombre entra a la vida haciéndose un escenario, grande o pequeño, bajo o culminante, sombrío o luminoso; cada uno vive con la preocupación del juicio ajeno sobre su persona» (Ingenieros 1961: 87). Esta reflexión no sólo está ligada a la vanidad criminal sino al nuevo régimen de lo público que no puede pensarse fuera de la difusión de la prensa y las nuevas condiciones de reproductibilidad técnica. El escenario que todo hombre necesita para entrar en la vida es la escena de los medios, que nos distinguen e igualan al mismo tiempo; da lo mismo salir en la prensa como bueno o como malo mientras exista un escenario en que la nueva subjetividad pueda exhibirse. Ya Walter Benjamin había señalado que en la época de la reproductibilidad técnica había más escritores que lectores. E Ingenieros va a definir esta instancia como central. Al hacerlo, se coloca en una situación especial para ver el comienzo de un proceso que se consolidará recién un siglo después: el pasaje de la cultura, de la tutela del Estado a la del mercado.

Para Ingenieros, los ciudadanos mediocres ya están conformados por los productos de la industria cultural. Es, precisamente, esa industria cultural la que promueve un tipo de prácticas que deviene en la modernidad del mediocre. Para Ingenieros, ser moderno es ser mediocre, porque significa una renuncia a los viejos valores de la tradición y una voracidad por lo nuevo bajo la forma de la reproducción. La ansiedad perceptiva de la modernidad nos pone a todos en posición de mediocridad. En 1899, el mismo año de su aparición, Ingenieros criticó duramente el libro de Ramos Mejía y, a través de él, el libro de Gustave Le Bon en una nota aparecida en la *Revista de Derecho, Historia y Letras*. En ese texto señala que el problema de la multitud no ha sido planteado con el suficiente rigor científico. Para Ingenieros la cultura, instancia identitaria, al pasar de la tutela del Estado, que fija sus parámetros como *universales*, al mercado, que los vuelve *uniformes* (mediocres, en sus palabras), pierde todo el valor y deja de llamarse cultura. Entre lo universal y lo uniforme aparece la mediocridad, por eso el ejemplo del Rembrandt opuesto a los cromos de los toreros españoles se vuelve tan significativo. Los museos de arte fueron y son instituciones que legitiman un gusto y lo canonizan. Las tiendas de los museos son su reverso paralelo y necesario. Pero lo sabemos, el «gran arte» sólo lo es cuando aparece su reproducción, el arte auténtico sólo es tal porque puede ser copiado. Pues sabemos que no hay cultura ni arte sin instituciones que los sostengan, prestigien, validen. Esas instituciones fueron, durante la modernidad, intervenciones disciplinarias, en su mayoría del Estado, desde donde los artistas e intelectuales difundieron un determinado modelo de cultura y repartieron roles en solidaridad, la mayoría de las veces, con los intereses de la política; cuando aparece una instancia diferente del Estado, pierde visibilidad el entramado que sostiene «lo que nos gusta» y ése es el proceso que toma tanto impulso en el cambio de siglo. Original y copia, belleza y reproducción se vuelven dos caras de una misma práctica.

Humanidad, masculinidad

En la redefinición de lo humano que las multitudes traen consigo aparece otra imagen, la del *autómata*, que ingresa al repertorio moderno con que Ingenieros hace la evaluación del género humano y define al hombre mediocre: «A fuerza de paciencia [los mediocres] pueden adquirir alguna habilidad parcial, como esos autómatas perfeccionados que honran a la juguetería moderna» (1936: 79). El hombre-máquina, de Frankenstein hasta los experimentos con los que muy pronto irrumpe el cine, es el juego de ida y vuelta en la redefinición de lo humano: una redefinición donde los géneros sirven para poner en escena aquellas hegemonías que comienzan a ser cuestionadas. Una de las nuevas formas del hombre del *fin-de-siècle* se rearma con los emblemas de una cultura selectiva que lo coloca en la punta de una pirámide que sostiene la multiplicidad del hombre de la multitud y al que éste, feminizado por el número, se deja someter en tanto ciudadano. Por oposición, los hombres de genio son como prestidigitadores, que mueven a las *sombras* y los hacen actuar a su gusto. Hombres y sombras, genios y mediocres, en este sistema absolutamente binario de la lógica positivista, difieren como vivos y muertos. La imagen del *autómata* cobra, a fines del siglo XIX, un lugar muy importante y resulta sumamente atractiva para muchos intelectuales y artistas que ven en ella el misterio de la inteligencia pero también cierto movimiento de las relaciones políticas. Los autómatas (y todas las producciones del nuevo *espectáculo*: los panoramas, los monstruos del cine, del circo, los paisajes de las tarjetas postales, las guías turísticas, las sombras chinescas, los acróbatas, las ferias de diversiones con sus juegos mecánicos y sus bestias y, fundamentalmente la hipnosis) adquieren bajo las luces de la industria cultural, un lugar especialísimo entre las nuevas distracciones, un modo de ensayar las nuevas formas de humanidad, cuando el humanismo comienza a resquebrajarse. Los autómatas son la imagen de una fantasía visual según la cual las cosas inertes adquieren vida e, hipotéticamente, pueden igualar y suplantar a los humanos. Pero el lado político no es menos evidente para Ingenieros: manipular, usar, dirigir a los otros (especialmente a las masas) se volvió parte de un imaginario muy fuerte en todo el siglo XX, como señala Buck-Morss (2000), cuyos riesgos fueron confrontados en los populismos y los totalitarismos del siglo XX[12].

Los ciudadanos modernos, atados al Estado por propia voluntad, como forma de realizar la fantasía pasiva, de espectadores y consumidores de la realidad del mundo, viven, en América Latina, en un escenario complementario al mercado, pues los *ciudadanos* apelan al Estado como fuente de financiamiento del ocio posible: «La vanidad empuja al hombre vulgar a perseguir un empleo espectable en la administración del Estado, indignamente si es necesario; sabe que su sombra lo necesita. El hombre excelente se reconoce porque es capaz de renunciar a toda prebenda que tenga por precio una partícula de su dignidad» (Ingenieros 1936: 85). Un hombre que elige la facilidad del empleo público, la inacción y la pasividad es el producto, según Ingenieros, de la modernidad que requiere, como contraparte, del hombre fuerte y dominante. Estado *versus* esfera pública moderna, el «escenario» que todo hombre se forja para «entrar en la vida» está atravesado por las reproducciones de la tradición cultural, cada vez al alcance de mayores ciudadanos. Poco faltan para los análisis de Siegfried Kracauer sobre el nuevo proletariado urbano, sobre la masificación, la uniformidad de los gustos y la anulación progresiva de la capacidad crítica bajo el capitalismo y en las posteriores teorizaciones de la industria cultural de la Escuela de Frankfurt y de Benjamin. Para Ingenieros, la diferencia se marca, todavía, en términos de aristocracia del espíritu *versus* mediocracia; bajo ella identifica un fenómeno que está apenas en sus comienzos, pero que visualiza como indetenible, y al que se condena a través de la calidad de los hombres, protagonistas exclusivos de la lucha que se avecina.

La cultura letrada, como propiedad del mundo masculino, corta en dos el mundo de acceso a la democratización. El hombre fuerte, de genio, es la imagen que oponer al proceso de politización de las masas, otorgándole los atributos de la tradición letrada y restituyéndole el mundo del espíritu frente a los instintos. Recordemos que Mallarmé, en la exposición inglesa de 1871-1872, ve que los límites entre los dominios del arte y de la industria han colapsado. Percibe el despliegue de objetos dentro del contemporáneo tema de la *decadencia* pero no pronuncia una censura de la manufactura o una

---

[12] En 1910 Horacio Quiroga publica su novelita «El hombre artificial» en *Caras y Caretas*; donde ciencia y política, tecnología y autoritarismo se confrontan, al igual que en muchos cuentos de *Las fuerzas extrañas* de Lugones. La manipulación también se exhibe como producto en la industria cultural.

nostalgia por lo artesanal. Mallarmé, por el contrario, declara su insistencia en explorar la nueva «doble cara» de las mercancías modernas: la paradoja de que lo hecho por la máquina, los objetos fabricados en serie, pueden sin embargo poseer un aura agregada que es tan particular como el aura de los objetos singulares y raros de la premodernidad. En 1900 la Exposición Universal se hizo en París. Rubén Darío fue el cronista para *La Nación* de Buenos Aires y sus crónicas aparecieron posteriormente en libro como *Peregrinaciones*. Entre abril de 1900 y el primero de enero de 1901, que cierra con sus «Reflexiones de año nuevo parisiense», Darío va dando ordenada cuenta de lo que la opinión pública internacional está valorando, primero con la Exposición y luego con ciertos temas culturales del momento. La admiración de Darío ante el trabajo material y la creatividad que se ponía en escena en las semanas de los preparativos tiende a mezclar lo que ya estaba muy mezclado en el París de la Exposición: la técnica, el arte, la moda, el consumo, el turismo, los deportes, la economía, la política. El orden cultural del *fin-de-siècle* es esa mezcla promiscua que se acumula en los pabellones, donde las transiciones entre el arte de la tradición y los productos reproducidos son cada vez más cortas. Y Darío, sorprendido, celebra esas mezclas a las que siempre está atento. A diferencia de José Enrique Rodó que, también en 1900, se pronuncia en su libro-manifiesto contra las masas:

> Cuando el áspero contacto con la muchedumbre les devolvió a la realidad que les rodeaba, era la noche ya. [...] Sólo estorbaba para el éxtasis la presencia de la multitud. Un soplo tibio hacía estremecerse el ambiente con lánguido y delicioso abandono, como la copa trémula en la mano de una bacante [...]. Y fue entonces, tras el prolongado silencio, cuando el más joven del grupo, a quien llamaban «Enjolrás» por su ensimismamiento reflexivo, dijo señalando sucesivamente la perezosa ondulación del rebaño humano y la radiante hermosura de la noche:
> —Mientras la muchedumbre pasa, yo observo que, aunque ella no mira el cielo, el cielo la mira. Sobre su masa indiferente y oscura, como tierra del surco, algo desciende de lo alto. La vibración de las estrellas se parece al movimiento de unas manos de sembrador (Rodó 1985: 56).

Condena de la multitud a través del conjunto de valores espirituales del humanismo clásico; condena también de la sociedad materialista y de réplicas y simulacros en donde la cultura se compra[13].

---

[13] Lugones en el prólogo de *El Payador* (1916) denuncia la calidad de *turba* de los nuevos ciudadanos. Refiriéndose a las críticas a sus conferencias sobre el *Martín Fierro*,

Un saber legítimo que es reservado exclusivamente a los hombres de genio y una fractura en el mundo masculino: aquellos otros que vienen a convalidar el triunfo de las mujeres a través del mal gusto y la frivolidad, de las sensaciones y los instintos. Los nuevos sujetos políticos, los inmigrantes, los pobres que se hacen visibles en la escena nacional, tienen un mal gusto que los expulsa de la comunidad; son aquéllos que pasan a integrar ese sujeto al que los intelectuales tardan más de medio siglo en otorgarle agencia en la Argentina; un hombre que se ha perdido en la masa, que ha desertado de su género y su rol histórico y que se repliega entre sus iguales.

El buen/mal gusto se convirtió, en el cambio de siglo, en una categoría central para dividir las aguas de los nuevos sujetos llamados a compartir la escena nacional en el nuevo marco político. No sólo es una marca social y de género, es la marca de constitución de un sujeto cultural nuevo, el sujeto moderno, que ya no se rige por los parámetros clásicos de las instituciones tradicionales sino por una oferta algo más descentrada, sin prestigio y que tiene a las masas en la mira, como potencial consumidor de los bienes reproducidos: espectáculos de circo, zarzuelas, libros baratos, antologías, cromos, almanaques, y toda la parafernalia de aquello que se quiere asimilar a la cultura que, definitivamente, ha perdido su aura. Una atención fuera de foco.

Bibliografía

AGAMBEN, Giorgio (2004): *The Open. Man and Animal*. Stanford: Stanford University Press.

ARENDT, Hannah (1987): *Los orígenes del totalitarismo. 1. Antisemitismo. 2. Imperialismo. 3. Totalitarismo*. Madrid: Alianza.

BAUMAN, Zygmunt (1987): *Legislators and Interpreters*. Ithaca: Cornell University Press.

BENJAMIN, Walter (1989): «La obra de arte en la época de su reproductibilidad técnica». En: *Discursos Interrumpidos I*. Buenos Aires: Taurus, 17-59.

BUCK-MORSS, Susan (2000): *Dreamworld and Catastrophe. The Passing of Mass Utopia in East and West*. Cambridge/London: The MIT Press.

Lugones señala: «La plebe ultramarina, que a semejanza de los mendigos ingratos, nos armaba escándalos en el zaguán, desató contra mí al instante sus cómplices mulatos y sus sectarios mestizos. Solemnes, tremebundos, inmunes con la representación parlamentaria, así se vinieron. La ralea mayoritaria paladeó un instante el quimérico pregusto de manchar un escritor a quien nunca habían tentado las lujurias del sufragio universal. ¡Interesante momento!» (1979: 15). Y sigue refiriéndose al nuevo sujeto de las democracias: «la chusma de la ciudad, cuya libertad consiste en elegir sus propios amos» (*ibid.*: 15-16).

BUTLER, Judith (2000): «Restaging the Universal: Hegemony and the Limits of Formalism». En: Judith Butler, Ernesto Laclau y Slavoj Žižek (eds.), *Contingency, Hegemony, Universality. Contemporary Dialogues on the Left*. London/New York: Verso.
CANETTI, Elías (1995): *Masa y poder* [1960]. Madrid: Alianza/Muchnik.
CAREY, John (2002): *The Intellectuals and the Masses. Pride and Prejudice among the Literary Intelligensia, 1880-1039*. Chicago: Academy Chicago Publishers.
COROMINAS, J. (1954): *Diccionario crítico etimológico de la lengua castellana*. Madrid: Gredos.
CRARY, Jonathan (1999): *Suspensions of Perception. Attention, Spectacle, and Modern Culture*. Cambridge: The MIT Press.
DARÍO, Rubén (1918): *Peregrinaciones*. Madrid: Mundo Latino.
— (1985): *Poesías*. Caracas: Biblioteca Ayacucho.
DRAGO, Luis María (1888): *Los hombres de presa*. Introducción de Francisco Ramos Mejía. Buenos Aires: Félix Lajouane Editor, 2ª ed.
FREUD, Sigmund (1975): *El malestar en la cultura*. Madrid: Alianza.
— (1985): *Psicología de las masas. Más allá del principio del placer*. Madrid: Alianza.
INGENIEROS, José (1936): *El hombre mediocre*. Buenos Aires: Ediciones J. L. Rosso.
— (1946): *Sociología argentina*. Buenos Aires: Losada.
— (1961): *La psicopatología en el arte* [1877-1925]. Buenos Aires: Losada.
KRACAUER, Siegfried (1995): *The Mass Ornament. Weimar Essays*. Cambridge: Harvard University Press.
— (1998): *The Salaried Masses. Duty and Distraction in Weimar Germany*. London: Verso.
LE BON, Gustave (2002): *Psychologie des foules* [1895]. Paris: Quadrige/Presses Universitaires de France.
LLOYD, David y THOMAS, Paul (1998): *Culture and the State*. New York: Routledge.
LUGONES, Leopoldo (1979): *El Payador y antología de poesía y prosa*. Caracas: Biblioteca Ayacucho.
MCCLELLAND, John S. (1989): *The Crowd and the Mob. From Plato to Canetti*. London: Unwin Hyman.
MICHELET, Jules (1974): *Le Peuple* [1847]. Paris: Flammarion.
MOLLOY, Sylvia (1994): «La política de la pose». En: Josefina Ludmer (comp.), *Las culturas de fin de siglo en América Latina*. Rosario: Beatriz Viterbo.
NORDAU, Max (1895): *Degeneration* [1892]. New York: D. Appleton and Company.
ORTEGA Y GASSET, José (1947): «La rebelión de las masas» [1930]. En: *Obras Completas*, vol. IV (1929-1933). Madrid: Revista de Occidente.
QUIROGA, Horacio (1976): *El hombre artificial*. Jalisco: Departamento de Bellas Artes del Gobierno de Jalisco.
RAMA, Ángel (1995): *La ciudad letrada*. Montevideo: Arca.
RAMOS MEJÍA, José María (1904): *Los simuladores del talento*. Barcelona: F. Granada y Cía.

— (1907): *Rosas y su tiempo*. Buenos Aires: F. Lajouane y Cía.
— (1915): *La neurosis de los hombres célebres*. Buenos Aires: La Cultura Argentina.
— (1927): *La locura en la historia*. Buenos Aires: Editorial Científica y Literaria.
— (1934): *Las multitudes argentinas* [1899]. Buenos Aires: Talleres Gráficos Argentinos L. J. Rosso.
RODÓ, José Enrique (1985): *Ariel. Motivos de Proteo*. Caracas: Biblioteca Ayacucho.
SALESSI, Jorge (1995): *Médicos, maleantes y maricas*. Rosario: Beatriz Viterbo.
TAINE, Hyppolite (1896): *Les origines de la France contemporaine*. Paris: Hachette.
TERÁN, Oscar (2000): *Vida intelectual en Buenos Aires fin-de-siglo. Derivas de la «cultura científica»*. Buenos Aires: Fondo de Cultura Económica.

DE «FULANO» A DANDI: ESCENARIOS, *PERFORMANCE* Y MASCULINIDAD EN *POT POURRI (SILBIDOS DE UN VAGO)* DE EUGENIO CAMBACERES

CLAUDIA DARRIGRANDI
University of California, Davis

La novela *Pot Pourri (Silbidos de un vago)* publicada por primera vez en 1881 se desarrolla a través de la subjetividad de un dandi obsesionado en afirmar su singularidad dentro de la cartografía social de la sociedad bonaerense de fin de siglo. En este sentido, la novela es un manifiesto del dandismo como *performance*: Fabio, el protagonista y voz narrativa de la novela, en su origen es un «Fulano» que, por medio de gestos, poses y actuaciones, construye una identidad dandi. El contraste de estas dos identidades de Fabio, la de Fulano y la dandi, es el punto de partida para discutir este caso de dandismo latinoamericano.

Durante su juventud, Fabio era simplemente un «Fulano», un sujeto ordinario, corriente, en pocas palabras, un «don nadie». Fulano era un joven torpe, sin control de su cuerpo ni de su habla, incapaz de salvarse del ridículo público. Esta etapa de su vida es casi obviada en la novela, sin embargo, Fabio, el yo narrativo ya convertido en dandi, recuerda un fragmento de su pasado que nos permite comprender el sentido que adquiere el dandismo en la obra cambaceriana. La evocación nos lleva al año 1863 cuando Fulano tuvo que realizar una visita de cortesía a la cual «¡ojalá, hubiera tenido la pertinente fuerza de carácter para no dejar[se] llevar!» (*Pot pourri*, 81)[1]. Para satisfacer un capricho de su madre, acepta a regañadientes ir a la casa de misia Pepa, una amiga de la familia, para que vieran lo crecido y mozo que estaba. En ese entonces, Fulano aún no estaba preparado para imponer

---

[1] Las citas *de Pot Pourri* corresponden a la edición publicada en sus *Obras completas* en 1956.

su voluntad como es propio de un dandi, al contrario, era un joven dominado por su madre, débil, falto de carácter. Sin duda que Fulano estaría más adulto desde la última vez que misia Pepa lo vio, no obstante, no estaba preparado para el roce social.

Para el momento de la visita, la *performance* del protagonista no corresponde a la de un dandi. Con todas las posibles cargas calificativas que el imaginario colectivo pueda tener sobre la figura del dandi, conviene señalar que Fulano, en este ejemplo en particular, no es dueño de sí mismo. No es ni estoico ni talentoso, y tampoco posee un estilo distinguido. La visita comienza con la siguiente escena:

> Al entrar, tropiezo contra el umbral.
> Casi me voy de bruces, abollando en el respaldo de una silla mi número único.
> Bonito exordio, pensé. Y muerto de vergüenza, con la boca seca y la lengua pegada al paladar, dije tartamudeando a misia Pepa:
> —Se... señora, yo soy Fu... Fulano, el... (*Pot Pourri*, 81).

Las situaciones vergonzosas continúan durante toda la visita, una tras otra. Todas tienen su origen, principalmente, en la carencia del dominio corporal y el tartamudeo que delatan una falta de preparación. De este modo, se señala la ausencia de una *performance* adecuada al contexto: una visita de cortesía. En contraste, la descripción de la escena recalca la naturalidad y espontaneidad agreste del joven. Fulano escandaliza y causa rechazo por lo opuesto que un dandi: por la torpeza, la falta de talento y de astucia.

Lo que pasó después de la visita no lo sabemos. Casi veinte años después del incidente citado, Fulano ya no existe y se ha convertido en un dandi, soltero y cuarentón, que se encarga de desenmascarar su entorno social inmediato —no se fía de lo que «parece»— y que pone en escena las hipocresías e intimidades de la *high life* bonaerense. De este modo, si Fulano ni siquiera era capaz de salir airoso de una visita de cortesía, Fabio, el dandi en cuestión, domina los principales escenarios urbanos del Buenos Aires tradicional y los centros sociales más distinguidos.

Para revertir, y no repetir, el bochorno social de la visita a misia Pepa, se deviene dandi, para lo cual se realiza una *performance* que conduce a un ascenso social, al menos, en apariencia. Ser dandi es urbanizarse: seguir un manual de conducta y modificarlo a su antojo, con talento y distinción, para resaltar su individualidad. Las marcas identitarias de «Fulano» se borran al practicar el dandismo, lo que supone pulir una masculinidad «rústica», «bruta» y «vulgar», para convertirla en una más sofisticada, asociada a las altas capas de la sociedad. No se nace dandi, se hace. La subjetividad narrativa construye un «yo-dandi» en oposición al mundo social que describe, el dandi se autodefine por «no ser» lo que «sí son» los sujetos de su mirada fiscalizadora. Sin embargo, la conciencia de que se está dando un espectáculo, de que se posee un público, es decir, el conocimiento de estar realizando una *performance*, invita a una lectura que sospecha de la engañosa consigna del dandismo «ser es parecer», la cual supone una diferencia con quienes «parecen, pero no son». En el contexto de este mecanismo de autoafirmación propongo, por un lado, una lectura de la *performance* del dandi de *Pot Pourri* en contraste con otras figuras clásicas del dandismo europeo; y, por el otro, una discusión orientada a la problemática y ambigua posición que ocupa el dandi cuando lo observamos desde la perspectiva del género.

De textos dandis, espectáculos y escenarios

La escritura de las hipocresías e intimidades de la *high life* bonaerense hizo que *Pot Pourri* acaparara la atención de la sociedad de la época y la disgustara en vez de complacerla. Ser el centro de las miradas y disgustar son algunas de las características propias del dandismo decadentista que hacen de la novela un texto dandi. Asimismo, *Pot Pourri* es una novela centrada en la idea del «espectáculo». Dentro del constante y confuso juego representacional de la novela, el carácter de espectáculo se consigue a partir de las dos introducciones que enmarcan la novela: la segunda introducción a cargo del «yo» narrativo y protagonista aparece desde su primera edición en 1881; la primera, titulada «Dos palabras del autor», fue incluida en la tercera edición publicada en París en el año 1883. Además, los lugares donde ocurren los principales hechos de la narración adquieren una marcada caracterización de escenarios: el club donde se celebra la boda de Juan y María; la casa campestre de los «Tres Médanos» donde la pareja recién casada vive el idilio amoroso; y la fiesta de Carnaval en el Club del Progreso. Para el lector, éstos son los escenarios por medio de los cuales observa la *performance* del dandi y, a través de su mirada y de sus comentarios, puede juzgar las actuaciones de los otros sujetos de la representación.

La subjetividad narrativa constantemente interpela al lector, introduce los diálogos y lo invita a juzgar las actuaciones de los personajes; añade notas y breves guiños que se constituyen en las instrucciones necesarias para la representación de la obra. Estas fórmulas narrativas se convierten en un primer plano en el cual el dandi-narrador desarrolla su *performance* para el lector. Otro plano, para el análisis de su dandismo, es la visión que el entorno social tiene de él. En su culto individual, el dandi requiere de espectadores (Feldman 1993: 68) y, al igual que la mujer depende de la opinión pública, del espectáculo (Garelick 1998: 39-40).

La novela está cruzada por la intención de reconstruir la historia por medio de la ficción. Según Garelik, cuando esto ocurre fuera del contexto periodístico es una de las características más importantes de los textos dandis (*ibid.*: 27). Debido al escándalo que provocó la puesta en escena de la sociedad en *Pot Pourri*, Cambaceres incluyó en la tercera edición sus «Dos palabras del autor» (texto que precede la novela) «por vía, no de enmienda, sino de explicación» (*ibid.*: 15). Entre dando explicaciones (poco común en un dandi) y revelando su metodología, Cambaceres escribe:

> Mis tipos del capítulo segundo son fantásticos.
> He estado a dos mil leguas de pretender vestir con semejante ropaje a don *Fulano o a doña Zutana, personajes de carne y hueso*.
> Son entidades que existen o pueden existir, así en Buenos Aires como en Francia, la Conchinchina o en los infiernos y que me he permitido ofrecer a Uds. en espectáculo, sacar en cueros al proscenio, porque pienso con los sectarios de la escuela realista que la exhibición sencilla de *las lacras que corrompen el organismo social es el reactivo más enérgico que contra ellas puede emplearse*.
> ¿Digo lo mismo de mis ejemplares del Club del Progreso? No; aquí he seguido el procedimiento de los industriales en daguerrotipo y fotografía; he copiado del natural, *usando mi perfecto derecho* (*Pot Pourri*, 15; énfasis míos).

Para sus tipos del capítulo segundo, nótese aquí la referencia a fulanos y zutanos, la subjetividad autorial afirma las facultades que le permiten castigar por medio de la representación: dirige una obra realista y universal. Para el segundo escenario, habiendo sido Cambaceres miembro directivo del Club del Progreso, como secretario en 1870 y luego vicepresidente en 1873, retoma el poder de ese espacio. En uno u otro caso, se marca una distancia del cuerpo social argentino de la *high life*. Cambaceres se instala en la ficción como una autoridad que observa y representa la realidad de la mano de la modernidad: el daguerrotipo y la fotografía. Eso para la subjetividad autorial. Ahora bien, el yo narrativo, el yo dandi, está dentro de ambos contextos, es «fulano», personaje «de carne y hueso» sin individualización. Ya en el club, es una imagen, una fotografía, en la cual «se es lo que se parece», pero al ser indefectiblemente una copia, carece de originalidad. Con socarronería cierra dicha introducción de la siguiente manera:

He querido hacer reír y he hecho rabiar.
Fiasco completo; no era eso lo convenido.
[...]
¿Reincidiré?
Quien sabe (*Pot Pourri*, 17).

Si la subjetividad autorial plantea irónicamente su fracaso como escritor y comediante, el protagonista —un personaje ficticio (teñido de un espíritu autobiográfico)— se constituye en una figura heroica dentro de una sociedad hipócrita[2]. La combinación de autores dandis que escriben sobre dandismo no es nueva en la tradición literaria y ha sido uno de los vehículos más importantes hasta principios del siglo XX por el cual el «mito» del dandi se ha alimentado y perpetuado. Escritores europeos como latinoamericanos que han escrito sobre el dandismo, o que han hecho de los dandis los protagonistas de sus textos, han sido ellos mismos dandis. Entre los ejemplos más conocidos figuran los de Barbey d'Aurevilly, Charles Baudelaire y Lucio V. Mansilla[3]. Esta estrecha relación entre figura «histórica» y figura «ficcional» es una de las características en que la crítica ha centrado su estudio (Garelick 1998; Ludmer 1999; Molloy 1980; Ramos 1986; Peluffo 2007).

El texto, como supuesta ficción, es el medio por el cual la figura autorial puede reconstruir su propia imagen de dandi a través de la representación de «otro dandi». Ésta es una de las características de la obra de Barbey d'Aurevilly, quien, a través de representaciones literarias de Brummell y de otros personajes, se ha representado a sí mismo (Feldman 1993: 57).

De la juventud de «Fulanito, hijo de Zutana» (*Pot Pourri*, 81), sólo sabemos un poco más gracias a los datos biográficos que el yo narrativo presenta

---

[2] Josefina Ludmer en su libro *El cuerpo del delito: un manual* (1999) hace un detallado análisis de la obra de Cambaceres. Para el caso de *Pot Pourri*, se enfoca principalmente en el juego representacional que se articula por las conexiones entre el sujeto biográfico (el dandi autor) y el dandi ficcional.

[3] Son pocos los estudios sobre la figura del dandi latinoamericano; entre ellos, destacan los de Sylvia Molloy (1980) y Julio Ramos (1986) sobre el dandismo de Lucio V. Mansilla, el de Edison Neira Palacio (2001) sobre José Asunción Silva, el de Ana Peluffo (2007) sobre González Prada, y el de Graciela Montaldo (1998) sobre Horacio Quiroga. El ya mencionado libro de Ludmer (1999) sería uno de los estudios más completos del dandismo cambaceriano. Otros investigadores como Ramírez (1984) y Bazán-Figueras (1994) han analizado las figuras masculinas de las novelas de Cambaceres que podríamos llamar dandis —sin necesariamente reconocerlos como tales— a través de la influencia de la filosofía pesimista de Schopenhauer y del decadentismo. Por último para el estudio de la bohemia y el dandismo peruano, véase Bernabé (2006).

al inicio de la novela. Sin embargo, estos datos son suficientes para percatarse de que hay una relación especular entre el autor y el narrador. Éste quiso estudiar teatro y, por no decepcionar a su madre, se dedicó a la abogacía; aburrido de ese ambiente se retiró y se abocó a la política; no obstante, al intentar delatar la corrupción del medio, causó un escándalo, se hastió y se retiró; persistente, decidió seguir siendo útil al bien común, ahora por medio del teatro, que no es más que el mundo que narra en *Pot Pourri* (19-23). La historia de Cambaceres es igual. El liberalismo extremo y sus intervenciones políticas fallidas, pero cargadas de escándalo, hicieron sentir el fracaso político a Cambaceres. La consecuencia se tradujo en aburrimiento, hastío y decepción (*ennui, embêtement, raté* y *spleen*), emociones que asociamos con el dandi decadentista. Sin embargo, en un acto de estoicismo por mantener su lugar en la esfera pública y las problemáticas sociales finiseculares, busca un nicho para continuar una labor no sólo política, sino también moralizante. No escribe obras de teatro, pero enclava lo teatral a lo largo de la novela y se adscribe al campo literario como último resquicio para ejercer la autoridad que en la arena de la política oficial, como representante político, no pudo mantener. Para revertir el fracaso de la *performance* política, Cambaceres se proyecta en su personaje, un dandi que se aferra al teatro para delatar y reparar una sociedad corrupta: imponer un orden.

De la masculinidad del dandi y otras masculinidades

Si la configuración de un dandi literario es importante para la formación de la imagen del dandi autorial, la subjetividad narrativa de *Pot Pourri*, «Fabio» o «yo», también necesita de la otredad. El dandi cambaceriano se construye por medio de la descripción de «otros» que circulan en los mismos escenarios que él frecuenta. Su relación con estos otros personajes se caracteriza por ser un juego de acercamientos y distanciamientos. Esta construcción del «yo» en constante comparación reafirma su individualidad y requiere de su participación en la vida social, mundana, para efectuar su proceso de observación, tener el material con el cual hacer el retrato de la sociedad y, también, para forjar delante del lector su propio autorretrato. El dandi cambaceriano está en los bordes: es parte del centro social, de la *high life*, pero al mismo tiempo, una vez inmiscuido en ésta, se encarga de presentarse como un excéntrico y decadente.

Bernard Howells caracteriza el dandismo de Baudelaire como un dandismo intelectual que se configura por el solipsismo y por un fanatismo estoico del «yo». Este dandismo tiene por finalidad convertir al sujeto en un héroe, pero en un héroe sin objetivo y destinado al fracaso (1996: 121-123). Ahora bien, el yo narrativo de *Pot Pourri* no necesariamente carece de un objetivo, está empeñado en quitar máscaras y solucionar los problemas de infidelidad entre su amigo Juan y su esposa María; mejor dicho, Fabio, en un gesto de fraternidad y solidaridad de género, se encarga de arruinarle a María la relación con su amante. En cambio, la infidelidad de Juan, no tiene importancia. La novela se puede leer como el primer paso de un último intento (pues esta novela inicia una serie de otras publicaciones) por mantener su poder en la comunidad letrada, por dirigir la vida pública a través de una manipulación social y, como resultado, por convertirse en un héroe. Sin embargo, sólo es un héroe para sus lectores, quienes son testigos del desenmascaramiento de la infiel María.

Si bien, dentro del archivo histórico, el dandi es, generalmente, una figura masculina asociada a las altas capas sociales, el refinamiento en los modos y en el vestir deja entrever una masculinidad más feminizada. Sería interesante interrogarse por el lugar que ocupa en el abanico de las masculinidades finiseculares. Ser dandi a fines del siglo XIX latinoamericano está estrechamente relacionado a otras masculinidades como son los casos del *clubman* y el *gentleman*. El dandi argentino no sólo comparte con ellos los espacios urbanos de diversión y exposición social (clubes y teatros) sino también el sello de la urbanidad. Las palabras *clubman*, *gentleman* y dandi muchas veces se usan como sinónimos: son hombres cultos, informados, que en muchos casos están vinculados a la escritura, como Miguel Cané, autor de *Juvenilia* (1884), o Lucio V. Mansilla de *Una excursión a los indios Ranqueles* (1870), cuyo dandi, ofreciendo un espectáculo del «yo» a los indios ranqueles, encarna la urbanidad en medio de la barbarie de las pampas. En la Generación del 80 argentina, estas figuras son, también, en su mayoría una clase ligada al Estado, al ejercicio de la política. Sin embargo, según Noé Jitrik el dandismo tiene sus particularidades:

> El «dandy» es una especie de espectador que se presenta a sí mismo calificado por su capacidad de consumo, por su forma de distanciamiento frente a lo insólito, por su desprecio a lo que viene adulterado, por su elegancia inalterable: es Mansilla paseando por la calle Florida [una de las calles más lujosas y de exhibición social de la Buenos Aires finisecular] y discurseando entre los indios ranqueles, es Cané distrayendo su ocio exquisito por Londres o Bogotá [...]. El dandysmo exige la ironía, la mordacidad y es muy antiburgués pero, entiéndase bien, en cuanto la burguesía es de segundo orden y no está en condiciones de entender y admitir las pautas del arte y la distinción (1980: 31).

Respecto a la burguesía en ascenso, entramos en otro campo de discusión. Con un nutrido historial europeo, el dandismo presenta particularidades que responden a un determinado contexto histórico-cultural. Como acertadamente señala Badenes: «Si al dandismo y al dandi no se les puede definir con precisión, por lo menos se les puede reconocer, según el período histórico del cual se esté hablando» (1998-1999: 775). Hinterhäuser, por su parte, sintetiza el dandi recreado por Baudelaire en los siguientes aspectos: el dandi aparece en momentos de crisis sociales —o de cierta situación social a decir de Barbey d'Aurevilly, la cual provoca el *ennui* y la rebeldía del dandi (1980: 74)— y cuando el vulgo comienza a ascender en la escala social. Es en un contexto de crisis en el que Baudelaire sitúa al dandi como un ser consciente de estar al margen de la sociedad y, por esta misma conciencia, él dicta sus propias normas, resiste a la democracia y su vulgaridad. Para ser dandi, es condición sobreponerse a la naturaleza humana, lo cual requiere del control sobre sí mismo, de voluntad y de una aristocracia espiritual que está condenada al fracaso. El dandi critica al progreso, al hombre masa, a la burguesía (*ibid.*: 76-78).

En la Argentina de 1880, por una parte, se estaban produciendo las reformas liberales cuyos debates más polémicos se referían a la división entre la Iglesia y el Estado y su competencia en instituciones tan relevantes para el control social como es el caso del matrimonio. Por otra, la internacionalización de la economía argentina originó un crecimiento económico con el cual comenzó a surgir un nuevo grupo social cuyo poder provenía del dinero (Jitrik 1980; Panesi y García 1980). Por su poder económico, nuevos actores sociales comenzaron a mezclarse con las cúpulas de las elites y se constituyeron en una amenaza a la hegemonía de los grupos patricios y la comunidad letrada:

> Pero no todos los hombres del 80 eran dirigentes del mundo social; muchos de ellos eran simplemente ricos ganaderos o comerciantes que sentían vivamente la experiencia del 80 porque les otorgaba bienestar o seguridad o fortuna. Esta gente, no escasa, se apropiaba de las formas con que el extraordinario grupo que rodeaba a Roca vivía; remedaban lo exterior y dilapidaban fortunas ya sea en viajes mal aprovechados a París, de pura ostentación, ya sea en la construcción y habitación de palacios en los que se atropellan las estatuas y los objetos cuya belleza no se comprende. Son los famosos «rastaquouére», menospreciados y esquilmados en Francia, paletos que lo compran todo [...]. El signo más evidente de este grupo es la estridencia y el mal gusto, la más perfecta contrafigura de los padres de esta generación, los héroes de la Independencia y de la proscripción, de los intelectuales que dieron forma a la Argentina que se apoya en ellos, y aun de los representantes más dotados de esta generación que, como Cané, se avergüen-

zan de sus contemporáneos: «Nuestros padres eran soldados, poetas y artistas; nosotros somos tenderos, mercachifles y agiotistas» (Jitrik 1980: 28-29).

En este ambiente social mezclado, confuso, democratizante más que aristocratizante, Fulano tiene que abrirse camino para marcar su diferencia y, al mismo tiempo, controlar a sus conciudadanos. Josefina Ludmer inscribe a Cambaceres dentro de la aristocracia bonaerense, pero también lo sitúa dentro del grupo de los nuevos sujetos del Estado Liberal argentino, como un actor que hace el papel de dandi y de Jefe de Estado de una coalición cultural que necesita ficciones para definir sus límites e idearios: léase en este caso un campo de acción que se instaura en cuentos que Ludmer clasifica de educación y matrimonio (1999: 46-50; 66-67).

El dandi busca signar una diferencia respecto de las nuevas burguesías a través de un proyecto estético-ideológico en el cual se conjugan la exhibición social y la aristocracia espiritual (Hinterhäuser 1980). La obra de Cambaceres posee algunas de las características de la literatura francesa de la época y el lenguaje utilizado en *Pot Pourri* se adscribe al campo semántico del dandismo francés, aunque no se sabe con precisión si Cambaceres conoció de cerca la obra de Barbey d'Aurevilly y Baudelaire (Bazán-Figueras 1994; Ramírez 1984; Tcachuk 1976). Al posar su mirada sobre los concurrentes del club, el «yo» dandi pone atención en el «refinamiento» (en los modos y en el vestir) y en el «estilo» para signar una «distancia»; su propia actuación está marcada por una actitud «estoica», con énfasis en la «voluntad», el «autocontrol», el «individualismo», el «egocentrismo» y la «ironía», para mantener y proteger tanto su lugar como su pose.

Si bien, en un contexto de pujanza económica y mezcla social, tanto el *self-made man* como el dandi persiguen el éxito, este concepto es entendido de distinta manera: para el primero, la noción de éxito recae en el ámbito económico y comercial como un medio para el ascenso social; en cambio, para el dandi está más relacionado con ser el centro de las miradas y ser el centro del espectáculo. En una pose que se ocupa de contar las fallas de su entorno, el dandi procura encubrir las suyas en los espacios de exhibición social. Francine Masiello incluye al narrador de *Pot Pourri* dentro de las figuras ficcionales del fin de siglo cuyo papel es cuestionar la veracidad de los hechos: chismosos, cronistas y reporteros realizan un escrutinio de la vida privada para cuestionar la identidad del ciudadano (1995: 457-458). No perder esa capacidad es parte de su éxito.

Sin embargo, una vez fuera del club y en la privacidad, Juan cuestiona la identidad de Fabio desde el punto de vista de su rol como ciudadano.

El protagonista no concibe el matrimonio en su proyecto de vida, ya que no ve en él más que una farsa amorosa con objetivos económicos. Absolutamente convencido de que el matrimonio no es una opción de vida viable ni consecuente con sus principios, Fabio es foco de las críticas de Juan, quien insiste en que deje su vida solitaria y busque una esposa. En una escena teatral protagonizada por Fabio y Juan —escena que astuta y explícitamente es introducida por la subjetividad narrativa para que el lector saque sus propias conclusiones— Juan se expresa de la siguiente manera:

> Te diste prisa en vivir y abordaste la vida justamente por donde el hastío y el descreimiento se apoderan más pronto del corazón, lo secan y lo corrompen: el lado mundano [...].
> Eres un viejo decrépito y ciego por aditamiento [*sic*].
> Lo que crees distinguir en tu alrededor son alucinaciones de tu espíritu, fantasmas de tu mente enferma, reminiscencias de las monstruosas imágenes que un tiempo hirieron tu retina y que han quedado grabadas en ellas con toda su obscena fealdad.
> De ahí tus desconfianzas, de ahí tus cavilaciones, tu egoísmo, tu spleen que raya en monomanía, la falta de fe en tus semejantes, el desesperante aislamiento en que vives, encerrado, de ahí, en una palabra, tu absoluto pesimismo, cuya primera víctima eres tú [...].
> Yuyo estéril, he de arrancarte de raíz de la tapera en que vegetas, como la ortiga, pinchando, y haciendo arder la epidermis a todo el que se te acerca.
> He de sacarte al fin de la categoría de cosa en que te pudres miserablemente sin servir ni para Dios, ni para el diablo y he de hacer de ti un hombre útil a ti mismo y a la sociedad en que existes (*Pot Pourri*, 56-57).

Evidentemente, entre la figura del *pater familias* y el dandi hay más diferencias que similitudes, aunque a lo largo de la novela el dandi cambaceriano trata de preservar el honor de esta figura representada por su amigo Juan. En su *performance* y autoconstrucción se representa la negación de los valores que componen dicha masculinidad. Ese ordenamiento social que el narrador impone para su entorno social inmediato, al abogar por el matrimonio, es radicalmente diferente al suyo: como un buen ejemplar del dandismo, actúa desde una posición especial que le permite mantener su distancia del vulgo, de la forma de vida de la gente corriente. Entonces, si leemos en negativo, la soltería del dandi se contrapone al ideario masculino que el Estado impone.

En privado se reconoce el individualismo, el egoísmo, la marginación y la inutilidad para la sociedad. Así como Baudelaire rechazaba todo trabajo y producción que no tuviera que ver consigo mismo (Garelick 1998: 28), Fabio vegeta y disgusta, en vez de complacer, al igual que el dandi Barbey (Walden

2002: 39). Ésta es una de las encrucijadas del dandi: mantener su aislamiento dentro de un margen que le permita desarrollar ese roce social necesario para forjarse como dandi, un espacio desde el cual pueda disgustar a su entorno social. Sin embargo, lo que Juan no sabe es que lo único útil que hace el dandi es evitar que su matrimonio caiga en la deshonra o que fracase por la infidelidad de María.

Después de este encuentro con Juan, el dandi titubea, comienza a dudar de sus principios y sólo su voluntad le permite sobreponerse. Se declara como cobarde y héroe simultáneamente: «lo que queda de todas las farsas humanas, reales o imaginarias: nada, o, a lo menos, casi nada; en este caso, el derecho de poder decir a ustedes; fui un cobarde, lo confieso y, por consiguiente, soy un héroe» (*Pot Pourri*, 58). Su heroísmo está en resistirse, en no ceder. Fabio es también un héroe, porque inmediatamente después de esta cita, se da paso a la escena en que María cae bajo sus sospechas, iniciándose su actuación como salvador.

El Carnaval es otra instancia en la cual el dandi continúa su autodefinición y autoconstrucción en un proceso de distanciamiento para señalar a los falsos dandis. Dentro del dandismo clásico, el vestuario y el estilo han sido indicadores para signar la diferencia. Basta recordar el caso de Brummell que impuso una moda para el nudo de la corbata. Como apunta Mónica Bernabé al dar cuenta, en su análisis de Darío en Santiago de Chile y Buenos Aires, de la importancia que tiene para él llevar el traje apropiado para la ocasión, «[e]l vestuario y las maneras configuran una forma de distinción en el marco de un proceso de democratización y la pérdida de las prerrogativas tradicionales basadas en los títulos de propiedad o en la sangre» (2006: 35). Sin embargo, para la mirada aguda del dandi cambaceriano, no hay traje que oculte las marcas de clase. Así, desde un rincón, el dandi critica la vestimenta de los concurrentes para elevarse él mismo. Describiendo el vestuario de los otros participantes del Carnaval, Fabio declara un sentido estético y un sentido de elegancia por oposición, a través de un chismorreo malicioso que señala los errores estilísticos de los otros *clubmen*. Él entrega la pauta de la elegancia, que sólo se puede imaginar, porque se supone que no lleva lo mismo que los otros concurrentes: «[e]n suma, puede opinarse de él que es un señor prendido de siete alfileres; un hombre elegante, nunca» (*Pot Pourri*, 62), declara el dandi después de una larga y detallada descripción del atuendo de dicho hombre.

Junto al vestuario, el cuerpo también cae bajo el escrutinio del dandi cambaceriano. Sus alusiones a las características físicas, por un lado, anuncian las vetas naturalistas que Cambaceres desarrolla con mayor profundidad en

Música sentimental (1884), *Sin rumbo* (1885) y *En la sangre* (1887); por el otro, indican que el estilo no sólo se relaciona con el traje, sino también con las características físicas y detalles propios de la presentación masculina:

> Alto, pie muy chico y muy bonito, piernas un poco bastante combadas, cuerpo correcto, su cutis tiene toda la suavidad y el color de las cremas a la vainilla, su rostro es anguloso, [...] su mirada cretina y picaresca, la nariz considerable y, por fin, de la boca nada puedo informar a ustedes, por encontrarse herméticamente tapada con una par de monumentales bigotazos que quedaban muy bien en un bombero, pegan muy mal en un dandy (*Pot Pourri*, 65).

El dandi cambaceriano da pistas a sus lectores para reconocer a los falsos dandis y, a través de ellos, impone un estilo que nunca se describe en positivo y que, finalmente, recae en lo que no se compra: la elegancia. Esta preocupación por el vestuario y el estilo de los dandis problematiza las masculinidades finiseculares, en tanto que para sus contemporáneos éstos rayaban en los límites de la homosexualidad, o eran acusados de afeminados. El afeminamiento que proyecta el dandi a través del culto por el cuerpo fue compartido por otras masculinidades de la *gentry* o de la *high life*, pues, como indica Víctor Macías-González en su estudio de las masculinidades durante el porfiriato mexicano, este afeminamiento, que desafiaba la masculinidad propuesta en el proyecto nacional, está estrechamente relacionado al seguimiento de la moda europea y al aumento del consumo de bienes de lujo durante el fin de siglo.

La masculinidad del dandi cambaceriano también está en contradicción con respecto al proyecto nacional. Se configura, en parte, por una manifestación de incuestionable autoridad y ejercicio de poder sobre problemáticas públicas que se vinculan con el orden social y con el Estado. Sin embargo, la intervención del dandi como ser útil a la sociedad, como Jefe de Estado, es una *performance* que se realiza en privado. Protegido de la exhibición pública, desde su hogar, planea la forma de comprobar y acabar con la infidelidad de María. El yo narrativo rechaza para sí mismo una vida como la que requiere el Estado para el progreso de la nación, pero como sujeto vigilante restaura para otros, Juan y María, lo que «debe ser». En consecuencia, el dandismo de Fabio en *Pot Pourri* cuestiona y reafirma el sistema patriarcal. Paradójicamente, el hilo conductor que mueve las acciones del dandi está ligado a una institución social básica que si bien, como sujeto «excéntrico», critica, rechazando el matrimonio, como autoridad «centrada», la protege. El dandi se queda en la encrucijada, defiende el honor de una masculinidad heterosexual, la del *pater familias*, pero se escabulle de cualquier contacto amoroso con una mujer.

Al inicio de la novela, la subjetividad narrativa señala que el teatro de verdad (el de bambalinas) «es lo que debe ser», en cambio, «el teatro real [el mundo real], en el que el vulgo actúa confundido, es lo que es» (*Pot Pourri*, 23). Sin embargo, el yo narrativo, con un poder otorgado por la república masculina y la comunidad letrada, interviene esa realidad. Ese teatro que «es lo que es», lo disciplina y convierte en «lo que debe ser», como el teatro de bambalinas. El dandi fuerza el acontecer de los hechos y, en una operación de reconstitución, ficcionaliza la realidad social. Es decir que, al interrumpir «lo que es», en este caso, la infidelidad de María restituye «un deber ser» que sólo existe en la teoría. La normalidad, «lo que debe ser» descompone al dandi, pero, en un gesto de solidaridad y confraternidad con su amigo, prefiere actuar. Por medio de la escritura (soluciona el problema a través de cartas), oculto de la mirada pública para no escandalizar a la sociedad con la vergüenza de Juan y quizás, para mantener una imagen de indiferencia y esterilidad social, recompone «el deber ser». La subjetividad narrativa protege su espacio y se queda estoicamente en su realidad: solterón, sin familia, hastiado de la vida, y no es «lo que debe ser», un representante del *pater familias* o un emprendedor económico, un *self-made man*.

Si retomamos la relación entre la subjetividad autorial y la subjetividad narrativa, lo que el primero no pudo conseguir en la arena pública como político, es decir, imponer un orden y combatir la corrupción, lo logra el segundo desde la privacidad del hogar. En cambio, en el espacio público, frente a la sociedad, en el club, fiestas y otros eventos, el dandi vigila, averigua, se informa y critica, no se expone al ridículo que alguna vez hizo como «Fulano», al contrario, se protege, mantiene las formas. El cambio en su *performance*, dependiendo de los escenarios y del uso indiscutible de su poder y autoridad, no cierra la discusión sobre su masculinidad. Como se discutirá a continuación, si Cambaceres tuvo poder en el Club del Progreso, espacio supuestamente de hegemonía masculina, al enfrentarse a la mujer, el dandi narrador estará en el límite de perder el control de dicho espacio, de perder su autoridad.

Chisme, artificio y feminidad

Para Baudelaire, el dandismo se presenta como una religión abocada al vencimiento de lo natural, categoría en la cual se inscribe lo vulgar y la mujer (Hinterhäuser 1980). La mujer no representa la belleza en sí misma, en su «esencia», sino que está en el artificio que la recubre. Si recordamos la visita de «Fulano» y su *performance* torpe, rústica y vulgar, se podría proponer que, desde esta perspectiva de lo natural/vulgar, Fulano es presentado como un sujeto feminizado al no tener distinción y carecer del artificio de la pose del dandi. De todos modos, ya convertido en dandi su relación con el género femenino no termina, al contrario, es más problemática. La *performance* del dandi difumina ciertas particularidades que, supuestamente, fundan las diferencias socio-culturales entre las categorías de masculinidad y feminidad. El dandi cambaceriano se caracteriza por la ambigüedad: por un lado, su actitud hacia las mujeres fluctúa entre la fascinación y el rechazo, y en esa dinámica se crean tanto espacios de empatía como de desencuentros; por el otro, el dandi defiende la heterosexualidad al procurar la salvación del matrimonio de Juan y María, pero rechaza una relación marital, especialmente, por su postura misógina. En ese margen, desde esa posición, la subjetividad narrativa se constituye como una figura única dentro de su entorno social inmediato.

Desde una perspectiva contemporánea, Rhonda Garelick plantea que el dandismo es el origen de los iconos de la cultura de masas, de las «estrellas» del cine y de la música, en la cultura norteamericana del siglo XX. El origen de la *performance* de estos iconos se produce, según Garelick, cuando ocurre el contacto entre el dandi decadentista con la mujer «en el escenario», es decir, la mujer *performer*. En este encuentro el dandi desvía la atención de sí mismo a la del «otro»:

> El punto de partida de este estudio es el encuentro entre el dandi decadentista y la mujer *performer*. Esta relación narra la formación de la «estrella», en particular, la relacionada al icono *camp*. Elegí esta pareja (el dandi y la mujer *performer*) porque los dos representan su sexualidad dramáticamente. Ambas figuras, conscientemente, representan las condiciones de género de una forma altamente teatral —una sexualidad ambigua y socialmente pulida, en el caso del dandi, y despliegues explícitos de sus encantos eróticos en el escenario, en el caso de la mujer—. [...] en última instancia, sus roles se funden, dando forma a algo que va más allá de lo andrógino, dando origen al concepto de «estrella» que se conoce hoy en día (1998: 1; traducción mía).

Frente a la mujer *performer* el dandi se mira a sí mismo como en un espejo distorsionado y, con ello, genera un nuevo espectáculo como respuesta a esta *performance* exterior de la mujer (*ibid.*: 4). El Club del Progreso y la casa de campo de Los Tres Médanos son los escenarios en los cuales el dandi se encuentra con la mujer *performer*. Dos mujeres, en particular, producen en Fabio una reacción que condiciona su propia *performance*. En primera instancia, durante la boda, el yo narrativo mide fuerzas con su vieja amiga

—de la cual nunca sabemos su nombre— que es «lo que vulgarmente se llama una lengua de víbora» (*Pot Pourri*, 27). La segunda mujer es María, que, en el campo, se esconde tras la máscara de una mujer abnegada y enamorada, y, en el Club del Progreso, se presenta, literalmente, escondida en un disfraz de carnaval. Todos estos encuentros son claves para que Fabio muestre su dandismo y nos permiten continuar el análisis de la masculinidad del dandi.

Durante la boda de Juan y María, alertado del espíritu de esta mujer, «nadie ha conseguido jamás escapar a su baba ponzoñosa» (*ibid.*: 28), el dandi entabla una sarcástica conversación con su amiga que «[d]onde encajaba su colmillo maldito, envenenaba hasta matar» (*ibid.*: 27). Para más señas del espíritu crítico de la mujer, «[p]ara ella no ha habido nunca hombre honrado ni mujer virtuosa» (*ibid.*: 27). Esta repulsión no impidió que el dandi sintiera atracción por ella, sin embargo, procura justificar esta fascinación: «la relación de simpatía entre el estado accidental de mi espíritu y la índole de esta maldita, hizo, sin duda, que me sintiera atraído hacia ella por una fuerza irresistible» (*ibid.*: 28). Sin embargo, este espíritu crítico, agresivo y malicioso, fue compartido alguna vez:

—¡Es Ud. mi querido amigo! ¡Cuánto tiempo hace que no tengo el gusto de verlo! ¿Acaso el lobo se ha convertido en cordero, y en expiación a sus pasadas fechorías, le han acometido veleidades de ascetismo, o bien se ha decidido Ud. a profesar voto solemne en alguna orden y anda el diablo disfrazado de monje?
—Ni una ni otra cosa, señora, le contesté. Creo que el talento de artista está en saber retirarse a tiempo de la escena (*ibid.*: 28).

Su amiga insinúa el alejamiento de Fabio de los centros de reunión social, pero más significativamente, se expresa la ausencia del espectáculo dandi que supone esa animalidad que comparte con la «lengua de víbora». La conversación continúa, dejan de atacarse mutuamente para fijar su mirada en el resto de los invitados a la boda y comenzar una vieja práctica que, al parecer, los unía en el pasado, la circulación del chisme: «Rompa Ud., mi querida amiga; rompa y despedace a su antojo. No puede proporcionarme placer más grande» (*ibid.*: 29). Ella toma la palabra para desenmascarar al resto de los invitados de la fiesta y el dandi la sigue escuchando con fascinación, se siente arrastrado y complacido por las críticas de la mujer. El dandi, hasta entonces, sigue siendo análogo a ella: ambos comparten un mismo espacio, el espacio de la crítica y del chisme que los posiciona sobre el vulgo de la *high life*. Ella desenmascara a los invitados y él escucha incrédulo y seducido por la perversidad de esta mujer:

Todo lo que había en mi de sano y honrado se reveló en presencia de maldad tan monstruosa [...].
Sediento de maldicencia [*sic*], habíame embriagado yo también en el aliento mortífero de esa mujer, o, más bien, de ese demonio, hasta que el exceso de veneno absorbido llegaba a sublevar mi alma de indignación (*Pot Pourri*, 32).

Se critica a la mujer, malévola por su naturaleza animal, por cuestionar el «parecer es ser»: ella es el vehículo para decir lo que Fabio simula no saber o no querer saber, ella sabe cuál es la verdad detrás de las apariencias. El dandi escucha hasta que por la acumulación de veneno decide instaurar una distancia con ella, recupera el control de sí mismo y en un gesto de autocontrol, decide abandonar la escena. Sería interesante preguntarse: ¿Qué provoca el distanciamiento? ¿Peligra acaso la actuación del dandi ante esta mujer? ¿Se siente desplazado? En el acto del chisme, ella representa un espectáculo para el dandi, lo escandaliza y lo coloca en una actitud pasiva y le arrebata la posibilidad de ser el centro de atención.

En el campo de los Tres Médanos, donde Juan y su esposa viven alejados del bullicio de la ciudad, María ignora que Fabio ya sospecha de su falso amor, pero el dandi se encarga de dar guiños al lector para informarle que duda que el amor de María hacia Juan sea sincero. En el espacio que se crea entre el lector y el narrador, el dandi es el objeto de la mirada, es el ser leído, observado, se pone en el centro de la atención, instaura su espectáculo y se posiciona como representante del Estado. La astucia del dandi se impone a la farsa femenina. En diálogo con María, el dandi descubre que el aparente placer de ella por estar viviendo en el campo junto a su marido, no es tal, sino que más bien es un engaño: «¿A mí con ésas? *Je te connais beau masque*» (*Pot pourri*, 59). Fabio descubre el doblez femenino, sin embargo, estas cualidades de María lo atraen porque en la falsedad se asienta la belleza: «*beau masque*» (máscara bella).

Las máscaras en *Pot Pourri* les pertenecen a las mujeres, y durante la fiesta de Carnaval del Club del Progreso también concentra su observación en ellas. La máscara que construye a la mujer *performer* es el artificio que seduce al dandi y representa, en este caso, un modo en el cual el dandi y la mujer se encuentran. En el Club del Progreso, el poder del dandi es debilitado o, al menos, momentáneamente burlado. En la fiesta de Carnaval y en un espacio de supuesto control masculino, el dandi es engañado por María. Tras las mascaritas, el artificio femenino, vence la sagacidad de este observador: María, en traje de dominó, se escabulle de la mirada de Fabio para encontrarse con su amante. Fabio, a su vez, intrigado y sospechándose burlado, decide resolver el caso. Desvía su atención a la mujer *performer* y a partir de ese momento comienza una serie de operaciones para desenmascararla; entonces, al igual que en su encuentro con la «lengua de víbora», el dandi pasa de la inutilidad a la acción.

No es poco común que los dandis sean asociados a características misóginas, especialmente, en los casos de Barbey d'Aurevilly y de Baudelaire. Quizás éste sea uno de los aspectos más problemáticos en la relación del dandi con las mujeres. Baudelaire configura el dandismo rechazando a la mujer por reconocer en ella lo natural y lo vulgar, pero, a su vez, la necesita para su contemplación y para apropiarse de su belleza. Esta belleza femenina radica en que no se diferencia el cuerpo de la ornamentación (Feldman 1993: 137-139). Es el artificio, la moda, el maquillaje, es decir, el culto a la belleza en la propia persona lo que acerca al dandi a la mujer. Más aún, Feldman señala cómo, de ese rechazo a la mujer, Baudelaire transita hasta llegar a sentirse atraído por el artificio femenino y esa mujer que «performs herself» es un dandi. Por consiguiente, en este encuentro, las categorías de hombre/mujer se problematizan: «La mujer es entonces (hombre) un dandi. O, los dandis ya no pueden seguir siendo considerados hombres» (*ibid.*: 140; traducción mía). Sin embargo, esta lectura pareciera ser demasiado tajante: ni hombre, ni mujer, ahí está la dificultad de leer su género y la figura del dandi en general, el dandi se constituye en ese espacio en el que se encuentran.

En el caso del dandi cambaceriano, la coyuntura que mezcla la fascinación y el rechazo hacia la mujer es fundamental en la construcción del dandi. Si se recuerdan la escenas con la lengua de víbora y con María, tanto en el campo como en el club, bajo el prisma del difuso límite de los géneros que Feldman ha atribuido al dandi de Baudelaire, la mujer que es un dandi logra provocar en el dandi-narrador el disgusto, el escándalo y el malestar. ¿Podría pensarse que este cambio de posición, ver el espectáculo en vez de darlo, menoscaba su masculinidad? Perder el centro de atención puede, quizás, menoscabar su masculinidad, pero fundamentalmente atenta contra su *performance* del dandismo. De todos modos, es en este encuentro y desencuentro entre lo femenino y lo masculino, de fronteras borrosas, en el cual el dandi cambaceriano construye parte de su filosofía ambigua.

La representación de las mujeres ha sido foco de atención en el análisis de las novelas de Cambaceres y la crítica tiende a coincidir en que hay una actitud misógina por parte del autor (Bastos 1989; Tcachuk 1976: 163). En este punto quisiera incorporar lo que Bazán-Figueras señala como la «cosificación de la mujer» en la representación femenina en *Pot Pourri*, no como una postura misógina del autor sino como una manera de culpar a la sociedad de esta situación. Sin embargo, este argumento es discutible. Las mujeres de la *high life* que aparecen en la novela de Cambaceres son producto de la sociedad y de la educación que reciben, orientadas a perpetuar «la fuerza político-económica de la clase social correspondiente» (*Pot Pourri*, 58). La voz narrativa del dandi transita desde el «ustedes» hasta el «nosotros», posicionándose, una vez más, dentro y fuera de la sociedad. En esta oportunidad, el chisme sobre la condición de la mujer se dirige del dandi al lector y, de esta forma, retoma el lugar que perdió en la conversación con su amiga «lengua de víbora»:

> Así fue que, a los catorce años, *la tenían Uds.* ascendida a la categoría de mujer [...], a los quince la encontraban ya lanzada en el torbellino del mundo, leona de la moda del día, reina de la alta sociedad.
>
> Pero acérquensele con la pretensión de pasar media hora en su amable compañía; o no resisten diez minutos, el fastidio los azonza [*sic*] como un golpe de maza [...].
>
> Y como si fuera un cero a la izquierda, algo de poco más o menos y no debería ejercer maldita la influencia en la familia y, por consecuencia, en la sociedad, en su marcha y perfeccionamiento, es así como tratamos de levantar su nivel moral [...].
>
> A *nosotros* nos acomoda y da la regalada gana tenerla en cuenta de *cosa* (*ibid.*: 27; énfasis míos).

Aunque el dandi responsabiliza a la sociedad de esta cosificación de la mujer, es también parte de ese discurso que descalifica a las mujeres. A diferencia de la sagacidad de su amiga, en esta cita, las mujeres no son atractivas por la forma en que han sido educadas. En este caso, no es lo natural lo que provoca el rechazo, sino más bien la construcción social que se ha hecho de la mujer. El dandi intenta marcar las diferencias, establecer una distancia entre el género femenino y el masculino, el de la república (nosotros) que impone el lugar que se le ha adjudicado a las mujeres, pero que al mismo tiempo cuestiona con su tono irónico y burlesco.

En el discurso público, las mujeres están en la categoría de cosas o son animalizadas. El dandi es un observador que reflexiona en voz alta, un vigilante del Estado que está atento a la vida privada como problema público y, como tal, le compete. Sin embargo, la pasividad que el dandi representa ante sus espectadores más cercanos lo coloca, en una posición que cuestiona los atributos masculinos de un *pater familias* o un *self-made man*: «He de sacarte al fin de la categoría de cosa» (*Pot Pourri*, 57), le dice Juan al dandi cambaceriano mientras intenta convencerlo de que deje la soltería, su vida inútil y decadente. En un estado de total pasividad, recalca Juan que el dandi vive «sin servir ni para Dios, ni para el diablo y h[a] de hacer de [él] un hombre útil a [sí] mismo y a la sociedad» (*ibid.*). La inutilidad y pasividad, tan propia del dandi, acorta las brechas entre su autorrepresentación y las caracterizaciones de las mujeres a lo largo de la novela. Con sus palabras, Juan humilla y feminiza a Fabio. En este sentido, tanto el dandi como la mujer están enmarcados en la categoría de cosa: se encuentran, nuevamente, homologados, problematizando las posibles diferencias que entre ellos puedan existir.

«No hay mujer bella», declara el dandi cambaceriano y, por este motivo, rechaza todo tipo de metáforas modernistas para describirla: «nada de ébanos, alabastros, perlas, corales [...]. La que más, la que menos, todas tienen sus cosas feas, a la vista o escondidas. [...] Exigir a las hijas de Eva cosas del otro mundo, en punto a estética, es pedir castañas al roble» (*ibid.*: 54-55). Desde el inicio, la subjetividad narrativa de la novela anticipa la amenaza de lo natural y promueve su expulsión: «*Chassez le naturel, il revient au galop*» (*ibid.*: 22; Expulse lo natural, éste vuelve a galope). ¿Acaso se refiere a la amenaza de la mujer que atrapa y engaña a su marido como lo hace María con Juan? ¿O se podría pensar que teme la amenaza de su amiga a la que simula rechazar por su maldad, pero que, en realidad, le ofusca pues simboliza su pérdida de autoridad y reconocimiento en la escena social?

En el Carnaval, aunque llenas de artificio y disfrazadas, las mujeres carecen de gusto, elegancia y riqueza (*ibid.*: 61). Como el «beau masque» que Fabio reconoce en María cuando ambos conversan en la casa de campo, durante el Carnaval el artificio femenino transita entre el rechazo y la seducción del dandi. El principal problema es que este artificio femenino del Carnaval carece de uno de los elementos más importantes para el dandi: la elegancia. De mascaritas, estas mujeres pasan a ser «bultos» (*ibid.*: 67), seres amorfos, carentes de todo sentido estético. En este sentido, en la subjetividad narrativa domina una mirada misógina: son pocas las posibilidades de que el dandi admire a la mujer, a menos que el artificio sea llevado elegantemente y esté acompañado de una *performance* que despierte la curiosidad del dandi o que se sienta amenazado.

Entre las máscaras y el sentido de elegancia del dandi, entramos a la problemática declaración del dandi Barbey d'Aurevilly: «parecer es ser». Esta declaración del dandi también está estrechamente relacionada con el mundo femenino, puesto que esta característica es propia de los dandis y de las mujeres (Feldman 1993: 57; Walden 2002: 45). Sin embargo, es en este mundo de mujeres mascaritas donde la subjetividad narrativa cuestiona esta idea de «parecer es ser» en el caso de las mujeres. El dandi, desdobla los pliegues femeninos y desenmascara a la mujer ante sí mismo y ante el lector. Por lo tanto, remueve el velo de las apariencias femeninas. El dandi no revela el engaño de María ante los demás personajes, para quienes ella seguirá siendo la esposa ejemplar, sino que lo hace a escondidas, en privado, quedando ante el lector como el único que realmente «parece», el único que realmente «es». Le arrebata a la mujer la posibilidad del «ser es parecer» y conserva esa condición sólo para él. Más aún, el dandi consigue que María se retracte de su engaño y logra manipular su actuar. De este modo, el dandi condiciona la *performance* femenina. En esta intervención del protagonista, el dandi se reafirma en su identidad y en su particularidad: retoma el lugar que la subjetividad autorial perdió en la arena pública.

El dandi de *Pot Pourri* desarrolla una práctica principalmente política que está marcada por el gesto moralista y la ambigüedad. Según sean sus espectadores Fabio cambia de pose y su *performance* transita entre la utilidad e inutilidad, entre la atracción y el rechazo por lo femenino, entre la defensa y la impugnación del matrimonio. En los espacios de sociabilidad, Fabio se sitúa como un excéntrico, marginado y displicente, pero con autoridad. Observa a sus supuestos «pares» para señalar las diferencias que lo excluyen de ese mapa social invadido por una burguesía en ascenso, de la cual no se considera parte, pero de la que tampoco puede prescindir porque constituye el contrapunto para crear su identidad. En este contexto, es una entidad vigilante que procura advertir al lector del peligro que presuponen las apariencias. En el espacio privado, en cambio, es un ciudadano cuestionable, que disgusta a su amigo Juan porque es incapaz de asumir un rol de utilidad para el bien de la Nación.

Bibliografía

BADENES, José Ignacio (1999-1998): «La muerte de un texto dandi: Nihilismo decadentista en el discurso poético de Manuel Machado». En: *Letras Peninsulares* vol. 11, n° 3, 775-790.

BASTOS, María Luisa (1989): «Cambaceres o falacias y revelaciones de la ilusión naturalista». En: *Relecturas: estudios de textos hispanoamericanos*. Buenos Aires: Hachette, 27-40.

BAZÁN-FIGUERAS, Patricia (1994): *Eugenio Cambaceres: precursor de la novela argentina contemporánea*. New York: P. Lang.

BERNABÉ, Mónica (2006): *Vidas de artista. Bohemia y dandismo en Mariátegui, Valdelomar y Eguren (Lima, 1911-1922)*. Rosario/Lima: Beatriz Viterbo/Instituto de Estudios Peruano.

CAMBACERES, Eugenio (1956): *Obras completas*. Edición de Eduardo M. S. Danero. Santa Fe: Castellví.
CANÉ, Miguel (1980): *Juvenilia* [1884]. Buenos Aires: Centro Editor de América Latina.
FELDMAN, Jessica R. (1993): *Gender on the Divide: The Dandi in Modernist Literature*. Ithaca: Cornell University Press.
GARELICK, Rhonda K. (1998): *Rising Star: Dandyism, Gender, and Performance in the Fin de Siècle*. Princeton: Princeton University Press.
HINTERHÄUSER, Hans (1980): *Fin de siglo: figuras y mitos*. Madrid: Taurus.
HOWELLS, Bernard (1996): *Baudelaire: Individualism, Dandyism, and the Philosophy of History*. Oxford: Legenda European Humanities Research Centre.
JITRIK, Noé (1980): «El mundo del ochenta». En: *La generación del ochenta (1880-1914)*. Edición de Graciela Pozzi. [Buenos Aires]: Fundación Simón Rodríguez/Editorial Biblios, 21-35
LUDMER, Josefina (1999): *El cuerpo del delito: un manual*. Buenos Aires: Perfil Libros.
MANSILLA, Lucio V. (1980): *Una excursión a los indios ranqueles* [1870]. Buenos Aires: Centro Editor de América Latina.
MACÍAS-GONZÁLEZ, Víctor M. (2003): «The Lagartijo at The High Life. Masculine Consumption, Race, Nation, and Homsoexuality in Porfirian Mexico». En: Robert Irwin, Edward J. McCaughan y Michelle Rocío Nasser (eds.), *The Famous 41: Sexuality and Social Control in Mexico, 1901*. New York: Palgrave Macmillan, 227-249.
MASIELLO, Francine (1995): «Horror y lágrimas. Sexo y nación en la cultura del fin de siglo». En: Beatriz González Stephan, Javier Lasarte y Graciela Montaldo (eds.), *Esplendores y miserias del siglo XIX. Cultura y sociedad en América Latina*. Caracas: Monte Ávila Editores Latinoamericana/Equinoccio/Ediciones de la Universidad Simón Bolívar, 457-472.
MOLLOY, Sylvia (1980): «Imagen de Mansilla». En: *La Argentina del ochenta al Centenario*. Buenos Aires: Sudamericana, 745-759.
MONTALDO, Graciela (1998): «Quiroga: el fracaso del dandi, el fracaso del aventurero». En: *Anales de la Literatura Española Contemporánea* vol. 23, n° 1, 235-247.
NEIRA PALACIO, Edison (2001): «Preso entre dos muros de vidrio. José Asunción Silva entre la hacienda y los mundos del flâneur y del dandy». En: *Estudios de Literatura Colombiana* n° 8, 41-52.
PANESI, Jorge y GARCÍA, Noemí Susana (1980): «Introducción». En: Eugenio Cambaceres, *En la sangre*. Buenos Aires: Colihue/Hachette.
PELUFFO, Ana (2007): «Dandies, indios y otras representaciones de la masculinidad en Manuel González Prada». En: *Revista Iberoamericana* vol. LXXIII, n° 220 (ejemplar dedicado a: *Literatura y culturas de la región andina*, edición de Sergio Ramírez Franco), 471-486.
RAMÍREZ, Oscar Michael (1984): *La trayectoria narrativa de Eugenio Cambaceres*. Thesis. Ph. D. UCLA. Romance Linguistics and Literature.

RAMOS, Julio (1986): «Entre otros: *Una excursión a los indios ranqueles* de Lucio V. Mansilla». En: *Filología* nº 1, 145-171.
TCACHUK, Alexandra (1976): *Eugenio Cambaceres: vida y obra*. Thesis. Northwestern University.
WALDEN, George (2002): *Who Is a Dandi?* London: Gibson Square.

«TELAS RARAS», «TURBANTES INVEROSÍMILES»: *POSANDO* EN EL BARRIO CHINO DE LA ESCRITURA MODERNISTA

FRANCISCO MORÁN
Southern Methodist University

Un espantoso descubrimiento

Ziauddin Sardar, en su libro *Orientalismo*, enfatiza un concepto de orientalismo que, en mi opinión, merece consideración. Para este autor, «el saber orientalista fue —es— un saber de la *política del deseo,* puesto que codifica los deseos de Occidente en disciplinas académicas y los proyecta en su estudio del Orient» (1999: 5; énfasis mío)[1]. Este deseo se expresa en la ambigüedad sexual, en la cortina, o en la celosía que preserva el «misterio» del Oriente. El obstáculo a la mirada masculina y occidental —la cortina— implica un obstáculo para el conocimiento, pero un obstáculo que es construido y deseado por esa mirada. «El orientalismo entonces», afirma Sardar, «es la gran mentira en el centro de la civilización occidental: una mentira, tanto acerca de la naturaleza de Occidente como acerca de la de las grandes culturas y civilizaciones del Oriente, una mentira sobre Nosotros y sobre Ellos» (*ibid.*: 11). Si el querer *saber,* para *dominar,* es pivotal en la visión de Edward W. Said del orientalismo, *no querer saber* por el propósito de mantener el misterio, el auto-engaño —podríamos decir— es central en la lectura de Sardar. Así, mientras Said en su libro *Orientalismo* subraya una y otra vez la producción de poder y las instancias de dominación imperial alcanzadas en colaboración con el saber orientalista, Sardar, en cambio, dilucida ese saber en términos de

---

[1] A menos que se indique lo contrario, las traducciones son mías.

un espejismo en el quedan atrapados, mortalmente, tanto el Oriente como el Occidente[2]. Sería absurdo, por supuesto, minimizar la realidad y las desastrosas consecuencias de las acciones imperialistas de Occidente, pero, por otra parte, uno no puede dejar de notar también, con Sardar, que en la lectura de Said «es notoria la ausencia de cualquier noción de resistencia», toda vez que «[e]l nativo recipiente de este discurso es *pasivo* y *mudo*» (Sardar 1999: 74; énfasis mío). Así, esta pasividad y mutismo del sujeto oriental parecen ser, por tanto, la condición *sine qua non* que legitima la posición discursiva del propio Said y, en última instancia, de todos los discursos identitarios fuertes, lo mismo si operan desde la mirada colonialista que desde la emancipadora. Aunque Said sabe que «Oriente y Occidente, en tanto que identidades culturales y geográficas [...], son creación del hombre», afirma igualmente que «sería un error concluir que Oriente fue *esencialmente* una idea o una creación sin su realidad correspondiente» (1990: 23; énfasis en el original)[3].

---

[2] Al comentar la película *M. Butterfly* (1993), del director David Cronenberg —basada a su vez en una obra teatral de David Henry Hwang—, Sardar expresa que para este último «lo esencial en la obsesión de la visión orientalista es el *deseo de no saber*» (1999: 4; énfasis mío). No sólo René Gallimard —el diplomático francés destacado en China— falla en reconocer la figura masculina que ocultan el maquillaje y el vestido de la, supuestamente, primera figura de la ópera de Beijing, sino que más tarde, cuando éste se desnuda delante de él y se le ofrece, aquél, no teniendo otra alternativa que reconocer el engaño, lo rechaza con el siguiente argumento: «Me has descubierto tu verdadero ser. Lo que yo amaba era la mentira, la hermosa mentira» (*ibid.*: 11). Esta cita —introducida por Sardar— corresponde a la obra *M. Butterfly*, de David Henry Hwang.

[3] A Said no se le puede reprochar la afirmación explícita de una esencia o de una «verdad» oriental como opuesta al Oriente estereotipado creado por Occidente. Sin embargo, tampoco niega clara o completamente esa «verdad» oriental. Comenta Said: «Había —y hay— culturas y naciones, localizadas en Oriente, cuyas vidas, historias y costumbres poseen una *realidad* obviamente *más rica* que cualquier cosa que se pueda decir de ellas en Occidente. Sobre este punto, este estudio de Orientalismo *no tiene nada que añadir*; simplemente desea contribuir con su reconocimiento tácito» (1990: 23-24; énfasis mío). Algún tiempo después, Said mismo reconoció que lo que «[había] dejado fuera de *Orientalism* era la respuesta a la dominación occidental que había culminado en el gran movimiento descolonizador a través del Tercer Mundo» (1993: xii). Pero, otra vez, la lectura de Said nos deja con dos opciones solamente: o son Ellos (Occidente) contra Nosotros (Oriente, el Tercer Mundo), o somos Nosotros contra Ellos, siendo ese *contra* la clave de la construcción de identidades fuertes, exclusivas. Es cierto que Said nos alerta sobre el hecho de que «la preocupación ideológica concerniente a la identidad está lógicamente enredada con los intereses y agendas de varios grupos —*no siendo todos ellos* minorías oprimidas», y que afirma también que «[s]omos los herederos de ese estilo por el cual uno es definido *por* la nación, la cual deriva a su vez *su* autoridad

Metodológicamente, llegado el momento de desafiar la construcción imperial, la alusión o énfasis en esa realidad, tiene, desde luego, sentido. Pero, de quedarnos ahí, corremos el riesgo de caer en el error, insisto, en que suelen caer muchas de las lecturas descolonizadoras. Ese error consiste en sugerir —o afirmar— que el objeto dominado posee o porta una realidad esencial que es desfigurada, apropiada por el sujeto colonizador. Esta idea implica la afirmación, mal que nos pese, de la hegemonía de ese sujeto que no sólo puede auto-definirse a sí mismo, sino también «conocer», definir y apropiarse del otro. La crítica descolonizadora, pienso, sería más efectiva, si, en lugar de operar —como su adversario— con un modelo binario, enfatizara por el contrario las fracturas de la mirada hegemónica. Es en este desquiciamiento donde el deseo juega un papel crucial.

El texto orientalista, articulado, tejido, atrapado, en las redes del deseo y la seducción, trae a un primer plano la crisis del significante, el colapso de la razón, esto es, la bancarrota del pilar epistemológico en que Occidente ha basado sus transacciones simbólicas con su otredad. Y poco importa que esa otredad sea el Oriente o América Latina.

Said, por supuesto, estaba muy consciente de la importancia crucial del deseo en el montaje de la ficción orientalista. «En el tejido que forman todas las experiencias orientales de Flaubert, las fascinantes y las desagradables», comenta, «hay una asociación casi uniforme entre Oriente y el sexo». Y añade: «Flaubert no fue el primero en hacer esta asociación, ni el que exageró más un motivo que persistía notablemente en las actitudes occidentales hacia Oriente. Y, de hecho, este motivo, por sí mismo, es singularmente invariable» (1990: 229). Preguntándose, entonces, «[p]or qué parece que Oriente todavía sugiere no solamente la fecundidad, sino también la promesa (y la amenaza) sexual, una sensualidad infatigable, un deseo ilimitado», Said nos dice que es algo acerca de lo que «sólo podemos especular, ya que, a pesar de que aparece frecuentemente, no forma parte de [su] análisis presente»

---

de una tradición supuestamente ininterrumpida» (*ibid.*: xxx; énfasis mío). Mas no puede ser una mera coincidencia que Fredric Jameson nos diga que *Calibán*, de Roberto Fernández Retamar, es «el equivalente latinoamericano de *Orientalismo*, de Said» (1989: viii). Precisamente, en *Caliban* Fernández Retamar propone una cartografía de la cultura latinoamericana —y a la cual identifica con el personaje de Calibán— que no falla, por lo mismo, en esbozar otras áreas de exclusión. Un claro ejemplo de esto es cuando se refiere a los «mariposeos neo-barthesianos de Severo Sarduy» (Fernández Retamar 1989: 36). Sarduy queda así exiliado de la cultura machista latinoamericana —emblematizada ésta en el rudo guerrillero Calibán— en razón de sus *mariposeos*, es decir, de su homosexualidad, y de su —sugerido— romance con Occidente.

(*ibid.*: 230). Sin embargo, él admite la importancia de la sexualidad «como algo que suscita en los orientalistas respuestas complejas, y, a veces, incluso descubrimiento de sí mismos que les asusta» (*ibid.*; énfasis mío). Si bien no podemos afirmar, desde luego, que al renunciar a discutir la producción del saber orientalista en relación con ese deseo ilimitado que menciona, Said nos está escamoteando su propio y perturbador descubrimiento de *sí mismo*, tampoco podemos desechar la posibilidad de que haya quedado atrapado en la misma ansiedad de los «otros» orientalistas. ¿Cuál sería, pues, la razón de ese horror? ¿Qué pasaría si el *otro* resultara ser un participante activo, incluso un cómplice, de su propia imagen estereotipada? Si, como lo vio claramente Said, Occidente *orientaliza* al Oriente, traer entonces el deseo a esta discusión, leerlo como un eje que entrampa a ambos jugadores —al Oriente y al Occidente— en el juego que apuesta a la seducción, permitiría un cambio de énfasis. Por lo tanto, lo que me interesa aquí no es el Oriente como un *efecto*, una entidad pasiva resultado de la voluntad de poder de Occidente, sino más bien el encuentro que enreda a ambos, a Oriente y a Occidente en los camerinos, en los probadores y en la sudada visibilidad de los gimnasios del deseo. Se trata de un proceso a través del cual tanto Oriente como Occidente devienen los ambiguos jugadores en el juego de la seducción, entendida ésta como la economía de la máscara, de la pose y del artificio. La Seducción sabe —siguiendo a Jean Baudrillard— «que *no hay anatomía*, ni psicología, que todos los signos son reversibles» (1990: 10; énfasis en el original).

Desvíos decadentes

En un esclarecedor artículo concerniente a lo que ella llama la *política de la pose*, Sylvia Molloy nos recuerda que durante mucho tiempo la literatura decadente latinoamericana había sido leída «como una postura frívola y por tanto reprensible» (1999: 183). Cita así la afirmación del crítico Max Henríquez Ureña, quien, en referencia a la pose adoptada por Rubén Darío, declara: «Todo esto es pose que desaparecerá más tarde, cuando Darío asuma la voz del Continente y sea el intérprete de sus inquietudes e ideales» (1973: 97). Que esta pose ha sido percibida, en efecto, en directa relación al decadentismo modernista lo demuestra el comentario de Pedro Henríquez de que el mismo «representa una *faz* importante y necesaria de nuestra evolución artística [predominando] una célula psíquica americana, cuya acción se descubre en las más griegas o escandinavas o francesas imaginaciones de Guillermo Valencia o de Leopoldo Díaz o de Jaime Freire» (*ibid*.: 4; énfasis mío). De modo que, continúa, «si, por desgracia, los devaneos exóticos y místicos parecen retardar la aparición de los poetas que vendrán, [...] ya tenemos un corto grupo de precursores, [...] cuyo cerebro ardoroso diríase un remedo de los volcanes de su país» (*ibid*.: 4-5; énfasis mío).

Notando, pues, que «*posar*, como gesto cultural, ya sea en la sociedad o en la literatura, es considerado por los críticos como un mal fugaz, una etapa pasajera», Molloy propone pensar la pose, por el contrario, «como una práctica de oposición dentro de esos mismos discursos y preocupaciones [de la crítica], como una decisiva declaración cultural cuya importación política y energía desestabilizadora» nos propone «recuperar y evaluar» (1999: 184). Estas consideraciones nos fuerzan a confrontar la dicotomía en que, hasta la fecha, se han basado casi todas las lecturas críticas del modernismo hispanoamericano: la oposición *deber vs. deseo*. Lo primero nos lleva a los reclamos de esa voz continental que invoca Henríquez Ureña, mientras que lo segundo conduce a la impostura, al humeante estilo de la pose, a la máscara y al disfraz del modernismo. Y puesto que el modernismo, en general, se resiste a ser explicado meramente en términos de las demandas del *grupo*, esto ha provocado en la crítica, en el mejor de los casos, el malestar; en el peor, la defenestración de los modernistas. Debe notarse, no obstante, que esto significa que independientemente de la posición del crítico, el deseo —ya se trate de criticar, combatir, o subrayar la agencia cultural y política del modernismo— no ha podido ser ignorado, e incluso ha figurado, pudiéramos decir que protagónicamente, en las discusiones de la escritura modernista[4].

Es cierto que el modernismo mismo no fue ajeno a este binarismo —la escritura de José Martí es el mejor ejemplo en este sentido—, pero casi todos los críticos, a menudo impulsados por un militante latinoamericanismo, han tendido a los extremos: o se enfatiza el gesto revolucionario del modernismo

---

[4] Menciono algunos de los títulos o ensayos de imprescindible lectura a la hora de examinar la posición de la crítica respecto al deseo en el modernismo. Las posiciones, como cabe esperar, varían significativamente de un autor a otro. En unos pocos ejemplos: Cintio Vitier, «Octava Lección. Casal como antítesis de Martí»; Roberto Fernández Retamar, «Modernismo, Noventiocho, Subdesarrollo»; Juan Marinello, «Sobre el modernismo. Polémica y definición»; Ángel Rama, *Las máscaras democráticas del modernismo*; Julio Ramos, *Desencuentros de la modernidad en América Latina. Literatura y política en el siglo XIX*; Oscar Montero, *Erotismo y representación en Julián del Casal*; Carlos Monsiváis, *Aires de familia*; Gwen Kirpatrick, *Disonancias del modernismo*; Jorge Camacho, *José Martí: las máscaras del escritor*.

—su crítica a la modernidad, al emergente imperialismo norteamericano, o simplemente la renovación literaria— o se le estigmatiza por posar, por su *bal masque* y su esteticismo. El modernismo, entonces, se vuelve exótico, se desvía de la norma, mira a otra parte. ¿Y qué otra cosa podría ser más «exótico» en el modernismo que el orientalismo? El orientalismo conduce al objeto repujado, auto-contenido, a los trabajos del estilo, a la identidad fugitiva. Traspasar el umbral del orientalismo modernista nos fuerza a entrar en los mundos de los objetos de la modernidad: el museo, la tienda por departamentos, el taller de costura, el del artesano y el del escritor. Mundos que, por otra parte, se enredan al del camerino, al de la representación operática. Para decirlo en pocas palabras: todos ellos portan el matasellos de la representación travestista, del artificio, de la pose.

No debe extrañarnos, entonces, que resulte realmente difícil encontrar lecturas críticas sobre el orientalismo modernista. Araceli Tinajero —autora del único libro, hasta la fecha, sobre este asunto— explica sucintamente a qué se ha debido esta negligencia: «Se solía repetir que el orientalismo modernista era producto de una imitación servil o de un fenómeno de extraña rareza. En síntesis, una revisión de los análisis críticos demuestra que sus conclusiones giraban en torno a dos directrices: la imitación (afrancesada) y el exotismo (escapista)» (2004: 7). Sin embargo, la crítica que Tinajero hace a estas lecturas no falla en repetir sus mismos presupuestos. Por esto opone a las acusaciones de exotismo y escapismo, una esencia latinoamericana, una autenticidad, una preocupación cultural legítima (hecha desde la posición periférica del sujeto latinoamericano) que, supuestamente, marcaría la diferencia respecto de su contraparte europea. «En este sentido», expresa Tinajero, «el orientalismo modernista, el cual no surge de un espacio dominante (y colonizador), no corresponde al orientalismo europeo según lo concibe Said» (*ibid.*: 20). Y añade más adelante, en el capítulo que dedica a los viajeros modernistas en Oriente, que «el relato de viaje enriquece la forma de percibir y conocer a fondo las interpretaciones culturales desde una mirada *enfáticamente latinoamericana*» (*ibid.*: 33; énfasis mío). Esta lectura no favorece la pose, ni la interrogación o el cuestionamiento que ella introduce, sino que reedifica la identidad fuerte y la diferencia. Por nuestra parte, lejos de condenar al modernismo por sus poses y artificios —o de defenderlo por su «autenticidad»— proponemos, por el contrario, reclamar sus fugas como los signos del desafío modernista a las cartografías nacionales, del género, y, en última instancia, del sujeto mismo.

Ya me he referido antes a la importancia de considerar, paralelamente, por un lado, la emergencia del discurso latinoamericanista dentro del propio modernismo[5], y, por el otro, los discursos racista, médico-higienista, antropológico, criminalista, y sobre la sexualidad que alcanzaron un particular auge en Occidente a fines del siglo XIX, así como la creciente visibilidad del deseo homoerótico en la América Latina de *fin-de-siècle*, y el pánico homosexual que la misma suscitó[6]. No podemos olvidar que, al vestirse con ropas orientales, es decir, al posar en vestiduras orientales, el modernismo atraía sobre sí los mismos nombres derogatorios con que el positivismo llamaba a los chinos: pederastas, degenerados, inveterados fumadores de opio. El modernismo entra en la disputa en torno al sujeto oriental, pero lo hace a su propia manera: no desestima los estereotipos con que se caracterizan al chino, en particular, y a la cultura oriental, en general, sino que se los apropia. El «viaje» a «Oriente» del modernismo —aún el viaje físico— no fue sino el viaje al lenguaje, a su indecidibilidad última, a la desarticulación de la hegemonía del significante, sorprendido y producido por el maquillaje del estilo, por el sucesivo canje de máscaras[7].

Debemos distinguir, entonces, entre el *orientalismo* practicado por las elites ilustradas latinoamericanas, y de orientación positivista, y el *orientalismo* modernista, expresado en términos de pose y artificio. En el primer caso, el sujeto oriental fue persistentemente representado como un cuerpo intruso, completamente extraño al cuerpo de la Nación, y, por lo tanto, portador de la decadencia. Esto, con la particularidad de que en ambos casos el

---

[5] El modernismo produjo dos de los textos canónicos del pensamiento latinoamericanista: «Nuestra América» (1891), de José Martí, y «Ariel» (1900), de José Enrique Rodó. A estos dos textos hay que agregar también un artículo, frecuentemente olvidado, pero también importante: «El triunfo de Calibán» (1898), de Rubén Darío.

[6] Mi lectura del «pánico homosexual» en el modernismo sigue la propuesta de Eve Kosofsky Sedgwick de considerar a éste como «la forma más privada y psicologizada en la que muchos hombres del siglo XX experimentan su vulnerabilidad ante la presión social del chantaje homofóbico» (1985: 89). Kosofsky Sedgwick localiza la emergencia de este pánico a fines del siglo XIX afirmando que «[lo] novedoso a partir del final de siglo fue la nueva cartografía mundial por la cual, así como a cada individuo se le había asignado un género masculino o femenino, también se le asignó una sexualidad (homo o heterosexual), una identidad binaria llena de implicaciones, si bien confusas, para incluso aquellos aspectos menos ostensiblemente sexuales de la existencia personal» (1990: 2).

[7] El viaje al Oriente tiene lugar a través del libro, es, sobre todo, libresco. Aun el viajero, insisto, que visita los países orientales, lo hace buscando, o negando —esto último llevando casi siempre a la frustración— lo que había leído en los libros. Es el caso de Darío quien, al llegar a Tanger, evoca en seguida los relatos de *Las mil y una noches* y, además, «en la incomparable y completa *versión francesa* del doctor Mardrus» (1950: 948; énfasis mío).

orientalismo se enfocó preferentemente en la China y Japón, lo que nos obliga a reconsiderar la opinión de Said en el sentido de que «es posible estudiar la experiencia que Europa tuvo en Oriente Próximo y en los países islámicos independientemente de su experiencia en el Extremo Oriente» (1990: 37). Porque, si como él mismo señala, el orientalismo «es un estilo de pensamiento que se basa en la distinción ontológica y epistemológica que se establece entre Oriente y —la mayor parte de las veces— Occidente» (*ibid.*: 21), tendríamos que admitir que difícilmente esta distinción podía verse, o darse, con mayor claridad que en relación al llamado «lejano Oriente». El Cristianismo, comenta Said más adelante, «completó el establecimiento de las principales esferas existentes dentro de Oriente: había un Oriente Próximo y un Extremo Oriente, un Oriente familiar, que René Grousset llama "l'empire du Levant", y un Oriente extraño» (*ibid.*: 84). De esta territorialización se sigue que el Extremo Oriente debía ser el repositorio natural de la otredad extrema del Oriente.

En América Latina el sujeto oriental, en particular el chino, proveyó, en efecto, la otredad absoluta, el límite mismo de la racionalidad, un *más allá* del cual el sujeto latinoamericano no podría regresar intacto, ni como latinoamericano, ni siquiera como ser humano[8]. El colombiano Nicolás Tanco Armero, por ejemplo, afirma que «particularmente» en China «todo [...], además de ser diferente a lo que tenemos en Occidente, es opuesto, diametralmente contrario». Tanco Armero menciona la sorpresa que causan, por su extrañeza, «el indio de nuestras pampas; el feroz beduino, o los salvajes malayos y bengales de la otra parte del Asia», pero nos pregunta si podría

---

[8] Comentando el concepto de latinoamericanismo desarrollado por Enrico Mario Santí en «Latinoamericanism and Restitution», Pancrazio expresa: «el concepto de Santí no es diferente del de Said en su importante estudio *Orientalism*, el cual se enfoca en las maneras en que los académicos europeos articularon un discurso sobre el Medio Oriente. Ambos, Orientalismo y Latinamericanismo son, como dice Santí, 'cuerpos de conocimiento y de capas acumulativas de lenguaje que detentan un poder que todavía existe más allá o a pesar del Oriente o de la América Latina real'». «En ambos casos, la relación de poder del académico norteamericano con el europeo», prosigue Pancrazio, «quien ejerce formas de conocimiento altamente tecnificadas, se inscribe en la práctica discursiva de cartografiar, descifrar, seleccionar y hacer inteligibles las imágenes, los eventos y las fechas que representarán a la América Latina como un todo» (2004: 23). Entonces, siguiendo el argumento de Pancrazio, «[aunque] no pueda negarse que los poderes imperiales y metropolitanos han hecho uso de los discursos académicos para avanzar sus propios intereses, tampoco puede concluirse que la apropiación de estas mismas herramientas por el académico nativo, o auto-nombrado defensor de los pueblos marginados le garantice realmente una voz al subalterno» (*ibid.*: 24).

«compararse esta sorpresa con la que causa ver un chino» (1861: 373)[9]. Todavía en 1929 Rómulo Gallegos caracteriza al personaje Melquíades de su conocida novela *Doña Bárbara* como «uno de esos hombres inquietantes, de facciones asiáticas, que hacen pensar en alguna semilla tártara caída en América quién sabe cuándo ni cómo. Un tipo de razas inferiores, crueles y sombrías, completamente diferente del de los pobladores de la llanura» (1998: 10). Gallegos, desde luego, no alude al chino, sino más bien al mongol. Pero no hay ni que decir esta percepción echaba en el mismo saco a las culturas del sudeste asiático.

Camino de Chinatown

Ahora bien, los comentarios de Tanco Armero y de Gallegos traslucen, en la desmesura de ese horror, una fascinación que, como afirma Sardar, no hacen sino reflejar «[esos] problemas, miedos y deseos de Occidente que son visitados en un objeto construido, fabulado, y llamado convencionalmente Oriente» (1999: 13). Similarmente, también nosotros hablaremos del Oriente en el discurso latinoamericanista como de un *lugar*, una manera de cartografiar su *afuera* en oposición a su *interior*. Es por esta razón, sin embargo, que el orientalismo constituye, a su vez, el lugar ideal para repen-

---

[9] El caso de Tanco Armero me permite hacer una importante rectificación. Como se recordará, Tinajero había expresado que el orientalismo modernista «no surge de un espacio [de dominación]», por lo que «no corresponde al orientalismo europeo según lo concibe Said» (2004: 20). Cierto que Tanco Armero no es un modernista, pero también lo es que Tinajero busca afirmar la *diferencia* latinoamericana. De manera similar, también yo afirmé antes que el orientalismo, según lo concebía Said, «sólo parece tener lugar en los centros de poder metropolitanos, que son los que obviamente aspirarían a ejercer esa autoridad» (Morán 2005: 386), aunque no por ello desmarqué al orientalismo modernista de la encrucijada de conocimiento y poder. Tanco Armero no sólo habla desde Occidente, sino que también su propio libro es una muestra de la producción de un conocimiento del Oriente, de una orientalización del Oriente —para decirlos en términos saidianos— encaminada a ejercer un poder. De hecho, sabemos a qué obedeció su posterior viaje a China. Estando en La Habana, nos dice Pedro María Moure en su introducción al libro de Tanco Armero que «se formó en Cuba una opulenta compañía con el objeto de reemplazar el trabajo africano por medio de la inmigración asiática», la cual «echó la vista sobre nuestro compatriota, y le propuso se encargase de la agencia en China» (1861: xxv). En efecto, Tanco Armero se enriqueció con el tráfico de chinos culíes a Cuba. Véase también Yun 2001.

sar el modernismo como ese momento cuando, paradójicamente, la modernización de la literatura latinoamericana coincide con y es expresión de dos cosas: la realización, por primera vez, de un verdadero lazo comunitario entre nuestros escritores, y, no obstante, de una intensa frustración para la crítica, puesto que lo que el modernismo ofrece, en los devaneos de su estilo, es una escritura de bordes brumosos, atravesada por numerosos escapes, por extraños deseos, por imágenes que no, supuestamente, no nos pertenecían[10].

Como el Orientalismo, el modernismo es también un viaje, un escape a lo «remoto». Si el Oriente es lejanía, la radical otredad de América Latina, entonces el modernismo no puede evitar la fuga al Barrio Chino. Lugar, por cierto, al que entramos no a través de una *puerta*, sino de un *marco*, que recorta, «fija» —al mismo tiempo— el *afuera* y el *adentro*: puerta falsa, marco atravesado por el aire, levantado en el aire, puente colgante entre Oriente y Occidente, entre la cacharrería y el objeto «auténtico». El Barrio Chino —en La Habana o en San Francisco— nos promete el exotismo de una otredad domesticada. Todo un homenaje al artificio. Pasar a través de una de esas rayuelas de la cultura nos obliga a participar en el juego de la simulación travestista. Ese marco, por otra parte, sugiere a su vez, paradójicamente, una irremediable extrañeza. Al traspasar esa portada uno pasa a *otro* lugar. Por eso mi interés en destacar esa necesidad —al parecer impostergable y constitutivamente occidental— de marcar la rayuela que es lo que, en última instancia, todo Barrio Chino sugiere. Entrar a uno de estos espacios significa ejecutar un rito de pasaje, una especie de viaje iniciático al «más allá» del Oriente y permanecer, no obstante, en el «más acá», en la interioridad de lo mismo. El modernismo hispanoamericano percibió, entre la fascinación y el horror, todos los peligros que acechaban tras esos desplazamientos. De ahí que los textos que me propongo leer construyen una especie de Barrio Chino cuyo acceso propone la desestabilización de todos los derechos identitarios: de Nación, de género, incluso los del sujeto mismo.

---

[10] Paradójica, e irónicamente, la historia de América Latina apunta a todo lo contrario. Roberto González Echevarría, por ejemplo, en su «Introducción» a *De donde son los cantantes*, de Severo Sarduy, señala que «[s]i bien lo chino no empieza a manifestarse en la cultura cubana sino a partir de la importación de trabajadores, lo oriental había formado parte de lo cubano, y de lo americano desde el comienzo, es decir, desde el error de Colón, que lo lleva a pensar que el mundo que descubre es la India y el Japón. Antes de ser América, Cuba fue Cipango». Y añade: «El origen es el error inicial […]. *El origen es la impostura. La impostura es la fundación, tanto de la cultura como del arte*» (1997: 52; énfasis mío).

Ramón Meza en un diván

Ramón Meza (La Habana, 1861-1911) es el autor de la segunda novela cubana más importante del siglo XIX: *Mi tío el empleado* (1887), Sin embargo, si bien llegó a ser redactor de *La Habana Elegante*, el órgano y difusor del modernismo en Cuba, Meza no es un escritor modernista. Sus artículos, crónicas, cuentos y novelas caen más dentro del costumbrismo, del realismo, y a veces del naturalismo. En éste, para nada insignificante detalle, radica el interés de la escritura de Meza cuando se la confronta con la del modernismo.

En el ensayo que Meza escribió sobre Julián del Casal (La Habana, 1863-1893)[11], éste —como en la lectura de muchos de sus contemporáneos— es el poeta evadido, exótico. Por esto, como expresa Oscar Montero, la obra de Casal «es canónica y marginal» (1993: 3). «Poeta aún sin estatua», comenta Antonio José Ponte, «[Casal] es el mismo espíritu suelto por la ciudad que fue en vida» (2002: 34). Esa extraña colocación de Casal en el canon nacional se explica por la frecuencia con que se lo ha leído como el reverso o la oposición de Martí. Paradójicamente, la centralidad de Martí, al afirmarse como negación de Casal, no hace sino confirmar a su vez la *centralidad marginal* de éste. Casal es nuestro Barrio Chino. En él están, anudados, el *afuera* y el *adentro*, el *ying* y el *yang*, el límite mismo de representatividad de la Nación, su fuga.

Meza comienza presentándonos a Casal como un ser «extraño» (1963: 221), el rostro «que [miraba] a su alrededor, pero cuya mirada salía desde muy profundo, para estar siempre más allá... en la región que flota el nácar de la nube... en el país en que florecen el myosotis [*sic*], el crisantemo...» (*ibid.*: 222). Como lo ha visto muy bien Ben A. Heller, la lectura de Meza ejecuta dos operaciones complementarias una de la otra: la exotización de Casal es paralela a su feminización. «Casal», comenta Heller, «tendido en su diván, es *seducido* por Gautier y luego por "las gallardías de forma" de [Rubén] Darío», añadiendo que el kimono que viste insinúa «una homosexualidad, por lo menos latente» (1999: 45; énfasis en el original).

Significativamente, la sección que Meza dedica a presentarnos un Casal exótico abre con dos marcas de exclusión: la primera es, como dice Heller,

---

[11] El ensayo «Julián del Casal» apareció, primero, en la *Revista de la Facultad de Letras y Ciencias* 2, XI (Habana, 1910), 105-142, y luego en el periódico *El Fígaro*, en una versión reducida, el 23 de octubre de 1910. Nosotros lo citaremos por la versión incluida en el volumen *Poesías*, de Casal (La Habana: Consejo Nacional de Cultura, 1963), y que es uno de los cuatro volúmenes que comprende la llamada *Edición del Centenario*.

la ambigua declaración —repetida por Meza en otras partes del ensayo— de que «[l]os poetas, aunque anden por este mundo, son seres extraños, que a él no pertenecen»; y, la segunda, inmediatamente debajo de ésta, y ocupando una línea independiente, declara escuetamente: «Casal dejó de ser mi visitante» (1999: 225). Así, pues, la descorporeización y la extrañeza de Casal son paralelas a su distanciamiento de Meza. Ambas declaraciones construyen el marco que separa, primero, a Casal —sus rarezas y japonerías— «de este mundo», y, segundo, a «este mundo» y a Meza, de Casal. Esta redistribución binaria de los territorios es la que inicia la construcción textual de Chinatown y Meza nos hace pasar a la feria donde se exhibe la monstruosidad casaliana. «Era yo», afirma, «quien le visitaba a él» (1963: 225). No solamente el viaje de Meza nos aleja de Casal y lo convierte en objeto de curiosidad pública, sino que —no satisfecho con esto— hace desaparecer también la ciudad. El cuarto de Casal, expresa, «[e]staba *tras* del modesto salón de la redacción de *La Habana Elegante, lejos* del ruido de las próximas esquinas de Habana y O'Reilly, muy transitadas» (*ibid.*; énfasis míos). Esta alienación de Casal del entorno urbano, también lo extranjeriza, puesto que Meza añade que aquél «[q]uiso rodearse, penetrarse, saturarse de las sensaciones reales voluptuosas de *aquella exótica* y *lejana* civilización» (*ibid.*: 225). Sin embargo, a fin de poder reportar las excentricidades de Casal, Meza tenía a su vez que entrar a su interior y avecinarse a su extrañeza. Porque si, por un lado, Meza enfatiza la distancia (*tras, aquélla, lejana, exótica*) que tenemos que vencer para llegar a «la morada modesta, pero auténtica, de un japonés» de Casal (*ibid.*), por el otro, esa extraña familiaridad con que insiste en domesticar el supuesto exotismo del poeta nos acerca a éste, nos lo vuelve íntimo. Entonces, la idea misma de que Casal había *transformado* —es la expresión que usa Meza (*ibid.*)— su espacio en la habitación *auténtica* de un japonés nos aboca, no a la autenticidad, sino al potencial de la pose para travestir los signos. De ahí que, más que lo que Meza intenta hacer *con* Casal, me interesa preguntar por el efecto Casal *en* Meza.

Un poco a la manera del *voyeur*, que mira desde una distancia segura, Meza espía, reporta, las sinuosidades del cuerpo y la sexualidad anfibia de Casal:

> Quiso rodearse, penetrarse, saturarse de las sensaciones reales voluptuosas de aquella exótica y lejana civilización. Leía y escribía en un diván con cojines donde resaltaban como en biombos, y ménsulas y jarrones, el oro, la laca, el vermellón [*sic*]. [...] En los cuadros, de fondo azul, y mar más azul aún, volaban en bandadas interminables, grandes grupos de aves blancas, de pico rojo, de largas

patas, al través de pagodas, de ciénagas orilladas de bambúes, de juncos conduciendo sobre nubes parejas jóvenes de carillas de marfil.
Se abanicaba leyendo en el sofá, perdida la noción del tiempo y olvidado de la necesidad de alimentación. Amaba las flores; habíase formado un jardín ideal en que entraban como ornamento preferente el crisantemo, la ixora, amarylis, myosotis, el ilang, los clorilopsis... (*ibid*.: 225-226).

Casal es construido a través de la estereotipización del Oriente, lo cual explica el carácter escenográfico que le imprime el testimonio de Meza. Fetichizado, llega a nosotros en esa imagen horizontal, abierta, erotizada y sexualmente disponible, tan frecuente en los textos orientalistas. Las referencias explícitas a la tercera persona («quiso»), así como el uso del reflexivo, también en tercera persona («se abanicaba») insisten en marcar la diferencia, en territorializar nítidamente la mirada. Pero Meza hace también uso de un tiempo verbal peligroso: el imperfecto. La acción, repetida incesantemente en el pasado, lleva la impronta de la *performance*, de la teatralidad, a cuyo énfasis contribuye el gerundio. «Se abanicaba leyendo en el sofá, perdida la noción del tiempo», dice Meza, mientras también nosotros lo vemos a él, a Meza, perdida la noción del tiempo, demorarse, extraviarse en el abaniqueo de Casal. Para poder mostrarnos a Casal, tiene que ocupar su lugar; tiene que languidecer él para que podamos *ver* la languidez de Casal repasando su jardín oriental. Meza se orientaliza en el acto de orientalizar a Casal, se autofeminiza en el acto de feminizarlo, y —obligado a recorrer la distancia para llegar a Casal— se autoexotiza al exotizar a Casal. Entre el Casal que *deja de visitar* a Meza y el Meza que *sale* —y nos lleva— *en busca* de Casal hay un trueque de máscaras. Casal es el significante de la seducción, por eso se oculta. Meza, al leerlo, lo escribe, lo sobrescribe, lo interpreta, lo actúa. La pose de la escritura enreda a Meza, lo entretiene, lo demora, en el diván de Casal[12]. Es decir, al actuar al otro (Casal, el «Oriente»), Meza («Occidente») no puede evitar reproducir su pose, portar su carencia (y su exceso). Según Meza, «[n]o poco esfuerzo costó [disuadir a Casal] de sus propósitos de salir por las calles de la Habana en payama [*sic*] lujosa, recamada de oro, como [Théophile Gautier] por las de París, en traje

---

[12] Sylvia Molloy observa algo similar en el poema «Kakemono» de Casal. La diferencia está, sin embargo, en que en el poema el *yo* se dirige a un *tú* femenino, que es quien ejecuta la *performance*. Molloy observa, acertadamente, que «a voyeuristic "I" forcefully addresses a "you", becomes that "you" in the very act of reproducing each gesture, as would a mirror» (1999: 188).

raro» (*ibid*.: 226). Casal figura una identidad rara, travestida, que hay que contener, disuadir, y, de ser posible, corregir. Ésta y otras historias, al repetirse, tejen la leyenda, recortan la extrañeza oriental de Casal. Pero, curiosamente, el texto de Meza nos muestra también los peligros que acechaban tras esos intentos. Vemos a Casal, podemos *verlo* —insisto— pero, ¿dónde está Meza? ¿Acaso en el tiempo que pasaban juntos Casal no hacía sino *posar*, mientras él lo observaba en silencio? Lo único que dice Meza que pudiera parecerse vagamente a una «conversación» es esto: «Preocupábanle asuntos como éste; si la princesa Nourjihan, en el imperio del Gran Mogol, fue la que descubrió el perfume sacado de la esencia de las rosas y le adoptó por favorito» (*ibid*.: 226). Tales «preocupaciones», sin embargo, acentúan el *extravío* de Casal del espacio nacional[13]. Extravío de Casal, pero también de Meza que permanece absorbido por la pose de Casal, fascinado por esa abyección que, en cuanto tal, parece un hiato, un paréntesis, entre el museo y la tienda por departamentos, entre un Japón de opereta y otro «auténtico», entre La Habana y un Oriente confuso, y entre lo masculino y una extraña y perversa femineidad. Fascinado como está, Meza mismo olvida el pastiche de la representación, la profusión de máscaras, y cree estar «en la morada modesta, pero *auténtica*, de un japonés» (*ibid*.: 25; énfasis mío). Esta creencia muestra la bancarrota del intento de territorializar a Casal en términos de *adentro* y *afuera*, de *autenticidad* y *artificio*. Al afirmar la extrañeza de Casal, tiene que acudir —para que el cuadro le salga exacto— a los afeites del estilo del modernismo, reemplazar el movimiento brusco por el trazo suave y voluptuoso. La escritura se pliega para captar la sinuosidad del kimono, el roce de la seda bajo la cual el cuerpo adquiere caprichosas formas, impredecibles escorzos. Meza, al hacer de Casal un objeto precioso, o barato, tiene, él mismo, que transformarse en ese objeto. Él es, también, el objeto fascinado por ese Oriente femenino, que desnacionaliza a Cuba, y que quiere representar en Casal.

Quiero recordar aquí que, de acuerdo con Émile Benveniste, el pronombre de tercera persona es el miembro no marcado, en tanto no tiene un contenido propio. «La "persona"», comenta Benveniste, «sólo pertenece a *yo/tú* y está ausente en *él*» (1971: 217; énfasis en el original). Dicho vacío vuelve a este pronombre particularmente apto para la *performance* travestista, para los espejismos. Es en ese *él* (en la diferencia que intenta marcar enfáticamente)

---

[13] Desde que concluye la llamada Guerra de los Diez Años (1868-1878), los cubanos continúan conspirando y preparando el próximo levantamiento independentista por diversas vías. La guerra vuelve a estallar en 1895.

que el que mira y el que es mirado terminan perdiéndose, cada uno en el deseo del otro. Si el Oriente es para Occidente ese *él-ella* distante y extraño, Occidente, a su vez, está condenado a perderse en la diferencia; mejor, en su horror y fascinación nos revela que *él* también es *el otro* y *lo otro*.

Casal los arrastró a todos en su representación. Meza creyó que era posible entrar y salir ileso, intacto, de Chinatown. También, lo habrían pensado los parisinos que asistieron a la Exposición Universal de 1889, de no haber tenido la advertencia del cronista Eugène-Melchior de Vogüé. De Vogüé construye un teatro de horror, especie de Chinatown —lo llama «le quartier de l'Indo-Chine»—, cuya fascinación reside, justamente, en que le ofrece al visitante la ilusión de un exotismo y otredad radicales a sólo unos pasos del Sena. Pero la creencia de que «le quartier de l'Indo-Chine» no pueda desbordar el perímetro de la Exposición es sólo una ilusión. La fluidez misma del río parisino, en el que podrían estar ya los juncos chinos, sugiere las fugas en el saber orientalista, la porosidad del trazado fronterizo:

> El caminante solitario avanzó unos pasos, y más allá de este mundo que todavía le era familiar, entró en otro diferente, desconocido, perturbador como una pesadilla: kioskos guardados por monstruos, pagodas con rostros deformados por la mueca, techos chinos vueltos que terminaban en puntas vueltas hacia arriba; detrás de las puertas de bambú, frente a los Budas traídos de la sombra por el reflejo de la luz eléctrica, sobre las gradas del templo de Angkor, vio otros centinelas, negros e inmóviles, pequeños soldados amarillos que lo seguían con sus ojos rasgados; ninguna otra vida, en las sombras de casas irreales, que la enigmática vida de estos hombres y de estos monstruos, animados por almas diferentes de las nuestras. Las primeras tardes, pobremente orientado en el distrito de Indo-China, el demorado visitante sintió que todos sus pensamientos se confundían, tenía prisa por regresar a la orilla del Sena, quería asegurarse que no había juncos allí, que las aguas del río no transportaban mangles (De Vogüé 1889: 453).

La entrada en ese Chinatown tiene su precio. La construcción del pabellón indo-chino en la feria afirma, al mismo tiempo que vela, el carácter de constructo de la imagen oriental. Debe reproducir, «fielmente», la extrañeza amenazante del Oriente. La pose —implicada en el artificio mismo de querer reproducir lo otro, de simularlo— animada por las fantasías y miedos del visitante, desdibuja la distancia, la hace crujir. Al decirnos que el paseante *entra* a otro mundo, el texto activa el cuestionamiento de la diferencia, lo cual explica que deba enfatizarla una y otra vez. ¿Cómo podríamos *entrar* en un mundo y permanecer en *otro*? Significativa e irónicamente, la orientalización del visitante —o de su mundo— es paralela a su *des*orientación. Orientarse es *desear*, buscar, mirar hacia el Oriente. *Orientarse*, esto es, posicionarse —en oposición a la desorientación, al extravío—, es pivotal al deseo occidental de saber y, por extensión, de dominio. Orientarse significa también moverse hacia una dirección, hacer un gesto, virarse hacia el Este. El deseo, la pose, orientan el deseo de Occidente en dirección a Oriente, sólo que ese deseo orientalizador —estereotipizador— desorienta, empantana la diferencia. Nada puede garantizar que ese «otro mundo, desconocido e inquietante» o que «la vida enigmática de estos hombres y de estos monstruos», supuestamente «animados por almas muy diferentes de las nuestras», no se vayan a mezclar con nosotros, no puedan estar ya entre nosotros, no sean, en última instancia, «nosotros» mismos, sorprendidos acaso en el acto de *posar* como «ellos». El consejo de De Vogüé, que llegó demasiado tarde para Meza, ¿le servirá a Rubén Darío?

Darío y Casal en La Habana de 1892

Me detengo ahora en unas páginas traspapeladas de la *Autobiografía* del poeta nicaragüense Rubén Darío: ésas que corresponderían a su estancia en La Habana de 1892[14].

A pesar de la calurosa acogida de que fue objeto por parte de los escritores cubanos, Darío sólo comenta, de pasada, en su *Autobiografía*: «En Cuba se embarcó Texifonte Gallego que había sido secretario de ya no recuerdo qué capitán general» (1950a: 82). Como puede apreciarse, ni siquiera recuerda haber desembarcado en Cuba. Otros textos de Darío, sin embargo, sí aluden y dan cuenta de su visita a La Habana en 1892. Ellos son la crónica «El General Lachambre. Recuerdos de La Habana», publicada en *La Nación* de Buenos Aires el 7 de marzo de 1895, y el prólogo que escribió para un poemario del cubano Manuel Serafín Pichardo.

En «El general…», Darío refiere que, durante su estancia en La Habana, conoció a Raoul Cay, cronista de *El Fígaro*, quien, a la noche siguiente de esa presentación, lo invitó a su casa donde le presentó al Sr. Cay, su padre y «antiguo canciller del consulado imperial de la China en la capital de la isla» (*ibid.*: 87). Fue presentado también a María Cay, la hermana de Raoul, y al general Lachambre, su prometido. Después —continúa Darío—, Raoul, Casal y él pasaron «a un saloncito contiguo, a ver chinerías y japonerías»

---

[14] Sobre la amistad de Darío y Casal, véase Augier 1968.

(*ibid.*: 88). El pasaje marca textualmente, pudiéramos decir, la entrada al Barrio Chino de la crónica. No solamente porque a esa especie de *crossover* lo significa la ritualización del pasaje mismo, sino también porque implica una reducción espacial: el «saloncito». Ese «saloncito» es, hasta cierto punto, la primera *chinería* que nos ofrece la crónica, puesto que evoca la característica miniaturización con que se estereotipa lo oriental. «Pasamos Julián del Casal, [...] Raoul Cay y yo», dice Darío asumiendo una especie de ojo grupal que pasea por la vitrina orientalista. Y continúa: «Primero las distinciones enviadas al Sr. Cay por el gobierno del gran imperio: los parasoles, los trajes de seda bordados de dragones de oro, los ricos abanicos, las lacas, los kakemonos y surimonos en las paredes, los pequeños netskes del Japón, las armas, los variados marfiles» (*ibid.*: 88). Al reproducir —sin citarla directamente— la voz de Raoul Cay que es quien guía su paseo, Darío reemplaza a éste y toma a su cargo hacernos pasar al saloncito a nosotros, los lectores, y pasearnos después por sus intimidades orientales. Estos desplazamientos identitarios, sin embargo, no rompen con la homogeneidad del grupo. Esa ruptura se produce cuando sorpresivamente Darío se hace a un lado para reportar la extrañeza de Julián del Casal: «Julián del Casal, el pobre y exquisito artista que ya duerme en la tumba, gozaba con toda aquella instalación de preciosidades orientales: se envolvía en los mantos de seda, se hacía con las raras telas turbantes inverosímiles» (*ibid.*). El *nosotros* del grupo se distancia de un *él* (Casal), descarrilado por la pose oriental.

Pero años más tarde —y ahora me refiero concretamente al prólogo para los poemas de Pichardo, de 1911—, la memoria de Darío, al aludir a esta escena, varía significativamente: «Raoul Cay, aquel charmant Raoul, en cuya casa bebimos un té digno de Confucio y nos vestimos [afirma] de mandarines chinos con espléndidos trajes auténticos» (1950b: 609).

En la primera versión, Darío es un mero observador que sólo cuenta lo que ve. Desde su privilegiado espacio construye lo que podríamos considerar el primer reporte «oficial» del acto travestista de un escritor cubano. En cuanto a la segunda versión, además de narrador, es también actor, participa de la puesta en escena, sólo que esta vez los elementos travestistas (los «mantos de seda», las «raras telas», los «turbantes inverosímiles», así como el cuerpo que se envuelve en ellos) han sido cuidadosamente removidos y suplantados por un *vestirse* o, incluso, por un *disfrazarse*, pero ya sin los elementos de ambigüedad que habíamos visto inicialmente. En efecto, ahora (*nos*) *vestimos* se opone a (*se*) *envolvía* (como *nosotros*, a *él*), y *trajes auténticos* a *raras telas* y *turbantes inverosímiles*. Esta manipulación se extiende, además, a las construcciones verbales: el imperfecto *se envolvía* describe perfectamente la sinuosidad de los movimientos danzarios, remedos de los de Salomé, mientras que el pretérito simple *nos vestimos* alude a una acción más enérgica, ejecutada sin interrupción ni titubeos, y rápidamente. Cuando leemos ambos textos como lo que son —un *continuum*—, vemos más claramente aquello que ya habíamos dicho a propósito de Meza: la construcción de la diferencia obliga al hablante a reproducirla performativamente. Los cruces e intercambios —el franco titubeo— entre *nosotros* y *él* sugieren el pánico homosexual de Darío[15], pánico suscitado por la volatilidad del estilo, de las telas raras de un Oriente estereotipado en el que el modernismo no podía sino extraviarse. La brecha abierta por la memoria de Darío entre *envolverse* y *vestirse* resulta ineficaz —y al mismo tiempo reveladora— en el sentido de que ambos participan de una misma aventura: *disfrazarse*. De entre el «envolverse *en*» y el «vestirse *con*» emergen, pues, una sexualidad y un erotismo constituidos en y a través del acto de posar[16].

---

[15] De manera similar, Sylvia Molloy nos cuenta del aterrado José Martí que había asistido a una lectura de Oscar Wilde. Molloy, al leer el comentario de Martí —«¡Ved a Oscar Wilde! No viste como todos vestimos, sino de singular manera»— expresa: «Pero ¿quién es este *nosotros*? La usual primera persona, tan frecuente en Martí para indicar la separación del *nosotros* latinoamericano de un antagonista *ellos* norteamericano, cede su lugar a un nosotros atípico, asustado —el de todos los hombres "que visten normalmente", cualquiera que fuera su origen nacional» (1992: 188). Agradezco a mi colega y amigo James Pancrazio la sugerencia de que la respuesta de Darío también podría leerse como una forma de la ansiedad de castración. Este tipo de pánico, por cierto, está igualmente conectado a la posibilidad de que el sujeto pueda verse a sí mismo atrapado en y por la imagen oriental, tanto como al y por el reino de lo femenino. Un dicho popular, aún hoy, en Cuba —«tenerla como un chino»— se hace eco de la inseguridad masculina emblematizada en el miedo a la castración. Debido a su apariencia física, el chino fue percibido como menos masculino que el hombre europeo, o incluso que el africano. Más aún, las ocupaciones que la mayor parte de los chinos tuvieron que desempeñar (lavanderos, cocineros, verduleros) estaban también asociadas con la mujer.

[16] Emily Apter sostiene que «parte de lo que permitió que la identidad gay y lesbiana en Francia, a la vuelta del siglo, pudiera producirse junto al eje de "significar, ser y hacer" propuesto por Sedgwick, fue el hecho de haber estado mediada dicha identidad por el estereotipo culturalmente exótico» (1996: 17). Según Apter, «en el contexto de las políticas parisinas de identidad, donde lo político era definido más personalmente, y el salón o el escenario prevaleció como la arena escogida para el activismo, los estereotipos orientalistas fueron usados como medios para la revelación, parcial o de manera semi-encubierta, del amor sáfico» (*ibid*.: 19). Hemos visto que es a través de testimonios como los de Meza y de Darío, así como de la actuación estereotipada de lo oriental, por parte de Casal —y de la ansiedad que esta actuación suscita en aquéllos—, que comienza a hacerse audible, por fin, el silencio, aquello que aparentemente permanece mudo, velado, tras

La máscara en el espejo

La crítica al orientalismo parte, por lo general —y Said, como ya dijimos, es uno de sus ejemplos más evidentes—, de un Oriente mal representado y sometido por el discurso colonizador. Raras veces ese orientalismo toma el camino contrario —quizá porque resulta inconcebible—, esto es, el Occidente apropiado, ocupado, por el deseo oriental. De ahí las dificultades que encuentra Marguerite Yourcenar al intentar *fijar* el lugar del escritor japonés Yukio Mishima. «Es, sin embargo», según ella, «esta adición [de Occidente a Oriente] lo que hace de él, en muchos de sus libros, un verdadero representante de un Japón que fue, como Mishima mismo, violentamente occidentalizado, y no obstante se siguió distinguiendo por ciertas inmutables características» (1986: 3). En esta lectura Mishima puede ser «violentamente occidentalizado» y, no obstante, preservar *ciertas* características «inmutables», no ya de Japón, sino de un (¿cuál?) *otro* Japón. Uno tiene que preguntarse en virtud de qué sería posible esta doble «autenticidad», particularmente si se trata de una duplicidad constituida, como es el caso, de culturas que no han dejado de ser percibidas como opuestas. Lo mismo sucede cuando se trata de dilucidar la relación vida/obra en Mishima. Así, aunque para Yourcenar, «la realidad central [de Mishima] hay que buscarla en la obra del escritor», admite que su muerte, «cuidadosamente premeditada, es parte de su obra» (*ibid.*: 5). Cualquiera que sea el punto de enfoque, la foto de Mishima siempre queda borrosa.

Quizá dos de los momentos más significativos de la lectura de Yourcenar sean sus referencias, primero, a la frustración del niño que descubre que lo que él había creído que era un caballero (Juana de Arco), había resultado ser una mujer; y luego, a la conocida escena en que Mishima se masturba por primera vez al ver una imagen de San Sebastián. Respecto a lo primero, «[para] *nosotros*», dice Yourcenar, «lo interesante es que fuera Juana de Arco la que motivara esta reacción, y no alguna de las muchas heroínas del teatro Kabuki disfrazada de hombre» (*ibid.*: 6-7; énfasis mío).

No deja de ser irónico que la imagen del caballero occidental que cautiva el deseo del niño que Mishima era entonces resultara ser una mujer. Y no sólo porque invierte la lectura, siendo ahora Occidente lo feminizado, sino

---

la cortina del estilo. Después de todo, como afirma Sedgwick, «el "Ocultamiento en el closet" mismo constituye un performance iniciado como tal por el acto de habla de un silencio —no un silencio particular, sino uno que va adquiriendo su particularidad a trancas y barrancas, en relación con el discurso que lo rodea y lo constituye diferencialmente» (1990: 3).

porque aquí también el deseo está atado al cuerpo velado, al rostro semi oculto (precisamente una de las imágenes más estereotipadas de lo oriental). «Había un bello escudo de armas en la armadura de plata que vestía el caballero. Su hermoso se atisbaba tras la vicera», recuerda Mishima en *Confesiones de una máscara* (1958: 11). La visera del yelmo, como la cortina o el velo en tantos escenarios orientales, promete el cuerpo y lo oculta. La fuerza de la imagen que nos ofrece Mishima reside en su poder de subversión del estereotipo oriental. La visera y el yelmo cambian de lugar; al entrar en el juego de la seducción pierden sus respectivas —o sus supuestas— fijezas. Ambos signos hechos de veladuras se revelan propicios al engaño, a la pose.

Podemos comprender mejor esto si repasamos otra anécdota de la infancia de Mishima, tal y como él mismo la refiere en sus memorias. Habiendo visto en el teatro la actuación de la maga Shokyokusai Tenkatsu, nos dice que sintió el deseo de «convertirse en Tenkatsu» (*ibid.*: 17). Un día entró en el cuarto de su madre y abrió una de las gavetas de su ropero:

> De entre los kimonos de mi madre saqué el más divino, el más colorido. Para la faja escogí un obi que tenía rosas escarlatas pintadas al óleo, y le di vueltas y vueltas en mi cintura al estilo de un pacha turco. Me envolví la cabeza con papel crepé de China. Mis mejillas se ruborizaron de delicia salvaje cuando me paré frente al espejo y vi que este turbante improvisado se parecía al de los piratas de la Isla del Tesoro (*ibid.*: 17-18).

De manera similar, en la *performance* travestista ante el espejo —que no falla en recordarnos el de Casal— emerge un Oriente que, al autorepresentarse, descubre, del otro lado, una imagen monstruosa, bicéfala. El pirata escapado de una de las novelas de Robert Louis Stevenson y travestido, revestido con un kimono de un colorido escandaloso, pudiera ser, pues, el antídoto a la mirada orientalista, su parodia. Alienado del gesto heroico y de la acción, el pirata se atasca en el gozo de contemplarse en el espejo. Pero cuando es el caballero con la espada desenvainada —esto es, la imagen heroica misma— el que se constituye en espejo, *él* resulta ser *ella*. Cada traje y cada rostro son, pues, llamadas a escena, una máscara agregada a otra.

Tanto en la *performance* travestista de Mishima como en la de Casal, la identidad de género, y con ella, inevitablemente la sexualidad, se producen a través de un proceso que es crucial en ambos casos: el *devenir*. El proceso por el cual alguien o algo *deviene* —se transforma— en otra cosa, nos fuerza a ver la subjetivación no como un resultado, sino como representación de poses sucesivas. En realidad uno siempre está en vías, en camino de convertirse en algo. Ese estar en camino, en movimiento, es lo que le niega su fijeza al significante. Por eso el modernismo es *raro*. Al usar el término *devenir*, lo hago siguiendo la propuesta de Gilles Deleuze, quien define el *becoming* en términos de una simultaneidad «cuya característica es eludir el presente», no tolerando «la separación o la distinción de antes y después, o de pasado y futuro», puesto que su esencia es «moverse y halar en ambas direcciones al mismo tiempo» (1993: 39). Tenemos, entonces, concluye Deleuze, que «[la] paradoja de este puro devenir, con su capacidad de eludir el presente, es la paradoja de la identidad infinita» (*ibid.*: 40).

El deseo de Mishima de convertirse en Tenkatsu es el propulsor de la pose. Pero, como podemos ver, el camino a esa máscara está guardado por otras máscaras (la del pasha turco, la del pirata de la Isla del Tesoro). Son estos disfraces —es decir, los obstáculos que encuentra el sujeto para encontrarse con su deseo— los que, en última instancia, constituyen el goce. La identidad, en efecto, queda clausurada, porque pasa a ser, en el campo constitutivo de la pose, una instantánea, el pestañeo del deseo.

Podemos ver, en lo que respecta a Casal, cuán significativo resulta que Darío intentara fijar su diferencia, o su extrañeza, a través del uso del imperfecto. El singular resultado de esta operación discursiva es que, cada vez que leamos la crónica, estaremos «condenados» a revivir, a actualizar la pose: «se envolvía en los mantos de seda, se hacía con las raras telas turbantes inverosímiles». El pasado —al no acabar de pasar— no nos permite distinguirlo del presente. Somos, pues, contemporáneos de esa pose; una más, pues, para agregar a nuestro repertorio.

Si el discurso orientalista produce o procura un saber, es decir, producir un Oriente real, significado y delimitado en tanto objeto de estudio, la seducción, en cambio, «al producir sólo ilusiones», dice Baudrillard, «obtiene todos los poderes, incluyendo el poder hacer retornar a la producción y a la realidad a su ilusión fundamental» (1990: 70). En el apogeo de la máscara y el disfraz, Oriente y Occidente intercambian sus signos, se borran y reescriben uno a otro. Lo único que queda es la representación, el artificio, la pose. Mishima posando como San Sebastián y seducido por el cuerpo asaeteado; San Sebastián, a su vez, seducido por las flechas; la página-espejo en la que vemos a Mishima, y en la que él ve a San Sebastián representándolo, deseando ser Mishima mientras posa como San Sebastián. Mishima y Casal envolviéndose en las telas raras de la escritura, y arrastrando en ellas a Darío, a Meza, a nosotros. Sujeto y objeto, Oriente y Occidente, afuera y adentro se vuelven canjeables, barajas con las que apostamos a la seducción y lo perdemos y ganamos todo.

Bibliografía

APTER, Emily (1996): «Acting Out Orientalism». En: Elin Diamond (ed.), *Performance and Cultural Politics*. New York: Routledge, 15-34.
AUGIER, Angel (1968): *Cuba y Rubén Darío*. La Habana: Academia de Ciencias de Cuba/Instituto de Literatura y Lingüística, 3-81.
BAUDRILLARD, Jean (1990): *Seduction*. New York: St Martin's Press.
BENVENISTE, Émile (1971): *Problems in General Linguistics*. Miami: University of Miami Press.
CAMACHO, Jorge (2006): *José Martí: las máscaras del escritor*. Boulder: Society of Spanish and Spanish-American Studies.
DARÍO, Rubén (1919): « El General Lachambre. Recuerdos de La Habana». En: *Prosa dispersa*. Madrid: Mundo Latino, 87-90.
— (1950a): *Autobiografía*. En: *Obras completas*. Madrid: Afrodisio Aguado, vol. 1, 15-177.
— (1950b): «Manuel Serafín Pichardo». En: *Obras completas*. Madrid: Afrodisio Aguado, vol. 1, 607-615.
— (1950c): «Tanger». En: *Obras completas*. Madrid: Afrodisio Aguado, vol. 3, 946-962.
DELEUZE, Gilles (1993): «What is Becoming?». En: *The Deleuze Reader*. New York: Columbia University Press, 39-41.
DE VOGÜÉ, Eugène-Melchior (1889): «À travers l'Exposition». En: *Revue des Deux Mondes* vol. XCV, 449-594.
FERNÁNDEZ RETAMAR, Roberto (1975): *Para una teoría de la literatura americana y otras aproximaciones*. La Habana: Casa de las Américas, 97-106.
— (1989): *Caliban and Other Essays*. Minneapolis: University of Minnesota Press.
GALLEGOS, Rómulo (1988): *Doña Bárbara*. Madrid: Austral.
GONZÁLEZ ECHEVARRÍA, Roberto (1997): «Introducción». En: Severo Sarduy, *De donde son los cantantes*. Madrid: Cátedra, 15-74.
HELLER, Ben A. (1999): «Alteridad, sexualidad y nación en Julián del Casal: lectura meta-crítica». En: Luisa Campuzano (coord.), *El sol en la nieve: Julián del Casal (1863-1893)*. La Habana: Casa de las Américas, 43-50.
HENRÍQUEZ UREÑA, Max (1978): *Breve historia del modernismo*. México: Fondo de Cultura Económica.
HENRÍQUEZ UREÑA, Pedro (1973): «El modernismo en la poesía cubana». En: *Ensayos*. La Habana: Casa de las Américas, 3-12.
HENRY HWANG, David (1998): *M. Butterfly*. New York: Dramatists Play Service Inc.
JAMESON, Fredric (1989): «Foreword». En: Roberto Fernández Retamar, *Caliban and Other Essays*. Minneapolis: University of Minnesota Press, vii-xii.
KIRPATRICK, Gwen (2005): *Disonancias del modernismo*. Buenos Aires: Universidad de Buenos Aires.
MARINELLO, Juan (1977): «Sobre el modernismo. Polémica y definición». En: *Ensayos*. La Habana: Editorial Arte y Literatura, 281-320.

MOLLOY, Sylvia (1992): «Too Wilde for Comfort: Desire and Ideology in *Fin-de-Siècle* Spanish America». En: *Social Text* vol. 10, n° 31-32, 187-201.
— (1999): «The Politics of Posing. Translating Decadence in *Fin-de-Siècle* Latin America». En: Liz Constable, Dennis Denisoff y Matthew Potolsky (eds.), *Perennial Decay. On the Aesthetics & Politics of Decadence*. Philadelphia: University of Pennsylvania Press, 183-197.
MARIO SANTÍ, Enrico (1992): «Latinoamericanism and Restitution». En: *Latin American Literary Review* vol. 20, n° 40, 88-96.
MEZA, Ramón (1963): «Julián del Casal». En: Julián del Casal, *Poesías*. La Habana: Consejo Nacional de Cultura, 221-264.
MISHIMA, Yukio (1958): *Confessions of a Mask*. Conneticut: A New Directions Book.
MONTERO, Oscar (1993): *Erotismo y representación en Julián del Casal*. Atlanta: Rodopi.
MONSIVÁIS, Carlos (2000): *Aires de familia*. Barcelona: Anagrama.
MORÁN, Francisco (2005): «*Volutas del deseo*: hacia una lectura del orientalismo en el modernismo hispanoamericano». En: *MLN Hispanic Issue* vol. 120, n° 2, 383-407.
PANCRAZIO, James J. (2004): *The logic of Fetishism*. Lewisburg: Bucknell University Press.
PONTE, Antonio José (2002): «Casal contemporáneo». En: *El libro perdido de los origenistas*. México: Aldus, 33-41.
RAMOS, Julio (2003): *Desencuentros de la modernidad en América Latina*. Santiago de Chile/San Juan: Cuarto Propio/Callejón.
SAID, Edward W. (1990): *Orientalismo*. Madrid: Libertarias.
— (1993): *Culture and Imperialism*. New York: Alfred A. Knopf.
SARDAR, Ziauddin (1999): *Orientalism*. Philadelphia: Open University Press.
SEDGWICK KOSOFSKY, Eve (1985): *Between Men*. New York: Columbia University Press.
— (1990): *Epistemology of the Closet*. Berkeley: California University Press.
TANCO ARMERO, Nicolás (1861): *Viaje de Nueva Granada a China y de China a Francia*. Paris: Imp. Simon Raçon y Comp.
TINAJERO, Araceli (2004): *Orientalismo en el modernismo hispanoamericano*. Indianapolis: Purdue University Press.
VITIER, Cintio (1970): «Octava Lección. Casal como antítesis de Martí». En: *Lo cubano en la poesía*. La Habana: Instituto del Libro, 283-314.
YOURCENAR, Marguerite (1986): *Mishima. A Vision of the Void*. New York: Farrar, Straus and Giroux.
YUN, Lisa (2001): «Chinese Coolies and African Slaves in Cuba, 1847-74». En: *Journal of Asian American Studies* vol. 4, n° 2, 99-122.

Fraternidades y espacios homosociales

El enigma del pollo: apuntes para una prehistoria de la homosexualidad mexicana*

CHRISTOPHER CONWAY
University of Texas Arlington

> Se cree entre todas
> Como el gran turco,
> Pica casadas
> Cual copetudo
> Señor de hechizos;
> Y en el reflujo
> De sus intrigas
> Y sus tumultos
> Y sus desmanes
> Se cree el muy chulo
> Don Juan Tenorio
> De nuevo cuño.
> JOSÉ TOMÁS DE CUÉLLAR,
> «El pollo tempranero»

En enero de 1712, el político, dramaturgo y ensayista satírico Joseph Addison publicó «The Dissection of a Beau's Head» en *The Spectator*, una revista londinense de costumbres y literatura dirigida por él y su colaborador Richard Steele. En este conocido ensayo —publicado en México en *El*

---

* Doy gracias al círculo de lectura del Centro de Estudios Mexicanos y Mexico-Americanos (CMAS) de la Universidad de Texas Arlington, en particular, a Manuel García y Griego, Christian Zlolniski y Roberto Treviño. También agradezco los comentarios, amistad y respaldo de los siguientes colegas: William Acree, Amy Austin, A. Ray Elliott, Juan Carlos González Espitia, Desirée Henderson, Ana Peluffo, Alicia Rueda-Acedo, Ignacio Ruiz Pérez, y Antoinette Sol.

Mosaico Mexicano en 1840 y luego en *El Siglo XIX* en 1845[1]—, Addison asiste a la autopsia de la cabeza de un *beau* y bosqueja los contornos de este antecedente dieciochesco del *swell* y del *dandy*, y descendiente del *fop*, *coxcomb*, *libertine* y *rake*[2]. En la tradición hispánica, encontramos correlatos históricos (aunque no traducciones exactas) en las figuras del lindo, el lechuguino, el pisaverde, el petimetre y el currutaco[3]. En la Francia dieciochesca y decimonónica, en particular, proliferaron los términos relacionados al dandi: *lion, petit-maître, merveilleux, sportsman* y *plumet*[4]. Todos estos personajes —ya sean tipos ingleses, españoles o franceses— circularon por Europa y América Latina, a veces intercambiablemente, representando hombres ridículos, esclavos de la moda y del placer. Con el pasar del tiempo, fueron adquiriendo nombres nuevos, desembocando a finales del siglo XIX en la figura del invertido, el hombre cuyo afeminamiento y sexualidad «enferma» lo convertía en una nueva especie masculina: el «homosexual»[5].

---

[1] El artículo aparece en el tomo IV de *El Mosaico Mexicano* en 1840 bajo el título de «Análisis de la cabeza de un petimetre», y luego en *El Siglo XIX* del 21 de noviembre de 1845 con el título de «Disección de la cabeza de un petimetre». El texto también es comentado por Mariano José Larra en «Donde las dan las toman» (1832).

[2] De acuerdo al *Oxford English Dictionary*, *fop* data del siglo XIV, *coxcomb* y *libertine* del siglo XVI, *beau* y *rake* de los siglos XVII y XVIII. *Fop* es un tonto que finge inteligencia y logros; *coxcomb* se refiere a un gorro similar a una cresta de gallo y es sinónimo de *fop*; *beau* es un hombre superficial y vanidoso; *rake* es un libertino interesado demasiado en modas como el *swell* y *dandy*, que también son vanidosos en su apego a los sastres y a las modas.

[3] El lindo es, de acuerdo al *Diccionario de Autoridades*, «un hombre afeminado, presumido de hermoso, y que cuida demasiado de su compostura y aseo» (1984: 411) y data del siglo XVII, como el *lechuguino* (galancete). Las palabras petimetre (del francés *petit-maître*, pequeño maestro, sinónimo de lindo) y pisaverde (chico presumido, galancete) siguieron al lindo en la segunda mitad del siglo y fueron seguidas por la figura del currutaco (compuesto de curro y retaco, hombre arrogante y de modas). Mi cronología de estos términos se fundamenta en el excelente estudio de Rebecca Haidt (1998: 108-113). Véase también Lucía Ungaro de Fox (1969: 29).

[4] En *The Aristocrat as Art: A Study of the Honnete Homme and the Dandy in Seventeenth and Nineteenth-Century French Literature*, Domna Stanton establece que los términos *dandy, muscadin, merveilleux, l'incroyable, roués* y *lion* fueron usados intercambiablemente en el siglo XIX (1980: 55, 58). Nótese también la manera que Charles Baudelaire habla del origen compartido de estas figuras en su famoso ensayo sobre el *dandy* en *Le peintre de la vie moderne* (1863), viéndolos todos como productos de una época de transición cultural (1868: 94).

[5] En este sentido, invoco la famosa formulación de Foucault: «La homosexualidad apareció como una de las figuras de la sexualidad cuando fue rebajada de la práctica de la

El ensayo de Addison sobre el *beau* capta en rápidas pinceladas las claves fundamentales de este personaje «afeminado»:

lo que tomábamos por cerebro, no era en realidad sino un brodio de extraños materiales, confundidos en aquella forma y textura, y colocados con maravilloso arte en las varias cavidades del cráneo [...] no es verdadero cerebro sino algo que se le asemeja [...]. La glándula pineal, que muchos de los físicos modernos suponen ser el asiento del alma, despedía un olor muy fuerte a esencia de bergamota y agua de naranja, y estaba rodeada de una especie de sustancia callosa, cortada en mil pequeñas faces o espejos, imperceptibles al ojo desnudo; de manera que el alma, si alma existió allí, debió hallarse siempre ocupada en contemplar sus propias bellezas (1845: 3).

Prosigue Addison detallando el contenido de los antros del cráneo del *beau*, en el cual ve lazos, encajes, bordados, billetes amorosos, ficciones, lisonjas, embustes y juramentos. «Murió en la flor de su edad de un garrotazo de un rico comerciante», apunta el inglés, «por haber observado que se mostraba algo más que civil con su mujer» (*ibid.*, 3). Y en el número siguiente de *The Spectator*, Addison escribe una secuela sobre la disección del corazón de una coqueta cuyo desenlace es el descubrimiento en el centro del corazón de un pequeño ídolo en la forma del *beau*.

Este *beau* de Addison, adicto a los sastres, espejos, perfumes, dramas, falsa erudición y amoríos insustanciales es el gemelo europeo del pollo mexicano del siglo XIX, un tipo masculino que recorrió el escenario a mediados del siglo, encontrando su auge durante la República Restaurada, pero que, a diferencia de la figura del catrín y del dandi, se fue perdiendo como tipo masculino durante el Porfiriato. Por ejemplo, cuando el periodista y novelista Heriberto Frías pasó varios meses encarcelado en la cárcel capitalina de Belem en 1895, no supo cómo explicar el nombre de la sección de reos adolescentes, de Pericos[6]. «Todos esos muchachos llamados Pericos están ya profundamente gastados y prostituidos», escribe Frías, «y el que

---

sodomía a una suerte de androginia interior, de hermafroditismo del alma. El sodomita era un relapso, el homosexual es ahora una especie» (2002: 56). Las investigaciones médicas de Ambroise Tardieu (1818-1879), Jean-Martin Charcot (1825-1893) y Ernest Lasegua (1816-1883) sobre la histeria demuestran que las características de todos estos dandis (presunción, amor a la moda, teatralidad, etc.) se vierten a las figuras del pederasta y el «homosexual»(Rosario, 1997: 91-93).

[6] Perico, como Pío, era apodo de pollo y algunas de sus acepciones concuerdan con los sentidos de pollo discutidos en este artículo. Ver «Los pollos» de Pipí (1868: 2).

aún llega con algo de dignidad, aquí la pierde o se la hacen perder» (1995: 24). Frías los describe como «imberbes, gordinflones [...], mocosos vivísimos, traviesos y positivamente tenorios en miniatura; rateros, ladrones [...] hasta bandidos» (*ibid.*, 94). Estos pericos finiseculares, descendientes del pollo mexicano de la Reforma, no se asemejan a primera vista a los hombres emplumados que escritores como el maestro Ignacio Manuel Altamirano, Enrique Chavarri, el barón de Gostkowski y José Tomás de Cuéllar denominaron pollos. En las páginas que siguen, bosquejamos el perfil de este personaje a través de una lectura de algunas crónicas, poemas y la novela *Ensalada de pollos* (1869-1871) de José Tomás de Cuéllar. Como Addison, Cuéllar utiliza la sátira para hacer una «autopsia» del pollo, un muchacho definido como correlato de una figura femenina análoga, en este caso la polla, la versión mexicana de la *coquette* de Addison. Cerraremos estos apuntes históricos con reflexiones sobre el vínculo entre el pollo y las genealogías de la homosexualidad.

Antes de comentar nuestro archivo de textos sobre el pollo mexicano, es necesario retroceder para repasar lo que sabemos sobre la historia de la palabra pollo y su uso, e intentar situarla dentro de otros términos afines anteriores y posteriores. En latín, *pullus* es la cría de cualquier animal, y la palabra pollo, aparte de connotar ave, siempre se ha asociado con la juventud. Hacia el siglo XVII se generaliza el uso de la palabra francesa *poulet* para hablar de las cartas secretas de amor que los galantes mandan a sus queridas, estableciendo una conexión entre el concepto de *pullus* y la galantería. El *Dictionnaire de l'Académie française* de 1765 asocia *poule* (gallina) con una masculinidad degradada y débil: una *poule* es un hombre blando, frágil, femenino y de poco *esprit*. En cuanto a *poulet* (pollo,) el *Grand Dictionnaire universel du XIXe siècle* de Pierre Larousse lo asocia con la sexualidad ilícita, ya que se ataban pollos a las piernas de los alcahuetes de las prostitutas[7]. En inglés, aparte del significado miedoso, un *chicken* es apodo de aquel hombre que se vende a otros, y particularmente de aquel muchacho que participaba en una relación sexual con otro hombre, acepción que se registra desde el siglo XVIII[8].

---

[7] «Et si c'est pour maquerellage que soit faite la punition, on pend deux poulets vifs aux pieds de celui qui aurait été pour suborner une femme» (Larousse 1982). Esta asociación de pollo con la prostitución nos recuerda el capricho de Goya *¡Cuál la descañonan!* de 1799, en el que una prostituta con alas es violada por alguaciles y agentes judiciales.

[8] Para una discusión de los sentidos de *chicken*, véanse Herbst (2001: 50); Benemann (2006: 78); Kneeland y Davis (1917: 13); Carter (2004: 125) y Green (1998: 273).

El uso de pollo como tipo masculino en México se registra a principios del siglo XIX en *El periquillo sarniento* de José Joaquín de Lizardi y en la oda «Pollita de Clori» del poeta michoacano fray Manuel de Navarrete[9], pero no se usa para describir a jóvenes galantes y decadentes. En el caso de Lizardi, mientras pollo se usa como sinónimo de joven («pollo tonto»), la palabra petimetre es la que se usa para invocar un atuendo de gala: «se me hizo un vestido de petimetre ese día [...] me quité los trapos negros, que hasta entonces habían sido escolares, y me planté de gala en lo secular» (1965: 98). Aparte de la presencia de petimetre como figura extravagante, palabra popularizada en la España dieciochesca para hablar de aquellos arrogantes jóvenes de aspecto afrancesado, el México de esa época también conocía bien al dandi dieciochesco que llamamos currutaco. El poema «El currutaco en alambique» (1799), del presbítero don Manuel Gómez Marín[10], y varias menciones de estos extravagantes hombres en *El Diario de México* en 1808 demuestran que el concepto del pollo como variante del currutaco mexicano no había emergido todavía de su cáscara[11].

El pollo empieza a emerger en 1852 cuando una comedia en un acto del español Manuel Bretón de los Herreros (1796-1873) titulada *Una ensalada de pollos* (1850) se estrena en el Teatro Santa Anna con mucho éxito. La obra se edita y se vende en la capital, por lo menos dos veces, en la Imprenta de *El Monitor Republicano* en 1856 y en la Editorial Universal en 1861[12]. La obra tiene lugar en un baile en el cual los pollos son «galanes» y «galancetes» insustanciales que buscan cínicamente el amor. El pollo bachiller Lactancio busca seducir a la colegiala Sabina, pero ésta lo rechaza cuando descubre que el padre de Lactancio se ha casado otra vez, disminuyendo la

---

[9] Los poemas religiosos y filosóficos del michoacano fray Manuel de Navarrete (1768-1809) aparecieron en las páginas del *Diario de México* bajo la firma de F.M.N. y *Anfriso*, a principios del siglo XIX. Su poesía luego fue recogida y publicada póstumamente en 1823 y 1835 y críticos literarios del XIX como Francisco Pimentel le dedicaron cuantiosas páginas.

[10] Don Manuel Gómez Marín (1761-1850) fue vicerrector del Colegio de Minería, y también catedrático de lógica. Aparte de ser autor de «El currutaco por alambique, poema satírico contra los jóvenes que se precian de elegantes» (México, 1799), escribió *Obras de elocuencia y poesía* (1790).

[11] Algunas de estas referencias se encuentran en los siguientes textos del *Diario de México*: «Abusos» de Ojo Ploran, «Función literaria al cumpleaños del diario» de Mr. Churripampli, «La visita del currutaco» de Atanasio de Achoso y «Sátira» (anónimo).

[12] Véanse «Catálogo de libros que se hallan de venta en el despacho de esta imprenta» (1856: 2) y «Estracto del catálogo de los libros que se hallan de venta en la Editorial Universal, esquina de las calles del Refugio y Puente del Espíritu Santo» (1861: 3).

herencia del pollo (Bretón de los Herreros 1884: 193). La anfitriona, doña Marta, busca un joven pollo para «alegrar su árido otoño», mientras que el pollo Pío, de dieciocho años, busca enamorar a Marta por «su cofre de vieja» (*ibid.*, 195). El pollo Quirico, el más entusiasta de todos los que bailan, y el más rechazado por las jóvenes, se queja de su soledad con Pío:

> Pío. ¿Quieres que te hable como amigo y condiscípulo?
> Quirico. Sí.
> Pío. Pues tu desgracia viene de que eres un ente anfibio...
> Quirico. ¡Cómo!
> Pío. Con pasiones de hombre y condiciones de niño.
> Quirico. Somos de una edad...
> Pío. Convengo; mas yo marcho con el siglo. Yo soy un pollo sensato y no audaz e intempestivo como tú [...]. Deje crecer tus colmillos... Y espera; —ó sigue mi ejemplo si no quieres ser ludibrio y tal vez víctima infausta de ese sexo fementido.
> Quirico. ¡Tu ejemplo! ¿Piensas ser fraile por ventura?
> Pío. No, hijo mío—. Me caso... con una vieja (*ibid.*, 197).

En la misma sala, la joven Adela se queja de una «indigestión de pollo» cuando declara que su pareja, el pollo Inocencio, es «vacío de cerebro», tiene los nervios de una vieja y es femenil (*ibid.*, 198). La obra termina con doña Marta prometida al pollo Pío, e invitando a cenar a Lactancio, Quirico, e Inocencio, prometiéndoles champán y ensalada de pollos. Gaspar, el único hombre adulto de la obra, al oír esto declara: «¡Qué horror! ¡Los quiere obligar a comerse unos a otros!» (*ibid.*, 200).

Si el concepto del pollo como jovencito precoz, atrevido y en algunos casos femenil se empieza a extender en México gracias a Bretón de los Herreros, tenemos que subrayar que otros términos análogos circularon durante la República Restaurada en México, términos que fueron usados intercambiablemente. Veamos varios ejemplos tomados del periódico *El Monitor Republicano*. En 1869, un tal J. M. del C. V. publica un cuento en el cual su protagonista es descrito por medio de cuatro tipos masculinos que se usan como equivalentes: «era un dandy, un petimetre, un lioncito, una maravilla» (1). En el mismo año, el comentarista liberal Gostkowski ataca al poeta Roberto Esteva, llamándolo pollo, dandi y *sportsman*, otra variante francesa de dandi, basada en la figura del hombre inglés de recursos que se dedica al deporte o a la caza (1). Enrique Chavarri —«Juvenal»— quizás el más famoso de los periodistas satíricos de la República Restaurada, usa pollo y *lion* intercambiablemente en una de sus crónicas, representando al personaje como aficionado a pellizcar a las niñas y a mandar cartas de amor, así recordando la definición de *poulet* como billete amoroso (1873: 1). Y en la novela *Ensalada de pollos*, la palabra «catrín» es presentada como variante popular de los mismos personajes que Cuéllar llama pollos. Sea como fuere, podemos afirmar que por lo menos el pollo fue durante la República Restaurada un igual de otros hombres emplumados como el dandi si no un término privilegiado. Por ejemplo, en la revista fundacional del nacionalismo cultural mexicano moderno, *El Renacimiento* (1869) de Ignacio Manuel Altamirano, la figura del pollo aparece varias veces mientras que el dandi apenas una vez[13]. De manera semejante, en la revista *México y sus Costumbres* (1870), dirigida por Cuéllar, aparecen caricaturas del pollo pero no del dandi.

Claramente, el promotor más entusiasta del término pollo fue José Tomás de Cuéllar, que bajo el seudónimo de Facundo publicó cuantiosas novelas costumbristas y satíricas dentro de la serie *La linterna mágica*. Y como explicamos a continuación, su planteamiento del arte novelesco revela un intento de forjar y poner en movimiento tipos sociales propiamente mexicanos y no figuras extranjeras como el dandi. Con *La linterna mágica*, quizás la propuesta literaria más ambiciosa del XIX mexicano, Cuéllar quería hacer una comedia mexicana de la talla de *La comedia humana* de Balzac, acaparando todas las facetas de la experiencia moderna en México, y definiendo, analizando y juzgando las diferentes «especies» humanas y razas mexicanas. En palabras de Cuéllar, Balzac es un «hombre privilegiado», un «profundo filósofo» y el cirujano cuyo «escalpelo literario» revela los «misterios del alma» (1946: 184). Con un poco del ingenio del francés y la inspiración de su ejemplo, Cuéllar busca una literatura que promueva el progreso moral y nacional. La novela moderna, representada por la metáfora de una linterna mágica, es el mecanismo por el cual el novelista representa la realidad mexicana, y sus rayos luminosos descubren los secretos más recónditos del individuo y de la sociedad:

> Creyendo encontrarme algo bueno, he dado por desgracia con que mi aparato hace más perceptibles los vicios y los defectos de esas figuritas, quienes, por un efecto óptico, se achican aunque sean tan grandes como un grande hombre y

---

[13] En cuanto al pollo en *El Renacimiento*, nos referimos a la «Crónica de la semana» del 27 de febrero de 1869 y del 10 de julio de 1869 del Maestro Altamirano, una «Revista teatral» de Manuel Peredo, del 3 de junio de 1869 y dos poemas de Cuéllar («El pollo tempranero» y «La polla tempranera»). El petimetre y el dandi aparecen solamente una vez.

puedo abarcarlas juntas, en grupos, en familia, constituidas en público, en congreso, en ejército y en población. La reverberación concentra en ellas los rayos luminosos, y sin necesidad del procedimiento médico que ha logrado iluminar el interior del cuerpo humano, puedo ver por dentro a mis personajes (*ibid.*, xv-xvi).

Cuéllar descarta la novela romántica como falsa, dañina y extranjerizante. Su aguda y carnavalesca linterna se propone hacer una novela nacional que rechace «a las princesas rusas, a los dandies y a los reyes en Europa» y que entretenga «con la china, con el lépero, con la polla, con la cómica, con el indio, con el chinaco, con el tendero y con todo lo de acá» (*ibid.*, xvii). De esta manera, su *Ensalada de pollos*, primera novela de la serie, no sólo puede verse como una representación de tipos sociales de la época sino también como un intento de fijar un lenguaje nacional para hablar de ellos. Y, por ende, como una defensa de la palabra y del concepto del pollo como carácter propio de México, a diferencia del dandi, el *lion*, el *sportsman* y otros.

Ensalada de pollos es una novela moralizante que trata de la disolución de la familia por la ignorancia, el lujo y la ambición de clase. Un hombre de pocos recursos y poca posición social, don Jacobo, se lanza al bandolerismo en nombre de la «Revolución liberal», dejando a su esposa, doña Lola, y sus hijos adolescentes, Concha y Pedrito, sin protección. Por su belleza, ingenuidad y falta de moral (producto del fracaso de doña Lola y don Jacobo), Concha es seducida y sacada del espacio hogareño por un pollo de la clase alta, Arturo, que luego muere de una herida que recibe en un duelo de honor que se lleva a cabo por ella. Abandonada por su madre y por su hermano, Concha se convierte en concubina de hombres. Alrededor de este escaso y melodramático núcleo temático, Cuéllar intercala las biografías de pollos secundarios, como Pío Prieto, Pío Blanco y Pepe Pardo, e incluye digresiones moralizantes sobre la educación de los niños, la gastronomía y la política mexicana. El título de la novela se debe a que cada historia y cada tipo representa una «hoja» del huerto de la realidad mexicana contemporánea: una realidad vegetal, orgánica, viviente y en crecimiento, que el novelista revuelve con las cucharas de su arte, poniendo a cada hoja en revolución como las sombras y rayos del aparato de una linterna mágica. El subtítulo, *Novela de estos tiempos que corren*, subraya el concepto de la emergente modernidad mexicana, la cual acelera la experiencia del tiempo para el sujeto moderno.

El análisis del pollo que hace Cuéllar parte del epígrafe de la novela, que proviene de «Don Cándido Buenafe o el camino de la gloria» de Mariano José de Larra: «Los muchachos del ilustrado siglo XIX —dije para mí— llegan a viejos sin haber sido nunca jóvenes» (1960: 29). En el artículo original, Fígaro conoce al hijo del ignorante don Cándido, y se sorprende de la ambición, arrogancia y superficialidad de un niño de erudición superficial que busca la fama y la gloria.

> Su exterior y sus palabras estaban en armonía con las de casi todos los jóvenes del día; díjome que era verdad que no tenía sino catorce años; pero que él conocía el mundo y el corazón humano, *comme ma poche*; que todas las mujeres eran iguales, que estaba muy escarmentado, y que a él no le engañaba nadie; que Voltaire era mucho hombre, y que con nada se había reído más que con el compère Mathieu, porque su papá, deseoso de su ilustración, le dejaba leer cuanto libro en sus manos caía. En cuanto a política me añadió: «Yo y Chateaubriand pensamos de un mismo modo»; y a renglón seguido me habló de los pueblos y de las revoluciones como pudiera de sus amigos de escuela. Confieso que se me figuró el muchacho esa fruta que suelen vender en Madrid, que arrancada verde aun del árbol, y madurada por el traqueteo y la prisa del viaje, tiene todo el exterior de la pasada madurez, sin haber tenido nunca la lozanía ni el sabor de la juventud y de la sazón (*ibid.*, 28).

El problema del hijo de Tomás es justamente lo que había dicho Pío a Quirico en *Una ensalada de pollos* de Bretón de los Herreros: el ser anfibio por tener «pasiones de hombre pero condiciones de niño» (1884: 189). Este concepto del pollo como anfibio se expande y adquiere nuevo sentido en la versión novelesca de Cuéllar. En el capítulo V de la novela, titulado «Monografía del pollo», Cuéllar define al pollo como «la larva de la generación que viene» que se gasta en la «inmoralidad y en las malas costumbres» gracias a la influencia corrupta de la prostitución parisiense y a «la conmoción social en la época de transición por que atravesamos» (1946: 31). Si el pollo es anfibio por antonomasia, también lo es México durante la República Restaurada, que está viviendo «una época de transición». De este modo, podemos situar al pollo dentro de uno de los argumentos más importantes de Charles Baudelaire en su ensayo sobre el dandi francés como una figura, ya sea pobre o rica, que se considera *déclassée* y que añora las costumbres y hábitos de una aristocracia caduca e inexistente (Stanton, 1980: 71). Efectivamente, como mostraremos más adelante, el pollo mexicano se define por una identidad imaginaria asociada con patrones literarios europeos.

En su «Monografía del pollo», Cuéllar también ofrece cuatro clasificaciones de pollos: el fino (rico), el callejero (pobre y bastardo), el ronco (el callejero que se suma al crimen) y el tempranero (cualquiera de los antedichos, precoz, que «con menos edad tiene más vicio y el corazón más gastado»). Estos jóvenes se contraponen a los jóvenes de buena educación —ricos y pobres— cuya honra se caracteriza por su lealtad a la moral, al deber, la nación, la literatura y la ciencia. Una lectura del resto de la novela, y en particular de sus historias intercaladas, ofrece una visión más profunda de estos esquemas tipológicos, y nos permite reescribir y extender la monografía o cartilla que Cuéllar ofrece en el capítulo V.

El pollo es a la vez el producto y la continuación de la disolución social. Este tema se manifiesta de principio a fin en la novela por medio del amor al lujo, la ignorancia e inmadurez que llevan a los diversos pollos protagonistas a degradarse y a hacerse cómplices de la corrupción de la virgen Concha, la muerte de Arturo en un duelo innecesario y, en general, al ejercicio desenfrenado del placer. El fracaso de la familia como piedra de toque de la civilización es clave aquí: la pollita Concha es tentada por el lujo con resultados trágicos ocasionados por su mala educación a manos de su madre y la ausencia de su padre; Pío Prieto debió de haber sido un hojalatero como su padre pero su amor a una levita que le compra su padre le hace rehuir de sus responsabilidades de hijo, alejándolo de su familia y convirtiéndolo en un chico cínico y degradado; y Pío Blanco —que mata a Arturo en el duelo— es el pollo producto de un divorcio, de un padre cínico que no sabe cómo amar o controlar a su hijo sino con riquezas. Productos de familias disueltas y degradadas, los pollos extienden la amenaza de esa degradación a otros individuos y familias, como si fuesen un contagio. En dos poemas sobre pollos que publica Cuéllar en *El Renacimiento* en 1869, uno sobre pollas y otro sobre pollos, se recalca esta moraleja al mencionar cómo los huevos de las pollas no se logran («La polla tempranera», 374-375) y cómo los pollos vuelven estériles a las pollas, que no pueden dar huevo ni fruto («El pollo tempranero», 363).

El pollo es una figura teatral, extravagante, caracterizado por su negación de la nacionalidad y su afirmación de lo extranjero. Los pollos de Cuéllar, como los de otros comentaristas que circularon en esta época, son chicuelos amantes de la cultura europea cuya conducta es moldeada por patrones románticos ejemplificados por la novela romántica y la ópera. En *Ensalada de pollos*, esto se manifiesta en el lenguaje de los pollos. Pío Prieto, por ejemplo, dice «Andiamo» y es aficionado de una frase popularizada por Alejandro Dumas en México: «¿Y bien?» (1946: 145). Cuando Arturo y Pío Prieto sacan a Concha de su casa para alejarla de su madre, con quien se ha peleado, los pollos se imaginan que está viviendo la trama de *Don Juan Tenorio* de Zorrilla:

> Pío Prieto estaba tocando el sumun de la dicha; aquel lance tenía para el pollo un carácter tan romancesco, que le ocurrió compararse con Ciutti el criado de don Juan Tenorio. Casualmente Arturo exclama a la sazón:

—«Doña Inés del alma mía».
—«¡Virgen santa, qué principio!» —continuó Pío Prieto (*ibid.*, 91).

El elemento extranjerizante del pollo mexicano, que lo ciega a la realidad y a las consecuencias de sus acciones, no se puede separar de una teatralidad inherente, de un afán de verse como protagonista de dramas no vividos (porque el pollo es demasiado joven para haber vivido de verdad). «Apasionado absolutamente de Paul de Kock o de Dumas, su cabeza siempre está llena de conceptos novelescos», escribe un comentarista anónimo en *Biblioteca de los niños* en 1875, «y lleva su locura hasta el grado de creerse uno de los personajes de las novelas que lee» («El pollo ridículo», 10).

La condena, a veces jocosa, otra veces seria, de estos extravagantes personajes es acompañada por una moralidad liberal que se empeña en defender el honor del obrero y en situarlo en el centro del proyecto de redención social. Repetidamente, en *Ensalada de pollos*, se perfila una añoranza de una utopía obrera, hecha por hombres rectos, serios y musculosos, libres de las seducciones de los sastres y sus levitas (que echaron a perder a tantos Píos Prietos), y quienes sustituirán a la galería de pollos barbilampiños que amenazan la estructura familiar y social de la que depende el futuro de México. Tales hombres construirían la nación a través de sus labores fructíferas, tanto en los talleres de trabajo como en los talleres de sus hogares, donde el fruto es la procreación y la educación honrada de los hijos. Sin estos hombres fuertes y viriles, con sus martillos y toscas blusas, la democracia y las «instituciones libres» no se podrán realizar en el país. «¡Ay, mientras en la Avenida de los hombres ilustres y en la Avenida de los hombres ociosos, o sea calle de Plateros», exclama Cuéllar, «no veamos diariamente cruzar miles blusas en vez de cien levitas, mil obreros en vez de cien pollos, no tenemos esperanza de remedio!» (1946: 97).

Lo curioso de *Ensalada de pollos* es la manera en que Cuéllar esquiva el tema de la androginia del pollo. A pesar de que se sobreentiende que sus pollos son aficionados de sastres, débiles por su juventud y de imaginación susceptible, cualidades asociadas con la subjetividad femenina en los siglos XVIII y XIX, Cuéllar no plantea el tema del afeminamiento directamente ni en su novela ni en sus poemas sobre pollos como lo hará en su novela posterior *Chucho el ninfo* (y cuya discusión no cabe en estas breves páginas). Cuéllar aparte, sin embargo, los hombres emplumados del XIX mexicano —fueran éstos pollos, currutacos, *liones*, dandis o figuras afines— sí provocaron inquietudes al confundir los esquemas tradicionales del género sexual y al propagar un tipo masculino «afeminado». Cuando el barón de Gostkowski ataca a Roberto Esteva en *El Monitor Republicano* por un desacuerdo literario en 1869, llamándolo «lindo jovencito, aclarinetado, fresco, rizado [...] de una blancura de leche» y con «labio infantil» y «mirada lánguida», es difícil no asociar este anfibio (recordando a Bretón de los Herreros) con una masculinidad incompleta y degradada. En un número del periódico satírico *La Orquesta*, de 1870, aparece un artículo titulado «Mal los trata el progreso» que agrede de manera más directa a los pollos por ser hombres afeminados. El autor anónimo los llama «pollos degenerados» y «parodias de Adonis», describe sus voces como «afeminadas» y los critica por rehusarse a bailar con las pollitas en los bailes (3). El baile, con sus cuerpos ordenados y disciplinados, todos moviéndose al mismo compás, es gran metáfora de la autoridad de las categorías simbólicas de lo femenino y lo masculino dentro de la sociedad. Como los pollos de Cuéllar, estos pollos son hijos «de estos tiempos que corren» que se niegan a conformarse a la ley natural y a los rituales y formas de la sociedad correcta, la cual ponen en peligro de disolución.

Terminamos de revolver esta «ensaladilla» de pollos, en la que las genealogías de autoría y de palabras nos han preocupado mucho, con una reflexión sobre los descendientes sexuales del pollo. ¿Es el pollo un antecedente de la homosexualidad en México? Por una parte, la respuesta se nos hace fácil, porque la galería entera de hombres emplumados de los siglos XVIII y XIX proveyeron conceptos, estereotipos e imágenes que fueron vertidas a la versión patológica del hombre histérico, del pederasta y luego del «homosexual». Por otro lado, concordamos con Cuéllar, cuando en un momento muy revelador de *Ensalada de pollos*, escribe que el estado natural de muchos pollos es el de ser un enigma (1946: 94). Antes de la invención médica del concepto de una especie humana luego llamada «homosexual» en los albores del siglo XX, es difícil rastrear los significados y códigos con los cuales se asociaba y se identificaba el deseo gay[14]. Aunque pobladas de hombres emplumados, la historia y la escritura corren el riesgo de vaciarse frente a las pesquisas del investigador que explora conceptos culturales de antaño. ¿Es el pollo solamente un galancete arrogante y bien vestido o algo más enigmático, cuyo nombre no cabía en ninguna letra de molde decimonónica? Del silencio y del fragmento hacemos una caja de sastre de cuyas plumas y

---

[14] Algunos estudios imprescindibles sobre el tema son los de Robert Buffington (200), Víctor Macías-González (2003), Robert McKee Irwin (2003a), Carlos Monsiváis (2003), Martin Nesvig (2000) y Ben Sifuentes-Jáuregui (2002). En todos estos estudios, fundamentados en el período finisecular, el tema de la sexualidad y de la invención de la «homosexualidad» se vincula con el tema de la construcción de la masculinidad en general.

tiras de tela estamos obligados a hacer un traje para nuestros recuentos del pasado. En ese espíritu, ofrezco un tajo de escritura de 1868 que sugiere que sí existían códigos que vinculan al pollo decimonónico con descendientes finiseculares asociados con la homosexualidad.

En su estudio de psicología y criminalidad en México, *Los criminales en México* (1904), el médico Carlos Roumagnac señala que la palabra mayate se usaba entre reos para aquel hombre «activo» que penetraba a otro. Mayate, de uso corriente hoy en día, desciende del náhuatl *mayatl*, que significa escarabajo brilloso, y que también tenía connotaciones de lascivia (Buffington 2000: 205). En una de sus crónicas teatrales de septiembre de 1868, «El teatro», el maestro Ignacio Manuel Altamirano relata un intercambio entre un amigo suyo y un pollo extravagante y ensortijado en el Teatro Iturbide que descubre una conexión entre mayates y pollos. El pollo —al que se refiere Altamirano de diversas maneras, como dandi, pollo y petimetre— es descrito como barbilampiño, vestido con «prendedor de brillantes, leontina con un sinnúmero de colgajos, mancuernas de turquesas» y «dos piernas que harían honor a una garza real» (1868: 2). El pollo se acerca al amigo de Altamirano y le da la mano.

—Cómo va, dijo al calvo, alargándole una mano enguantada.
—Hombre, le respondió mi amigo, está Ud. Hecho un coleóptero con ese vestido y con esas joyas, ¿Ud. sabe lo que es un coleóptero?
—No: pero poco me interesa, hable Ud. castellano o me enfadaré.
—Pues hombre, me parece Ud. uno de esos insectos brillantes que se crían en las milpas y en los prados, en este tiempo de aguas, y que los naturalistas clavan con un alfiler en sus cuadros de colección.
—Mayate querrá Ud. decir… vaya, gracias por el cumplido y hablemos de otra cosa, ¿ha estado Ud. en Valero anoche?
El calvo se estremeció de cólera, le vi sonreír como si acabara de escuchar un epigrama y luego se le puso el cráneo… rojo, rojo y dirigió a su interlocutor una mirada ferocísima. Creí que le iba a contestar una abominación; pero no, reprimióse y se contentó con responder.
—No entiendo qué quiere decir Ud. con ese ha estado Ud. en Valero: perdone Ud. pero no me doy cuenta de lo que pueda significar eso.
—¡Oh pues, no es difícil, contestó el dandy, es frase que todo el mundo usa y quiere decir: que si ha estado Ud. a ver a Valero o en el teatro en que representa Valero, solo que suprimimos algunas palabras por inútiles y para abreviar (*ibid.*).

Después de la ida del pollo, Altamirano intenta calmar al calvo, recordándole que sin los pollos la vida social de México sería aburrida. Es extraordinaria la mención de la palabra mayate por un pollo en combinación con un comentario de doble sentido que pudiera interpretarse como la penetración de un hombre por otro. Sin lugar a dudas, el intercambio entre pollo y calvo comprueba que este pollo mexicano del 1868 pertenece de manera literal e histórica a las genealogías sexuales de la homosexualidad moderna. Y es solamente a través del juego de palabras, la abreviación y aquel irónico «gracias por el cumplido» y ese «hablemos de otra cosa» que lo que no tenía nombre en el siglo XIX, lo indecible, puede emerger del silencio, de manera esquiva e indirecta, como una broma que se hace de paso en una «Revista de teatros».

Bibliografía

ACHOSO, Atanasio de (1808): «La visita del currutaco». En: *Diario de México*. México: Oficina de Don Juan Bautista Arizpe, t. VII, 369.

ADDISON, Joseph (1845): «Disección de la cabeza de un petimetre y del corazón de una coqueta. Versión del inglés de Mr. Addison remitido para *El Siglo XIX* por Don Luis Neyro, cónsul Mexicano en Harre». En: *El Siglo XIX* (21 de noviembre), 6.

ALTAMIRANO, Ignacio Manuel (1868): «El teatro». En: *El Monitor Republicano* (6 de septiembre), 2.

— (1969): «Crónica de la semana». En: *El Renacimiento: Periódico Literario*. México: Imprenta y Litografía de F. Díaz de León Sucesores, 117-122.

BAUDELAIRE, Charles (1868): «Le peintre de la vie moderne: Le dandy». En: *Œuvres complètes de Charles Baudelaire*. Tomo III: *L'art romantique*. Paris: Michel Lévy Frères, 91-96.

BENEMANN, William (2006): *Male-Male Intimacy in Early America*. New York: Harrington Park Press.

BRETÓN DE LOS HERREROS, Manuel (1884): *Una ensalada de pollos*. En: *Obras de Don Manuel Bretón de los Herreros*. Tomo IV. Madrid: Imprenta de Manuel Ginesta, 189-200.

BUFFINGTON, Robert (2000): *Criminal and Citizen in Mexico*. Lincoln: University of Nebraska Press.

— (2003): «Homophobia and the Mexican Working Class, 1900-1910». En: Robert McKee Irwin, Edward J. McCaughan y Michelle Rocío Nassar (eds.), *The Famous 41. Sexuality and Social Control in Mexico, c. 1901*. New York: Palgrave Macmillan, 193-225.

CARTER, Sophie (2004): *Purchasing Power: Representing Prostitution in Eighteenth-Century English Popular Print Culture*. Burlington VT: Ashgate.

(1856): «Catálogo de libros que se hallan de venta en el despacho de esta imprenta». En: *El Monitor Republicano* (12 de septiembre), 2.

CHAVARRI, Enrique (Juvenal) (1873): «Charla de los Domingos». En: *El Monitor Republicano* (6 de abril), 1.

CHURRIPAMPLI, Mr. (1808): «Función literaria al cumpleaños del diario». En: *Diario de México*. Tomo VII. México: Oficina de Don Juan Bautista Arizpe, 122-123.
CUÉLLAR, José Tomás (Facundo) de (1869): «El pollo tempranero». En: *El Renacimiento: Periódico Literario*. México: Imprenta y Litografía de F. Díaz de León Sucesores, 363.
— (1869): «La polla tempranera». En: *El Renacimiento: Periódico Literario*. México: Imprenta y Litografía de F. Díaz de León Sucesores, 374-375.
— (1946): *Ensalada de pollos*. México: Porrúa.
(1808): *Diario de México*. México: Impr. en la oficina de Don Mariano José de Zúñiga y Ontiveros.
(1984): *Diccionario de Autoridades*. Madrid: Gredos.
(1765): *Dictionnaire de l'Academie françoise*. Paris: Académie française.
(1875): «El pollo ridículo». En: *Biblioteca de los ninos*. Tomo IV. México: Imprenta del Porvenir.
(1869): *El Renacimiento: Periódico Literario*. Edición de Ignacio Manuel Altamirano. México: Impr. de F. Díaz de León.
(1861): «Estracto del catálago de los libros que se hallan de venta en la Editorial Universal, esquina de las calles del Refugio y Puente del Espíritu Santo». En: *El Monitor Republicano* (25 de agosto), 3.
FOUCAULT, Michel (2002): *Historia de la sexualidad: la voluntad del saber*. Traducción de Ulises Guiñazú. México: Siglo XXI.
FRÍAS, Heriberto (1995): *Crónicas desde la cárcel*. Edición de Antonio Saborit. México: Breve Fondo Editorial.
GOSTKOWSKI, barón de (1869): «Humoradas dominicales». En: *El Monitor Republicano* (5 de diciembre), 1.
GREEN, Jonathan (1998): *Cassel's Dictionary of Slang*. London: Cassel.
HAIDT, Rebecca (1998): *Embodying Enlightenment. Knowing the Body in Eighteenth-Century Spanish Literature and Culture*. New York: St. Martin's Press.
HERBST, Philip (2001): *Wimmin, Wimps and Wallflowers: An Encyclopaedic Dictionary of Gender and Sexual Orientation Bias in the U.S*. Yarmouth: Intercultural Press.
IRWIN, Robert McKee (2003a): *Mexican Masculinities*. Minneapolis/London: University of Minnesota Press.
— (2003b): «The Centenary of the Famous 41». En: Robert McKee Irwin, Edward J. McCaughan y Michelle Rocío Nassar (eds.), *The Famous 41. Sexuality and Social Control in Mexico, c. 1901*. New York: Palgrave Macmillan, 169-189.
— MCCAUGHAN, Edward J. y ROCÍO NASSAR, Michelle (2003): *The Famous 41. Sexuality and Social Control in Mexico, c. 1901*. New York: Palgrave Macmillan.
J. M. del C. V. (1869): «Un recuerdo». En: *El Monitor Republicano* (21 febrero), 1.
KNEELAND, George y DAVIS, Katherine (1917): *Commercialized Prostitution in New York City*. New York: The Century Co.

LAROUSSE, Pierre (1982): *Grand Dictionnaire universel du XIXe siècle: français, historique, géographique, mythologique, bibliographique, littéraire, artistique, scientifique, etc.* Genève: Slatkine.

LARRA, Mariano José de (1960): *Obras de Mariano José de Larra*. Madrid: Atlas.

LIZARDI, José Joaquín Fernandez de (1965): *El Periquillo Sarniento*. México: Porrúa.

MACÍAS-GONZÁLEZ, Víctor M. (2003): «The Lagartijo at The High Life». En: Robert McKee Irwin, Edward J. McCaughan y Michelle Rocío Nassar (eds.), *The Famous 41. Sexuality and Social Control in Mexico, c. 1901*. New York: Palgrave Macmillan, 227-249.

(1870): «Mal los trata el progreso». En: *La Orquesta* (26 de febrero), 3.

MONSIVÁIS, Carlos (2003): «The 41 and the *Gran Redada*». En: Robert McKee Irwin, Edward J. McCaughan y Michelle Rocío Nassar (eds.), *The Famous 41. Sexuality and Social Control in Mexico, c. 1901*. New York: Palgrave Macmillan, 139-167.

NESVIG, Martin (2000): «The Lure of the Perverse: Moral Negotiation of Pederasty in Porfirian Mexico». En: *Mexican Studies/Estudios Mexicanos* nº 16, 1-37.

PEREDO, Manuel (1869): «Revista teatral». En: *El renacimiento: periódico literario*. México: Imprenta y Litografía de F. Díaz de León Sucesores, 365-367.

PLORAN, Ojo (1808): «Abusos». En: *Diario de México*. Tomo VII. México: Oficina de Don Juan Bautista Arizpe, 3-4.

PIPÍ (1868): «Los pollos». En: *El Monitor Republicano* (13 de diciembre), 2.

(1989): *The Oxford English Dictionary*. Oxford: Clarendon Press.

ROUMAGNAC, Carlos (1904): *Los criminales en México: ensayo de psicologia criminal*. México: Tipografiael Fénix.

ROSARIO, Vernon A. (1997): «Inversion's Histories/History's Inversions. Novelizing Fin-de-Siècle Homosexuality». En: Vernon A. Rosario (ed.), *Science and Homosexualities*. Nueva York/London: Routledge, 89-107.

(1808): «Sátira». En: *Diario de México*. Tomo VII. México: Oficina de Don Juan Bautista Arizpe, 383-384.

SIFUENTES-JÁUREGUI, Ben (2002): *Transvestism, Masculinity, and Latin American Literature: Genders Share Flesh*. New York: Palgrave.

STANTON, Domna (1980): *The Aristocrat as Art: A Study of the Honnete Homme and the Dandy in Seventeenth and Nineteenth-Century French Literature*. New York: Columbia University Press.

UNGARO DE FOX, Lucia (1969): «Era of the Dandy». En: *Americas* vol. 21, nº 5, 29-33.

Homoerotismo y nación latinoamericana: patrones del México decimonónico

ROBERT MCKEE IRWIN
University of California, Davis

Este breve estudio intenta sacar a luz el homoerotismo ocultado en la literatura decimonónica mexicana. Digo «ocultado» pero más bien quiero decir «inesperado», ya que su invisibilidad en la crítica tiene que ver más con nuestras creencias acerca de la historia de la sexualidad que con un propósito de clandestinidad de parte de los literatos mexicanos del siglo XX: no se halla lo que no se busca. En ese siglo, no existía todavía el concepto moderno de la homosexualidad en México y por eso quizás se intuye que tampoco había homoerotismo entre hombres en la literatura decimonónica. Éste no es el caso; sino al contrario: por la ausencia de un discurso sobre la homosexualidad masculina, tampoco había homofobia, lo cual por su parte posibilita una expresión homoerótica hasta en la literatura más canónica y más nacionalista de la época que jamás se vuelve controvertida. Antes de las últimas semanas de 1901, mientras que los actos heterosexuales estaban afanosamente vigilados, controlados y hasta abominados en algunos contextos, el deseo homosexual, concepto que quedaba fuera del imaginario nacional, operaba casi sin impedimentos y el afecto entre hombres hasta se fomentaba como elemento integral del proyecto de forjar la cultura nacional. Se podría decir, leyendo el siglo XIX desde el año 2005, que la cultura del México independiente entonces se fundó en el homoerotismo.

Aunque me limitaré al análisis del caso mexicano, mis conclusiones se aplicarán también a América Latina en general. Hay momentos de homoerotismo bastante destemplado, según nuestros criterios contemporáneos, en obras de gran importancia a nivel nacional de varias culturas latinoamericanas. Es inolvidable el amor homosocial que se encuentra tanto en la literatura gauchesca, ejemplificada en la escena de *Juan Moreira* del argentino Eduardo Gutiérrez en la que el protagonista y su gran amigo Julián «se besaron en la boca como dos amantes» (1965: 110). Asimismo, en *Los versos sencillos* de José Martí, cuando el poeta se exalta ante las estatuas de los héroes y «les beso la mano» y luego «me abrazo a un mármol» (1996: 209), el aspecto homoerótico es inquietante. Hasta en el caso de Brasil, donde el discurso colonial de sodomía seguía vigente durante el siglo XIX, el homoerotismo juega un papel importante en la ficción fundacional de la literatura nacional, *Iracema* de José de Alencar[1]. En esta novela, aunque el mestizaje racial se realiza por el matrimonio entre el conquistador portugués Martim Soares y la princesa indígena Iracema (Sommer 1993: 169-71), la transculturación se lleva a cabo por medio del amor fraternal entre Soares y el guerrero indígena Poti, amor que se expresa en términos físicos: «Os dois irmãos enconstaram a fronte na fronte e o peito no peito, para exprimir que não tinham ambos mais que uma cabeça e um caração» (Los dos hermanos se juntaron, frente a frente y pecho a pecho, para expresar que los dos no tenían más de una cabeza y un corazón) (1998: 47). En fin, ilustro con el caso mexicano el contexto general de América Latina en el siglo XIX, donde las comunidades imaginadas de las nuevas naciones se entendían como espacios homosociales de hombres —es decir como «national brotherhoods» (fraternidades nacionales) (Pratt 1990)— y permitían o hasta fomentaban un homoerotismo que ya no se puede representar desde la vuelta al siglo XX sin implicar una posible homosexualidad siempre entendida como no deseable para la cultura nacional. En el siglo XIX mexicano y latinoamericano, casi no existían estas preocupaciones homófobas.

La masculinidad mexicana

Los esfuerzos que se hicieron para definir la cultura nacional durante el siglo XX han tenido mucha influencia en cómo se ha interpretado la cultura mexicana del XIX. El texto más representativo, más conocido y más impactante de este género ha sido *El laberinto de la soledad* de Octavio Paz, ensayo que se publicó por primera vez en 1950. Para Paz, el machismo que afirma parte integral de la identidad masculina nacional y su consecuente homofobia se vinculan con una simbología sexual bien arraigada en la cultura de México desde la época de la Conquista.

---

[1] Aunque desde 1830 la sodomía se descriminalizó, parece que había más interés en Brasil que en otras partes de América Latina en vigilar los actos sexuales entre hombres (Green 1999: 21-31) y la sodomía siguió siendo crimen en el contexto militar (Beattie 2001: 177-203).

Paz, hablando de México en particular, pero articulando una historia comúnmente compartida por toda América Latina, explica la homofobia vigente de mediados del siglo XX por eventos históricos de unos cuatro siglos antes. La conquista del Imperio azteca por los españoles produjo, según la lectura de Paz, un imaginario nacional en el que los papeles de género y sexualidad se fijaron rígidamente, al hombre le fue asignado el papel de macho (conquistador) y la mujer fue fijada en un papel de sumisa y pasiva (como la América indígena subyugada y violada). El hombre viril entonces se definió como el no sumiso, el no pasivo, es decir, el no afeminado y por ende no homosexual. El hombre mexicano, entonces, por no poder ser homosexual exhibe una homofobia exagerada. Esta visión de Paz parece bastante lógica ya que se elabora dentro de un esquema amplio de relaciones de raza, género, sexualidad y nación en la bien conocida historia del país.

Por supuesto que Paz no se detuvo mucho en el tema de la homosexualidad en su estudio de la psicología nacional cuyo enfoque en cuanto a la sexualidad fue más bien la relación heterosexual entre hombre y mujer. Sin embargo, la referencia breve que hace a la homosexualidad masculina resulta ser clave para su definición de la masculinidad mexicana. El hombre mexicano, el macho viril, no se deja ver como vulnerable. Escribe Paz, «el ideal de la "hombría" consiste en no "rajarse" nunca. Los que se "abren" son cobardes» (1988: 26). Asimismo, este hombre mexicano tiene que mantenerse siempre en el papel de vencedor en cualquier contexto de rivalidad: «[p]ara el mexicano la vida es una posibilidad de chingar o de ser chingado. Es decir, de humillar, castigar y ofender. O a la inversa. Esta concepción de la vida social como combate engendra fatalmente la división de la sociedad en fuertes y débiles» (*ibid.*, 71). El macho chinga a los demás y jamás se deja chingar. El que sí se raja y sí es chingado es el maricón. Paz no representa directamente al hombre homosexual sino que presenta una ideología de la virilidad por medio de su exposición del juego verbal de albures en el cual, por medio de luchas lingüísticas de frases de doble sentido y siempre con implicaciones sexuales, un hombre mexicano le gana a su rival al chingarlo simbólicamente. La homosexualidad masculina mexicana, la antítesis de la virilidad, se alinea con la posición de la mujer mexicana, la que siempre asume el papel de la chingada. Concluye Paz, «[a]sí pues, el homosexualismo masculino es tolerado, a condición de que se trate de una violación del agente pasivo. Como en el caso de las relaciones heterosexuales, lo importante es "no abrirse" y, simultáneamente, rajar, herir al contrario» (*ibid.*, 35).

Todo este sistema de chingar y ser chingado se relaciona con la conquista de los aztecas. El que chinga, el macho mexicano, se identifica con el conquistador. La chingada es la mujer violada y se identifica entonces con las culturas indígenas de Mesoamérica. El hombre que se deja chingar, el que asume el papel pasivo en las relaciones homosexuales, es decir, el homosexual auténtico (el que chinga o penetra, aunque sea literalmente, a otro hombre, sigue siendo macho chingón, según este modelo), se afemina y se denigra al abandonar la posición naturalmente superior del hombre chingón. En fin, este estereotipo bien conocido en toda América Latina del homosexual «pasivo» se relaciona en Paz con el sistema de relaciones sexuales definido por el concepto del chingar, el que tiene sus raíces en la conquista del siglo XVI y que fundamenta la cultura nacional. Por eso, tanto la misoginia como la homofobia en la cultura mexicana se entienden como elementos fijos en la cultura desde hace siglos.

Veremos que este modelo, tan lógico y tan bien establecido en el imaginario nacional del siglo XX que casi nunca se cuestiona —que hasta varios de los estudios más respetados sobre la homosexualidad masculina en México citan a Paz como fuente seminal del asunto[2]—, ignora los usos simbólicos del género en la producción cultural mexicana, incluso las obras de índole más nacionalista, del siglo XIX. Si bien en tiempos coloniales, las autoridades se obsesionaron con erradicar la sodomía de las Américas, este concepto antiguo de la sodomía como pecado («el pecado nefando»), acto voluntario, como cualquier otro pecado (el hurto, la falta de respeto hacia los padres, el asesinato, etc.), como bien señaló Foucault, jamás se concibió como aspecto de una identidad. El sodomita —junto con el asesino, el adúltero, el herético, etc.— era simplemente otro vicioso, quien se tenía que arrepentir. Sólo alrededor de 1900 (y en el caso de México, el escándalo monumental de los 41, de noviembre de 1901, marca este momento), el acto homosexual reapareció, pero ahora redefinido por la ciencia moderna como no sólo un vicio sino una falla, a veces, innata. El homosexual se volvió categoría de identidad. Interesantemente, entre la época de la Inquisición de los siglos XVI-XVIII y el baile de los 41 maricones de 1901, durante todo el siglo XIX, el deseo sexual entre hombres dejó de inquietar a los mexicanos. O tal parece al leer la literatura de la época.

Las ansiedades sexuales de los mexicanos decimonónicos

La gran preocupación de los letrados decimonónicos respecto a las relaciones sexuales no tenía que ver con las relaciones sexuales entre personas del mismo sexo sino con el coito no controlado entre hombre y mujer. Tales

---

[2] Véanse, por ejemplo, Carrier (1995: 16-21); y Lumsden (1991: 20).

actos contaminaban la raza, amenazaban las jerarquías de clase social, corrompían la virginidad, destruían los matrimonios, posibilitaban las tentaciones del incesto o hasta engendraban la infamia del embarazo de la mujer soltera. La mujer mexicana tenía que ser bien protegida del «sensualismo bestial» del hombre, como escribió Ignacio Altamirano en *El Zarco* (1995: 20). Para otros autores fue el hombre el que tenía que ser protegido de la mala mujer: «La primera asociación que hubo en el mundo fue de dos individuos, Adán y Eva, y ya vemos lo que sucedió. El primer hombre acaso no hubiera prevaricado si la mujer primera no le hubiera seducido» (Fernández de Lizardi 1979: 95).

Fuera la culpa del hombre o de la mujer, la ansiedad fue general por todo el siglo. Se pregunta el narrador del gran costumbrista mexicano, José Tomás de Cuéllar, en su novela *Los mariditos*: «¿No es acaso la misión de la especie humana sobre la tierra, crecer y multiplicarse?», pero pronto se contestó, «el creced y multiplicaos, obedecido literalmente, es para las bestias de los desiertos» (1982: 97). El sexo entre hombre y mujer se permitía obviamente, pero era imprescindible controlarlo lo más posible por las estructuras del matrimonio, por los mandatos de la Iglesia y por las «buenas costumbres».

Sin embargo, los protagonistas mexicanos de la literatura decimonónica no se sometían dócilmente a estas reglas. Los lazos matrimoniales (la única forma civilizada de relaciones íntimas entre los sexos) no duraban no por el problema de la sodomía sino por la inconsistencia de alguno/as esposo/as, es decir, por la debilidad moral del deseo heterosexual en mantener sus propias instituciones. Según Cuéllar en *Historia de Chucho el Ninfo*, «La gravísima cuestión de la felicidad doméstica, en la que tanta parte tiene la mujer, suele ser arrojada por ésta al basurero en un tumbo de dados. La falta de prudencia en la mujer, está convirtiendo todos los días los nidos de palomas en pequeños infiernos» (1975: 220). Estaba de acuerdo Manuel Payno —con la excepción de que culpaba éste más al esposo que a la esposa: «el matrimonio es la tumba del amor [...]. Una querida la divinizamos, la vemos como un ángel, mientras en una mujer propia vamos descubriendo diariamente multitud de pequeñas humanidades que arrancan hoja por hoja las flores de la ilusión» (1991: 117). La fuerza salvaje del deseo heterosexual era contenida por la estructura civilizadora del matrimonio, la que se respaldaba, muy precariamente, en la ilusión del romance heterosexual.

Cuéllar, entre los que más se inquietaban ante el problema del deseo heterosexual, hizo que su narrador comentara en *Los mariditos*: «El amor precisamente, y sus escándalos, fue el que hizo exclamar a nuestros antepasados: *entre santa y santo pared de calicanto*, y comenzaron a levantar paredes entre santas y santos [...] se instituyó el noviazgo de balcón, la prohibición a escribir, y el retraimiento exagerado y malicioso entre uno y otro sexo» (1982: 15). Promovía Cuéllar «la escuela social y la educación varonil» donde los hombres aprendían a relacionarse entre sí por «los ejercicios atléticos y los entretenimientos varoniles» (*ibid.*), mientras insistía en que las relaciones entre los sexos fuesen bien controladas «por el refinamiento de las costumbres» porque «el pollo no sabe resistir el atractivo engañoso de la mujer» (*ibid.*).

Nación homosocial

Mientras tanto, entre los hombres la intimidad no sólo no causaba angustia sino que se valorizaba como fundamento de la Nación. El amor entre hombre y mujer se representaba como problemático, pero el afecto homosocial entre hombres alegorizaba la consolidación de una Nación moderna y liberal basada en los principios de libertad, igualdad y fraternidad. *El Periquillo Sarniento* de José Joaquín Fernández de Lizardi, primera novela de la nueva Nación, es la historia de una serie de relaciones de aprendizaje y amistad entre hombres de diferentes clases sociales, profesiones, regiones y razas y el hombre más profundamente mexicano del momento, el pícaro Pedro Sarmiento.

Es un libro que establece desde su primer capítulo la centralidad de lo masculino en la construcción de la identidad nacional; según un crítico, en la novela: «Queda configurado el paso de lo paterno (biológico, individual y concreto) a lo patriarcal (ordenamiento social, colectivo y abstracto)» (Oyarzún 1991: 33). También es un libro en el que el afecto entre hombres se representa en términos indudablemente mortificantes para algunos lectores actuales, pero que ni inquietaba a los que leían al *Pensador Mexicano* en los años 1810 y 1820.

En una escena entre el joven Periquillo y su maestro de primaria, éste le dice: «Conque si unas avecitas no necesitan azote para aprender, un niño como tú, ¿cómo lo habrá menester...? ¡Jesús...!, ni pensarlo. ¿Qué dices? ¿Me engaño? ¿Me amarás? ¿Harás lo que te mande?». El Periquillo sigue contando:

> «Sí, señor», le dije todo enternecido y le besé la mano, enamorado de su dulce genio. Él entonces me abrazó, me llevó a su recámara, me dio unos bizcochos, me sentó en su cama y me dijo que me estuviera allí. Es increíble lo que domina el corazón humano un carácter dulce y afable, y más en un superior. El

de mi maestro me docilitó tanto con su primera lección, que siempre lo quise y veneré entrañablemente, y por lo mismo le obedecía con gusto (Fernández de Lizardi 1979: 36-37).

Tal escena quizás ni se podría publicar en una novela contemporánea por su implicación de posibles abusos sexuales.

Otra escena curiosa sucede en el antro al que acudía el Periquillo con un amigo, Januario. Allí todos jugaban, apostando lo poco que tenían, «quedándose algunos como sus madres los parieron sin más que un *maxtle*, como le llaman, que es un trapo con que cubren sus vergüenzas, y habiendo pícaro de éstos que se enredaba con una frazada en compañía de otro, a quien le llamaban su *valedor*» (*ibid.*, 186; énfasis en el original). Entre hombre y mujer tal escena hubiera sido pornografía, impublicable. Pero entre hombres, era mera picardía.

En otro episodio, cuando el Periquillo cuenta lo que pasó una noche con un policía, el lector contemporáneo ya no sabe qué pensar de la imaginación del autor. Narra el Periquillo: «Me convidó con su cuarto; yo admití y me fui a dormir con él. Luego que vio mis pistolas se enamoró de ellas y trató de comprármelas. Con el credo en la boca se las vendí por veinticinco pesos» (*ibid.*, 504). Antes de Freud, era posible que un par de hombres compartiera cama, deseándose las pistolas sin que se engendraran significados fálicos. Simplemente no había preocupación por las relaciones íntimas entre hombres.

Al contrario, como escribió Cuéllar: «"Debemos asociarnos, fraternizar y trabajar con fruto en una empresa noble y grande": la creación de la literatura nacional» (citado en Schneider 1986: 79). La fraternidad cultural, siempre pensada en términos exclusivamente masculinos (Pratt 1990), abundaba en la ciudad letrada del siglo XIX. Ignacio Ramírez presentó a mediados del siglo un discurso memorable ante una fraternidad literaria de este mismo tipo en el que convocaba a estos hombres para que se saludaran «con amorosas manos que se estrech[ab]an ardiendo en impaciencia» y abrazos apasionados (1952: 4). Para Ramírez, este fervor efusivo en el ambiente homosocial se debía promulgar como «la primera entre las esperanzas e ilusiones que cultivan los siglos y las naciones» (*ibid.*, 5).

Los abrazos apasionados entre hombres protagonistas en la literatura también abundaban y en varias ocasiones este ardor mutuo alegorizaba la consolidación nacional al conciliar simbólicamente a dos grupos antagónicos. Por ejemplo, en *La navidad en las montañas* de Ignacio Altamirano, cuando el narrador, un soldado liberal que viajaba por las montañas, se topó con un fraile gachupín y empezaron a platicar y conocerse, el narrador se detiene para

describir cuidadosamente la escena en que los dos se apearon para que el soldado se lanzara sobre el padre en un abrazo lacrimoso por un impulso repentino de afecto que sintió por el español. La amistad alegoriza una deseada unidad nacional de las facciones liberales y conservadoras, criollas y gachupinas, laicas y eclesiásticas[3].
Y en ningún caso se implica un erotismo problemático. Las amistades entre hombres no tienen límites porque no hay preocupaciones sobre la homosexualidad. Y tales escenas ocurren no sólo entre los letrados refinados sino también entre los hombres más incultos, como los hermanos de la hoja, los protagonistas bandidos de la gran novela de masculinidad rural del siglo XIX, *Astucia* de Luis Inclán. En una escena de un rito de iniciación entre estos bandidos provincianos, sucede lo siguiente:

> —Entonces —dijo Pepe a sus compañeros a la vez que les hizo una seña muy significativa— le quitaremos sus pistolas. Y al instante todos se abalanzaron, cual si fueran hambrientos lobos sobre su presa; al oír Lorenzo aquella amenaza, desenganchó al momento los trabucos y trató de cubrir su espalda, defendiéndolos vigorosamente. Ruda y tenaz fue la lucha, pero mucho más la resistencia; pues sirviéndole a Lorenzo sus fuerzas hercúleas, sólo a empellones se los quitaba de encima, llevándose ellos entre sus manos lo que podían agarrar, hasta que dejándose casi en cueros y convencidos de su energía, pujanza y sobre todo sangre fría, dijo Pepe lleno de sudor y jadeando de fatiga: —¡Basta!—. A su voz todos se pararon; y Lorenzo, con toda la ropa hecho pedazos, con mucha tranquilidad volvió a engancharse los trabucos, se limpió la frente y se cruzó de brazos sin hablar una palabra (1987: 82-83).

Estos lobos hambrientos que le arrancaron la ropa a Lorenzo, dejándolo casi desnudo, pero siempre con sus pistolas, no representan un homoerotismo, ni siquiera una violencia sexual para el lector decimonónico, porque tal concepto no se conocía. No existía ninguna preocupación por el deseo o el afecto o el erotismo entre hombres o en un ambiente homosocial masculino.

En otra escena de *El Periquillo*, un encuentro entre dos amigos inspiró tanta pasión fraternal que uno de los dos se abrumó con unos «éxtasis misteriosos» (Fernández de Lizardi 1979: 532). El misterio, quizás, radica en el hecho de que tal afecto entre hombres todavía no tenía nombre. En otra novela, *Hermana de los ángeles* de Florencio María del Castillo, el protagonista,

---

[3] Se puede comparar esta alegoría de integración nacional por medio de los lazos homosociales con el romance heterosexual nacional, «la ficción fundacional» de los países latinoamericanos del siglo XIX (véase Sommer 1993).

Manuel, se sentía atraído a un joven llamado Lorenzo: «¿La causa? —No sabré decírosla porque las leyes de la simpatía son oscuras y desconocidas» (1854: 51). Esta imposibilidad de articular no impedía que se acercaran: «entre Manuel y Lorenzo no tardó mucho en desarrollarse una amistad verdaderamente fraternal» (*ibid.*).

Nación siempre viril

Lo que sí preocupaba a los varones decimonónicos fue el afeminamiento. Los personajes más identificados con lo mexicano —por ejemplo, El Periquillo Sarniento o Astucia— se obsesionaban por su reputación de hombres masculinos. Uno de los mentores del Periquillo le advirtió:

> no os afeminéis como aquel valientísimo Hércules, que después que venció leones, jabalíes, hidras y cuanto se le puso por delante, se dejó avasallar tanto del amor de Omfale que ésta lo desnudó de la piel del león Neneo, lo vistió de mujer, lo puso a hilar, y aun le reñía y castigaba cuando quebraba algún huso o no cumplía la tarea que le daba. ¡Qué vergonzosa es semejante afeminación aun en la fábula! (Fernández de Lizardi 1979: 46).

Si lo que nosotros conocemos como el homoerotismo no era problemático, el afeminamiento sí lo era, y hasta los hombres más viriles como Hércules eran vulnerables a esta condición vergonzosa. Los personajes afeminados nunca eran héroes, nunca eran admirados, y su presencia en la literatura era sólo para hacer contraste con los héroes siempre muy masculinos. Sin embargo, el afeminamiento de Hércules o de otros personajes menos admirados de la literatura mexicana nunca implicaba una heterodoxia sexual[4].

Chucho el Ninfo fue quizás el hombre más maricón de la literatura decimonónica mexicana. El protagonista de la novela de Cuéllar cuidaba demasiado su elegancia, su tez virginal, sus pestañas arqueadas, sus labios ligeramente pintados, su cabello ensortijado, su imagen fina, su delicadeza física: Monsiváis lo describe como «un gay» (2001: 302; 2003: 141). Pero las amistades de Chucho, siempre con mujeres, resultaron problemáticas porque todos

---

[4] Este término fue empleado por Carlos Monsiváis en el primero de cuatro ensayos importantes que ha publicado en *Debate Feminista* para la historia de la sexualidad en México desde el siglo XIX. Véase «Ortodoxia y heterodoxia en las alcobas» (1995), «Los que tenemos unas manos» (1997), «Los iguales, los semejantes» (2001) y «La emergencia de la diversidad» (2004). Véase también Monsiváis (2003).

(incluyendo a las mujeres a quienes enamoraba) daban por sentado que estas relaciones reflejaban un deseo mutuo. Otro caso interesante sucede en *El fistol del diablo* de Manuel Payno:

> El cuarto del petimetre presentaba un aspecto muy singular: casacas, levitas, pantalones, chalecos, botas, todos los atavíos con que día por día se engalanaba como un cómico, estaban esparcidos sobre las sillas colocadas en desorden en medio de la pieza. En el tocador había multitud de frasquitos de pomadas y aceites olorosos, cepillos chicos y grandes, cosméticos para teñir el bigote, colorete para la cara, fierros para rizar el cabello; y un observador curioso habría descubierto dos corsés y algunos pechos postizos (1992: 406).

Este hombre no es travesti sino escandaloso seductor de mujeres, galán malvado que destruye reputaciones y roba a sus víctimas, pero hombre decididamente heterosexual.

La masculinidad entonces se promovía como elemento clave de la identidad nacional, pero no era la masculinidad que se conocía en 1950, masculinidad heterosexual y homófoba, sino una masculinidad cuyo aspecto heterosexual se tenía que controlar por lo socialmente peligroso que era, pero cuyo lado homosexual ni se reconocía. Por eso se permitía el afecto y el trato aparentemente erótico entre hombres; y por eso el afeminamiento no tenía ningún efecto sexual en el hombre. Todo esto antes del advenimiento del discurso médico sobre la homosexualidad, discurso que llegó al imaginario mexicano menos por la ciencia que por la cultura popular.

Las ansiedades aumentan: el Porfiriato

El Porfiriato (1876-1911) fue la *belle époque* del positivismo cuando la curiosidad científica se interesó en muchos asuntos que no se habían interrogado antes en el México independiente. Las teorías de raza, de degeneración, de psicología criminal y de sexualidad empezaron a circular y fueron empleadas por los científicos letrados para el control social y para la preservación de las jerarquías de raza y de clase social. La sexualidad, en particular, asumió mucha importancia entre los criminalistas y los médicos, y el tema captó la atención también del público en general al que llegó por la literatura, el arte, el teatro y el periodismo popular[5].

---

[5] Entre los varios estudios interesantes sobre cuestiones sexuales en la época, aparte de los artículos ya citados sobre los 41, ver los ensayos compilados por Irwin, McCaughan

Por ejemplo, la sexualidad de la mujer fue un tema de gran interés. La mujer —o mejor dicho la mala mujer— de golpe empezó a representarse como un ser sexual cuyo deseo no controlado siempre la llevaba a fines trágicos. La Rumba, protagonista de la novela de Ángel de Campo del mismo nombre, por su deseo de «ser como las rotas» (1981: 195) se casó con un extranjero burgués, quien resultó ser un marido abusivo y violento[6]. La joven casi acabó encarcelada —por ambiciosa—. Manuela, protagonista de *El Zarco* de Altamirano, por su deseo por el rubio y gallardo bandido, el Zarco, acabó muriéndose (de tristeza y desesperación) al lado de su amante el mismo día en que éste fue fusilado por sus crímenes. Santa, la prostituta protagonista de la famosa novela de Federico Gamboa, no pudo controlar su deseo y por eso terminó muerta de una horrible enfermedad provocada por su errante vida sexual.

Es distinto el caso de la pequeña novela *El bachiller* de Amado Nervo, cuyo protagonista masculino fue acosado por el deseo abrumador de su vecina al grado de que se sintió obligado a buscar una solución extrema: su propia castración. Aquí el deseo amenazador de la mujer afemina al hombre.

Mientras que la nuevamente descubierta sexualidad de la mujer atemorizaba la civilización, la sexualidad del hombre se bifurcaba no por cuestiones de bondad o maldad como en el caso de la mujer (la buena mujer —como la monja protagonista de *El donador de almas* de Nervo— no experimentaba el deseo sexual; la mala mujer era la prostituta, la rota, la mujer que se atrevía a desear), sino por divisiones de clase social.

Otra amenaza a la civilización fue la sexualidad incontrolable y salvaje del hombre no educado. Según se quejó el cronista Luis Urbina en su crónica «Los valientes y la civilización», en México hay «muchos valientes, pero no mucha civilización» (1995: 85). Estos valientes eran los machos agresivos —un ejemplo, el asesino Timoteo Andrade se comparaba con «esos ogros devoradores de carne cruda, recién salidos de la selva primitiva, insaciables y furiosos [...]. Tiene la crueldad de su sexo; es un macho bravo» (*ibid.*, 4)— que, a diferencia de los hombres cultos, recurrían a la violencia para defender su honor. En ese entonces, la palabra «macho» no tenía otra acepción que «animal masculino», y de este ejemplo se ve cómo su uso en

---

y Nasser (2003) y, en particlar, los de Buffington, Macías González, Piccato, Rivera Garza y Molloy.

[6] En México, el «roto» es un «individuo sin quehacer y sin dinero que viste bien a fuerza de trampas y picardías» mientras que «rota» se refiere a «la señorita de clase media que vive a lo rico» (Santamaría 1992: 948).

referencia al hombre se inauguraba como término despectivo para reforzar jerarquías de clase social. Según el positivista Miguel Macedo en un estudio muy conocido en su época sobre el problema del crimen en México, «los delitos de sangre, son cometidos casi en la totalidad de los casos por individuos de la clase baja contra individuos de la propia clase» (1897: 6). Estos individuos de la clase baja, según otro positivista, Julio Guerrero, «viven en la promiscuidad sexual, se embriagan cotidianamente [...], riñen y son los promotores principales de los escándalos» (1977: 159). Se vinculaban entonces la promiscuidad, la violencia, la embriaguez, la criminalidad —en fin la masculinidad no civilizada— con la pobreza urbana. Recordó José Juan Tablada que «[l]a perversión moral creada por aquel estado de cosas llegaba al grado de identificar la hombría y la fuerza masculina con la práctica de todos los vicios» (1991: 74). Un nuevo problema social para el México porfiriano fue lo que Macedo llamaba «el valor salvaje [...] de ser muy hombre» (1897: 11).

Estos hombres hiperviriles exhibían una sexualidad desenfrenada en parte por cuestiones de indumentaria ya que ciertos mexicanos pobres, en palabras del español Julio Sesto «anda[n] en calzoncillos por las ciudades como anda[n] en el campo, "como se anda en casa", y siquiera esos calzoncillos fueran limpios y [...] sin ventanas» (1910: 231). Sigue Sesto: «al ceñirse en sus ondulaciones flexibles a las flacideces masculinas, denuncia[n] relieves o muestra[n] por sus agujeros impudicias de cafrería» (*ibid.*, 232). El movimiento que documenta el historiador Moisés González Navarro de «empantalonar a los indios» (*ibid.*, 396) se dirigía precisamente a esta nueva amenaza sexual masculina. Macedo agrega:

> su traje se reduce a la camisa y al calzón de manta, insuficientes como abrigo e insuficientes también para cubrir decentemente sus carnes, llegando cuando más a tener una frazada que funciona alternativamente como cobertor de lecho y como abrigo personal, a guisa de capa, bien para protegerse del frío o para que bajo él se oculten, por cierto modo muy deficiente, aventuras amorosas que se desarrollan en plena calle (1897: 15).

Esta hipermasculinidad e hipersexualidad del hombre pobre se volvían aun más problemáticas cuando se presentaban al lado de la masculinidad culta y civilizada que preferían los positivistas. Los mexicanos cultos querían que su país, tachado por la ciencia europea como degenerado y bárbaro por ser país mestizo, se elevara a la civilización, pero, para hacerlo, sus hombres tendrían que portarse como los hombres más refinados de Europa.

El modernista Ciro Ceballos alegorizó un combate entre la masculinidad salvaje y la culta en su novelita *Un adulterio* de 1903. El protagonista de clase alta, al irse al campo para convalecerse, se enamoró de una vecina, una exótica viuda virgen cuyo esposo murió sin que se consumara el matrimonio. Se casaron y el nuevo marido de pronto descubrió que la supuesta virgen no lo era. Días después, al escuchar «un rumor de lamentos espasmódicos» (1982: 46) proviniendo de la alcoba de la esposa, entró el protagonista y descubrió que «en la alfombra su esposa completamente desnuda copulaba con horrible rijo» con su mascota, un gorila llamado Jack (*ibid.*). La sexualidad salvaje acabó victoriosa cuando el macho Jack mató al pobre esposo.

Otra lucha simbólica ocurre en un cuento de Victoriano Salado Álvarez en el que el protagonista, al ser asaltado por unos bandidos, tuvo que decidir entre un par de opciones. En palabras del narrador del relato: «y pudieron más la avaricia y el afán de atesorar, que el amor a la vida, y a más que eso, a la virilidad» (1953: 19). Entonces los bandidos le aplicaron el castigo prometido: la castración. De ahí el título de la obrita: «El eunuco». De nuevo, la riqueza se asoció con el afeminamiento y la pobreza con la virilidad.

Todo se complicó más en 1901 con el gran escándalo de los 41 maricones. En noviembre de ese año, un baile de travestis fue sorprendido por la policía y de pronto se armó un escándalo de enormes proporciones. Representado en todos los periódicos de la Ciudad de México, en unos grabados burlones de José Guadalupe Posada y hasta en una novela popular —ya olvidada por los historiadores de literatura nacional— del autor Eduardo Castrejón, el escándalo de los famosos 41 hizo que el tema de la homosexualidad surgiera por primera vez en el discurso popular del país. Fue el baile de los 41 maricones, en palabras de un periódico, el «baile estilo nuevo siglo» (*El Popular*, 25-XI-1901, 1), y su impacto en las nociones de sexualidad masculina, masculinidad e identidad nacional sería profundo para todo el siglo XX. Desde ese momento, en efecto, la homosexualidad se vinculó entrañablemente con el travestismo, sinécdoque de afeminamiento (Monsiváis 1995: 199) y el número 41 llegó a significar la homosexualidad. Por eso se evita en las direcciones y en el ejército, por dar algunos ejemplos (Schneider 1997: 69). Hay hombres que sólo admiten tener treinta y once años. Al evitarse entonces, no se borra: el número se reconoce, se resalta. Y por el interés inagotable del tema en la cultura popular y a pesar del rechazo implícito en el tono humorístico de sus representaciones, la homosexualidad en el momento del escándalo de los 41, se nacionalizó, es decir que entró innegablemente desde entonces en el imaginario nacional[7].

---

[7] Véanse Monsiváis (2001, 2003); e Irwin (2003a).

Durante el Porfiriato, la homosexualidad empezó a encontrarse en lados diversos. El criminólogo Carlos Roumagnac encontró innumerables casos en las prisiones del Distrito Federal entre hombres de la clase criminal ya tachada como salvaje por otros científicos del día. Sin embargo, por la asociación de la homosexualidad masculina con el afeminamiento y el travestismo, se hizo la vista gorda a la homosexualidad de los criados o de los hombres curiosos reclutados de las cantinas populares que, según la prensa y la novela de Castrejón, asistieron al baile. Los 41 se identificaron popularmente no con los degenerados de Belén sino con los dandis del boulevard. Fue la masculinidad culta la que ya se había contaminado por el nuevo discurso sexual. Los maricones eran los mismos hombres refinados que establecieron la cultura nacional en la literatura del siglo anterior, pero estos lazos fraternales que se promovieron en esa literatura como cimiento de la nueva cultura nacional de repente significaron su perdición.

Entonces, cuando, en *El donador de almas* de Amado Nervo, el protagonista, un médico que amaba efusivamente (al estilo de los letrados decimonónicos) a su amigo poeta, aceptó en su cuerpo un alma de mujer, regalo del mismo amigo, es difícil no leer la resultante metáfora del alma de mujer en cuerpo de hombre como su latente homosexualidad. La masculinidad, y sobre todo la amistad íntima entre los hombres letrados, había cambiado para siempre.

De ahí el estereotipo

Por eso en los años veinte hubo debates acerca de la virilidad de la literatura nacional, se promovió el género «viril» de la novela de la revolución como cumbre de expresión nacional, y los poetas refinados y cultos (al estilo de los letrados decimonónicos) fueron acusados del «abuso literario de la palabra "joto"» (Monsiváis 1990: 274)[8]. A partir del 1901, cualquier caso de contacto o adhesión íntima entre hombres se vio como sospechoso y el afeminamiento y la homosexualidad masculina se entendieron como la misma cosa. Es decir que todos los estereotipos conocidos del machismo mexicano y de la homosexualidad masculina mexicana, articulados como elementos clave de la cultura nacional por Octavio Paz, tomaron su forma no con la conquista de México sino en «el baile nefando» de los jotos (*El País,* 22-XI-

---

[8] Véanse también Díaz Arciniega (1989); Sheridan (1993); Balderston (1999).

1901, 1). El homoerotismo textual subyacente en la novela decimonónica se volvió problemático sólo en los primeros años del siglo XX. Éste es el caso particular de México, pero los historiadores literarios y culturales van notando patrones similares en otras partes de América Latina también, como se ha visto notablemente en obras recientes sobre Argentina, Cuba y Brasil[9].

Bibliografía

ALENCAR, José de (1998): *Iracema* [1865]. São Paulo: Ática.
ALTAMIRANO, Ignacio M. (1995): *El Zarco* [1888/1901] – *La navidad en las montañas* [1871]. México: Porrúa.
BALDERSTON, Daniel (1999): *El deseo, enorme cicatriz luminosa*. Caracas: eXcultura.
BEATTIE, Peter (2001): *The Tribute of Blood: Army, Honor, Race, and Nation in Brazil, 1864-1945*. Durham: Duke University Press.
BEJEL, Emilio (2001): *Gay Cuban Nation*. Chicago: University of Chicago Press.
BUFFINGON, Robert (2003): «Homophobia and the Mexican Working Class, 1900-1910». En: Robert McKee Irwin, Edward J. McCaughan y Michelle Rocío Nasser (eds), *The Famous 41: Sexuality and Social Control in Mexico, 1901*. New York: Palgrave Macmillan, 193-225.
CAMPO, Ángel de (1981): *Ocios y apuntes. La Rumba* [1891]. México: Porrúa.
CARRIER, Joseph (1995): *De los otros: Intimacy and Homosexuality Among Mexican Men*. New York: Columbia University Press.
CASTILLO, Florencio María del (1982): *Hermana de los ángeles*. México: Secretaría de Educación Pública/Premiá.
CASTREJÓN, Eduardo (2003): «Los 41: novela crítico-social» [1906]. En: Robert McKee Irwin, Edward J. McCaughan y Michelle Rocío Nasser (eds.), *The Famous 41: Sexuality and Social Control in Mexico, 1901*. New York: Palgrave Macmillan, 93-138.
CEBALLOS, Ciro B. (1982): *Un adulterio* [1903]. México: Secretaría de Educación Pública/Premià.
CUÉLLAR, José Tomás de (1975): *Historia de Chucho el Ninfo* [1871]. México: Porrúa.
— (1982): *Los mariditos* [1890]. México: Secretaría de Educación Pública/Premià.
DÍAZ ARCINIEGA, Víctor (1989): *Querella por la cultura «revolucionaria» (1925)*. México: Fondo de Cultura Económica.
FERNÁNDEZ DE LIZARDI, José Joaquín (1979): *El Periquillo Sarniento* [1816]. México: Próxema.

---

[9] Véanse, por ejemplo, Salessi (1995); Bejel (2001); y Green (1999).

— (1990): *La Quijotita y su prima* [1818]. México: Porrúa.
GAMBOA, Federico (1979): *Santa* [1903]. México: Grijalbo.
GREEN, James (1999): *Beyond Carnival: Male Homosexuality in Twentieth-Century Brazil.* Chicago: University of Chicago Press.
GUERRERO, Julio (1977): *La génesis del crimen en México* [1901]. México: Porrúa.
GUTIÉRREZ, Eduardo (1965): *Juan Moreira* [1879]. Buenos Aires: Editorial Universitaria.
INCLÁN, Luis G. (1987): *Astucia* [1865]. México: Porrúa.
IRWIN, Robert McKee (2003a): «The Centenary of the Famous 41». En: Robert McKee Irwin, Edward J. McCaughan y Michelle Rocío Nasser (eds.), *The Famous 41: Sexuality and Social Control in Mexico, 1901.* New York: Palgrave Macmillan, 169-189.
— (2003b): *Mexican Masculinities.* Minneapolis: University of Minnesota Press.
— MCCAUGHAN, Edward J. y NASSER, Michelle Rocío (eds.) (2003): *The Famous 41: Sexuality and Social Control in Mexico, 1901.* New York: Palgrave Macmillan.
LUMSDEN, Ian (1991): *Homosexualidad, sociedad y estado en México.* Traducción de Luis Zapata. México/Toronto: Solediciones/Canadian Gay Archives.
MACEDO, Miguel S. (1897): *La criminalidad en México: medios de combatirla.* México: Oficina Tipográfica de la Secretaría de Fomento.
MACÍAS GONZÁLEZ, Víctor (2003): «The *Lagartijo* at *The High Life*: Masculine Consumption, Race, Nation, and Homosexuality in Porfirian Mexico». En: Robert McKee Irwin, Edward J. McCaughan y Michelle Rocío Nasser (eds.), *The Famous 41: Sexuality and Social Control in Mexico, 1901.* New York: Palgrave Macmillan, 227-249.
MARTÍ, José (1996): *Ismaelillo* [1882]. *Versos libres* [1882]. *Versos sencillos* [1891]. Madrid: Cátedra.
MOLLOY, Sylvia (2003): «Sentimental Excess and Gender Disruption: The Case of Amado Nervo». En: Robert McKee Irwin, Edward J. McCaughan y Michelle Rocío Nasser (eds.), *The Famous 41: Sexuality and Social Control in Mexico, 1901.* New York: Palgrave Macmillan, 291-306.
MONSIVÁIS, Carlos (1990): *Amor perdido* [1977]. México: Era.
— (1995): «Ortodoxia y heterodoxia en las alcobas». En: *Debate Feminista* año 6, vol. 11, 183-210.
— (1997): «Los que tenemos unas manos que no nos pertenecen». En: *Debate Feminista* año 8, vol. 16, 11-33.
— (2001): «Los iguales, los semejantes, los (hasta un minuto) perfectos desconocidos (A cien años de la Redada de los 41)». En: *Debate Feminista* año 12, vol. 24, 301-327.
— (2003): «The 41 and the Gran Redada» (traducción de Aaron Walker). En: Robert McKee Irwin, Edward J. McCaughan y Michelle Rocío Nasser (eds.), *The Famous 41: Sexuality and Social Control in Mexico, 1901.* New York: Palgrave Macmillan, 139-167.

— (2004): «La emergencia de la Diversidad: las comunidades marginales y sus batallas por la visibilidad». En: *Debate Feminista* año 15, vol. 29, 187-205.

NERVO, Amado (1976): *El donador de almas* [1899/1904]. México: B. Costa-Amic.

— (1984): «El bachiller» [1895]. En: *Prosa y verso*. México: Patria, 83-107.

NÚÑEZ NORIEGA, Guillermo (1999): *Sexo entre varones: poder y resistencia en el campo sexual*. México/Hermosillo: Coordinación de Humanidades, Programa Universitario de Estudios de Género, Instituto de Investigaciones Sociales de la Universidad Nacional Autónoma de México/Miguel Ángel Porrúa/El Colegio de Sonora.

OYARZÚN, Kemy (1991): «Deseo y narrativa disciplinaria: *El Periquillo Sarniento*». En: *Acta Literaria* n° 16, 21-39.

PAYNO, Manuel (1991): «Memorias sobre el matrimonio» [1843]. En: Julia Tuñón (ed.), *El álbum de la mujer: antología ilustrada de las mexicanas*. México: Instituto Nacional de Antropología e Historia, tomo 3, 117-127.

— (1992): *Fistol del diablo* [1846]. México: Porrúa.

PAZ, Octavio (1988): *El laberinto de la soledad* [1950]. México: Fondo de Cultura Económica.

PICCATO, Pablo (2003): «Interpretations of Sexuality in Mexico City Prisons: A Critical Version of Roumagnac». En: Robert McKee Irwin, Edward J. McCaughan y Michelle Rocío Nasser (eds.), *The Famous 41: Sexuality and Social Control in Mexico, 1901*. New York: Palgrave Macmillan, 251-266.

PRATT, Mary Louise (1990): «Women, Literature, and National Brotherhood». En: Emilie Bergemann *et al.*, *Women, Culture, and Politics in Latin America*. Berkeley: University of California Press, 48-73.

PRIEUR, Annick (1998): *Mema's House, Mexico City: On Transvestites, Queens, and Machos*. Chicago: University of Chicago Press.

RAMÍREZ, Ignacio (1952): *Obras*. México: Editora Nacional.

RIVERA GARZA, Cristina (2003): «Beyond Medicalization: Asylum Doctors and Inmates Produce Sexual Knowledge at the General Insane Asylum *La Castañeda* in Late Porfirian Mexico». En: Robert McKee Irwin, Edward J. McCaughan y Michelle Rocío Nasser (eds.), *The Famous 41: Sexuality and Social Control in Mexico, 1901*. New York: Palgrave Macmillan, 267-289.

ROUMAGNAC, Carlos (1904): *Los criminales en México*. México: Tipografía El Fénix.

SAHAGÚN, Fray Bernardino de (1992): *Historia general de las cosas de Nueva España (1582-1829)*. México: Porrúa.

SALADO ÁLVAREZ, Victoriano (1953): *Cuentos y narraciones*. México: Porrúa.

SALESSI, Jorge (1995): *Médicos maleantes y maricas: higiene, criminología y homosexualidad en la construcción de la nación Argentina (Buenos Aires: 1871-1914)*. Rosario: Beatriz Viterbo.

SANTAMARÍA, Francisco J. (1992): *Diccionario de mejicanismos* [1959]. México: Porrúa.

SCHNEIDER, Luis Mario (1986): *Ruptura y continuidad: la literatura mexicana en polémica* [1975]. México: Fondo de Cultura Económica.
— (1997): *La novela mexicana entre el petróleo, la homosexualidad y la política*. México: Nuevo Imagen.
SESTO, Julio (1910): *El México de Porfirio Díaz*. Valencia: F. Sampere.
SHERIDAN, Guillermo (1993): *Los Contemporáneos ayer* [1985]. México: Fondo de Cultura Económica.
SOMMER, Doris (1993): *Foundational Fictions* [1991]. Berkeley: University of California Press.
TABLADA, José Juan (1991): *La feria de la vida* [1937]. México: CONACULTA.
URBINA, Luis G. (1995): *Crónicas*. México: Universidad Nacional Autónoma de México.

HOMBRES QUE LEYERON A VERLAINE

JOSÉ RICARDO CHAVES
Universidad Nacional Autónoma de México

La literatura es un buen registro para seguir las cambiantes percepciones sociales (y poéticas) de lo que hoy llamamos «homosexualidad» (masculina), palabra acuñada en la segunda mitad del siglo XIX en círculos médicos y psiquiátricos, con lo que muy pronto quedó asociada a un impulso taxonómico de «rarezas del instinto», a la sexología secular (que culminaría en el psicoanálisis) o a la criminología. En los ámbitos literarios y artísticos también había un gran interés por estos asuntos, dado el antecedente romántico que había hecho de eros uno de sus tópicos centrales: amor, sí; sexualidad también. Pero mientras que el gran romanticismo, el «clásico», el de las primeras décadas del XIX, se había centrado en un erotismo heterosexual (bajo la égida ideológica del andrógino místico), el romanticismo tardío, finisecular (que normalmente disgregamos en una pléyade de nombres y escuelas: decadentes, esteticistas, simbolistas, modernistas...), decide explorar las sexualidades marginales, más allá del matrimonio burgués y el prostíbulo (entre la santa-madre-esposa y la puta fatal) a la sombra del andrógino cabrío. Claro, en este giro mucho tiene que ver la misoginia rampante, la identidad masculina amenazada por el feminismo creciente, por lo que *el* artista (hombre, al fin y al cabo) se hace eco de este malestar viril y lo incorpora a su quehacer estético. De aquí esa profusión de Dalilas, Salomés y Cleopatras en la literatura y las artes plásticas de fines del XIX.

En el caso de la literatura hispanoamericana, es con el Modernismo cuando lo erótico adquiere una focalidad y un desarrollo no visto antes, debido en parte a la creciente secularización propiciada por la vida moderna que se venía imponiendo desde antes aquí, allá y acullá, por los caminos de la legislación. Al decir de Gutiérrez Girardot:

> Pese a las resistencias de los antiburgueses tradicionalistas, se impusieron los principios racionales y capitalistas articulados en el *Code Napoleón*: en el Código de Comercio español, de 1829, en su adaptación para la República de Chile por Andrés Bello en 1854, que fue aceptada luego por las demás repúblicas latinoamericanas. A esta recepción del código napoleónico la preparó y acompañó la difusión del utilitarismo de Bentham y de la ideología de Destutt de Tracy tanto en España como en Latinoamérica (1988: 27).

Es así como el derecho civil napoleónico y las ideologías utilitaristas conformaron en gran medida la mentalidad de las sociedades de lengua española. Este positivismo liberal fue el equivalente de la Ilustración en el ámbito hispanoamericano y generó un espacio secular que permitió a las letras incursionar en lo erótico sin tantas restricciones, como había sido lo usual, sobre todo de parte de las instancias religiosas. De aquí que buena parte de la transgresión modernista a la convención sexual vaya acompañada de la noción de sacrilegio, tal como ocurre en México con el primer Tablada o con Efrén Rebolledo, uno de los poetas más consecuentes en esta exploración de eros.

Para la mayoría de los escritores del siglo XIX (ya sean liberales, conservadores o indiferentes) la masculinidad no es un punto a discutir, es un supuesto del que se parte por naturaleza y lo que hay que hacer, más bien, es proyectar esas cualidades viriles en la joven Patria, tierra del padre, que requiere de campesinos, militares, profesionales, comerciantes... y algunos artistas y sacerdotes. Con los escritores modernistas esta percepción «natural» de la hombría comienza a tornarse «convencional» y a mostrar algunas grietas debidas en parte al incipiente aunque creciente reacomodo femenino en la sociedad que cuestiona la diferencia entre los sexos. El surgimiento del Modernismo generó polémica que, más allá de aspectos literarios y estéticos, involucró también asuntos sexuales, igual que había pasado en Europa con las corrientes de fin de siglo, cuyas nuevas propuestas artísticas fueron vinculadas por sus críticos con patologías mentales y sexuales (Max Nordau fue quizá el ejemplo más elocuente de esta postura). Por su vinculación con lo decadente y lo raro, los modernistas tuvieron que vérsela con la sombra acusatoria del afeminamiento, debido, sobre todo, a costumbres y ropa (el famoso dandismo), que había sido a lo largo del siglo el concepto central para hablar de ciertos raros masculinos, desviantes de la norma viril —cuando menos tal como se aprecia en la literatura culta— y también a la falta de virilidad civil y de salud mental en su arte, algo que los descalificaba ante las necesidades de la Nación, según el progresismo porfirista y luego revolucionario.

Resulta interesante observar cómo el Modernismo ha sido visto no sólo como afeminado, sino incluso como femenino, como ocurre en la lectura que hace Díaz Plaja del modernismo y de la Generación del Noventa y Ocho, quien afirma que «por una suerte de afinidades electivas, o por una oscura selección temperamental, es lo cierto que nosotros observamos una serie de elementos aproximados al signo viril en el Noventa y Ocho y al signo femíneo en el Modernismo» (citado en Gutiérrez Girardot 1998: 12). Quizá el Modernismo literario fue una forma de canalizar una inquietud de género con respecto de la mujer, no hacerla más el centro de un universo libidinal sino apenas una de sus posibilidades. El Modernismo establece una cierta autonomía del sujeto masculino, incluso cuando sucumbe a los encantos de la mujer fatal. Ya el hombre no es el complemento de la mujer, sino que predominan imágenes fragmentadas.

Aunque la categoría «homosexualidad» era conocida por psiquiatras, médicos, poetas y filósofos, ya no sólo se vuelve visible para las elites, sino también para las masas, por medio del escándalo. Cuando lo oculto despreciado se muestra a la multitud por el espectáculo a través de la prensa (de los medios en general), pese al rechazo social o legal, se sienta un precedente que no puede ser negado por más tiempo. En el ámbito literario, las figuras de Rimbaud y Verlaine, por una parte, y de Wilde por otra, son emblemáticas de esa homosexualidad escandalosa porque se torna visible, porque se muestra. Son escándalos que hablan de hombres que abandonan sus hogares para seguir a otro hombre, por lo que atentan contra la familia y el matrimonio. Quizá el de Wilde fue de mayor alcance que el de Verlaine y Rimbaud, más limitado a los letrados. Ambos son ejemplos de escándalos fundantes de visibilidad social de lo «homosexual», antes concebido, en la Colonia, por ejemplo, como vicio o pecado y no como una clase o tipo especial de humano, como será después, con la modernidad del XX. El ambiguo sodomita medieval, pues sodomía podía remitir tanto a sexo anal como a idolatría o al Islam (Boswell 1998), cambia con el tiempo a libertino ilustrado, a aristócrata decadente abolido por la Revolución, con lo que luego, en lectura homofóbica de izquierda, se liguen «desorden sexual» y decadencia de las clases altas. Algunos incluso iban más allá de la Revolución francesa y se remitían a la caída del Imperio romano, en la que habría influido la perversión de las costumbres sexuales. Parecido argumento usó por el fin de siglo XIX

Madame Blavatsky, al argumentar la práctica de magia sexual como factor del hundimiento de la Atlántida...

Sobre el afeminamiento

En el caso mexicano, es notorio el silencio de sus letras decimonónicas sobre lo que hoy, a inicios del XXI, llamamos homosexualidad, de personajes literarios que entren en tal categoría. Homosexuales, en el sentido de hombres que tienen sexo con hombres, no hay o, por lo menos, no se les nombra directamente en los discursos estéticos y literarios de la época. Hay, sin embargo, ambientes homoeróticos (militares, piratas, bandidos), situaciones sugerentes, pero ningún personaje especial que calce como homosexual de hoy. Lo más importante en este sentido, creo, es un antecedente literario de tal categoría, el afeminado, que, si bien encarna ciertos rasgos de lo que se cree popularmente que es ser homosexual, falla en lo que hoy se considera esencial: relaciones sexuales reales o imaginadas con el mismo sexo.

Los afeminados del XIX no son homosexuales porque no se acuestan entre ellos o con los otros, tan sólo se preocupan de sus apariencias de cabello, ropa y calzado, así como de aspectos sociales, como la fiesta y la conquista amorosa de mujeres. Aquellos afeminados son donjuanes narcisos, «heterosexuales» compulsos que, sin embargo, compiten con sus amadas en coquetería y cosméticos, en zapatos y cortes de cabello, en ropa y danza. Todo su comportamiento genera desconfianza a los otros hombres, como puede apreciarse en la novela de José Tomás de Cuéllar, *Historia de Chucho el Ninfo* (1871), cuyo principal personaje (aludido por el título), encarna el dandi local, el lagartijo liberal y porfirista, el catrín que a muchas seduce y a ninguna hace pareja, a quien le importa más que se le atribuya un amor que a tenerlo. Los hombres «normales», «los caballeros», lo soportan al tiempo que lo desprecian, aunque están asombrados por su éxito entre las mujeres. Uno de ellos afirma que «la mujer tiene sus aberraciones y ésta es una de ellas. Ese joven afeminado no sólo es bien recibido, hay algo más» (1947: 214). Por su parte, una de sus enamoradas confirma que entre más se le denigre más atractivo se torna el catrín: «Ayer oí decir que es fatuo, que es tonto y aun le tacharon de... no sé qué... Y esto, en vez de alejarlo de mi memoria, lo acerca a mí, porque lo compadezco; es la envidia, porque no es brusco y ordinario como los demás» (*ibid.*, 216). En ambos casos hay expectativas inciertas: los hombres intuyen «algo más», las mujeres olvidan un «no sé qué», ese tache, esa temida e inefable mancha que la enamorada niega por el olvido.

Otros afeminados de la literatura mexicana del XIX están en *El fistol del diablo*, de Manuel Payno, específicamente me refiero a Manolito y a don Francisco, también preocupadísimos de su propia apariencia (nótese de paso el aniñamiento de los personajes por sus denominaciones que los infantilizan, como «Chucho» o «Manolito», que los hace susceptibles del control adulto, masculino y heterosexual). El primero es descrito como bello y noble, aunque también como petimetre y presumido. Ambos manifiestan atracción por las mujeres, pese a sus devaneos y refinamientos, se parecen tanto unos a otras en el fondo, y en este sentido muestran el mismo perfil que llega a su culminación con Chucho el Ninfo (ya bien entrada la segunda mitad del XIX), en donde el afeminado no ocupa un lugar marginal sino el centro de la historia, aunque sea para ser juzgado y atacado por la buena conciencia narradora. Pero en el caso del don Francisco de la novela de Payno, el asunto de su gusto sexual es cuando menos ambiguo, pues aunque sea el encargado de seducir a una de las heroínas de la novela de folletín, muestra un gusto estrafalario y enigmático, al menos si hacemos caso a la descripción de su habitación:

> El cuarto del petimetre presentaba un aspecto muy singular: casacas, levitas, pantalones, chalecos, botas, todos los atavíos con que día por día se engalanaba como un cómico, estaban esparcidos sobre las sillas colocadas en desorden en medio de la pieza. En el tocador había multitud de frasquitos de pomadas y aceites olorosos, cepillos chicos y grandes, cosméticos para teñir el bigote, colorete para la cara, fierros para rizar el cabello; y un observador curioso habría descubierto dos corsés y algunos pechos postizos (1992: 406).

Ese observador curioso se preguntará seguramente: ¿para qué querrá don Francisco corsés y pechos postizos? Tal vez, si hubiera vivido unas pocas décadas después, a principios del siglo XX, hubiera podido asistir a un baile como el de «los 41», aquella fiesta escandalosa de 1901 en la Ciudad de México, en que la policía interrumpió una reunión de sólo hombres, en que muchos de ellos estaban vestidos de mujer. El escándalo fue mayúsculo y buena parte del pavor social tuvo que ver con la composición de clase social de los involucrados, pues la mayoría pertenecían a «buenas familias» de la sociedad porfiriana. La historia quiso incluir entre ellos al propio yerno de don Porfirio, uno de los escabullidos, pues de todos los detenidos sólo alrededor de veinte fueron exiliados a Yucatán (Irwin *et al.*). Ahora bien, este escándalo de los 41 importa porque marca, a decir de Carlos Monsiváis, «la invención de la homosexualidad en México», puesto que a partir de ese momento ya no fue posible seguir callando o eludiendo el asunto del sexo entre hombres en las letras. Pareciera como que los afeminados literarios (Chucho y compañía) se habían quedado cortos, pues al menos eran «heterosexuales», seducían a mujeres tontas y sentimentales, mientras que los «mujerucos», que el baile de los 41 mostraba, no sólo se vestían como damas, sino que tenían sexo como ellas, esto es, con hombres, con caballeros como ellos.

El escándalo de los 41 estalla en pleno auge modernista y aunque éste andaba en exploraciones eróticas, lo que la sociedad mostraba iba más allá de lo que la mayoría de los escritores modernistas estaban dispuestos a aceptar. Por ejemplo, el atrevido Rebolledo, que se permitió poetizar lesbianismo y sexo oral recíproco, no puso en su galería herética de poemas a dos hombres acoplados aunque sí a dos mujeres: «Trabadas en eróticas pendencias, / Y en medio de los muslos enlazados, / Dos rosas de capullos inviolados / Destilan y confunden sus esencias». El escándalo de los 41 obligó a nombrar lo que se eludía (al menos en la literatura) y generó un nuevo discurso, otro enfoque, sobre las posibilidades y límites del erotismo entre hombres. Pero el inicio de esta etapa no sólo estuvo escandaloso sino —y sobre todo— represivo, castigador. La dureza y rapidez del castigo estuvo acompañado de algo parecido a un linchamiento, en el que los eclesiásticos acusaban al Gobierno de corrupción de las costumbres por culpa del positivismo y el liberalismo, mientras que los laicos «de izquierda», «naturalistas», prefirieron hablar de los vicios burgueses, por ejemplo, en la mala pero sintomática novela *Los 41* de Castrejón (1906), en que el asunto se presenta en términos moraloides que mezclan el concepto moderno de enfermedad junto con la idea teológica de pecado y vicio, en una estrategia de total defenestración.

Con el cambio de siglo, escándalo de los 41 de por medio, se pasa en México del afeminado inofensivo (a veces hasta divertido) al desviado sexual, vinculado con el crimen y la locura. Se habla de «degeneración», que aunque ahí aparezca peyorativamente, en tanto descomposición, visto desde otro ángulo, cabe reconocer que en esos personajes (literarios e históricos) hay de/generación, reconsideración del género (propio y ajeno), en estos casos, reconsideraciones de la masculinidad. Así, la homosexualidad es abominada cuando se la concibe como pérdida de masculinidad, como feminización, lo que se percibe como degradación (paso de lo masculino a lo femenino). Era bueno para la República tener hombres completos, dice el argumento patriótico y patriarcal, ya en la Colonia, ya en la Independencia, ya en la Revolución. Los afeminados no lo son, son hombres a medias.

Con toda esta atmósfera amenazante y sombría, fue lógico quizá que los modernistas enfocaran el asunto homosexual en tanto enfermedad, sí, pero también como marca de un elegido por dioses (de arriba o de abajo es lo que no saben), de una «maldición» que conlleva un destino especial, y esto siempre agrega un cierto toque de distinción, pese a la descalificación de base. En este sentido es notoria la lectura modernista de un maldito como Verlaine, a quien tanto admiraron poetas como Darío y Nervo, hasta el punto de escribirle diversos textos que revisaremos a continuación, pues delatan una actitud más bien mojigata de su parte, que prefiere no nombrar su pasión homosexual como causa parcial de su desespero.

Darío ve en Verlaine a un Sócrates saturnal

En 1896 Darío publica *Los raros*, a la manera de Verlaine con *Los poetas malditos*, en que presenta una galería de retratos de autores incómodos, ejemplo, en su conjunto, de una estética de imaginación transgresora acorde con la suya propia y, de rebote, con la sensibilidad modernista generacional. En su libro, Darío retrata a Poe, a Lautréamont, ¡a Verlaine! y a la hueste *fin-de-siècle*: Rachilde, Jean Moréas, Villiers de L'Isle Adam... El autor se muestra conocedor de sexólogos como Krafft-Ebing e incluso uno de los ensayos es sobre Max Nordau, figura clave de la sexología por vincular locura y degeneración con estéticas finiseculares como el simbolismo y la decadencia, con el consiguiente rechazo de sus cultores. Este título de Darío es un ejemplo de una transición en los enfoques sobre la homosexualidad, del afeminamiento caprichoso a la noción de enfermedad (mental y/o física). Darío admira como a pocos a Verlaine, lo habla, lo escribe y, sin embargo, dice poco, casi nada, apenas alude al homoerotismo por muchos conocido de su dios poético. A veces incluso lo niega, lo disfraza, como cuando tras imaginar a Verlaine como un lujurioso fauno, lo rodea de ninfas, en vez de otros faunos, que probablemente es lo que hubiera elegido el poeta francés. A no ser que se trate de faunos disfrazados de ninfas...

Para entender a su maestro poético, Darío paganiza a Verlaine, lo imagina como un Sócrates bajo el signo de Saturno, un sátiro sabio y lujurioso. Habla varias veces del «pie hendido de Verlaine», para connotar su linaje faunesco. Se le vincula con Grecia, con el paganismo, al libertinaje. Es un ente dividido, bifronte, oscuro/luminoso, demoníaco/angelical:

> Tal me parece el Pauvre Lelian, mitad carnudo flautista de la selva, violador de hamadríadas, mitad asceta del Señor, eremita que, extático, canta sus salmos. El cuerpo velloso sufre la tiranía de la sangre, la voluntad imperiosa de los

nervios, la llama de la primavera, la afrodisia de la libre y fecunda montaña; el Espíritu se consagra a la alabanza del Padre, del Hijo, del Santo Espíritu, y, sobre todo, de la maternal y casta Virgen (1985: 56).

El texto fue escrito por Darío tras enterarse de la muerte de Verlaine, por lo que arrastra una cierta urgencia por mostrar su pena: «Seguramente, has muerto rodeado de los tuyos, de los hijos de tu espíritu, de los jóvenes oficiantes de tu iglesia, de los alumnos de tu escuela, ¡oh, lírico Sócrates de un tiempo inasible!» (*ibid.*, 53). Nótese de esta escena el tono pedagógico y pederástico (hijos, jóvenes, alumnos).

Llama la atención la operación interpretativa de Darío. Tras presentar a Verlaine como un Sócrates faunesco, impone una solución sin acudir a ese mismo contexto «griego» sino que acude a la doctrina cristiana para descalificarlo: a la noción de pecado, al demonio de la Carne, con el consiguiente sentido de culpa, de una cierta maldición, todo lo cual otorga un aire trágico a Verlaine, por lo que se le compadece. Parte de una situación «grecopagana» de sexualidad más abierta y cierra con una condena cristiana de sexualidad rígida y estrecha, voltereta de interpretación que no me parece consecuente. Otras veces pasa de un registro cristiano a uno pagano sin mediación, por ejemplo, aquí, mientras reflexiona sobre Verlaine:

> De los tres Enemigos, quien menos mal le hizo fue el Mundo. El Demonio le atacaba; se defendía de él, como podía, con el escudo de la plegaria. La Carne sí, fue invencible e implacable. Raras veces ha mordido cerebro humano con más furia y ponzoña la serpiente del Sexo. Su cuerpo era la lira del pecado. Era un eterno prisionero del deseo. Al andar, hubiera podido buscarse en su huella, lo hendido del pie. Se extraña uno no ver sobre su frente los dos cuernecillos, puesto que en sus ojos podían verse aún pasar las visiones de las blancas ninfas (*ibid.*, 56).

La Carne, uno de los tres Enemigos del cristiano, tiene entre sus manos el cuerpo de Verlaine, lira del pecado, pasividad tensa cuyo toque produce música desconocida y temible. Darío olvida la imagen inicial de un Sócrates entre mancebos para volver a rodearlo de ninfas. En su lectura, Verlaine es llamado flor del mal, Pan, demonio, fauno maldito, sátiro-eremita para aludir a sus sentimientos encontrados, a su voluntad dividida entre el deseo y la ley: más adelante, dice que «el que conozca la vida de Verlaine y lea sus obras tendrá que confesar que hay en ese potente cerebro, no el grano de locura necesario, sino la lesión terrible que ha causado la desgracia de ese poeta maldito» (*ibid.*, 203). Verlaine, a ojos de Darío, es un lesionado, un herido, un enfermo y, sin embargo, se niega a decirnos directamente cuál es su enfermedad.

En el texto que Darío escribe sobre la escritora Rachilde, dice algo a propósito del personaje masculino de su novela *Monsieur Vénus*, quien entabla un juego de inversión sexual con su amante femenina Raoule: «En cuanto al emasculado y detestable Jacques, ridículo Ganímedes de su amante vampirizada, es un curioso caso de clínica, cliente de Krafft-Ebing, de Molle, de Gley. La androginia del florista la explica Aristófanes en el banquete de Platón» (*ibid.*, 124). Por supuesto, quien ha leído la novela sabe que Jacques no es ni andrógino ni Ganímedes sodomizado por Júpiter, sino apenas un hombre que asume de manera invertida, desde una relación heterosexual, la convención femenina de su época, mientras que su amante femenina asume un rol masculino y sádico que lo llevará a la muerte. Sin embargo, Darío abomina del personaje «invertido», a quien concibe como alguien que ha perdido su masculinidad física por castración («emasculado»), que está disminuido, que se ha afeminado, alguien que es «un curioso caso de clínica» digno de alguno de esos sexólogos que pululaban por entonces y que él consultaba. Ese ser vilipendiable no puede compararse con su admirado Verlaine. Éste es un superhombre (herido, lesionado, sí, pero airoso), el otro, en su existencia literaria, es un subhombre o, mejor, un deshombre, alguien en vías de deshacer su hombría en juegos perversos.

Darío no quiere enfrentar en sus héroes poéticos el deseo homosexual, aunque no le quede de otra que aceptarlo silenciosamente a regañadientes, o intentar separarlo de su poseedor, como hace con Verlaine y también con Wilde, a quien menciona en el ensayo sobre Nordau. Ahí describe el desfile de locos, poetas y degenerados rechazados por Nordau: «Y al paso de los estetas y decadentes, lleva la insignia de capitán de los primeros Oscar Wilde. Sí, Dorian Gray es loco rematado, y allá va Dorian Gray a su celda» (*ibid.*, 205). Darío mezcla a Wilde con su personaje más homoerótico, quien es señalado como loco y conducido a una celda. Claro, apenas el año anterior a la publicación de *Los raros*, Wilde había sido condenado en Inglaterra a prisión y trabajos forzados. Su celda no fue de manicomio sino de prisión. Darío admiraba a Wilde, a quien consideraba «glorioso», y en su *Autobiografía* narra sus impresiones tras haberlo conocido personalmente en el famoso café Calisaya que a tantos famosos reuniera en el París finisecular:

> Rara vez he encontrado una distinción mayor, una cultura más elegante y una urbanidad más gentil. Hacía poco que había salido de la prisión. Sus viejos amigos franceses que le habían adulado y mimado en tiempo de riqueza y de triunfo,

no le hacían caso. [...] Unos cuantos meses después moría el pobre Wilde, y yo no pude ir a su entierro, porque cuando lo supe, ya estaba el desventurado bajo la tierra. Y ahora, en Inglaterra y en todas partes, recomienza su gloria (1966: 132).

Darío es más modernista que moderno en su apreciación de «lo homosexual», pues si bien acude al concepto de enfermedad (acorde con la sexología de la época), también recurre a nociones religiosas convencionales, como pecado y culpa, para controlarla. Atrapado en una lógica binaria de lo sexual, si lo femenino crece, siempre es a costas de lo masculino. Lo que uno gana, el otro pierde. Lo homosexual es temido en tanto desmasculinización, pérdida de virilidad, una estrategia inaceptable y equivocada en la guerra de los sexos. Si bien el Modernismo movió la frontera de lo sexualmente decible en la literatura, ésta no incluyó en su nueva geografía la pasión homosexual: totalmente negada, en el caso de los hombres (aunque se tratara de Verlaine o de Wilde); en el de las mujeres, apenas como efímero objeto lésbico de la excitación masculina y heterosexual (como en Baudelaire o Rebolledo).

Nervo y el recurso al andrógino

En su libro *Místicas*, Amado Nervo incluye el poema «A la católica majestad de Paul Verlaine», con dedicatoria: «Para Rubén Darío». La amistad entre ambos es muy conocida, incluso compartieron techo en París, con Gómez Carrillo también (quien fue el que presentó a Darío en el café Calisaya con Wilde). Verlaine fue lectura compartida, comentada seguramente, entre ellos. En ese poema, el autor asume una relación filial y se refiere a Verlaine como «padre viejo y triste», cuyas canciones son en su camino «focos de una luz enigmática». No podía faltar la referencia a su «testa socrática», muy en el estilo de su amigo Darío, que lo veía como fauno. Nervo, cuando menos su voz, se identifica con Verlaine a partir de sus pasiones encontradas, del conflicto entre sublimación y hundirse en la carne. Un ir y venir entre la aspiración y la caída: «Flota, como el tuyo, mi afán entre dos aguijones: / alma y carne; y brega con doble corriente simpática / por hallar la ubicua beldad en nefandas uniones, / y después expía y gime con lira hierática» (1967-1992: II, 1323).

Tras el pincelazo griego del inicio con su socratismo, surge la culpa cristiana, el desgarre permanente entre cuerpo y espíritu, pues la «doble corriente simpática» tira de ambos lados. Tanto se quiere subir como bajar. La referencia a las «nefandas uniones» podría generar cierta sospecha sexual, ya que, como se sabe, una de las formas teológicas de aludir a la sodomía era como «pecado nefando», indecible, tal su gravedad. Sería quizá una forma velada de aludir a la sexualidad de Verlaine. Hay una identificación entre los poetas: tras el gozo, la expiación. Verlaine es como un dios, al que se le llama «Padre», uno que, desde su conflicto existencial, encontró el «arcano sendero que lleva a Jesús». La lectura cristiana de Nervo, como en el caso de Darío, es clara y evidente.

Una vez reconocido el carácter divino y paternal de Verlaine por parte de Nervo, ¿qué le pide a su dios?: que su propio «numen doliente», que su propia divinidad «*virgen* sea, y *sabio*», es decir, quiere androginizarse con un saber virginal, que lo «libre del mal de la antigua serpiente», la que supongo es la «Serpiente del sexo» de la que hablaba Darío, según mostré antes[1]. En síntesis, un Verlaine santificado, vencedor de la Carne, se convierte en propiciador de virtud que lleva a Cristo. Nervo canoniza y surge san Verlaine, protector de los amores nefandos. Así sea.

Posición tan eclesial no siempre tiene Nervo, por suerte. En otro poema del mismo libro, «Un padrenuestro por el alma del rey Luis de Baviera», escrito «[e]n el lugar de su tránsito, Schlossberg, Reino de Baviera», según aclara el propio texto, toma como objeto de su elogio a otro personaje de fulgor homoerótico:

¡Pobre rey de los raros amores!
Como nadie sintió sus dolores,
como nadie sufrió sus desvelos,
le inventaron un mal los doctores
(1967-1992: II, 1329).

Pareciera que, porque Luis II conoce como pocos los dolores y desvelos de raros amores, los doctores tuvieron que inventarle un mal, dada su incapacidad para gobernar, sí, pero también para explicar el mal mental y erótico que lo aquejaba, a juicio de los facultativos. Los sexólogos de la época seguramente ayudaron en la invención del mal para el rey. La última estrofa, antes del estribillo de padrenuestro, alude al vínculo entre el rey y el músico:

---

[1] En el ensayo de Darío sobre Rachilde vuelve a aparecer la Serpiente, de nuevo con sentido sexual, con androginia: «El Zar Peladán en su etopeya ha abordado temas peligrosos, con su irremediable tendencia a idealizar el androginismo. Barbey también penetró en algunos obscuros problemas; mas ni el autor de las *Diabólicas,* ni el Mago y Caballero Rosa Cruz, han logrado como Rachilde poseer el secreto de la Serpiente» (1985: 124).

> Sólo Wagner le amó como hermano,
> solo Wagner, cuya alma-océano
> su conciencia inundó de consuelos,
> y su vida fue un lied wagneriano.

Se retoma la relación de Luis II y Wagner, aunque se aclara que fue amor de hermanos..., por lo menos de parte del músico.

Por el tiempo en que Darío está publicando *Los raros*, Nervo presenta su poema «Andrógino» (que ya había sido conocido previamente como «Andrógyna»), con lo que se opera un cambio de género sexual en el texto. Desde la primera estrofa Nervo hace patente su desdén al concepto («infernal arquetipo»), que antes había amado por sus «neutros encantos», su «faz de efebo» y sus «senos pectorales»:

> Sombra y luz, yema y polen a un tiempo fuiste,
> despertando en las almas el crimen nuevo,
> ya con virilidades de dios mancebo,
> ya con mustios halagos de mujer triste
> (1967-1992: II, 1349).

El amor de Nervo por el andrógino quedó en el pasado, pareciera etapa superada. Lo amó por su aristocratismo («sangre azul, alma huraña, vientre infecundo»), porque era «síntesis rara de un siglo loco» y «floración malsana de un viejo mundo». El resultado neto es bastante negativo para el andrógino, pues queda como símbolo de decadencia y esterilidad, como «un crimen nuevo». Cuando Nervo piensa en androginia, connota algo malo, desagradable, nefando, el mismo prejuicio contra el «androginismo» que mostraba Darío cuando describía y enjuiciaba a Jacques, el personaje «invertido» de *Monsieur Vénus*. No obstante su desconfianza, Nervo no puede o no quiere prescindir de él, pues por ese tiempo el andrógino es tema recurrente en su obra y, cuando no aflora como poema, lo hace como ensayo o como narración.

En otro texto de Nervo de la época, un ensayículo titulado *El ser neutro*, el narrador expresa su deseo de que existiera «un ser humano neutro, que no siendo ni hombre ni mujer, que no teniendo sexo ninguno, poseyese, sin embargo, todas las delicadezas, todas las ternuras femeninas, todo eso que vamos buscando en la mujer, sin lograr encontrarlo sino por excepción» (1967-1992: II, 713). El argumento parte de una insatisfacción masculina por la mujer, quien resulta tonta, banal, vulgar, indigna de la compañía viril:

Ese ser neutro nos compensaría de la vanidad de nuestra compañera [...]. Mientras ella piensa en los trapos, comadrea, murmura, riñe con los criados, nosotros podríamos pasear al lado del «Ángel». Cada uno tendría, además de su mujer, un ser así. Sería este el más casto y delicioso *mariage à trois* [...] aunque sospecho que la mujer acabara por odiarle (*ibid.*).

La base misógina de la argumentación es bastante clara. Dado que no se puede prescindir de la compañía femenina (por urgencia sexual y social), habría que tener a alguien, un ángel, un ser neutro, alguien más allá de la diferencia sexual, para comentar los libros ante los que la mujer bosteza: «este ser amaría y comprendería intensamente el Arte, la poesía, la suave o trágica filosofía de las cosas» (*ibid.*, 714). Físicamente revela «dulzura y fuerza» (masculino y femenino) en todos sus actos y, sobre todo, «junto a él nos sentiríamos apaciguados». Se lograría esa paz y ese relajamiento que la mujer no genera con su ruido y su mutabilidad: «entonces la mujer servirá sólo para concebir y dar a luz, y ese ser maravilloso será el colaborador natural de todos los genios, de todos los santos». En un movimiento literario ya misógino de suyo como el Modernismo, resulta asombroso encontrar un discurso misógino tan bien formulado como el de Nervo, quien hace de la mujer el sujeto de desencuentro por excelencia, al grado que la iconiza en la imagen/estribillo de la «amada ausente», de la «amada muerta», que presidirá como sacerdotisa sonámbula buena parte de la erótica nerviana. Ante la incompatibilidad radical entre los sexos, en esa guerra de besos y mordidas, Nervo busca sustitutos, ángeles neutrales que, no obstante, muy rápidamente tienden a masculinizarse.

Al menos es lo que ocurre en una narración como *El donador de almas*, en la que el conflicto entre hombres y mujeres intenta solucionarse mediante un pasajero «hermafrodismo intelectual» que acaba en el fracaso, con la partida de la mitad femenina del cuerpo masculino, con lo que la identidad viril queda sola, en la tierra, mientras el alma femenina se aleja serafíteanamente por los cielos. Claro, el hombre abandonado encuentra muy pronto consuelo para su soledad en un congénere, con el que, como con el ángel neutral, sí se sentirá apaciguado cuando estén juntos. En el circuito libidinal discernible en éstos y otros textos de Nervo, la mujer es sujeto de conflicto (en buena medida porque ya no quiere ser más objeto de sumisión), por lo que el poeta echa mano del recurso andrógino, aunque despojado de cualquier connotación sexual, una endeble androginia que rápidamente tiende a cuajarse en masculinidad vedada.

Nervo comparte con Darío su disgusto por nombrar directamente lo homoerótico, sobre todo en el caso masculino. En un artículo titulado «Refinamientos», en el que escribe sobre la capacidad humana para refinar las circunstancias cotidianas, ya con sustancias especiales o con conductas específicas, sugiere las posibles voluptuosidades lésbicas en asilos y colegios, pero se detiene ante los hombres: «Quisiera avanzar más y entrarme en el campo de los refinamientos masculinos: desde el inocente baño ruso hasta lo pecaminoso... ¿*Entiendes, Fabio, lo que voy diciendo*? Pero no; es terreno vedado, y suplico a ustedes que me crean bajo mi palabra: los mexicanos somos muy refinados, muy refinados» (1967-1972: I, 533). En Nervo lo naciente homosexual, cuando no es «terreno vedado», sigue vinculado a la religión y, por tanto, al pecado de la Carne, como ocurre en su evaluación de Verlaine. Puede relacionarse con el genio descarriado, como con Luis II de Baviera, y a veces se confunde con la noción de androginia, entendida como un paso previo a la monosexualidad, la masculina, dada su base misógina.

Barba Jacob y el oprobio de sí

A diferencia de Darío y Nervo, modernistas fundadores que no aceptan el erotismo intrasexual más que como divertimento estético, como adorno lésbico, Barba Jacob, en cualquiera de sus versiones —Arenales, Osorio...—, vive el asunto en carne propia, pues se trata de la propia homosexualidad, una que Barba Jacob vive a su pesar, la acepta, no le queda de otra, tal su atracción compulsiva, pero la vive mal, con culpa, con vergüenza. En su poema «Un hombre», el poeta se siente distinto del resto al comprender «el horror de la conciencia ante el Universo», al ser presa de una pasión incontrolable, pero esto no le resta hombría, apenas se la matiza de otra forma que a los demás:

> Los que no habéis gemido de horror y de pavor,
> como entre duras barras, en los abrazos férreos
> de una pasión inicua,
> mientras se quema el alma en fulgor iracundo,
> muda, lúgubre,
> vaso de oprobio y lámpara de sacrificio universal.
> Vosotros no podéis comprender el sentido doloroso
> de esta palabra: ¡UN HOMBRE!
> (1998: 206-207).

Nótese cómo la pasión que posee al poeta es masculina («duras barras» y «abrazos férreos»; después, en otro poema, fantaseará con «brazos nervudos»), y mientras esta posesión acontece, brillan la ira y el silencio, una quietud sepulcral que avergüenza pero que se asume valientemente como sacrificio. Por supuesto, la pasión sexual de Barba Jacob es hacia los muchachos, como lo dice en varios de sus poemas. En «Elegía del marino ilusorio», ante la visión de jóvenes marinos, el poeta escribe:

> Pensando estoy... Yo, cómo ceñiría
> la cabeza encrespada y voluptuosa
> de un joven, en la playa deleitosa,
> cual besa el mar con sus lenguas el día.
> [...]
> ¡Dame tu miel, oh niño de boca perfumada!
> (*ibid.*, 214).

En su «Canción de la soledad», aparece otro joven:

> Impúber flautista de rostro florido
> Que a la luz de un candil imbuido...
> —era invierno, nublosa mañana—
> rindióse a mi ardor sin sentido...
> Viaje loco, locuras innúmeras,
> Y, contra la Muerte, coros de alegría...
> Flautista del norte, la orgía pagana,
> Pavor en la orgía...
> (*ibid.*, 178).

En este poema el escenario ya no es tropical sino más exótico, casi orientaloide, para marcar lo excepcional de la entrega de un impúber al ardor sensual, en verdadera «orgía pagana» que, sin embargo, no es tan gozosa, pues hubo «[p]avor en la orgía». Otra vez surge el horror de la conciencia ante el universo cuando se encuentra atrapada por «una pasión inicua».

En su «Elegía platónica» aparece otro joven como objeto de amor, pero la diafanidad inicial de la descripción se va progresivamente enturbiando. Empieza con los versos: «Amo a un joven de insólita pureza, / todo de lumbre cándida investido», y termina afirmando que «es lucero en el agua tenebrosa». Se trata de un joven ambiguo pues se mueve «por ámbitos de bruma y gnomo y hada», esto es, la neblina que difumina la diferencia sexual entre masculino y femenino, cuyo cuerpo «circunscribe las flámulas del viento / y el oro ufano en la espiga enarcada» (*ibid.*, 213). Cuerpo curvilíneo que se mueve cual flamas al viento, rubio de cuerpo espigado, o bien nos remitimos al posible sentido fálico de la expresión «espiga enarcada».

En «Retrato de un jovencito», la voz poética pide que pinten a un hombre joven de manera tal:

> Que haga temblar las carnes un ansia contenida;
> y que el torso, y la frente, y los brazos nervudos,
> y el cándido mirar, y la ciega esperanza
> ¡compendien el radiante misterio de la Vida!
> (*ibid.*, 88).

En todos estos ejemplos poéticos podemos observar en Barba Jacob lo imposible de ver en Darío y Nervo: nombrar directamente la pasión homosexual, independientemente de que se la acepte o no. Debido probablemente a sus antecedentes religiosos, Barba Jacob se resiste a su pasión, pese a darle rienda suelta, a no esconderla sino apenas disimularla. Darío y Nervo ven el asunto desde fuera (aunque en ciertos niveles les afecta), mientras que el poeta errante salido de Colombia lo vive desde dentro, y no se limita a vivirlo, sino que quiere expresarlo pública, poéticamente, aunque le acarree adversas consecuencias. Bueno, también hizo alarde público de su afición al alcohol y a la marihuana, a la que, por cierto, escribe «La dama de los cabellos ardientes»:

> La Dama de cabellos encendidos
> transmutó para mí todas las cosas,
> y amé la soledad, los prohibidos
> huertos y las hazañas vergonzosas
> (*ibid.*, 125).

Droga, alcohol, abyección: Barba Jacob quiere ser el peor de todos y desde la sima pasar a la cima, por el pecado profundo alcanzar la gracia que todo lo disuelve, hasta la costra demoniaca más fuerte. De alguna manera ilustra la visión culpósa de Darío y Nervo sobre lo homosexual: la locura, la marginalidad, el vicio. Barba Jacob encarna como pocos el arquetipo de «poeta maldito», de decadente, de fracasado, y en este estilo de vida mucho tiene que ver su homosexualidad vivida conflictivamente como pecado y oprobio, como corresponde al modelo modernista, atrapado en el silencio letrado sobre el asunto durante el XIX, los antecedentes teológicos y coloniales de pecado y «contranatura», y la naciente categoría finisecular, más científica y taxonómica, de «homosexualidad» como enfermedad, como una de las muchas degeneraciones del instinto que provocaba la modernidad, según decían los sexólogos de entonces. En este sentido, se mezclan elementos seculares con dogmas teológicos, así como se imponía sobre evocaciones griegas de otro tipo de erotismo la condena cristiana.

Esta visión culpósa de la homosexualidad, si bien sigue vigente en muchos casos, muy pronto se vio superada por otra forma más secular, más laica, de vivir la sexualidad, sin llegar al cultivo de una identidad especial como sería lo «gay» en la segunda mitad del XX, cuando homosexual, palabra impuesta por otro, es sustituida en varios discursos por la propia designación de los aludidos, gay, apenas una forma posible (quizá la más exitosa hasta ahora, en tanto compatible con la democracia y el capitalismo) de concebir la experiencia erótica entre personas del mismo sexo.

La literatura nos ha legado una escena biográfica que enlaza estas dos maneras de experimentar poéticamente la homosexualidad, una vez reconocida: la modernista culposa de Barba Jacob y la laica y vital (pese a sus contradicciones) de Salvador Novo. En su autobiografía *La estatua de sal*, Novo relata su encuentro con Barba Jacob, que puede ilustrar nuestro argumento. Novo renta con otros amigos un departamento, en el que se reúnen a escribir, a leer, a enfiestarse y a ligar. Una noche llegan como invitados el hondureño Rafael Heliodoro Valle y el colombiano Porfirio Barba Jacob. Sobre éste dice Novo, para entonces casi veinteañero, mientras que Barba Jacob casi lo doblaba en edad:

> Su fealdad me fue tan inmediatamente repulsiva como su incongruente descaro. Le pregunté si le gustaba no sé ya qué poeta, y «Lo que a mí me gusta es que me penetren duro» —dijo con su belfo grueso y amoratado. Luego sacó cigarros, nos dio, encendimos, chupé —tres veces, sosteniendo el aire, nos instruía. Empezó a recitar sus versos. Yo miraba a la calle. El tiempo se había suspendido. La luz era blanca, blanca, en el absoluto, sordo silencio (1998: 106).

En este encuentro entre los viejos modernistas culposos de su vicio y los jóvenes «contemporáneos» representados por Novo y Villaurrutia, más autónomos y autoasumidos en su sentir, podemos ver dos formas diferentes de enfrentar lo homosexual. Que esté de por medio la marihuana es una señal de su importancia en la vida de Barba Jacob, quizá en parte como compensación a su angustia pecaminosa. Porque los cigarros de los que habla Novo y que lo ponen a ver todo blanco, blanco, hasta hacer que se desmaye, son, por supuesto, viniendo del paria, de marihuana. Los dos extranjeros, asustados, abandonan el estudio con Novo todavía desmayado quien, al despertar, toma el asunto con tranquilidad: como que sólo a él le había afectado negativamente la marihuana, pues a los otros asistentes nada malo les había pasado, incluido el propio Villaurrutia, que la había gozado con todo y se desmayó. La visión vergonzante debe huir de la escena conforme avanza el siglo, incapaz de enfrentar el resultado de su pasión, mientras que el «nuevo amor» de Novo, en verdad rebelde, sigue adelante con belleza y humor, con estética y sátira de quien ose atacarlo por ese amor que ya se atreve a decir su nombre.

Igual los Contemporáneos habrán de sobrellevar su propia lucha contra la homofobia revolucionaria, pero lo harán desde la trinchera del nombre propio, no desde el cadalso de la denominación ajena.

Bibliografía

BARBA JACOB, Porfirio (1998): *Poesía completa*. Compilación y presentación de Pilar Bonnett. México: CONACULTA.

BOSWELL, John. (1998): *Cristianismo, tolerancia social y homosexualidad*. Barcelona: Muchnik Editores.

CASTREJÓN, Eduardo (1906): *Los Cuarenta y Uno. Novela crítico-social*. México: s/e.

CUÉLLAR, José Tomás de (1947): *Historia de Chucho el Ninfo*. Edición y prólogo de Antonio Castro Leal. México: Porrúa.

DARÍO, Rubén (1966): *Autobiografía*. México: Editora Latino Americana.

— (1985): *Los raros*. Presentación de Christopher Domínguez. México: Universidad Autónoma Metropolitana.

GUTIÉRREZ GIRARDOT, Rafael (1988): *Modernismo. Supuestos históricos y culturales*. México: Fondo de Cultura Económica.

IRWIN, Robert McKee, MCCAUGHAN, Edward J. y NASSER, Michelle Rocío (2003): *The Famous 41. Sexuality and Social Control in Mexico, 1901*. New York: Palgrave Macmillan.

NERVO, Amado (1967-1972): *Obras completas*. Tomo I: Prosas. Tomo II: Prosas, poesías. Edición, estudios y notas de Francisco González Guerrero (prosas) y Alfonso Méndez Plancarte (poesías). Aguilar: Madrid.

NOVO, Salvador (1998): *La estatua de sal*. Prólogo de Carlos Monsiváis. México: CONACULTA, 1998.

PAYNO, Manuel (1992): *El fistol del diablo*. Estudio preliminar de Antonio Castro Leal. México: Porrúa.

REBOLLEDO, Efrén (s/f): *Material de lectura*. Selección e introducción de Guillermo Sheridan. México: UNAM.

BOM-CRIOULO DE ADOLFO CAMINHA: UN TEXTO FUNDACIONAL DE LA LITERATURA GAY BRASILEÑA*

DAVID WILLIAM FOSTER
Arizona State University

> o negro esquecia todos os seus companheiros, tudo que o cercava para só pensar [...] no futuro dessa amizade inexplicável.
>
> CAMINHA (1969: 51)

Es costumbre reconocer la literatura republicana temprana de Brasil a través de la brillante ficción de Joaquim Maria Machado de Assis, sin duda el primer gran escritor decimonónico latinoamericano. Aun cuando la identificación de Machado con el final del Segundo Imperio y la burguesía nacional emergente de la República es apropiada, sus novelas se ocupaban casi exclusivamente de la sociedad gentil y las varias ideologías dentro de las cuales sus miembros se definían a sí mismos. En éste y otros sentidos, las novelas de Machado son textos fundacionales de la literatura de la República, textos que proveen un necesario punto de referencia para la comprensión de la sociedad del período y las formas en que la cultura la interpretaba.

Entre otros textos literarios fundacionales de la época, *Bom-Crioulo* (1895) de Adolfo Caminha (1867-1897) es un descubrimiento casi sorprendente (véanse la introducción de Robert Howes a la traducción inglesa de 1982 o la introducción de Luis Zapata a la traducción española de 1987). Aunque la historia literaria brasileña toma nota de ésta y dos otras novelas

---

* Este texto se publicó originalmente en inglés en David William Foster, *Gay and Lesbian Themes in Latin American Writing*. Austin: University of Texas Press, 1991. Agradecemos a David William Foster cederlo para el presente volumen. [Nota de los editores; traducción: Ignacio M. Sánchez Prado.]

publicadas por Caminha antes de su prematura muerte por tuberculosis, *Bom-Crioulo* aún no ha sido objeto de un examen crítico adecuado. Muchos aspectos de esta novela, sin embargo, merecen detenido estudio. Además de ocuparse de los detalles de la vida naviera de los marineros durante el período y los correspondientes sectores populares de la sociedad con la que entran en contacto en tierra, la novela de Caminha también examina la relación entre un hombre negro y un muchacho blanco en una época en la que Brasil apenas se encontraba llevando a cabo la transición de la esclavitud a la emancipación (la esclavitud fue oficialmente abolida por la Monarquía en 1888, menos de un año antes de la creación de la República).

Sin embargo, la cualidad más notable de *Bom-Crioulo* es que no sólo se trata de la primera novela explícitamente gay en la literatura brasileña (y latinoamericana) (Leyland 1979: 82), sino que se puede presumir que es uno de los primeros trabajos de este tipo en la literatura occidental. Esto es especialmente cierto si definimos literatura gay como la escritura sobre las cuestiones relacionadas a la identidad homosexual masculina, ya sea vista como característica inherente o comportamiento elegido. Dicha escritura puede ser explícita o, de manera más frecuente antes de años recientes, velada; en el último caso, puede ser marcada con pistas tomadas como explícitas por los cognoscentes. Finalmente, escribir sobre estos temas puede (típicamente) examinar la tragedia de ser homosexual o puede explorar la persecución e hipocresía que sobrevienen a los «desafortunados». Desde el punto de vista de esta definición de literatura gay, no se admite un grupo de escritos no explícitamente (o de manera encubierta) gay, pero marcados por una «sensibilidad gay».

Aunque la crítica reciente ha sido capaz de leer temas homoeróticos en otros trabajos de la literatura decimonónica (por ejemplo las famosas interpretaciones de Leslie Fiedler) y la atención contemporánea a asuntos gay permite ver cómo *El retrato de Dorian Grey* (1890) de Oscar Wilde o *Billy Budd* de Hermann Melville (escrita alrededor de 1886-1891; publicada en 1924) son casi incuestionablemente novelas basadas en el homoerotismo, la novela de Caminha no sólo evita alusiones oblicuas al tema que nos concierne para ocuparse frontalmente de los aspectos emocionales y físicos de la relación sexual de Bom-Crioulo y Aleixo, sino que parece que la novela circuló abiertamente en Brasil, pese a la amenaza de procesos judiciales contra el autor. Por ello, pese a lo que uno quiera decir sobre los elementos de la represión sexual en la sociedad brasileña, en un momento en que la novela latinoamericana en general sólo podía ocuparse del amor heterosexual con metáforas veladas, *Bom-Crioulo* había establecido un punto de referencia para la muy proclamada apertura sexual brasileña del siglo XX. La edición de la novela, hecha por Olivé en 1969, reproduce en la solapa de la portada el siguiente comentario anónimo del período: «Está bem visto que o *Bom-Crioulo* não é obra para se dar de prêmio nas escolas. Escrever para educandas é uma coisa, e escever para espíritus emancipados é outra coisa». El uso del término *«emancipados»* es significativo en esta cita, porque es obvio que la novela se ocupa tanto de la emancipación racial como de la sexual. Más aún, el hecho mismo de que haya circulado libremente (más allá de lo que las reservas de la historiografía literaria subsecuente hayan sido al no darle más que una referencia de pasada o al distorsionar su significado) no puede ser pasado por alto, dado su carácter significativo en un período de la cultura latinoamericana normalmente conocido por su carácter represivo. Mientras el modernismo hispanoamericano y el parnasianismo y simbolismo brasileños pueden revelar algunos textos poéticos marcados por el decadentismo europeo, *Bom-Crioulo* como un ejemplo de la narrativa de circulación relativamente masiva asociada con el auge de una burguesía pudorosa es sin duda históricamente notable.

Haciendo eco de una característica frecuentemente asociada a la ficción gay, la novela de Caminha es de naturaleza esencialmente utópica, por lo menos en su postulación inicial. Primero como amantes a bordo de un barco y después en el refugio de un cuarto sórdido de un hotel devenido casa de asignación, administrado por una mujer portuguesa de mucho mundo en Río, Bom-Crioulo y Aleixo están involucrados en la fuga de una sociedad que los hubiera, dada la moral pública del día, condenado y perseguido. Por lo tanto, Bom-Crioulo, el esclavo fugitivo quien finge como el miembro agresivo de la relación, se ocupa de crear espacios de refugio para sí mismo y su amante adolescente blanco, Aleixo. Dicho espacio puede ser un espacio separado para dormir a bordo de un barco o el escondite seguro de la conocedora D. Carolina —conocida como Carola Bunda— o puede simplemente ser algún lugar alejado de la multitud donde los dos hombres pueden estar juntos, como cuando Bom Crioulo lleva a Aleixo a un lado durante una tormenta en el mar.

En todos estos casos, el narrador reconoce para los hombres un gesto disyuntivo vis-à-vis la sociedad heterosexual en general: en vista de la naturaleza de su relación, sólo pueden llevarla a cabo desde el interior de un refugio secreto. Por supuesto, esto es obvio en experiencias reales, en el caso de prácticas que son condenadas por costumbre y/o ley. Lo que es de especial importancia sobre esta circunstancia en el caso de la novela de Caminha es la creación de una narrativa basada en la evolución del movimiento del protagonista hacia fuera de las persecuciones de la sociedad blanca, no por motivos raciales sino por una identidad sexual que lo separa de la comunidad, sea aquella la de los otros marineros o la de la gente en general. La siguiente reflexión sigue la iniciación de las relaciones sexuales de Bom-Crioulo con Aleixo:

> Ao pensar nisso, Bom-Crioulo sentia uma febre extraordinária de erotismo, um delirio invencivel de gôzo pederasta... Agora compreendia nitidamente que soé no homem, no próprio homem, êle podia encontrar aquilo que debalde procurara nas mulheres.
>
> Nunca se apercebera de semelhante anomalia, nunca em sua vida tivera a lembrança de perscrutar suas tendências em matéria de sexualidade. As mulheres o desarmavam para os combates do amor, é certo, mas tambem nâo concebia, por forma alguma, êsse comércio grosseiro entre individuos do mesmo sexo; entretanto, quem diria!, o fato passava-se agora consigo próprio, sem premeditação, inesperadamente. E o mais interessante é que «aquilo» ameaçava ir longe, para mal de seus pecados... Não havia jeito, senão ter paciència, uma vez que a «natureza» impunhalhe êsse castigo (62-63).

Dejando de lado cierta fraseología que parecería ejemplificar el lenguaje de condenación moral, al que volveré más adelante, es significante notar tanto la referencia a las mujeres como parte del establecimiento de la separación del mundo que Bom-Crioulo ha experimentado como la alusión a *natureza*, entre comillas, para sugerir una legitimación de su recién encontrada identidad.

Lo más impresionante sobre la novela de Caminha es la aceptación del hecho de Bom-Crioulo y la relación homosexual de Aleixo como algo muy natural. Ciertamente, esta «naturalidad» no debe ser confundida con la ideología conductora de una vertiente del movimiento de liberación gay, para el cual el amor homoerótico no sólo no es innatural (en el sentido presumido por la Teología Natural y sus homologías), sino también es considerado una atracción biológica moralmente neutra que debe, por tanto, ser considerada natural por el simple hecho de ser encontrada en la naturaleza. Más bien, la novela de Caminha, vista ante el telón del naturalismo europeo de fines del siglo XIX (Alcoforado 1988), descubre en la sexualidad de Bom-Crioulo un ejemplo más de la naturaleza humana biológicamente determinada ignorada por la literatura gentil contra la cual el naturalismo buscaba posicionarse. Si se desarrollan consecuencias trágicas de la sexualidad de Bom-Crioulo, éstas pueden ser vistas como parte de la estructura de la trama dictada por la visión mecánica del destino biológico que subyace la concepción naturalista de la inevitabilidad de la conducta humana. El resultado de este proceso de «naturalización» es que, donde la base de la repudiación moralista de la homosexualidad se ha basado en una creencia y su concomitante retórica: la homosexualidad como «pecado contra la naturaleza»; la novela de Caminha apela inmediatamente a un lector moderno debido a su tono casi despreocupado al reportar este *affaire* amoroso homosexual y la elección del héroe a través del cual se le legitima biológicamente.

Caminha eligió como protagonista de su novela homosexual no sólo a un negro, en una sociedad que había apenas comenzado el proceso de establecimiento de la igualdad racial, sino también a una persona que tenía el físico masculino positivo apreciado por la sociedad occidental. Uno frecuentemente escucha la queja de que incluso las aproximaciones más positivas a la homosexualidad en la literatura se inclinan hacia personajes que son neuróticos, hiperemocionales y afeminados en su comportamiento, como si los actos homosexuales fueran llevados a cabo por individuos con características personales observables y estereotipadas. En consonancia con la ahora ampliamente sustentada convicción de que la noción de un individuo específicamente homosexual es un concepto ideológico reaccionario y de que no hay homosexuales, sino actos homosexuales cometidos por seres humanos ampliamente diferentes, ha habido un intento de retratar individuos que poseen una identidad o estilo de vida homosexual como «normales» en los términos de características sociales convencionales (el estadounidense Joseph Hansen en *El año de Job* (1983) y su ciclo de novelas protagonizadas por el detective Brandsetter) o como encarnación de dimensiones heroicas (Manuel Puig en *El beso de la mujer araña* [1976])[1].

Por tanto, Bom-Crioulo es presentado como un magnífico espécimen de masculinidad, admirado y respetado por sus compañeros de barco y elogiado por sus superiores por su buena voluntad y disposición alerta. Como consecuencia de su naturaleza benévola, le es dado el apodo por el cual es conocido. Sin embargo, Bom-Crioulo, para el cual los rigores de la vida militar son triviales comparados con los que resistió previamente como esclavo, sufre una pérdida de la inocencia frente a las inevitables injusticias a bordo del barco. La novela abre con la administración de azotes a tres hombres por pelearse. Dos de ellos reciben veinte latigazos cada uno en un incidente que surgió de la masturbación de uno de ellos y el voyeurismo del otro (Caminha no fue sino cándido sobre cómo los hombres aislados de las mujeres satisfacían sus necesidades criaturales: «cada qual tem a sua mania...» [15]). El tercer

---

[1] Por inversión, un escritor como Gore Vidal insiste en el socavamiento de heterosexuales homófobos agresivos como una forma alterna de compensación ideológica.

hombre es Bom-Crioulo, quien es sentenciado a 150 latigazos por golpear a un superior que, según él, había intentado hacer avances inapropiados a Aleixo. Aunque Bom-Crioulo todavía no ha tenido relaciones con Aleixo, el despertar de su deseo por el muchacho está atado a un monstruoso azote, no por los actos homosexuales que todavía está por cometer, sino por su posición como un temido y respetado hombre negro que se ha atrevido a atacar a su superior. Caminha registra la satisfacción del protagonista consigo mismo al haberse conducido como un hombre

> O motivo, porém, de sua prisão agora, no alto mar, a bordo da corveta, era outro, muito outro: Bom-Crioulo esmurrava despiedadamente um segunda-classe, porque èste ousara, «sem o seu consentimento», maltratar o grumete Aleixo, um belo marinheirito de olhos azuis, muito querido por todos e de quem diziamse «cousas».
> Metido em ferros no porão, Bom-Crioulo não deu palavra. Admiràvelmente manso, quando se achava em seu estado normal, longe de qualquer influência alcooélica, submeteu-se à vontade superior, esperando resignado o castigo. Reconhecia que fizera mal, que devia ser punido, que era tão bom quanto os outros, mas, que diabo, estava satisfeito: mostrara ainda uma vez que era homem... Depois estimava o grumete e tinha certeza de o conquistar inteiramente, como se conquista uma mulher formosa, uma terra virgem, um país de ouro... Estava satisfeitíssimo! (22-23).

Resulta incuestionable que Caminha inviste a su protagonista con una primitiva nobleza de espíritu, que no hubiera sido considerada condescendiente en su momento. Más aún, como una prefiguración del héroe convencionalmente masculino con intereses homosexuales, Bom-Crioulo no traiciona ninguno de los signos explícitos del *«queer»* neurótico y afeminado que escritores como Oscar Wilde tendían a ejemplificar (frecuentemente como una desafiante parodia a los estereotipos homófobos) y de los que tanto los retratos negativos como los positivos de la sexualidad han hecho eco.

Más aún, Caminha contrasta la desenfadada búsqueda que Bom-Crioulo hace de sus intereses y la inocencia de su defensa de Aleixo con la hipocresía de los oficiales que aplican la disciplina sin piedad, mientras llevan a cabo sus necesidades en secreto (45, 63 *inter alia)*. Ciertamente, parte del retrato de la hipocresía del sistema de disciplina militar involucra el reconocimiento de la sexualidad inherente en el sadismo del individuo que empuña la vara de la disciplina militar (15, 23-24). En términos del proceso de investir a los personajes de ficción con valores contrastantes, un proceso característico del alto realismo del período, la inocente masculinidad de Bom-

Crioulo se ubica contra la hipocresía de los individuos, los oficiales y sus agentes, que le imponen un castigo excesivo por un acto que establece su involucramiento con Aleixo. Que él sea un hombre negro sólo incrementa la severidad del castigo que recibe, al mismo tiempo que coloca en el universo de la novela un buen salvaje de dimensiones heroicas.

Si Bom-Crioulo es postulado como un hombre naturalmente decente a pesar de sus amos blancos, su sexualidad masculina se contrabalancea por el adolescente blanco que busca seducir. Aleixo es el personaje en la novela que revela las caracterísiticas andróginas o afeminadas estereotípicas comúnmente asociadas con las imágenes del amor adolescente griego. Ya que Aleixo aborda el barco en el sur de Brasil, Caminha puede retratarlo con los rasgos rubios y los ojos azules de su estereotipo:

> E vinha-lhe à imaginação o pequeno com os seus olhinhos azuis, com o seu cabelo alourado, com a suas formas rechonchudas, com o seu todo provocador Nas horas da folga no servoço, chovesse ou caísse fogo em brasa do céu, ninguém lhe tirava da imaginação o petiz: ea uma perseguição de todos os instantes, uma idéia fixa e tenaz, um relaxamiento da vontade irresistivelmente dominada pelo desejo de unir-se ao marujo como se êle fôra do outro sexo, de possuí-lo, de tê-lo junto a si, de amá-lo, de gozá-lo (41).

En estos dos juegos de oposiciones —el noble negro Bom-Crioulo *versus* los hipócritas oficiales blancos y el negro masculino Bom-Crioulo *versus* el blanco afeminado Aleixo—, la narrativa de Caminha no puede evitar una innegable medida de esquematismo semántico. Dicho esquematismo es típico de la novela de fines del siglo XIX, y escritores como Machado son particularmente reconocidos por su habilidad de atenuarlo a través de la sutileza de su textura narrativa y el espectro de detalles con el cual postula sus personajes y eventos. En contraste, Caminha, quien todavía no cumplía treinta años al publicar *Bom-Crioulo*, es mucho más primitivo en su oficio de novelista. Como resultado, las líneas de oposición en su novela son particularmente evidentes, sin ninguna de las complejas ambigüedades de un Machado. Por lo tanto, resulta difícil interpretar equivocadamente los bosquejos de lo que los personajes de esta novela representan, particularmente en relación con los juegos de oposiciones que he identificado.

La seducción y conquista de Aleixo por parte de Bom-Crioulo, enfatizada por el sacrificio físico en forma de los azotes que recibe por defenderlo, ocupa la primera mitad de la novela (capítulos 1-5). Vemos el establecimiento de un idilio sexual entre los dos hombres, primero dentro de los relativamente protegidos confines de su vida a bordo del barco y después en el refugio del cuarto de Rua da Misericórdia, donde el ex-esclavo satisface tranquilamente sus necesidades eróticas. Como parte de la afirmación de su influencia sobre el inocente muchacho blanco, Bom-Crioulo se vuelve un amo demandante, haciendo entonces eco de narrativas contemporáneas de relaciones entre amos y esclavos e invirtiendo radicalmente el patrón del amo blanco y el esclavo negro. Caminha es inquebrantable a la hora de narrar los detalles de la esclavitud sexual de Aleixo por parte del hombre mayor, y uno no puede sino preguntarse si este retrato mantenía una fascinación doblemente mórbida para lectores que pudieran estar contemplando por primera vez tanto las posibilidades de la pasión homoerótica como la escandalosa inversión de los roles de la esclavitud:

> Em terra, no quarto da Misericórdia, nem se falava! —ouro sôbre azul. Ficavam em ceroulas, êle e o negro, espojavam-se à vontade na velha cama de lona, muito fresca pelo calor, a garrada e aguardiente ali perto, sozinhos, numa independencia absoluta, rindo e conversando à larga, sem que ninguém os fôsse a perturbar —volta nachave por via das dúvidas...
> Uma cousa desgostava o grumete: os caprichos libertinos do outro. Porque Bom-Crioulo não se contentava em possuílo a qualquer hora do dia o da noite, queria muito mais, obrigava-o a excessos, fazia dêle um escravo, uma «mulher-à-toa» propondo quanta extravagância lhe vinha à imaginação [...].
> E o pequeno, submisso e covarde, foi desabotoando a camisa de flanela, depois as calças, em pé, colocando a roupa sôbre a cama, peça por peça.
> Estava satisfeita a vontade de Bom-Crioulo (78-79).

Sin embargo, este idilio no puede durar. Sea porque los *affaires* homosexuales son inherentemente inestables o porque todas las relaciones basadas en la pasión deben con el tiempo ceder a los otros eventos de la vida, Bom Crioulo es reubicado y su *affaire* con Aleixo es amenazado por la separación de ser asignados a barcos distintos con diferentes rutinas y días libres. A través del resto de la novela, Caminha traza el trágico desenlace de esta perturbación del idilio sexual alcanzado por ambos en su humilde Jardín del Edén alquilado.

Enfatizando la brecha que se desarrolla entre Aleixo y Bom-Crioulo, la narrativa se divide en dos hilos conductores. Por un lado, se encuentra el miedo de Bom-Crioulo de que algo ha ido mal entre él y Aleixo debido al nuevo nombramiento, su revuelta contra la autoridad, el terrible azotamiento que recibe por su conducta fuera de orden, su subsecuente hospitalización, su renovada persecución de Aleixo y su celoso asesinato del muchacho al haberse convertido en el amante de D. Carolina durante la ausencia de su «amo». Haciendo paralelo del retrato de la agonía sufrida por Bom-Crioulo debido a su pérdida se encuentran los detalles de la segunda seducción de Aleixo, esta vez por la cachonda casera, conocedora de los hombres y del mundo, quien ve un reto especial en seducir a tan encantado muchacho y en alejarlo de su amante masculino en el proceso.

Al llevar a cabo una suerte de vindicación irreflexiva de la heterosexualidad, D. Carolina, una mujer blanca y portuguesa que siente que se le niegan los encantos físicos de Aleixo por un amante masculino que es, después de todo, sólo un negro (132-151), tiene pocas reservas en vindicar sus auto-atribuidos derechos sobre este seductor joven. En consecuencia, Aleixo se vuelve poco más que un punto de referencia para un concurso de derechos sexuales entre el amante negro, masculino y esclavo y la prostituta blanca, mujer y portuguesa. Mientras la voz omnisciente del narrador implica que, en su mente primitiva, Carola Bunda no ha comprendido del todo las consecuencias sociales de sus acciones, para el lector debe ser obvio que Aleixo es mucho más que un simple peón en un concurso de voluntades eróticas.

Como un hombre negro que ha canjeado la esclavitud de la plantación por la opresiva disciplina de la vida militar, Bom-Crioulo basa su relación inicial con Aleixo en la afirmación de su carácter de amo sobre el muchacho blanco, al que inicia (al tiempo en que, de hecho, se inicia a sí mismo) en los detalles del amor homoerótico, un comportamiento que lo aísla tanto de la sociedad en su conjunto como lo hace su raza (he aquí la importancia del refugio del cuarto en la Rua da Misericórdia). Aunque explícitamente ataca a Bom-Crioulo como negro y, en sus propias palabras, pederasta, D. Carolina no es realmente consciente de estar llevando a cabo una forma de reivindicación social contra Bom-Crioulo. No obstante, lo que en efecto toma lugar es una forma de rehumillación del negro, de tal manera que en el transcurso de la segunda mitad de la novela se ve reducido una vez más a su estatus de esclavo sin dignidad, respeto o derechos. Dejado por Aleixo, a quien mata en un desplante de celos, y despreciado por la mujer blanca a la que antes había salvado de un asalto, Bom-Crioulo reasume una condición de sujeción total dentro de una sociedad en la que no hay ningún lugar para él.

Un asunto crucial en la novela no ha sido mencionado hasta ahora: el derecho de Aleixo de elegir su compañero sexual. Pero éste no es nunca un problema durante la silenciosa pugna entre Bom-Crioulo y D. Carolina, y, mientras Aleixo fue originalmente seducido por las atenciones del primero, sucumbe con igual voluntad a los no menos agresivos avances de D. Carolina. Ciertamente, Aleixo termina por repudiar el interés sexual de Bom-Crioulo por él, pero el narrador es insistente en mostrar que sus pensamientos son ecos de la persuasión erótica de D. Carolina. Desde un punto de vista, se puede decir que Aleixo termina, finalmente, por asumir su rol sexual «propio» y «natural», renunciando a la perversión que Bom-Crioulo impuso en él. Mientras los lectores pueden querer aceptar y quizá respaldar este cambio en su identidad, es importante apuntar que el narrador de Caminha está apenas interesado en analizar los detalles de la decisión de Aleixo. Más bien, su enfoque a través de este segmento crucial de la novela es en la lucha de D. Carolina contra Bom-Crioulo, una lucha bosquejada en los crudos términos de un inventario de oposiciones semánticas primarias que pueden, de manera muy efectiva, excluir a Aleixo y a sus preferencias sexuales como mero pretexto para la pugna sexual entre su «amo» y su «amante».

La afirmación de independencia sexual de Bom-Crioulo no es, ciertamente, un acto político conciente, sino, fundamentalmente, la satisfacción de sus necesidades personales como ser humano, la naturalidad biológicamente neutra, si no la legitimidad social, lo cual el narrador claramente reconoce. Pero este gesto de independencia y el ejercicio del dominio sexual sobre Aleixo no puede durar, y la degradación de Bom-Crioulo es la reafirmación de un orden social prevalente, si no es que injusto. Después de su inesperada transferencia a otro barco, una transferencia contra la cual no tiene recursos, Bom Crioulo es más tarde azotado sin piedad (por un comandante notorio por su homosexualidad; véase 121-123) por un comportamiento fuera de orden, provocado por su angustia al pensar en perder a Aleixo en la confusión de su nuevo horario. Las razones por las que es azotado son significativas: «Desobediencia, embriaguez e pederastia são crimes de primeira ordem» (123).

Este azotamiento y su confinamiento como prisionero en un hospital, para recuperarse de las laceraciones del mazo, son el comienzo de su degradación como el marino cuyo apodo era originalmente el reconocimiento de su naturaleza dócil y cooperativa. De forma paralela, mientras Bom-Crioulo sufre esta humillación física en público, ha sido rechazado por Aleixo a favor de una prostituta intrigante:

> Aleixo dependurou a jaqueta de flanela azul e deixou-se ficar em camisas de meia, ouvindo cantar a água, enquanto D. Carolina ia enxaguando a roupa.
> Falaram em Bom-Crioulo e riram à custa do negro, baixinho, à socapa.
> —Boa Criatura! sentenciou a portuguesa com um què de ironia.
> —Para o fogo! acrescentou Aleixo (127-128).

> Grandessíssimo pederasta! Nunca supusera [D. Carolina] que uma paixão de homem a homem fôsse tão duradoura, tão persistente! E logo um negro. Senhor Bom-Jesus, logo um crioulo immoral e repugnante daquele! (151-152)

Bom-Crioulo *versus* Bom-Jesus: ésta es la disyuntiva que emerge en la mente de la mujer que inconscientemente surge en la novela como la principal antagonista social del esclavo negro. Su monólogo interior hace eco de la base moral cristiana estándar para repudiar la vida sexual de Bom-Crioulo, agregándole la dimensión racial fundamental para la novela de Caminha. En el análisis final, cualquier oportunidad que, en su momento, hubiera permitido a Bom-Crioulo buscar cierto grado de liberación física y sexual —su escape de la plantación, su inscripción en la relativa seguridad de la marina, y su exitoso intento de establecer una relación con Aleixo—, estas afirmaciones de independencia no deben ser permanentes, y Bom-Crioulo es, en última instancia, humillado y degradado tanto por los oficiales, representados por su comandante, y por la sociedad en general en la forma de D. Carolina. Su muerte al final es simplemente la reconfirmación de su destrucción de lo que fue, para usar una expresión coloquial, un negro alzado y una loca[2]. Una vez más a través de esta exposición, es importante anotar, la persona de Aleixo —y, finalmente, su violenta muerte, no operan como eventos de consecuencias separadas. Más bien, Aleixo nunca deja de ser una función del inevitable curso de eventos impuesto a Bom-Crioulo, en formas claramente naturalistas, por su carácter y circunstancias.

El narrador ominisciente de Caminha —Caminha mismo, por supuesto, en una distinción crítica menos rigurosa— habla a lo largo del texto con gran simpatía por Bom-Crioulo, con cierto dejo de condescendencia al noble, pero ignorante y primitivo, negro. Aún cuando enfatiza la naturaleza instintiva del comportamiento de Bom-Crioulo, dejando en claro que la seducción de Aleixo es un acto «natural» y no un acto político consciente, en la medida en que una distinción así es válida, el narrador concurre incuestionablemente con la legitimidad de las necesidades del esclavo, subrayadas por la nobleza básica de sus acciones. Pero en el caso de sus tres personajes centrales, el narrador adopta un tono omnisciente no sólo porque éste es el modelo básico para los narradores de la novela decimonónica, sino también porque deriva de la naturaleza irreflexiva de Bom-Crioulo, D. Carolina y Aleixo como tipos sociales humildes.

Tal vez haya un conflicto fundamental inherente en la visión de Bom-Crioulo sostenida por Caminha, entre un gesto hacia la legitimación de su homosexualidad porque es un hecho biológicamente neutro y la visión de

---

[2] Traduzco de esta forma para mantener el sentido del original, que dice «His final death is simply the reconfirmation of his destruction as, to use the phrase from American culture, an uppity nigger and a queer to boot». [Nota del Traductor.]

su pasión como algo que inevitablemente lo condena, entre ver en su destrucción final el destino inevitable de los oprimidos (sean negros, homosexuales o ambos) y considerar dicha destrucción la consecuencia lógica de su desviación mórbidamente fascinante (Flora Süssekind provee excelentes comentarios sobre el naturalismo y la novela de Caminha). Por un lado, el narrador tiene mucho que decir para reivindicar la humanidad de Bom-Crioulo, aunque sea solamente de la manera en que muchos novelistas del naturalismo acostumbraban apelar a nuestra simpatía por la gente humilde, a quienes mostraban sin tregua como destruidos por su naturaleza biológica o las estructuras opresivas de la ciudad (Thomas Hardy o Frank Norris, por ejemplo).

Ya que la voz del narrador domina en la novela, con muy poco diálogo directo presente, resulta difícil distinguir entre la voz del narrador y el discurso indirecto que atribuye a sus personajes. En consecuencia, las condenas que estos últimos hacen de la sexualidad de Bom-Crioulo, condenas que con frecuencia son motivadas por el egoísmo más que por la moral, se complementan con las descripciones del narrador en un lenguaje que en los estándares de la defensa actual de los derechos gay sería considerado prejuicioso. Por tanto, cuando Bom-Crioulo finalmente se acuesta con Aleixo, el narrador cierra el capítulo con esta coda: «E consumou-se o delito contra a natureza» (19).

Sin embargo, la confusión, en los estándares contemporáneos, entre el repudio interesado de Bom-Crioulo por parte de Aleixo y D. Carolina y las propias creencias del narrador, no puede permitir la caracterización de *Bom-Crioulo* como anti-homosexual. En la presentación positiva de *Bom-Crioulo* en términos casi heroicos, en la detallada exposición de la tragedia de su fracaso para adquirir cierta independencia como consecuencia (biológica) de su raza y preferencias sexuales, y en la dura representación de la hipocresía oficial y la traición personal cometidas por dos personas que ha defendido, la novela de Caminha es una elocuente defensa de Bom-Crioulo como un ser humano no a pesar de, sino debido a los detalles específicos de su carácter. Más allá del simple hecho de su importancia como texto fundacional de la escritura homosexual (y este hecho es independiente de la forma en que los lectores entiendan la postura de la novela hacia la homosexualidad), Bom-Crioulo, no puede sino ser leída como basada en el reconocimiento abierto de la variada naturaleza de la sexualidad. Esta retórica de la pluralidad es sólo reforzada por la importante combinación, en un momento crucial de la historia social brasileña, de motivos raciales y homoeróticos (Fry 1982). Si Caminha sólo puede considerar la sexualidad de Bom-Crioulo como patológicamente anómala y, por tanto, conducente de manera inevitable a su destrucción, su novela es por lo menos un ejemplo notablemente mórbido del naturalismo de la época. En este sentido, *Bom-Crioulo* simplemente haría eco en un registro más estricto de las creencias aceptadas de la sociedad patriarcal decimonónica (Reis 1987).

Una de las premisas centrales a extraerse del trabajo de Fredric Jameson en torno al «inconsciente político» es que, a pesar de la voz aparentemente fuerte con la que la ficción decimonónica habla acerca de asuntos políticos y sociales, se trata de una narrativa que puede ser examinada por los huecos, silencios y contradicciones que yacen debajo de su cierre superficial. Esta posición sólo hace eco del axioma fundamental de la crítica ideológica, para la cual aquello a lo que un texto no se dirige, lo que deja suelto o irresuelto, puede ser tan significante como la estructura limpia y frecuentemente esquemática que aparenta bosquejar. Los trabajos escritos bajo la égida del naturalismo pueden ser especialmente significativos en este sentido. Por un lado, proponen manejar de una «manera científica» las fuerzas ocultas de la experiencia humana mientras, al mismo tiempo, se dirigen a una audiencia muy segura, si no abiertamente petulante, en sus creencias sobre el orden social. Por esta razón, tantos textos importantes de este período fueron considerados escandalosos y fueron objeto de denuncias o amenazas de persecución judicial. La novela de Caminha, escrita durante un período de importante transición social en Brasil no puede ser vista como una excepción, particularmente cuando se considera el tabú de la faceta del comportamiento humano que eligió tratar. Los críticos han generalmente estado de acuerdo en que Caminha ve la cuestión de la homosexualidad bajo el influjo del naturalismo: una suerte de destino biológico que predetermina formas específicas de comportamiento (Jameson 1981; Dowling 1984).

Pero si, como creo es el caso, detrás de los gestos hacia estas creencias, en la forma de ciertas etiquetas prejuiciales del narrador, yace la posibilidad de legitimar la persona de Bom-Crioulo como figura de opresión racial y sexual, la novela de Caminha abre la posibilidad para una oposición significativa de estas creencias. (Aunque restringida en su caracterización de los detalles de la sexualidad de Bom-Crioulo, Dorothy Scott Loos reconoce las diferencias entre la novela y el naturalismo más típico de otras novelas del período, incluyendo *O normalista* del propio Caminha [88].)

Para este fin, la novela está cuidadosamente construida en su posicionamiento de Bom-Crioulo contra una serie de elementos opresivos, en general en la forma de una disciplina naval brutal (la cual sufre repetidamente) y específicamente en la forma de la auto-asumidamente social/racial/moralmente superior D. Carolina, quien es el principal agente de su caída. Debe ser concedido que el Bom-Crioulo de Caminha está marcado por todas las cicatrices de un determinismo deletéreo. Pero el hecho de que sea víctima de su identidad sexual innata y del espectro de fuerzas sociales represivas (y sólo en parte debido a su homosexualidad) no significa que *Bom-Crioulo* pueda ser leída solamente como una denuncia de la homosexualidad y las consecuencias desastrosas de aquellos que «deciden seguirla» (dicha elección, por supuesto, viciaría la noción del determinismo biológico). Existen aquellos que han identificado la preocupación principal de la novela con una denuncia racista del Bom-Crioulo como negro. La opinión más reciente en estos términos es provista por David Brookshaw: «El mensaje... es básicamente que la compañía de los negros no es salubre ya que no tienen control sobre sus instintos animales, y al carecer por tanto de una moralidad propia, pueden suscitar un desastre en la vida de aquellos (los blancos) que la tienen» (1986: 39). Pero la lectura de Brookshaw no se dirige en ningún momento a la repetida imagen de Brom-Crioulo como víctima, aún cuando su sexualidad y comportamientos violentos puedan resultar de peligrosos «instintos animales».

Más bien, el narrador de Caminha se esmera en presentar a su protagonista como víctima, y su comportamiento hacia los otros personajes y su final violento son consecuencia de su estatus como víctima. El narrador de Caminha puede hablar contradictoriamente sobre cómo deberíamos ver la homosexualidad de Bom-Crioulo, ya sea como extensión de sus rasgos alabados al inicio de la novela o como *«contra natureza»* (otra vez, una contradicción del determinismo biológico, ya que lo que la naturaleza determina no puede ir contra ella). Pero esto no detracta la importancia de Bom-Crioulo por la impresionante manera en la que, tan temprano en la literatura brasileña moderna, manejó uno de los grandes temas tabú de la cultura occidental.

Bibliografía

ALCOFORADO, Maria Letícia Guedes (1988): «*Bom-Crioulo* de Adolfo Caminha e a França». En: *Revista de Letras* nº 2, 85-93.
BROOKSHAW, David (1986): *Race and Color in Brazilian Literature.* Metuchen: Scarecrow Press.
CAMINHA, Adolfo (1969): *Bom-Crioulo.* Rio de Janeiro: Olivé.
— (1982): *Bom-Crioulo. The Black Man and the Cabin Boy.* Traducción inglesa de E. A. Lacey. San Francisco: Gay Sunshine Press.
— (1987): *Bom-Crioulo.* Traducción española de Luis Zapata. México: Posadas.
DOWLING, William C. (1984): *Jameson, Althusser, Marx: An Introduction to the Political Unconscious.* Ithaca: Cornell University Press.

FIEDLER, Leslie (1960): *Love and Death in the American Novel.* New York: Criterion.
FRY, Peter (1982): «Léonie, Pompinha, Amaro e Aleixo, prostituição, homossexualidade e raça em dois romances naturalistas». En: Alexandre Eulálio (ed.), *Caminhos Cruzados. Linguagem, antropolofia, ciências naturais.* São Paulo: Brasiliense, 33-51.
HOWES, Robert (1982): «Adolfo Caminha's *Bom-Crioulo*». En: Adolfo Caminha, *Bom-Crioulo. The Black Man and the Cabin Boy.* Traducción inglesa de E. A. Lacey. San Francisco: Gay Sunshine Press, 11-21.
JAMESON, Fredric (1981): *The Political Unconscious. Narrative as a Socially Symbolic Act.* Ithaca: Cornell University Press.
LEYLAND, Winston (ed.) (1979): *Now the Volcano: An Anthology of Latin American Gay Literature.* Traducción de Erskine Lane, Franklin D. Blanton y Simon Karlinsky. San Francisco: Gay Sunshine Press.
LOOS, Dorothy Scott (1963): *The Naturalistic Novel of Brazil.* New York: Hispanic Institute in the United Status.
REIS, Roberto (1987): *A permanencia do círculo. Hierarquia no romance brasileiro.* Niteroi: Universidade Federal Fluminense.
SÜSSEKIND, Flora (1984): *Tal Brasil, qual romance? Uma ideología estética e sua história: O naturalismo.* Rio de Janeiro: Achiamé.
ZAPATA, Luis (1987): «Prólogo». En: Adolfo Caminha, *Bom-Crioulo.* Traducción española de Luis Zapata. México: Posadas, 9-22.

Masculinidades
sentimentales e impotentes

SENTIMENTALIDAD Y GÉNERO:
NOTAS PARA UNA LECTURA DE NERVO

SYLVIA MOLLOY
New York University

Hasta hace unos dos o tres años, yo me creía casi inmune a la poesía de Nervo. Mi experiencia de su obra poética se limitaba, en mi opinión, a muy borrosos recuerdos de la biblioteca familiar, posiblemente materna aunque no estoy del todo segura (volveré a la cuestión del género), y, dentro de esa biblioteca, *Elevación* y *El estanque de los lotos* en la edición de las *Obras completas* de la Biblioteca Nueva de Madrid, al cuidado de Alfonso Reyes. Pero estos recuerdos eran incompletos, como descubrí al releer a Nervo y al encontrarme con versos que había aprendido de memoria en mis lejanos días de colegio, tanto primario como secundario. De la primaria me volvieron recuerdos cuando, al volver a leer, por ejemplo, «Amor filial» de los *Cantos escolares*, me topé con ese infeliz retintín de «Yo adoro a mi madre querida, / yo adoro a mi padre también; / Ninguno me quiere en la vida / como ellos me saben querer» (*OC*, II, 1419), del que no logré desprenderme por horas luego de haberlo releído. El olvido, en este caso, había sido piadoso. Y también me encontré, en el curso de esa reciente relectura de Nervo, con otro poema que yo había aprendido de memoria, esta vez en la secundaria, «En paz» de *Elevación*, cuyas postreras, grandilocuentes interpelaciones —«Amé, fui amado, el sol acarició mi faz. ¡Vida, nada me debes! ¡Vida, estamos en paz!» (*OC*, II, 1706)— resultaban, para las adolescentes inexperimentadas que éramos, extrañamente satisfactorias cuando las recitábamos con voz ahuecada, creyéndonos de vuelta de todo[1]. Nervo era, evidentemente, un

---

[1] Semejante reacción, creo recordar, provocaba la rima LVI de Bécquer, cuyo *taedium vitae* («Hoy como ayer, mañana como hoy, / ¡y siempre igual!», etc.) resultaba sumamente atractivo, por ende memorizable.

poeta de verdades universales, de lecciones de vida que se aprendían de memoria en las escuelas argentinas: proponía una «propedéutica espiritual» como la había llamado (positivamente, cabe añadir) Cansinos Assens (1919: 34). Pero en este ejercicio de memoria vino a mí un tercer recuerdo de Nervo, éste muy posterior y harto más fecundo para el tema que me interesa, el exceso sentimental en Nervo. Y es el recuerdo de Alejandra Pizarnik, también víctima de la didáctica memorización de Nervo, recitando el consabido «Cobardía» pero, en un rapto de perversa inspiración, reemplazando sistemáticamente ciertos sustantivos del poema —digamos el *madre* de «Pasó con su madre», o el *alma* de «¡Síguela! gritaron cuerpo y alma al par», o el *locura* de «Pero tuve miedo de amar con locura»— por la palabra *culo*, logrando efectos que no dejaré de calificar de sorprendentes y hasta de extrañamente eficaces.

El gesto transgresivo de Pizarnik, no por fácil menos productivo, junto al Nervo monumentalizado, o quizás mejor, popularizado a través de la recitación de sus lugares comunes, sostienen mi esfuerzo de proponer otra lectura de Nervo. Es decir, a partir de ese *fervor* que creo detectar en los ejemplos citados —tanto el fervor de la adolescente que, habiendo vivido apenas, se deleita con la fúnebre autosatisfacción de «Muy cerca de mi ocaso, yo te bendigo, Vida», como el fervor de la poeta subversiva que fuerza hasta el límite escatológico la delicuescencia de Nervo— a partir de ese fervor, digo, quiero examinar los mecanismos de lo que llamaré el exceso sentimental en Nervo.

Quién lee a Nervo

Deliberadamente he hablado de *la* adolescente, de *la* poeta: no creo casual que el fervor, ya mimético, ya transgresivo, esté marcado por el género. Nervo escribe para las mujeres, o mejor dicho para (y, he de proponer, *desde*) cierta figuración de lo femenino. Mujer y femineidad no son sinónimos: volveré sobre esta diferencia. Ya la crítica de sus contemporáneos confirmaba esa marca de género. «Sus estrofas ascéticas liban miel, como las abejas de Platón, en labios femeninos y pintados», observa Cristóbal de Castro (s/f: 111). En la muerte de Nervo escribe Luis Berisso: «Ningún trovador americano la mimó más [a la mujer], ninguno la elevó tan alto, ni se inclinó a sus plantas más rendido, gentil y caballeresco; pocos penetraron tan hondo en los abismos de su corazón. De ahí el llanto que empaña los ojos de las bellas y deja a su paso una estela de azucenas y un temblor de angustia»

(1919: 306)². Fernández Moreno es aún más tajante: «Estáis de luto todas las mujeres» (1919: 308). Años más tarde, en su edición de las *Obras completas*, Francisco González Guerrero retoma la idea: «Por su emotividad profunda y por los aciertos de interpretación del sentimiento amoroso ante el misterio mismo de la muerte, este libro [*La amada inmóvil*] es el más amado por el público femenino. Tiene ya la consagración de un devocionario sentimental que obliga a la repetición de su lectura» (*OC*, II, 28).

El mismo Nervo prepara el terreno para esa recepción signada por lo femenino, cortejando a sus lectoras mediante la interpelación directa, explícitamente textual. La primera versión, luego corregida, del poema liminar de su primer poemario, *Mañana del poeta*, rezaba: «He aquí, mujer, de mi arpa / los cánticos dispersos» (en Mejía Sánchez 1971: xv). El poema liminar de su último poemario, *El arquero divino*, retoma el llamado: «¡Me clavó con sus flechas el Arquero divino, / y aquí traigo, lectora (trovador vespertino), / más estrofas de amores, con su amargo y su miel!» (*OC*, II, 1281).

Nervo (como más de un escritor finisecular) calculadamente construye una pose de enunciación, que está marcada por el género, y más precisamente, por la *dis-función* del género. Tanto en representaciones literarias como públicas recurre a la autofiguración histérica, o mejor neurasténica (atendiendo al prejuicio cultural vigente que sólo reserva el primer término para las mujeres)³, y la ofrece como confidencia. Anuncia: «Yo soy un alma pensativa. ¿Sabes / lo que es un alma pensativa? — Triste. / Pero con esa fría / melancolía / de las süaves [*sic*] / diafanidades» (*OC*, I, 1521). Nervo se autofigura como el débil, el enfermo, el enclenque. Es «ave doliente de la espesura, / postrer latido de un corazón» (*OC*, II, 1272). Nos dice que «perpetua sombra anida en [su] cerebro» (*OC*, II, 1300), que su numen es «pájaro enfermo» (*OC*, II, 1302), mientras que su espíritu está «yermo / muy enfermo..., muy enfermo..., / casi muerto..., casi muerto...» (*OC*, II, 1311). Pero a diferencia de otras autofiguraciones basadas en la enfermedad que se tornan instrumento de denuncia o de indagación crítica dentro del texto mismo, sirviendo para cuestionar subjetividades masculinas estereotipadas (pienso, por ejemplo, en *De sobremesa* de José Asunción Silva), la autofiguración neurasténica de Nervo es menos crítica que emotiva. Quiere que se lo compa-

---

[2] La omnipresencia femenina reaparece en el texto de Berisso cuando éste evoca el entierro apoteósico de Nervo: «Su féretro, bañado con las lágrimas de las mujeres —cuyo imperio conquistó de manera avasalladora, por sobrenatural designio— fue cubierto materialmente de coronas y de rosas» (1919: 307).

[3] Ver Showalter (1993).

dezca, que se sienta con él: «te lo diré al oído» (*OC*, II, 1679); quiere, además, que se llore con él, con esa simpatía lacrimógena que pedían Bernardin de Saint-Pierre para su *Pablo y Virginia* y Jorge Isaacs para su *María*.

Esta confidencia *en voz baja*, para citar el título de uno de sus poemarios, tiene sin embargo sus ceremonias públicas, se brinda en espectáculo. Abundan descripciones físicas de Nervo, como si su cuerpo fuera otro texto expuesto al *pathos* de sus simpáticos y sensibles lectores y, sobre todo, lectoras. «Aparentaba edad mayor de la real por la flacura del cuerpo, que parecía extenuado, por la curvatura de la espalda, que se diría cansado por la parsimonia en el andar, que se antojaba fatigado, y por las arrugas de la frente, de contiguo plegada por el enorme abrir de los ojos curiosos; todo ello agravado por la barba en punta, que algunos han comparado con la de Cristo, y que más bien hacía pensar en las que encuadran los rostros macilentos de los taciturnos caballeros que hay en los lienzos del Greco» (Francisco de Olaguíbel, en Mejía Sánchez 1971: xix). Abundan también las descripciones de su gestualidad, aquellas «manos gesticulantes, expresivas, que se contraían en rígidas crispaduras o se abandonaban a languideces y desmayos elocuentísimos, siguiendo la fulgurante e inagotable verbosidad del poeta» (Ortiz de Montellano 1943: 26-27)[4]. Sus recitales (para Nervo era signo de excelencia de un poema el que fuera «recitable»[5]) son verdaderas *performances*, como aquel último recital en el Ateneo de Montevideo que registra Víctor Belaunde: «Nervo, emocionadísimo, agradeció el homenaje. Se definió, en ese momento, diciendo que él no era sino un corazón que se había buscado órganos para caminar por el mundo. Declamó insuperablemente, como si fuera por última vez, las poesías que todos sus admiradores saben de memoria. El público quería más; y el poeta, sonriente, con aquella su inagotable complacencia, recitaba las composiciones que le indicaba el auditorio, doblando así el programa que había pensado desarrollar con asombro de los que conocíamos su extenuación» (1919: 211).

Nervo cultiva el patetismo, mejor dicho la *performance* del patetismo que apela a la participación del público. Brevemente remito a dos poemas, «De invierno» de Darío y el poema XXII de *Perlas negras*. Los dos textos, se recordará, contrastan un interior opulento, signado por lo femenino, con un afuera inclemente: en Darío, un lujoso *boudoir* parisino en el que duerme

---

[4] Más sobre las manos de Nervo: «Las manos se movían en la sombra como largas hojas marchitas [...] y al abrirse en cansados gestos, tenían el ademán de bendecir» (Manuel Horta, citado en Durán 1969: 104).

[5] «Te acompaño mis últimos endecasílabos. Creo que son muy recitables», carta a Luis Quintanilla del 7 de Julio de 1900 (*OC*, II, 1138).

una mujer, en Nervo, una «rica estancia de aristocrática / mansión» donde duerme (la diferencia es significativa) no una mujer sino, sinecdóquicamente, su perrito, «el falderillo de la condesa». Desde el afuera inhóspito, un sujeto masculino pasa (o intenta pasar) al adentro. Pero mientras que el sujeto de Darío, claramente el amante de la mujer a quien espía, entra triunfal («entro, sin hacer ruido; dejo mi abrigo gris, / voy a besar su rostro») y posee, en todos los sentidos del término, ese interior femenino, el sujeto de Nervo, un niño enclenque que busca limosna, desfallece literalmente *ante portas* mientras el perrito sigue durmiendo en el cálido interior. Cito:

> Un rapazuelo de cuerpo escuálido,
> de tristes ojos, de rostro pálido,
> rasca las cuerdas de su violín
> frente a los muros de aquella casa;
> ¡música inútil!, la gente pasa
> sin dar socorros al serafín.
>
> En tanto el cierzo silba y se queja,
> el pobre niño de tocar deja;
> llora y a nadie su llanto mueve;
> en vano empuja con mano incierta
> de la morada condal la puerta,
> ¡y se desploma sobre la nieve!
> (*OC*, II, 1301).

Como decía Oscar Wilde, al concluir su lectura de *The Old Curiosity Shop* de Dickens, «[h]ay que tener el corazón de piedra para no reírse a carcajadas de la muerte de Little Nell». Ése es el patetismo de Nervo, el patetismo de lo empequeñecido (abundan los diminutivos en su poesía) y remilgado, de lo insignificante sentimentalizado: de aquello que el francés dice tan bien con la palabra *mièvre* y el español algo menos bien con la palabra *cursi*. La proyección de ese patetismo no sólo es confesional (las confidencias del yo lírico) sino también situacional (los poemas anecdóticos, como el que acabo de citar): en los dos casos culmina en melodrama[6].

Si bien en principio este patetismo puede tocar tanto a hombres como a mujeres, es indudable que en la práctica, en el momento en que escribe

---

[6] Acertadamente escribe Peter Brooks de la literatura de fin de siglo que «necesita esa teatralidad [...] para hacer patente su significado, para revestir las representaciones de la vida que propone con un sentido de memorabilidad y de importancia» (1976: 13)

Nervo, se lo asocia con lo femenino; es decir, con cierta construcción de lo femenino, basado en la emoción, la sensibilidad y cierta delicadeza amenazada por el desorden. Se trata de una construcción de algún modo ya caduca, dotada de cierta aura nostálgica, como escribe John Mullan, «una versión particular de lo femenino —lacrimoso, palpitante, que encarna la virtud a la vez que es susceptible a todas las vicisitudes del "sentimiento"» (1988: 218). Y esta construcción es tanto más resistente en una época en que nuevas subjetividades y formulaciones de género —la mujer nueva, el homosexual—, al cuestionar binarismos o heteronormatividades reduccionistas, hacen entrar en crisis el concepto de lo femenino como categoría estanca.

Lo femenino como categoría deshabitada

Postulo que lo femenino se da, en la obra de Nervo, como categoría deshabitada, disponible. La mujer es, ante todo, carencia de mujer y la condición para amarla está en relación directa con su ausencia, su alejamiento, su silencio o su muerte. «Sirena que no cantaba / te podía seducir», escribe Reyes de Nervo (*OC*, II, 1232). Mejor sería decir: *sólo* sirena que no cantaba te podía seducir. Si *La amada inmóvil* es el mejor exponente de esta carencia —versos escritos a una muerta a quien, en vida, mantuvo escondida hasta de sus amigos—, la construcción de la mujer como vacío (*La amada inmóvil* debería llamarse *La amada ausente*) es gesto constante en Nervo. Si en Darío *Ella* es puro anhelo —«No la anuncian. No llega aún»—, en Nervo, podría decirse que *Ella* (si alguna vez estuvo) se ha ido para no volver o para volver afantasmada. Ve Reyes esta construcción como necesaria: «Él necesitaba querer así. Su amor era una fabricación secreta [...]. Ella, después de la muerte, continúa radiando fulgores» (en Durán 1969: 75). Presente en su ausencia misma, la mujer se prolonga en el fetiche: «¡La trenza que le corté / y que, piadoso, guardé / *(impregnada todavía / del sudor de su agonía)* / la tarde en que se me fue!» (*OC*, II, 1676; énfasis mío)[7]. La fetichización ase-

---

[7] En el prólogo a *La amada inmóvil*, Nervo describe «la trenza de su cabello castaño, impregnado del sudor de su agonía» como «lo sólo material que me queda de la compañera única de mi vida» (*OC*, II, 1123). Pero esta obsesión por el fetiche aparece ya en su poesía juvenil en casi los mismos términos: «Quiero poseer un rizo desprendido / de esas trenzas que besan en sus giros / las auras cuando llevan a tu nido / el lloroso rumor de mis suspiros», comienza un poema que concluye: «¡Oh!, dame esos cabellos, que doquiera / a mi fiel corazón irán opresos; / y ya los tomarás cuando me muera / mojados con mi llanto y con mis besos» («Un rizo de tu pelo», *OC*, II, 1287).

gura la no clausura del duelo, la perenne melancolía: «Sus pieles y su blusa negra, pendientes de la percha en que sus manos las colocaron con esa meticulosidad que le era propia y que hacía de ella la *ménagère* por excelencia, tienen aún su olor, su tibio olor de mujer limpia, su olor que respiré más de diez años» (*OC*, II, 1122-1123).

La mujer es amada en la muerte pero, en vida, se la escamotea. Recuérdese el prólogo a *La amada inmóvil*, donde Nervo da detalles sobre su relación con aquélla a quien llama «la dulce y adorable compañerita de mi vida» (*OC*, II, 1116), insistiendo en el carácter clandestino de su relación con una mujer con quien, curiosamente, no se casó:

> Como aquel nuestro cariño inmenso no estaba sancionado por ninguna ley [...] no teníamos el derecho de amarnos a la luz del día, y nos habíamos amado en la penumbra de un sigilo y de una intimidad tales, que casi nadie en el mundo sabía nuestro secreto. Aparentemente yo vivía solo, y muy raro debió de ser el amigo cuya perspicacia adivinara, al visitarme, que allí, a dos pasos de él, latía por mí, por mí solo, el corazón más noble, más desinteresado y más afectuoso de la tierra.
>
> Pocas veces, muy pocas, salíamos juntos, evitando las arterias febriles de las metrópolis, donde mi relativa popularidad podía prepararme sorpresas. En cambio, en ciertos viajes nos desquitábamos ampliamente, y, brazo con brazo, enredadas las diestras con una ternura que tenía mucho de fraternal, nos dedicábamos a ese *flaneo* deleitable de París, de Londres, de Bruselas [...]. Pero tal persistente secreto fue mi tortura persistente también (*OC*, II, 1116; énfasis en el original).

Si no me equivoco, en torno a esta «adorable compañerita de mi vida» (*OC*, II, 1117), esta «lamparita sana y dulce de mis tinieblas» (*OC*, II, 1116), se articulan actitudes y conductas no habitualmente conectadas con el amor heterosexual. La relación que describe Nervo es secreta; hay que mantenerla escondida (y ese disimulo es fuente de placer: se tiene algo que el otro no sospecha); se la vive con culpa («en la penumbra» porque no se tiene «derecho» a sacarla a la luz); no se la puede mostrar en el espacio público habitual («las metrópolis») por temor a ser reconocido; sólo se la puede desplazar hacia la periferia de lo extranjero, donde se la goza doblemente, como venganza: «nos desquitábamos ampliamente». Más que buscar explicaciones normalizadoras para la curiosa relación de Nervo con Ana Dailliez, como lo ha hecho la crítica (Durán 1969: 74), cabe preguntarse por qué recurre Nervo a la retórica del «amor que no osa decir su nombre» para hablar de la mujer a quien, por propia confesión, más amó en la vida; cabe admirarse, sobre todo, de la precisión con la que Nervo construye este espacio emblemático de la prohibición, una suerte de *closet* en que se efectúan curiosas operaciones de género. De pronto, un comentario de Manuel Durán adquiere nuevo sentido: Nervo, observa Durán, convierte a la mujer «en puente para llegar a todo lo demás» (*ibid.*, 57)[8].

El espacio claustral

En Nervo, el necesario escamoteo de la mujer se resuelve de dos maneras. La muerte, como en *La amada inmóvil*, es la solución privilegiada ya que permite, a la vez, la pérdida o represión de la mujer y el patetismo de esa pérdida. Pero hay otra solución que me parece más fecunda por las posibilidades que abre y porque provee un contexto, en la obra de Nervo, para esa retórica del *closet* que he señalado. Me refiero al espacio claustral, como lugar de represión a la vez que deseo.

Hay una verdadera obsesión por el claustro en Nervo. Más allá del detalle biográfico —la experiencia en el seminario, la unción gestual que lleva a que se lo tome por seminarista, el sobrenombre que le pone Darío de «fraile de los suspiros», la profesión de fe de su hermana— la vocación religiosa y el consiguiente encierro aparecen abundantemente, en un nivel temático, desde el comienzo de su obra. Lo claustral irrumpe, de manera llamativa, en *El bachiller*, primera novela de Nervo, con la ambigüedad de género que lo caracteriza. Antes de castrarse por amor a Dios, el protagonista, debatiéndose entre Dios y el mundo, se pregunta: «¿Qué vas a hacer a un convento? ¿Qué hallarás ahí?» (*OC*, II, 198). Es una buena pregunta. El término *convento*, espacio de reclusión sobre todo de mujeres, sorprende en boca de un hombre; sorprende menos si se lo contextualiza dentro de la obra de Nervo donde lo claustral es siempre espacio signado por lo femenino, diré más, por lo *monjil*. Los poemas iniciales de *Místicas* lo subrayan. A través de la identificación con lo femenino, el sujeto de «Obsesión» hace suyo el imperativo de Hamlet: «Hay un fantasma que siempre viste / luctuosos paños, y con acento / crüel [*sic*] de Hamlet a Ofelia triste / me dice: ¡*Mira, vete a un con-*

---

[8] El contexto en que se encuentra la frase de Durán es por cierto poco feliz: «Todavía hoy, si se hiciera [...] un análisis de los lectores de Nervo, lo mas probable es que encontraríamos que una fuerte mayoría de los lectores de Nervo han sido y son del sexo femenino. Las mujeres comprenden instintivamente que hay ciertos hombres, ciertos escritores, que aman a la mujer sin reservas, la convierten en puente para llegar a todo lo demás, en puerta abierta a lo absoluto. Y saben agradecerlo» (Durán 1969: 57).

vento!» (*OC*, II, 1311)[9]. A través de una asociación semejante, el sujeto de «Gótica» convoca a las monjas muertas de una abadía —«Heme aquí con vosotras, las abadesas / de cruces pectorales y de áureo báculo»— para luego confundirse con esas «amadas inmóviles», asumiendo su misión: «¡Oh claustro silencioso, cuántas pavesas / de amores que ascendieron hasta el pináculo / donde mora el Cordero, guardan tus huesas...! / Oraré mientras duermen las abadesas / de cruces pectorales y de áureo báculo...» (*OC*, II, 1312). En el espacio claustral que describen estos dos poemas (a los que podrían añadirse sin duda muchos otros, «La hermana melancolía» y «Les oiseaux s'envolent et les fleurs tombent», para citar tan sólo dos), se opera, si no me equivoco, una transacción de género significativa: un sujeto masculino entra en un espacio religioso femenino, no para poseer a la mujer (no hay profanación en Nervo), sino para asociarse a ella, para de algún modo entrar en la sororidad, afeminándose. Del Nervo biográfico se dice que «se complacía especialmente en la compañía de las mujeres y en los salones le gustaba rodearse de su pequeña corte de admiradoras. Pero por un sentimiento que puede haber sido muestra de timidez o de desgano para entrar en la lucha por la admiración femenina, no le agradaba que otros hombres se mezclaran a los grupos ocasionalmente formados a su alrededor; y en los casos en que esto ocurría, Nervo sabía buscar un pretexto para retirarse discretamente» (Morgan en Durán 1969: 212). Para ser fecunda, la sororidad no tolera la mezcla.

Sentimental por asociación: lo fraterno

Cuando digo que al entrar en el espacio monjil el sujeto de Nervo busca afeminarse, aclaro que no digo busca ser mujer. Vuelvo aquí a esa construcción de lo femenino que es marca de época, ese *trop plein* sentimental que es motivo de atracción y de envidia para el sujeto masculino[10], permitiendo a un tiempo la identificación y la desidentificación, porque es, como escribe Hugo von Hofmannsthal, «aquello que nosotros los hombres amamos llamar "lo femenino" (*das Frauenhafte*) y que suele faltar a las mujeres» (Molloy 1997: 20). A ese femenino sentimentalizado recurre Nervo para entablar relaciones otras. Para ser precisos: es desde y a través de ese femenino

---

[9] En inglés, se recordará, el término es inconfundiblemente femenino: *nunnery*.

[10] Para construcciones masculinas de lo femenino en el fin de siglo, véase Molloy.

expropiado que Nervo postula otra comunidad, la apasionada, sentimental fraternidad entre hombres que marca tantas de sus páginas.

Las notables cartas de Nervo a su amigo Luis Quintanilla constituyen uno de los documentos biográficos más elocuentes de esta fraternidad intensa. Escritas desde París y Madrid, y dedicadas sin excepción al «hermano» —ya «hermano querido», ya «hermano muy amado»—, permiten trazar el itinerario de una apasionada amistad masculina a la que pocos críticos han prestado debida atención. Sin duda merecen detenido estudio; sólo señalo aquí la sentimental relación simbiótica que revelan, con sus entusiasmos —«Hermano muy amado: Gracias por tu tarjeta. La nube esa es adorable en su *nonchalance*. La he besado» (*OC*, II, 1138)— y sus desengaños: «Muy querido hermano: Tú eres el único de quien no esperaba un abandono absoluto, tú has sido el único juguete que no se me rompía, y si te dijese que tu 0olvido no me sorprende mentiría. [...] ¡Qué quieres! Yo me imaginaba que estando tú en México y yo en París, los dos estaríamos en las dos partes, que tú serías allá una prolongación de mí mismo. En fin [...] pasemos a otra cosa» (*OC*, II, 1152)[11].

Me interesa menos considerar esta sentimentalidad entre hombres a nivel biográfico que observar sus manifestaciones textuales, seguir en Nervo esa pista según la cual, como anota Eve Sedgwick, «la instancia ejemplar de lo sentimental deja de ser la mujer *per se* y en cambio se vuelve cuerpo de hombre que [...] ante un público que a la vez lo desea y catárticamente se identifica con él, dramatiza de modo físico —*encarna*— la búsqueda de una identidad masculina signada por emociones o marcas físicas estereotipadas como femeninas» (1990: 146). Porque si la relación con lo femenino se predica sobre la ausencia (muerta, dormida, enclaustrada), la relación con lo masculino parecería suponer en Nervo presencia, plenitud, un *cuerpo* masculino en cuya materialidad sensual se pierde el sujeto: «Ven, abad incurable, gran asceta; yo quiero / anegar mis pupilas en las tuyas de acero, / aspirar el efluvio misterioso que escapa / de tus miembros exangües, de tu rostro severo, / y sufrir el contagio de la paz de la Trapa» (*OC*, II, 1315). La reli-

---

[11] Más diluidos, hay ecos de esa fraternidad amorosa en ciertas reacciones ante la muerte de Nervo. Emilio Frugoni, al trazar su trayectoria poética, reconoce una primera lectura femenina («Salieron a su encuentro ondulantes doncellas»), pero por último privilegia la lectura masculina («Así se abrió camino entre los corazones; / así llegó a nosotros, preocupados varones, / y nos metió en la límpida onda de sus canciones»). Esos «preocupados varones» escuchan y lloran la voz de Nervo porque «palpitaba lo mismo que un humano / corazón, y cantaba muy quedamente: "Hermano"» (1919: 230-231).

giosidad y el misticismo —«elaciones inmaculadas e infinitas, este aroma santo de lo Absoluto», al decir de Eduardo Colín (*OC*, II, 1252)— que encauzan esta sentimentalidad masculina en Nervo, este perderse en el otro, no deben oscurecer su carácter notablemente íntimo, físico: «Yo soñé con un beso, con un beso postrero / en la lívida boca del Señor solitario / que desgarra sus carnes sobre tosco madero / en el nicho más íntimo del vetusto santuario» (*OC*, II, 1320).

La escritura de Nervo debuta con un acto simbólico de notable importancia: la castración del protagonista de *El bachiller*. Propongo que su obra es una elaboración de ese gesto brutal y que la escisión de una masculinidad genitalizada, vuelta intolerable, se traduce en una sentimentalidad que, al no respetar adjudicaciones tradicionales de género, es por fin un gesto liberador. Que su forma predilecta haya sido un patetismo que hoy se lee, según la complicidad de lectura que se escoja, como *kitsch* o como *camp*, no disminuye, creo, la eficacia del gesto.

Bibliografía

BELAUNDE, Víctor Andrés (1919): «De la vida de Nervo». En: *Nosotros*, número extraordinario dedicado a Amado Nervo (junio-julio), 206-211.

BERISSO, Luis (1919): «Amado Nervo». En: *Nosotros*, número extraordinario dedicado a Amado Nervo (junio-julio), 305-307.

BROOKS, Peter (1976): *The Melodramatic Imagination: Balzac, Henry James, Melodrama, and the Mode of Excess*. New Haven: Yale University Press; reimpr. New York: Columbia University Press, 1984.

CANSINOS ASSENS, Rafael (1919): *Poetas y prosistas del Novecientos (España y América)*. Madrid: Editorial América.

CASTRO, Cristóbal de (s/f): «El embajador de la poesía». En: *Amado Nervo y la crítica literaria*. México: Andrés Botas e hijo, 111-115.

DURÁN, Manuel (1969): *Genio y figura de Amado Nervo*. Buenos Aires: Editorial Universitaria de Buenos Aires.

FERNÁNDEZ MORENO, Baldomero (1919): «Amado Nervo». En: *Nosotros*, número extraordinario dedicado a Amado Nervo (junio-julio), 308.

FRUGONI, Emilio (1919): «Al viajero que se va». En: *Nosotros*, número extraordinario dedicado a Amado Nervo (junio-julio), 230-231.

MEJÍA SÁNCHEZ, Ernesto (1971): «Estudio preliminar». En: Amado Nervo, *Plenitud. Perlas negras. Místicas. Los jardines interiores. El estanque de los lotos*. México: Porrúa, ix-xxiii.

MOLLOY, Sylvia (1997): «Voice Snatching: *De sobremesa*, hysteria, and the impersonation of Marie Bashkirtseff». En *Latin American Literary Review* 25, 11-29.

MULLAN, John (1988): *Sentiment and Sociability. The Language of Feeling in the Eighteenth Century*. Oxford: Clarendon Press.
NERVO, Amado (1967): *Obras completas*. Vols. I y II. Ed. y notas de Francisco González Guerrero y Alfonso Méndez Plancarte. Madrid: Aguilar, 4ª ed.
ORTIZ DE MONTELLANO, Bernardo (1943): *Figura, amor y muerte de Amado Nervo*. México: Xochtil.
SEDGWICK, Eve Kosofsky (1990): *Epistemology of the Closet*. Berkeley/Los Angeles: University of California Press.
SHOWALTER, Elaine (1993): «Hysteria, Feminism and Gender». En: Sander Gilman et al. (eds.), *Hysteria Beyond Freud*. Berkeley/Los Angeles/London: University of California Press, 286-344.

NACIÓN Y CASTRACIÓN:
EL BACHILLER DE AMADO NERVO

IGNACIO M. SÁNCHEZ PRADO
Washington University in Saint Louis

> Allí mi existencia en pos
> De cielo, sin vanidades,
> Transcurre leve, entre dos
> Sublimes inmensidades:
> ¡La del mar y la de Dios!
> Amado Nervo, «Mi celda» (*OC,* II, 1472)

En un artículo publicado en diciembre de 1924, titulado «Del afeminamiento en la literatura mexicana», Julio Jiménez Rueda hablaba de un peligro que, en su opinión, acechaba a la literatura mexicana: la presencia de poetas y escritores afrancesados que, según él, preferían las «artes del tocador» a las artes literarias y traicionaban a la Nación no sólo por sus afinidades gálicas, sino también por darle la espalda a la característica definitoria de una literatura verdaderamente nacional: la virilidad. Este artículo, que en sí mismo no es sino un breve texto de opinión, suscitó la polémica más encendida sobre la naturaleza de la literatura nacional en la historia de México, quizá debido a que verbaliza muy eficientemente la relación entre masculinidad, cultura y nación que los sectores más profundamente reaccionarios del país han buscado establecer, una relación que se manifiesta desde los héroes masculinos de Ignacio Manuel Altamirano, pasando por las disquisiciones sobre la Virgen y la Malinche en el *Laberinto de la soledad,* hasta el machismo prevalente en la manera en que Carlos Fuentes representa la sexualidad en sus novelas[1]. En el contexto de esta relación, quiero detenerme en la lectura de un gesto que apela directamente a esta relación, más

---

[1] Un sondeo más amplio del tema de las masculinidades en el país puede encontrarse en Irwin. Para un estudio de la polémica alrededor del artículo, véase Díaz Arciniega, (1989).

específicamente, en autocastración. Felipe, personaje principal de *El bachiller* de Amado Nervo, al final de la novela se castra para resistir la seducción de una joven y mantener su pureza. Esta propuesta podría parecer demasiado literalista, ¿qué más literal que ir en busca de una crítica a la relación entre masculinidad y nación en una castración? Lo que propongo aquí, no obstante, no es la lectura autoevidente de la castración como subversión de la relación entre masculinidad y nación, sino la forma en que conforma el principio de una concepción particular de la sexualidad en el contexto de la literatura nacional: el movimiento que va desde la inscripción decimonónica de la episteme conservadora en el tejido literario de la nación hasta la vocación rupturista emergida de la generación poética de Contemporáneos, en el medio del período posrevolucionario.

El bachiller, novela de juventud de Amado Nervo, desentona con su imagen de poeta nacional. Como ha observado ya Robert McKee Irwin, la atmósfera sombría y el impactante final de la novela no corresponden en lo absoluto con la imagen normalizada de Nervo como poeta «cursi», que circulaba ya en los años de Jiménez Rueda (2003: 99). Nervo era un poeta muy apreciado por los nacionalistas y, de hecho, su éxito en vida fue tal que, tras su muerte en Montevideo, su funeral en la Ciudad de México fue presenciado por un estimado de trescientas mil personas (Monsiváis 2002: 117)[2]. Frente a esta imagen, la consagración histórica en los libros de texto de un poeta «afrancesado» como pocos parece contradecir la declaración de principios de Jiménez Rueda y sus coetáneos. La lectura de *El bachiller*, entonces, arroja una nueva luz a la naturaleza del poeta nacional como crítico conservador del edificio institucional del liberalismo.

El bachiller narra la historia de Felipe, un huérfano enfermizo que, bajo el cuidado de su tío, decide ingresar a un seminario a estudiar teología. La acción se desarrolla en Pradela, una población provincial «[d]e fisionomía medieval, de costumbres patriarcales y, sobre todo, de ferviente religiosidad» (Nervo 1999: 4), cuyos habitantes viven bajo un código estricto de comportamiento, incluyendo ejercicios espirituales. Felipe es un héroe decadente, muy al estilo de las novelas del *fin-de-siècle* francés, cuya genealogía apunta directamente a *À rebours*, la influyente novela de Joris-Karl Huysmans. Felipe es descrito como una persona de sensibilidad exaltada: «Precozmente reflexivo, ya en sus primeros años prestaba una atención extraña a todo lo exterior y todo lo exterior hería con inaudita viveza su imaginación»

---

[2] Sobre la fama de Nervo como poeta nacional, véase también Pacheco (1999: 160-161).

(*ibid.*, 3). Al no poder decidir con claridad una vocación, Felipe ingresa a estudiar teología en El Clerical, colegio religioso de Pradela. Poco a poco, Felipe fue desarrollando un amor por la castidad, que reforzaba con lecturas piadosas. Un día, en el colegio, Felipe conoce a Asunción, una empleada de limpieza, lo cual rompe su endeble equilibrio espiritual y lo hace caer enfermo. Su tío Jerónimo decide llevarlo a su casa de campo a cuidarlo, donde Asunción trabaja también para la casa. Felipe empieza a sentir desasosiego espiritual conforme su contacto cotidiano con Asunción se incrementa. En la escena final, Asunción trata de convencer a Felipe de que no se ordene sacerdote, diciéndole que lo ama. Felipe comienza a ceder un poco, pero al final se ve abrumado por la situación y, siguiendo el ejemplo de la biografía de Orígenes[3] que leía poco antes, decide castrarse.

Lo primero que destaca es el hecho de que se trata de una novela provincial escrita en un momento en que el epicentro literario del país es la Ciudad de México. De acuerdo a Carlos Monsiváis, Nervo llega en 1894 a la capital, donde se observa una modernidad efervescente que provee el contexto de la literatura modernista del país (2002: 25). Escribe Monsiváis: «Para Gutiérrez Nájera y para Nervo escribir es impulsar las nuevas actitudes, es vislumbrar el porvenir en lo que ese instante sólo afecta a muy pocos, es aceptar que los lectores, por escasos que sean, constituyen el público enorme a la disposición» (*ibid.*, 27). Por ello, el hecho de que *El bachiller* se sitúe en un espacio marcadamente conservador y antimoderno como Pradela contraviene los dictados de la narrativa modernista mexicana que, como se ve en las

---

[3] Orígenes es uno de los padres de la Iglesia, que, en el texto que Felipe lee, declara la imposibilidad de una verdadera castidad sin la castración. María Guadalupe García Barragán observa que la referencia a Orígenes es tan importante que la traducción al francés de la novela, publicada en París en 1901, se titula *Origène* (1979: 198). Orígenes, como se sabe, es uno de los padres de la Iglesia y una figura fundamental del neoplatonismo. El acto de castración mencionado aquí se funda en una interpretación literalista del versículo 19:12 del Evangelio según San Mateo («Pues hay eunucos que nacieron así del vientre de su madre, y hay eunucos que son hechos eunucos por los hombres, y hay eunucos que a sí mismos se hicieron eunucos por causa del reino de los cielos. El que sea capaz de recibir esto, que lo reciba»). Para una edición moderna de los escritos de Orígenes, véase Greer y Von Balthasar (1979). Para una discusión de Orígenes, su castración y su interpretación teológica, véase Taylor (2002: 39 y 190). Para la biografía de Orígenes, véase Nautin, (1977) También vale la pena destacar que el epígrafe de la novela también proviene del Evangelio según San Mateo. Se trata de Mateo 18:8: «Por tanto, si tu mano o tu pie te fuere ocasión de caer, córtalos y échalos de ti: mejor te es entrar cojo o manco en la vida, que teniendo dos manos o dos pies ser echado en el fuego eterno» (Nervo 1999: 3).

dos novelas más significativas del período (la *Novela del tranvía* de Gutiérrez Nájera y *La rumba* de Ángel de Campo «Micrós»), se interesaba por el impacto cultural del proceso de modernización capitalista en el país[4]. La obra del joven Nervo, en cambio, mantiene una relación más ambigua con los procesos de modernización: por un lado, Nervo dedica varias crónicas a la vida de la Ciudad de México y su modernización; por otro, encontramos en su obra varios textos poéticos y prosísticos con fuertes referencias al catolicismo. Simultáneamente a la escritura y publicación de *El bachiller*, por ejemplo, escribe crónicas urbanas como «En el salón de patinar», donde retrata las costumbres de la emergente burguesía capitalina, y textos de fuerte inspiración religiosa, como el relato «Resurrexit: Non est hic», donde comenta la resurrección de Cristo. En su polémica con Ángel Rama, Françoise Perus ha observado que la estética de los modernistas hispanoamericanos desarrolla una actitud aristocrática que «constituye un desesperado esfuerzo por salvaguardar la función específica de una categoría social tradicional amenazada por el avance del modo de producción capitalista» (1980: 77). Si autores como Darío o José Asunción Silva[5] construían un discurso nostálgico respecto a la figura del artista en la sociedad precapitalista, la nostalgia de Nervo se ubica en la reconstrucción de un espacio provincial y conservador, reconstrucción que, paradójicamente, sólo es posible desde la perspectiva otorgada por la modernidad capitalista y la acompañante ideología liberal-positiva del Porfiriato. Dicho de otro modo, *El bachiller* es el más destacado de los comentarios que el religioso y provinciano Nervo hace de esta modernidad. La base de estos comentarios radica en una apropiación particular de la ideología católica.

Alfonso Reyes fue uno de los primeros en subrayar la importancia de la religión en el pensamiento de Amado Nervo: «No es bastante sabio para negar a Dios, dice él. Cree a la manera vieja: ve a Dios en la rosa y en la espina y se le siente unido en un panteísmo franciscano» (1935: 30). Reyes observa que esta tendencia religiosa se une a la práctica del estoicismo y del sacrificio (*ibid.*, 29), combinación que evidentemente florece en la trama misma de la novela[6]. Sin embargo, la religiosidad de Amado Nervo tiene

---

[4] Para una descripción de este proceso y su relación con el modernismo latinoamericano, véase Rama (1985).

[5] Para un estudio de cómo se desarrolla este proceso de crítica a la modernidad capitalista, véanse González (1987), y Sánchez Prado (2004).

[6] Aquí destaca también la caracterización llevada a cabo por Bernardo Ortiz de Montellano, quien describe la obra de Nervo como una mezcla «entre los viejos rasgos de

tanto que ver con la línea conservadora y abiertamente católica fundada por el padre Joaquín Arcadio Pagaza[7], poeta bucólico del siglo XIX en México, como con la elaboración del catolicismo llevada a cabo por el decadentismo francés. En el primer caso, la obra de Pagaza se divide en dos tendencias, una poesía católica doctrinal y una poesía paisajista que exalta el espacio de la provincia (Quirarte 1993: 34). Estas dos venas pasan por el centro mismo del canon poético en México y alcanzan en Nervo, como más tarde en Ramón López Velarde, su punto de mayor articulación. El proyecto nostálgico de Nervo, que eventualmente contribuirá a su elevación al panteón de la poesía nacional, lleva a cabo una operación central: la reivindicación nacionalista y conservadora de una tradición poética e ideológica silenciada por la hegemonía liberal. Sin embargo, precisamente porque esta línea religiosa de la poesía se encontraba opacada por la celebración de la modernidad capitalista llevada a cabo por sus coetáneos, Nervo debió recurrir a un archivo cultural que le permitiera trascender el paisajismo unidimensional y la escritura de plegarias que caracterizaron a Pagaza y poder afirmar eficazmente una ideología antimoderna más afín a su catolicismo. Este archivo es el decadentismo francés[8].

Des Esseintes, el proverbial protagonista de *À rebours*, decide retirarse del mundanal ruido de París y encerrarse en su museo privado, donde se dedica al cultivo tedioso de una serie de placeres hedonistas. La novela de Joris-Karl Huysmans, como ha notado Matei Calinescu, es considerada el catálogo más acabado de los gustos e ideas del decadentismo, planteando una equiparación entre modernidad, artificialidad y decadencia (1987: 172). En el capítulo tres de la novela, recorremos una sección de la biblioteca de Des Esseintes dedicada a la Edad Media latina y al llamado «período de la decadencia»[9]. Para los fines del presente estudio, lo que interesa es el hecho

---

nuestra cultura, de espiritualismo oriental y doctrina cristiana europea que persiste como tendencia en diversos aspectos de la vida nacional» (1943: 59).

[7] Joaquín Arcado Pagaza es el poeta católico más célebre del siglo XIX mexicano. Como ha observado ya Vicente Quirarte, la obra de Pagaza cuenta con dos vertientes: una poesía religiosa de vertiente doctrinal y una poesía del paisaje provincial (1993: 36). Quirarte reconoce en la obra de Pagaza el momento fundacional de la relación entre provincialismo e identidad nacional que alcanza su punto máximo en la obra de Nervo y López Velarde.

[8] Como es sabido, hay una relación estrecha entre el imaginario católico y el decadente. Para un estudio detallado de esta relación, véase Hanson (1997).

[9] En sus notas a la edición inglesa del texto, Nicholas White observa que Huysmans toma la noción de decadencia de un estudio sobre el período llevado a cabo por Désiré

de que este episodio se centra en la idea de que la emergencia del cristianismo se relaciona con la caída del Imperio, idea que Huysmans articulará abiertamente en su «Préface écrite vingt ans après le roman»: «No poseyendo el concepto católico de la decadencia [*déchéance*, relacionado con la idea católica de la caída de la gracia] y de la tentación, ignorábamos las luchas y los sufrimientos de los que nace la virtud: el heroísmo del alma, victoriosa de sus embates, nos evadía» (1955: 8; traducción mía). Es importante anotar aquí que esta interpretación *a posteriori* es antecedida por la conversión del propio Huysmans al catolicismo, lo cual lo lleva a releer su propia narrativa a la luz de su nueva fe. Este gesto constituye una nueva narrativa donde la consecuencia última del *pathos* del héroe decadente es la fe católica.

Amado Nervo, católico de formación, lleva a cabo en su novela este proceso de interpretación religiosa de la ideología decadente en el momento mismo de la escritura. El héroe decadente en Nervo es ya el héroe católico. Escribiendo una novela provincial en la ciudad, Nervo se adscribe al rechazo del mundanal ruido moderno planteado por Huysmans, pero en un camino opuesto: Des Esseintes se retira a la finca para llevar a cabo una vida epicúrea, Felipe sale del mundo precisamente por el exceso de sensualidad e ingresa a una vida marcada por el estoicismo. Si en su juventud Felipe «prestaba una atención extraña a todo lo exterior y todo lo exterior hería con inaudita viveza su imaginación» (Nervo 1999: 3), el ingreso al seminario representa la salida de ese mundo lleno de sensaciones: «anhelaba sólo que una sotana, negra como el desencanto de lo creado, y un claustro, fuerte como la fe, le velasen para siempre las pálidas perspectivas de un mundo odiado y miserable» (*ibid.*, 14). Para decirlo de otra manera, la inversión radical de la estética decadentista que Nervo lleva a cabo en su novela se funda en el hecho de que el restablecimiento del pasado cuestionado por la modernidad está en el centro de su agenda. Por ello, el final de *El bachiller* debe ser radicalmente distinto al de *À rebours*. Des Esseintes decide finalmente regresar a París y afirma ambiguamente su ateísmo con una plegaria que señala la imposibilidad de la iluminación religiosa: «Señor, ten piedad del cristiano que duda, del incrédulo que quisiera creer, del esclavo de la vida que se embarca sólo, en la noche, bajo un firmamento que no se ilumina más con las luces consoladoras de la vieja esperanza» (Huysmans 1955: 269; traducción mía). La novela de Nervo, en cambio, termina con algo que fácilmente

---

Nisard, donde este autor describe el estilo de Lucano como decadente al caracterizarlo por su excesiva descripción, algo que sin duda sirve para caracterizar también la novela de Huysmans (1998: 200).

se puede caracterizar como una iluminación religiosa: «Asunción vio correr a torrentes la sangre; lanzó un grito, y aflojando los brazos, dio un salto hacia atrás, quedando en pie a dos pasos del herido, con los ojos inmensamente abiertos y fijos en aquel rostro, que, contraído por el dolor, mostraba, sin embargo, una sonrisa de triunfo» (Nervo 1999: 35). Después de un hiato, la última frase de la novela sugiere una temporalidad suspendida: «Allá lejos, en un piélago de oro, se extinguía blandamente la tarde» (*ibid.*). El momento final de encuentro del héroe decadente con el mundo, entonces, es visto de maneras opuestas por Huysmans y Nervo: para el primero, es necesario asumir la derrota del orden religioso y la inevitable decadencia del mundo; para el segundo, es necesario un restablecimiento del orden religioso como posibilidad única de salvación frente a la decadencia de la modernidad. Mientras Huysmans se declaraba incapaz de describir la lucha de alma por alcanzar la virtud, Nervo adopta precisamente esta lucha como tema central de la novela. Si, como observa Klaus Meyer-Minnemann, una de las características de la novela modernista es la oposición entre el medio ambiente del protagonista y su sistema de valores (1987: 249), Nervo utiliza esta estructura narrativa no para hablar del artista que disiente de su entorno, sino del católico que se separa de lo terreno: la fe se encuentra limitada por las tentaciones del mundo. La lucha de Felipe es una lucha por la virtud y la sonrisa que esboza es el signo de su triunfo sobre la tentación. Por ello, *El bachiller* coopta la ideología decadentista a partir de su límite: las experiencias religiosas heréticas no exponen la insuficiencia de la fe al relacionarla con el erotismo, como sucede en la poesía de Swinburne o la posterior filosofía de Bataille, sino que terminan por reafirmar la experiencia espiritual al extirpar las dimensiones carnales del misticismo.

La concepción de la sexualidad en *El bachiller*, en consecuencia, no puede ser sino una interpretación conservadora de las políticas de género de la literatura decadente. En Nervo, como en mucha de la literatura de dicho movimiento, encontramos la construcción de un espacio homosocial[10]. Pradela es una comunidad donde la socialidad de hombres y mujeres ocurre en espacios separados, situación que se lleva al extremo en el *Clerical*. En estos espacios, la mujer es considerada como un agente externo, ajeno a los lazos entre hombres y a la relación del hombre con lo divino. En su lectura de *À rebours*, Françoise Court-Perez observa que la novela recupera una concepción

---

[10] Recuérdese, por ejemplo, el grupo homosocial de conversación en *De sobremesa* de José Asunción Silva.

«medieval» de la mujer como ser impuro (1987: 67). El espacio de Pradela, recordemos, es abiertamente descrito como medieval por Nervo y, podría decirse, que la misma lógica de género está en juego aquí y las referencias a las mujeres en la novela son siempre para afirmar su impureza: Felipe antes del convento se enamora de muchas mujeres que lo conducen a la locura (Nervo, 1999: 4), las mujeres de Pradela se dedican a purificarse en una vida religiosa que incluye misas diarias y comuniones (*ibid.*, 6), etc. Asunción constituye, en este contexto, la impureza mayor. Llama la atención el hecho de que Felipe conocía a Asunción en la juventud, pero ésta no resultaba una amenaza: «No era ya aquella muchacha zancona y descuidada que travesaba todo el santo día en la casa y, jinete en briosos potros, ponía el Jesús en la boca con sus audacias a los rancheros» (*ibid.*, 25). Esta Asunción joven, descrita significativamente por Cipriano, el administrador, como «el marimacho que usted conoció» (*ibid.*)[11], no era en lo absoluto atractiva para el Felipe de los años anteriores al seminario, que «a los trece años habíase ya enamorado de tres mujeres» (*ibid.*, 4). En consecuencia, lo que hace a Asunción peligrosa es su «feminización»[12], proceso que es descrito abiertamente en la novela a partir de dos criterios: el desarrollo físico —«Habíase vuelto muy aseñoradita y muy mona; se había estirado, cuando menos, cuatro dedos. Sus formas redondéabanse graciosamente, y la enagua [...] dejaba ver el nacimiento de una pierna torneada y firme» (*ibid.*, 25)— y la capacidad de realizar labores domésticas —Cipriano afirma: «¡Si viera que hacendosilla se me ha vuelto! Ella barre, ella cose, ella aplancha y aún le sobra tiempo para cuidad de sus canarios y zenzontles» (*ibid.*)—. Al convertirse en mujer, Asunción pone en entredicho el espacio homosocial al que Felipe aspira y al convertirse en objeto de deseo cuestiona el ideal católico de castidad que el joven Felipe apreciaba tanto.

---

[11] Aquí vale la pena recordar otra inversión de la sexualidad decadentista: para Nervo, la figura del andrógino, tan prevalente en las representaciones francesas, no representa en lo absoluto una figura seductora sino «una ilusión carnal y decadente que entorpece el encuentro místico» (Peters 1996: 164; traducción mía).

[12] En su lectura de *La amada inmóvil*, texto que pertenece a las últimas obras de Nervo, Sylvia Molloy plantea que lo femenino es una categoría vacía y que más que mujer es, sobre todo, ausencia de mujer (2003: 296). Esta imagen, por supuesto, también es heredada del imaginario decadentista. Sin embargo, en Asunción, Nervo se detiene más en la constitución de una feminidad específica, y su personaje tiene una participación mucho más activa en la trama. Podría decirse, sin embargo, que el tópico de la «amada inmóvil» es otra estrategia de conjura del peligro acarreado por la figura femenina.

Si la iconografía sexual de Nervo tiene deudas clarísimas con la decadencia, su obra lleva a cabo una inversión constante de sus procedimientos. John Reed ha observado que en los artistas decadentistas «el entusiasmo religioso es una manifestación de la sexualidad reprimida» (1985: 173; traducción mía), lo que conduce a la exploración de la transgresión y el placer como espacios de la experiencia mística[13]. En otras palabras, la religión es un medio para el alcance de una experiencia cuya finalidad es subversiva: la ruptura de un orden social represivo a través de las experiencias límite. Nervo, en cambio, trata a la sexualidad como un excedente, como un obstáculo para el alcance del éxtasis espiritual. Nervo reproduce una dinámica ritualística que podríamos describir con las palabras de René Girard: «La sexualidad es impura porque está relacionada con la violencia» (1995: 41). «La sexualidad», continúa Girard, «provoca innumerables querellas, celos, rencores y batallas; es una permanente ocasión de desorden, hasta en las comunidades más armoniosas» (*ibid.*, 42). El rol de Asunción como objeto de deseo cumple una función análoga, introduce el desorden en el camino al espíritu. Por ello, sólo un acto de violencia, un acto sacrificial como la castración permite el restablecimiento del orden. La castración, de hecho, es simultáneamente la solución estética consistente y la salida teológica apropiada dentro de la narración de Nervo. Por un lado, la experiencia límite de la castración le permite a Nervo cerrar su novela con un procedimiento estilístico muy afín a la estética decadentista, cuya iconografía religiosa tiene más que ver con actos transgresivos que con ejercicios espirituales. Por el otro, Nervo puede acudir a las autoridades medievales, en este caso la historia de Orígenes, para la fundamentación teológica de su acto, lo cual desactiva el potencial transgresivo y produce el efecto contrario: el restablecimiento del orden y la conjura de la tentación de la carne. La «pureza» del espíritu masculino se alcanza, paradójicamente, con la renuncia a la dimensión fálica,

---

[13] John Reed se refiere en este pasaje específicamente a la pintura de Felicien Rops, cuya obra era alabada por Huysmans precisamente por su «reestablecimiento de la lujuria como tema». Huysmans describe así la obra de Rops: «Ha restaurado la LUJURIA, tan tontamente restringida al campo de la anécdota, tan básicamente materializada por algunos, su misteriosa omnipotencia. La ha vuelto a poner, religiosamente, en ese marco infernal dentro del cual se mueve propiamente, y, por esta misma razón, no ha creado obras obscenas y prácticas, sino obras que son realmente católicas, flamígeras y terribles» (citado en Reed 1985: 172; mi traducción). Esto, sin embargo, puede extenderse a algunas de las figuras más destacadas de la *décadence* como el poeta Algernon Charles Swinburne (*ibid.*, 85) o, en el caso mexicano, el poema «Misa negra» de José Juan Tablada (Pacheco 1999: 197).

construyendo un sujeto masculino que reafirma el ideal católico de castidad frente al erotismo de las ficciones fundacionales[14]. Si en novelas como *El zarco*, la estructura alegórica de la narración constituía una pareja nacional a partir de la cual nacerían los ciudadanos, Nervo, al castrar a Felipe frente a los avances amorosos de Asunción, revierte esta narrativa maestra del liberalismo mexicano al reposicionar la experiencia religiosa (presente, por ejemplo, en los ejercicios espirituales de la colonia), en el centro de su trama narrativa.

La poética del joven Nervo, en suma, resulta una reacción artística a dos fenómenos: la ya mencionada experiencia urbana moderna y el jacobinismo implícito en la ideología liberal-positivista dominante, cuyo punto fundacional es la separación Iglesia-Estado de la Constitución de 1857[15]. Cathy Jrade ha observado que Nervo consideraba que el positivismo fracasaba al ser incapaz de comprender experiencias más allá de lo puramente mecánico y, por lo tanto, buscaba un grado de conocimiento más profundo que las «visiones fragmentadas e incompletas proporcionadas por la ciencia y el comercio modernos» (1998: 100; traducción mía). Al reinscribir el discurso católico en el centro de su poética, Nervo en efecto revertía la operación anticlerical esencial a la articulación del liberalismo como ideología hegemónica. Para decirlo de otro modo, el reestablecimiento simbólico de una experiencia católica a contrapelo de las iluminaciones profanas de la experiencia moderna es una estrategia que materializa la ideología reaccionaria de los sectores conservadores frente al proceso de la modernización porfirista. El conservadurismo de Nervo es la otra cara del modernismo, el anverso de una moneda que tradicionalmente representa el inicio de la profesionalización del escritor y de la modernidad literaria en América Latina[16]: la manifestación de un sustrato social e ideológico profundamente reaccionario que coopta la crítica decadentista a la modernidad capitalista y la transforma en un argumento pasatista y conservador.

Nervo criticaba a la modernidad positivista por su incapacidad de dar cuenta de lo divino y lo trascendente. Sin embargo, aun cuando se podría argumentar que este punto de vista fue una manera de intervención contrahegemónica en el espacio de la cultura liberal, se inscribe precisamente en una

---

[14] Aquí me refiero al conocido término de Doris Sommer y, específicamente, a su lectura de la novela de Ignacio Manuel Altamirano como «national nuptial».

[15] Para una genealogía del laicismo en México, véase Monsiváis, «Notas sobre el destino (a fin de cuentas venturoso) del laicismo en México» (2002).

[16] Para una genealogía del debate sobre el modernismo y la modernización literaria de América Latina, véanse Henríquez Ureña (1964: 159-181); Rama (1970 y 1985); Perus (1980: 43-99); y Ramos (1989).

paradoja en la cual el discurso de la masculinidad se vacía por completo de sentido al desvanecerse todo potencial transgresor de la sexualidad en nombre de una moral católica. Incidentalmente, Žižek hace una crítica parecida del hedonismo del Último hombre: «En el mercado de hoy, encontramos toda una serie de productos privados de su propiedad maligna: café sin cafeína, crema sin grasa, café sin alcohol» (2003: 96; traducción mía). Žižek concluye observando que el punto máximo de esto es encontrar un producto en el que «lo mismo que produce daño debe ser ya el remedio» (*ibid.*, 97; traducción mía). Esta paradoja se acerca a algo que Deleuze apunta también en Nietzsche: a fin de cuentas, la mala conciencia del cristianismo es la identificación del dolor como remedio y que la consecuencia de esto es la emergencia del poder del sacerdote: «el sacerdote es el que se hace señor de los que sufren» (2002: 186). ¿No es esta misma operación la que está detrás de la castración de Felipe? Podemos entender este acto como una transgresión sin transgresión, como un acto herético que en sí constituye la reparación de la herejía: una religiosidad extrema que, sin embargo, se puede remontar a sí misma a la ortodoxia vía las reflexiones de Orígenes. Es, si se quiere, una masculinidad sin masculinidad, una conjura del erotismo en el terreno de lo religioso. La restauración del dolor en la experiencia religiosa en Nervo puede ser leída, en consecuencia, como una alegoría de la constitución del intelectual, como una especie de sacerdote cuya función es vigilar la moral y las buenas costumbres. Por ello, cuando los nacionalistas se erigen en vigilantes de la moral, a grados absurdos como la constitución de comités de salud pública en el Congreso de la Unión, no están sino llevando a la práctica un sistema de ideas ya presente en Nervo. A fin de cuentas el proyecto de los nacionalistas es una modernidad sin modernidad: la producción de una nación que no ponga en entredicho el sistema de valores premodernos.

El bachiller, en este sentido, es esencial para la comprensión de la genealogía literaria del conservadurismo en México, línea que, pese a estar irregularmente representada en el canon, ha estado siempre en el centro de las querellas ideológicas en México. Nervo reintroduce en el canon literario mexicano[17] un archivo de tópicos y representaciones religiosas que, en

---

[17] No debemos olvidar que todos los testimonios al respecto nos recuerdan que la novela en su época fue muy leída y discutida. Nervo se jactaba incluso de ello: «*El bachiller*, por lo audaz e imprevisto de su forma y especialmente de su desenlace, ocasionó en América tal escándalo que me sirvió grandemente para que me conocieran. Se me discutió con pasión, a veces con encono; pero se me discutió que era lo esencial» (citado en Durán 1969: 69).

generaciones sucesivas, serán reapropiados desde distintos registros por los conservadores. Siendo justos con Nervo, su obra en general fue muy innovadora en términos formales y estilísticos y el contraste entre *El bachiller* y cualquier otra novela mexicana del XIX es muy marcado. Esto, no obstante, es el centro de su procedimiento literario: la legitimación de una ideología conservadora enmascarada por la innovación formal y por la apropiación de los elementos del decadentismo y el simbolismo. La generación inmediatamente siguiente a Nervo produce un conjunto de escritores autodenominados «virreinalistas», quienes planteaban los orígenes de la nación en una versión profundamente católica y reaccionaria de la colonia. Los dos escritores más destacados de esta generación, Julio Jiménez Rueda y Francisco Monterde, fueron también los abogados de la virilidad de la literatura mexicana amenazada por el afeminamiento. La conjura llevada a cabo por Felipe se repite en una dimensión completamente diferente: los nacionalistas consideran el afeminamiento una amenaza para alcanzar la literatura verdaderamente nacional. Por ello, no causa ninguna sorpresa que Francisco Monterde alabe a Nervo subrayando precisamente su formación religiosa y su escritura de cantos a la patria (1999: 195-196). La obra de Nervo y su fama inmediata otorga a los conservadores mexicanos un antecedente esencial, antecedente que precede todas las obras literarias de vena católica escritas en contra de la ideología liberal y del nacionalismo revolucionario: las obras de los «virreinalistas», la poesía religiosa de Concha Urquiza, la novela celebratoria de los cristeros de Juan Vereo Guzmán, e incluso la obra de Agustín Yáñez[18], etc. El gesto que finalmente servirá para subvertir esta relación entre catolicismo, masculinidad y nación será, prediciblemente, una castración: Jorge Cuesta, poeta liberal y antinacionalista, rival abierto de los apólogos de la virilidad, se suicidará tras castrarse, el 13 de agosto de 1942.

Bibliografía

BATAILLE, Georges (1997): *El erotismo*. Traducción de Antoni Vicens y Marie Paul Sarazin. México: Tusquets.
CALINESCU, Matei (1987): *Five Faces of Modernity. Modernism. Avant-Garde. Decadente, Kitsch, Postmodernism*. Durham: Duke University Press.
CAMPO, Ángel de (2001): *Ocios y apuntes. La rumba*. México: Porrúa.

---

[18] Esta última comparación es ofrecida por María Guadalupe García Barragán.

COURT-PEREZ, Françoise (1987): *Joris-Karl Huysmans. À Rebours*. Paris: Presses Universitaires de France (Études Littéraires, n° 19).
DELEUZE, Gilles (2002): *Nietzsche y la filosofía*. Traducción de Carmen Artal. Barcelona: Anagrama.
DÍAZ ARCINIEGA, Víctor (1989): *Querella por la cultura «revolucionaria» (1925)*. México: Fondo de Cultura Económica.
DURÁN, Manuel (1969): *Genio y figura de Amado Nervo*. Buenos Aires: Editorial Universitaria de Buenos Aires.
GARCÍA BARRAGÁN, María Guadalupe (1979): «*El bachiller* de Amado Nervo, ¿Génesis de *Al filo del agua* o teatro de una misma realidad?». En: *Cuadernos americanos* n° 227, 198-204.
GIRARD, René (1995): *La violencia y lo sagrado*. Traducción de Joaquín Jordá. Barcelona: Anagrama.
GONZÁLEZ, Aníbal (1987): *La novela modernista hispanoamericana*. Madrid: Gredos.
GREER, Rowan A. y VON BALTHASAR, Hans Urs (1979): *Origen. An Exhortation to Martyrdom. Prayer and Selected Works*. Mahwah (NJ): Paulist Press.
GUTIÉRREZ NÁJERA, Manuel (1994): «La novela del tranvía». En: *Cuentos completos*. México: Fondo de Cultura Económica, 208-214.
HANSON, Ellis (1997): *Decadence and Catholicism*. London: Harvard University Press.
HENRÍQUEZ UREÑA, Pedro (1964): *Las corrientes literarias de la América Hispánica*. Traducción de Joaquín Díez-Canedo. México: Fondo de Cultura Económica.
HUYSMANS, Joris-Karl (1955): *À rebours*. Paris: Fasquelle.
IRWIN, Robert McKee (2003): *Mexican Masculinities*. Minneapolis: University of Minnesota Press.
JRADE, Cathy (1998): *Modernismo, Modernity and the Development of Spanish American Literature*. Austin: University of Texas Press.
JIMÉNEZ RUEDA, Julio (1924): «El afeminamiento de la literatura mexicana». En: *El Universal* (21 de diciembre).
MEYER-MINNEMANN, Klaus (1987): «La novela modernista hispanoamericana y la literatura europea del "fin de siglo": puntos de contacto y diferencias». En: Iván Schulman (ed.), *Nuevos asedios al modernismo*. Madrid: Taurus.
MOLLOY, Sylvia (2003): «Sentimental Excess and Gender Disruption. The Case of Amado Nervo». En: Robert McKee Irwin, Edward J. McCaughan y Michelle Rocío Nasser (eds.), *The Famous 41. Sexuality and Social Control in Mexico, c. 1901*. New York: Palgrave McMillan, 291-306.
— y IRWIN, Robert McKee (eds.) (1998): *Hispanisms and Homosexualities*. Durham: Duke University Press.
MONSIVÁIS, Carlos (2002): *Yo te bendigo, vida. Amado Nervo: crónica de vida y obra*. Tepic: Gobierno del Estado de Nayarit.
MONTERDE, Francisco (1999): *Figuras y generaciones literarias*. Ignacio Ortiz Monasterio y Jorge Von Ziegler (comps.). México: Universidad Nacional Autónoma de México.

Nautin, Pierre (1977): *Origène. Sa vie et son œuvre*. Paris: Beauchesne.
Nervo, Amado (1967): *Obras completas*. Madrid: Aguilar, 2 vols.
— (1999): *El bachiller*. En: *Algunas narraciones*. México: Factoría, 3-35.
Ortiz de Montellano, Bernardo (1943): *Figura, amor y muerte de Amado Nervo*. México: Ediciones Xochitl.
Pacheco, José Emilio (1999): *Antología del modernismo (1884-1921)*. México: Universidad Nacional Autónoma de México/Era.
Pagaza, Joaquín Arcadio (1991): *Poesía completa y versiones selectas*. Edición de Tarsicio Herrera Zapién. México: Porrúa.
Perus, Françoise (1980): *Literatura y sociedad en América Latina: el modernismo*. México: Siglo XXI.
Peters, Kate (1996): «*Fin de siglo* Mysticism: Body, Mind, and Trascendente in the Poetry of Amado Nervo and Delmira Agustini». En: *Indiana Journal of Hispanic Literatures* n° 8, 159-176.
Quirarte, Vicente (1993): *Peces del aire altísimo. Poesía y poetas en México*. México: Ediciones del Equilibrista/Universidad Nacional Autónoma de México.
Rama, Ángel (1970): *Rubén Darío y el modernismo*. Caracas: Universidad Central de Venezuela.
— (1985): *Las máscaras democráticas del modernismo*. Montevideo: Fundación Ángel Rama.
Ramos, Julio (1989): *Desencuentros de la modernidad en América Latina. Literatura y política en el siglo XIX*. México: Fondo de Cultura Económica.
Reed, John (1985): *Decadent Style*. Athens: Ohio University Press.
Reyes, Alfonso (1935): *Tránsito de Amado Nervo*. Santiago de Chile: Ediciones Ercilla.
Sánchez Prado, Ignacio M. (2004): «El intelectual a la muerte de los proyectos: *La virgen de los sicarios* frente a *De sobremesa*». En: *Kipus* n° 17, 113-127.
Silva, José Asunción (1993): *De sobremesa*. Bogotá: El Áncora.
Swinburne, Algernon Charles (2000): *Poems and Ballads and Atalanta in Calydon*. Edición de Kenneth Haynes. New York: Penguin.
Sylvester, Nigel Grant (1984): *Vida y obra de Jorge Cuesta*. México: Premiá.
Taylor, Gary (2002): *Castration. An Abbreviated History of Manhood*. London: Routledge.
White, Nicholas (ed.) (1998): *Against Nature* de Joris-Karl Huysmans. Traducción de Margaret Mauldon. Oxford: Oxford University Press.
Žižek, Slavoj (2003): *The Puppet and the Dwarf. The Perverse Core of Christianity*. Cambridge: MIT Press.

DE LA PATERNIDAD REPUBLICANA Y LA FETICHIZACIÓN DE LA INFANCIA EN JOSÉ MARTÍ

ANA PELUFFO
University of California, Davis

A lo largo del siglo XIX, el ángel del hogar fue acumulando prestigio moral en la esfera doméstica hasta convertirse en una figura icónica del proyecto modernizador. Desde la prensa de la época, las mismas mujeres contribuyeron a la circulación de esta ideología en parte porque a través de ella se auto-asignaban un poder sentimental que compensaba su falta de poder político en la esfera pública[1]. En sociedades marcadas por el avance de una modernidad secular en las que, como decía Martí, los sacerdotes habían perdido prestigio, la madre republicana se convirtió en una deidad laica que competía con los poetas por llenar el vacío moral que había dejado lo que Nietzche llamaba «la muerte de Dios»[2]. Leer las obras de José Martí a la luz de la latinoamericanización de esta ideología sexo-genérica significa constatar que pese a que el culto a la feminidad doméstica se impuso sin dificultades a nivel continental, produjo en la esfera masculina un cierto descontento por la

---

[1] La ideología de la maternidad republicana estudiada por Linda Kerber para el caso norteamericano sostenía que las mujeres no tenían acceso directo al patriotismo y a la ciudadanía pero que podían hacerlo a través de la crianza de futuros ciudadanos. Lastenia Larriva de Llona en *Cartas a mi hijo* equipara el rol creador de la mujer con el de Dios y dice sobre la abnegación maternal: «Esa prescindencia absoluta de la propia personalidad, esa completa consagración de un ser a otro ser, son inherentes al más puro, al más grande, al más desinteresado, al más completo de los amores; al afecto humano que más se asemeja al que tiene el Creador por sus criaturas: al amor maternal» (1919: 251).

[2] Dice Martí en el prólogo al «Poema del Niágara» de Juan Antonio Pérez Bonalde: «¡Ruines tiempos, en que los sacerdotes no merecen ya la alabanza ni la veneración de los poetas, ni los poetas han comenzado a ser sacerdotes!» (*OC*, VII, 223)

marginalidad en la que colocaba a la figura paterna. La ansiedad del sujeto martiano por la falta de protagonismo en un proyecto sentimental encabezado por mujeres se refleja en sus deseos de redefinir la paternidad desde dos obras que transforman al niño en eje de sus obsesiones. Me refiero principalmente al *Ismaelillo* (1882), una colección de poemas en la que el sujeto martiano destrona a la madre para colocar en su lugar al *pater familias* y más específicamente a la *La Edad de Oro* (1889), una revista infantil publicada en Nueva York desde la que se busca educar a los futuros ciudadanos de «Nuestra América» y sacar de las sombras al padre republicano.

El auge de la literatura infantil en la segunda mitad del siglo XIX coincidió con la gradual emergencia de la infancia como un espacio socio-cultural separado del mundo adulto, un fenómeno que Philippe Ariès ha estudiado en sus reflexiones historiográficas sobre la niñez[3]. Para la burguesía europea en ascenso, el niño deja de ser un adulto en miniatura para transformarse en una subjetividad otra, capaz de purificar desde su diferencia los excesos de la modernización urbana. Uno de los libros que sirvió para re-conceptualizar la niñez y darle el estatus cultural que pasaría a tener en la época victoriana fue el *Émile* (1762) de Rousseau, un texto en el que se afirmaba que el niño nacía inocente pero que se corrompía al entrar en contacto con el mundo adulto de la civilización y la razón. En esta visión sentimental de la niñez se invertía la ecuación cerebro-corazón que jerarquizaba la distribución de los afectos en las culturas occidentales. Se pensaba en los niños como sujetos anti-racionales o «buenos salvajes» que debían construir su identidad, al menos en la primera infancia, en estrecho contacto con el mundo natural.

Ecos de la visión sentimental que Rousseau tiene de la infancia aparecen en el epígrafe de *Ismaelillo* cuando el sujeto lírico dice: «Hijo: Espantado de todo me refugio en ti» (Martí, 1999: 65). A partir de esta dedicatoria, el frágil tú del referente infantil se transforma en un aliado del yo poético contra ese «todo» externo asociado con el materialismo de la sociedad burguesa. Si en la visión hegemónica de la musa, ésta es una mujer sensual que lleva el cuerpo cubierto por una vaporosa toga, aquí se la reemplaza por una figura andrógina: un niño angelical de bucles rubios al que el sujeto lírico se refiere como «musilla». La infantilización de la musa despertó el interés de la crítica latinoamericana que puntualizó en sucesivas lecturas el carácter

---

[3] La tesis de *Centuries of Childhood* (1962) de Philippe Ariès es que la infancia no existía como categoría cultural en la Edad Media y que es sólo con el avance de la burguesía y la emergencia de la modernidad en Europa que se conceptualiza como espacio

homo-social, incestuoso y hasta pedofílico de la relación paterno-filial[4]. Menos atención, sin embargo, se prestó a la relación entre padres e hijas que Martí pone en circulación desde *La Edad de Oro* y a la forma en que desmiente, o no, el carácter intensamente fraternal del ideario martiano. Me refiero principalmente a textos como «Nené traviesa», «La muñeca negra» y «Los zapaticos de rosa», en los que Martí recoge el culto victoriano a las niñas que circulaba en las publicaciones infantiles anglosajonas de fin de siglo[5]. Al leer estos textos, dentro del marco de una discusión sobre género, modernidad e infancia, me interesa pensar en las niñas martianas como una respuesta cultural a los cambios genéricos provocados por la modernización. Detrás del tono aparentemente inocente de estos cuentos didácticos, hay un mensaje pedagógico, genéricamente marcado, que busca asignar a niños y niñas lugares específicos dentro de un proyecto sentimental de nación.

En el siglo XIX el campo de la literatura infantil era uno de los pocos espacios culturales en los que las mujeres escritoras podían tener mayor autoridad que los hombres. Dentro de este contexto, escribir sobre y para niños era para el sujeto masculino una forma de desafiar el discurso polar de las esferas que le asignaba a la mujer el rol de cuidar y atender las necesidades de los hijos. Martí mismo entra en este terreno preocupado por el efecto «desvirilizante» que podía tener su asociación con un mundo doméstico regido por valores desprestigiados (la abnegación, la ternura, la delicadeza, la piedad). En los comentarios que hace sobre la recepción de *La Edad de Oro*, Martí se sorprende de que ésta haya sido bien recibida por sus críticos y

---

simbólico. Esta tesis ha sido muy debatida por los historiadores de la vida privada. En *Guardians and Angels*, Grylls cuestiona el concepto de «descubrimiento» manejado por Ariès por considerarlo demasiado categórico y abrupto. También problematiza la idea «nostálgica», o idealizada, que Ariès tiene de la infancia pre-moderna como una época en la que los niños habrían sido más felices por no haber sido «descubiertos» (1978: 18). Una contribución importante al debate sobre la representación cultural de la infancia en América Latina es la de Tobias Hecht (2002).

[4] En un artículo titulado «His America, Our America, José Martí reads Whitman» (1999), Sylvia Molloy alude a la energía homoerótica que permea la relación sentimental entre padre e hijo en el *Ismaelillo*. Lo que se deduce del texto de Molloy es que la paternidad en Martí se convierte en una excusa para desplazar a la figura del hijo una forma de fisicalidad prohibida. También, Ángel Rama menciona, en su lectura de la colección (1974), la intensidad de un vínculo paterno-filial que claramente excluye lo femenino.

[5] Las revistas para niños más conocidas que se publican en Estados Unidos son *Harper's Young People* y *St. Nicholas*. Esta última se edita desde 1873 a 1939. Otras son *Young Hearts*, *Boys of New York* y *Child's Paper*. Para más información sobre cómo Martí usa las revistas victorianas como modelos de su proyecto editorial, véase Lolo (1995: 13).

de que sus enemigos no la hayan utilizado para empañar o «feminizar» su imagen. Dice:

> Los que esperaban, con la excusable malignidad del hombre, verme por esta tentativa infantil, por debajo de lo que se creían obligados a ver en mí, han venido a decirme, con su sorpresa más que con sus palabras, que se puede publicar un periódico de niños sin caer de la majestad a que ha de procurar alzarse todo hombre (*OC*, XX, 146).

Esta preocupación, por cómo sería leída esta zona para él obviamente incómoda de su corpus, aparece también en una carta a Manuel Mercado en la que le dice que en un principio no quiso publicar el *Ismaelillo*, tal vez porque rompía con la imagen viril y heroica del hombre de acción. Dice: «Y porque estoy todo avergonzado de mi libro, y aunque vi todo eso que el cuenta en el aire, me parece ahora cantos mancos de aprendiz de musa y en cada letra veo una culpa. Con lo que verá Ud. que no escondo el libro por modestia, sino por soberbia» (*OC*, XX, 65). Dado que la idea «viril» de la masculinidad se construye en el fin de siglo a través del marcado alejamiento de los grupos «débiles» asociados con lo delicado y lo sensible (niños, mujeres, homosexuales), el sujeto lírico experimenta una sensación de amenaza al recluirse en el mundo «femineizado» del interior doméstico. En la sección titulada «La última página» del segundo volumen de la revista, el sujeto martiano se representa a sí mismo como amigo de los niños y agradece de forma un poco eufórica a aquéllos que tuvieron la gentileza de alabar la revista. Dice: «Y ahora nos juntaremos, el hombre de *La Edad de Oro* y sus amiguitos, y todos en coro, cogidos de la mano, les daremos gracias con el corazón, gracias como de hermano, a las hermosas señoras y nobles caballeros que han tenido el cariño de decir que *La Edad de Oro* es buena» (64)[6]. En este pasaje, el sujeto narrativo se pliega a un ideal sentimental de la masculinidad en el que el corazón es metonimia y sinécdoque de la subjetividad. Este modelo masculino de identidad, receptivo a la grandeza de lo pequeño y lo doméstico, está en las antípodas del ideal guerrero y estoico que se recomienda por esta misma época para los lectores de «Nuestra América» que debían dormir con el fusil bajo la almohada. Mientras la idea doméstica de la masculinidad se construye alrededor de un interior benjami-

---

[6] A no ser que se indique lo contrario, todas las citas de *La Edad de Oro* pertenecen a la edición facsimilar de la revista hecha por el Centro de Estudios Martianos publicada por la editorial Letras Cubanas de La Habana en 1989.

niano asociado con los niños y las mujeres, el «hombre natural» debe usar su energía para formar alianzas en el afuera con sujetos masculinos marginales (campesinos, esclavos, grupos racialmente otros) que aunque están basadas en la compasión no excluyen la violencia[7]. Las oscilaciones y conflictos internos del yo martiano remiten a una subjetividad masculina inestable y fragmentada en la que la compasión es el único puente que puede establecerse entre el yo sentimental de *La Edad de Oro* y el más combativo de «Nuestra América».

Una de las razones por las que en el siglo XIX eran mayormente las mujeres las que se dedicaban a escribir literatura infantil era que, en la ideología de las esferas, se les asignaba la función de irradiar virtud a los futuros ciudadanos desde el espacio privado del hogar. En Estados Unidos, escritoras como Frances Hodgson Burnett, Louisa May Alcott y Helen Hunt Jackson aprovecharon esta cercanía semántica entre lo femenino y la niñez para construirse exitosas carreras literarias que no ponían en peligro su reputación como mujeres[8]. Esto nos permite especular que una de las razones por las que Martí se arriesga a ejercer esta forma de travestismo genérico es porque había detrás del proyecto la promesa de una remuneración económica. La palabra «empresa» con sus implicancias de inversión monetaria hace frecuentes apariciones en aquellas zonas del epistolario martiano que se refieren al lanzamiento de la revista para niños. En una carta a Manuel Mercado fechada el 3 de agosto de 1889, Martí le dice que «entr[a] en esta empresa con mucha fe» y que no quiere que «esta empresa se venga a tierra» (*OC*, XX, 146). También le cuenta que el editor de la revista, Da Costa Gómez, «pone en esto un serio capital» (*OC*, XX, 146), porque piensa que la revista será un éxito comercial en México y Argentina. De lo que se trataba entonces

---

[7] En varios momentos de «Nuestra América» Martí menciona «la caridad del corazón» como una forma de incorporar a los grupos campesinos y racialmente otros a su proyecto sentimental de nación. El proyecto caritativo no deja de ser jerárquico, sin embargo, porque coloca toda la agencia del lado de un letrado que decide qué es lo que se le debe dar al subalterno. Dice Martí en un momento: «Bajarse hasta los infelices y alzarlos en los brazos!» (*OC*, VI, 21).

[8] Estas tres escritoras a las que Martí frecuentemente menciona o traduce publicaron obras para niños. Helen Hunt Jackson publicó *Bits of Talk in Verse and Prose for Young Folks* en 1876, *Letters from a Cat* en 1879 y *Mammy Titleback and Her Family* en 1881. Frances Hodgson Burnett es la autora de *Little Lord Fauntleroy* (1886) y de *A Little Princess* (1905). Una versión de esta última novela en forma de folletín apareció en la revista infantil *St. Nicholas* en 1888 con el título de *Sara Crewe*. Por último, Louisa May Alcott escribió el *best-seller* para niñas *Little Women* publicado en *1888*.

era de ganarse «decorosamente» el sustento en una época de crisis para las letras y de hacer que la inversión de su co-editor fuera provechosa[9].

En la dedicatoria titulada «A los niños que lean *La Edad de Oro*», se alude a la emergencia de un nuevo receptor en el campo de lectura que aparece siempre subordinado a su contraparte masculina. Dice el sujeto martiano: «Para los niños es este periódico, y *para las niñas, por supuesto*. Sin las niñas no se puede vivir, como no puede vivir la tierra sin luz» (2; énfasis mío). La asociación de las niñas con una luz que es preciso dilatar parece apuntar a una visión utópica y progresista de la nación, al menos en términos de género, en la que niños y niñas ingresan juntos al mercado de los bienes culturales. Sin embargo, esta idea democrática sobre la relación entre los géneros se entreteje con una visión jerárquica del mundo infantil en la que se polarizan la masculinidad y la feminidad. Dentro de este esquema antinómico en el que se divide a los pequeños lectores, el niño que «puede hacerse hermoso aunque sea feo» debe ser educado para proteger a las niñas. Y las niñas deben ser instruidas para entretener (y no ahuyentar) a sus protectores (*ibid.*). Dice Martí: «Las niñas deben saber lo mismo que los niños, para poder hablar con ellos como amigos cuando vayan creciendo; como que es una pena que el hombre tenga que salir de su casa a buscar con quien hablar, porque las mujeres de la casa no sepan contarle más que de diversiones y de modas» (*ibid.*)[10]. Esta teoría de las relaciones genéricas se ajusta a lo que Joseph-Vincent Marqués llama en «Varón y patriarcado» la teoría de la complementaridad, es decir, una modalidad de la ideología liberal en la que se educa a la mujer para que complemente al varón pero no a la inversa: «la fórmula que expresa la ideología de la complementariedad no es Varón más Mujer igual a Pareja o unidad superior, sino más bien Varón más Mujer igual a Varón completo, Varón con sucursal o simplemente Varón asistido» (1997: 29).

En el ideario martiano, el niño contiene dentro de sí al gran hombre y las niñas a las madres o damas de caridad del mañana. Si el saber masculino tiene como finalidad pedagógica que los niños se conviertan en héroes a través del aprendizaje de materias viriles como geografía, ciencia e historia, el

---

[9] Vale la pena citar el pasaje completo de la carta: «¿Y cómo me hago yo perdonar este engorro que le doy a quien tiene tantos? Mi única excusa es que se lo ofrecí a Da Costa, en el calor de las primeras conversaciones de *la empresa*: le ofrecí que por conducto de Ud. le buscaría un agente central como él lo deseaba, activo y hábil, y que entendiese nuestro pensamiento. Y ahora me veo acorralado, y en la obligación de cumplir lo que prometí a costa suya» (*OC*, XX, 148).

[10] A partir de esta frase se busca inculcar en las niñas un ideal conversacional en el que se las entrena para tener una función ornamental y accesoria dentro del núcleo familiar.

de las niñas tiene como objetivo convertirlas en compañeras del hombre, capaces de hacer más entretenida la vida cotidiana[11]. Este *curriculum* diferenciado que se propone desde las páginas de la revista queda explicitado en la dedicatoria cuando Martí dice que a las niñas «les diremos cómo se hace una hebra de hilo, cómo nace una violeta, cómo se fabrica una aguja, cómo tejen las viejecitas de Italia los encajes» (*La Edad de Oro*, 3).

La visión que Martí tiene de las niñas es como la del niño, proteica y contradictoria. Oscila entre lo frívolo y lo sensible, la obediencia y la desobediencia, lo contaminado y lo puro. Sin embargo, lo que predomina en estos constantes vaivenes es el deseo de exorcizar el lado impuro de las niñas (asociado con el instinto) para que no se conviertan en las *femmes fatales* del mañana. Dentro de este orden de cosas, se piensa en las niñas como ángeles del hogar en miniatura que se hayan doblemente aisladas, por su edad y por su género, de la esfera pública. Por oposición a las madres, las niñas son sexualmente inocentes, frágiles y completamente dependientes del sujeto masculino. Al mismo tiempo en lo que se constituye siempre como un triángulo familiar integrado por padre, madre e hija, el padre usa a la niña para recibir de ella una visión hiperbólica y magnificada de su yo. Cuando el padre de Piedad, en «La muñeca negra», trabaja como escritor o traductor de libros suecos al castellano, la imagen pura y luminosa de la niña borra la de la mujer adulta. Dice el sujeto narrativo:

> ¡Trabaja mucho el padre, para comprar todo lo de la casa, y no puede ver a su hija cuando quiere! A veces, allá en el trabajo, se ríe solo, o se pone de repente como triste, o se le ve en la cara como una luz: y es que está pensando en su hija: se le cae la pluma de la mano cuando piensa así, pero en seguida empieza a escribir y escribe tan de prisa, tan de prisa , que es como si la pluma fuera volando (*La Edad de Oro*, 112).

En este pasaje, la niña actúa como sinécdoque de un espacio doméstico deseado por el sujeto masculino que resiente el rol de proveedor económico

---

[11] De hecho, en una de las cartas que Martí le escribe a María Mantilla desde Cabo Haitiano fechada el 9 de abril de 1895, le dice que no cree que las niñas estén preparadas todavía para emprender el estudio de la historia. Cuando ésta le comenta que tiene un proyecto de abrir una escuela para niñas le comenta: «Libros pocos, y continuo hablar. [...] Para historia, tal vez sean aún muy nuevas las niñas. Y el viernes, una clase de muñecas, [...] de cortar y coser trajes para muñecas, y repaso de música, y clase larga de escritura, y una clase de dibujo. [...] Principien con dos, con tres, con cuatro niñas. Las demás vendrán» (*OC*, XX, 216-220).

que la sociedad finisecular le impone. Lo que Claudia Nelson dice en *Invisible Men* sobre la subjetividad masculina y la ideología de las esferas en el contexto anglosajón es válido para reflexionar sobre esta obra de Martí escrita desde Estados Unidos. Mientras las mujeres debían construir su identidad en un solo mundo, el del hogar; los hombres circulaban por espacios cada vez más alejados entre sí (la casa-la oficina-la calle) que se regían por valores incompatibles. Si de día los padres de *La Edad de Oro* deben obedecer las leyes de un mundo mercantil en el que cada palabra tiene un precio, en el interior doméstico se someten a la ética altruista de un ángel del hogar que busca civilizar (o domesticar) a los hombres[12]. Dado que los valores benévolos del ángel del hogar son también los que Martí rescata para la poesía, la revalorización del mundo doméstico invierte las jerarquías hegemónicas de la ideología liberal. En lo que podría leerse como una forma narrativa de vengarse contra un sistema sexo-genérico demasiado rígido que margina o invisibiliza a la figura paterna dentro del hogar, Martí se apropia de la voz sentimental de la madre en *La Edad de Oro* para quitarle el creciente monopolio del cuidado infantil y para masculinizar ese espacio doméstico desde el que se podía hacer frente al avance de la secularización y la urbanización.

La visión conflictiva que Martí tiene de lo femenino ha sido puntualizada muchas veces. En un texto titulado «Decadentismo y necrofilia: La amada muerta como musa», me detuve en la necrofilia del universo poético martiano y en la celebración que Martí hace de la muerte o de la ausencia femenina para construir una idea sentimental y feminizada de la masculinidad. Tanto en *Ismaelillo* como en *La Edad de Oro*, el padre republicano deriva de la orfandad de las niñas una ventaja emocional. En «Nené traviesa», el padre se convierte en el objeto de deseo de la hija gracias a la desaparición del vértice femenino del triángulo familiar. Dice el sujeto martiano: «Esa noche [Nené] no se quiso ir a dormir temprano, sino que se durmió en los brazos de su papá. ¡Los papás se quedan muy tristes, cuando se muere en la casa la madre! *Las niñitas deben querer mucho, mucho a los papás cuando se les muere la madre!*» (47; énfasis mío). Lo que se desprende de este pasaje es que sólo a partir de la desaparición física de la figura materna, el hombre

---

[12] Según Nelson, entonces, el ideal de la paternidad, en la época victoriana está atravesado por una especie de «esquizofrenia institucionalizada»: «Mientras el mercado enfatizaba la agresión, "la auto-ayuda", la firmeza, y el materialismo, en el hogar reinaba el altruismo, la pureza, el sentimiento y la espiritualidad. En el primero dominaba la jerarquía del más fuerte; en el segundo se afirmaba que el verdadero poder estaba del lado de los débiles y los tímidos» (Nelson 1995: 41; traducción mía).

puede vampirizar los valores domésticos y espirituales que se le asignan en la crianza de los hijos. Así como en la portada de la revista aparecía una viñeta canónica del imaginario victoriano —la de una madre acunando a una hija en una mecedora—, en el interior de la publicación para niños se puede encontrar la contraparte masculina de la escena: un padre que posa de espaldas con una niña dormida en sus brazos (Fig. 1). Por oposición a los dandis que frecuentemente aparecían en el imaginario finisecular impecablemente vestidos con guantes, bastones, cadenas, botitas y relojes, aquí el sujeto masculino posa despeinado, con el traje arrugado y sosteniendo en la mano la muñeca de su hija. Aunque la imagen es pequeña, y está casi escondida en el interior de la revista, invita a reflexionar sobre la forma en que Martí usa la alianza entre el padre republicano y la niña para redefinir la masculinidad y para asignarle al padre un papel más protagónico dentro del espacio «femenino» del hogar.

Fig.1. Ilustración de Adrien Marie.

A lo largo de los cuentos de *La Edad de Oro*, el sujeto narrativo les pide a los niños lectores que se reconozcan en pinturas y grabados de la época, algunos de los cuales aparecen reproducidos en la revista. En las palabras liminares se dice que es necesario que los niños «sean felices, como los hermanitos de nuestro grabado» (*La Edad de Oro*, 3), aludiendo a un cuadro casi rococó de Edward Magnus en el que una niña maternal juega con un bebé regordete y lleno de bucles. La genealogía visual de muchos de los cuentos para niños queda confirmada en «Bebé y el señor Don Pomposo» cuando el sujeto martiano dice que su personaje «[t]iene el pelo muy rubio, que le cae en rizos por la espalda, como en la lámina de los Hijos del Rey Eduardo» (*ibid.*, 29); y en otro *tableau* del mismo cuento se afirma que el niño es un ángel sin alas «lo mismo que los angelitos de las pinturas» (*ibid.*). El uso martiano de la *ekfrasis* ha sido comentado muchas veces fundamentalmente en lo que respecta a *La Edad de Oro* por Eduardo Lolo y Fina García Marruz[13]. Se sabe que Martí era pintor aficionado y que durante su estadía en Nueva York escribió reseñas de arte para *La Revista Universal* y para una publicación llamada *The Hour*.

La idea de que la revista incluyera una gran cantidad de ilustraciones se relacionaba con el deseo de apelar a niños latinoamericanos que en su mayor parte todavía no sabían leer. Algo que llama la atención, sin embargo, tratándose de Martí, es que las ilustraciones de la revista van delineando una visión privilegiada de la infancia que se corresponde más con el ideal de la niñez victoriana que estaba en boga en Estados Unidos que con la realidad de los niños latinoamericanos a los que supuestamente estaba dirigida la revista. En este sentido, con la excepción de dos niñas floristas que aparecen en la portada del 2 de agosto de 1889, las niñas de Martí siguen muy de cerca la afiliación de clase de los personajes infantiles que protagonizan los cuentos de *La Edad de Oro*. Pilar, Nené y Piedad son niñas siempre rubias que viven en casas lujosas con amplios jardines: están rodeadas de sirvientas, criados africanos, lavanderas, modistas y cocineras, usan ropas elegantes y finas, medias de encaje, lazos, cintas y vestidos de seda.

En la introducción a la revista, Martí se refiere a su imaginado lector como un niño cuya identidad nacional quedaba sin especificar. Sin embargo,

---

[13] Dice Eduardo Lolo en *Mar de espuma* sobre la *ekfrasis* en *La Edad de Oro*: «En su uso del recurso Martí va más allá de la tendencia parnasiana en su descripción plástica y no necesita "ver primero las escenas descritas en palabras y luego describirlas plásticamente". Muy al contrario, Martí describe directamente los grabados que acompañan la crónica en su edición original y que, indiscutiblemente, forman parte integral de la misma» (1995: 53).

sabemos por las cartas a Manuel Mercado que Martí envió un gran número de ejemplares a la Ciudad de México para que fueran repartidos en un congreso pedagógico[14]. En este sentido, una de las paradojas del esquema de circulación y consumo dentro del que se inscribe la revista es que hacia fines de siglo la gran mayoría de los niños mexicanos era completamente analfabeta. En términos de porcentajes, el índice de niños que vendía periódicos por las calles era mucho más alto que el de aquéllos que podían darse el lujo de leerlos en sus casas. Según Beatriz Alcubierre y Tania Carreño King, el tema de la infancia trabajadora se convirtió en el Porfiriato en una preocupación de Estado porque fue un obstáculo para implantar una serie de leyes sobre la enseñanza obligatoria, laica y gratuita para los niños de 6 a 12 años (1996: 42). Los niños mendigos, desnutridos y harapientos que deambulaban por la ciudad, cuando no estaban encerrados en asilos u orfelinatos, representaban el lado oscuro de la infancia privilegiada que se promovía en las publicaciones de la época. De acuerdo a Alcubierre, estos chicos abandonados que pululaban por las calles de la urbe estaban tan lejos del ideal de la infancia sentimental que promovía la cultura hegemónica que ni siquiera se los consideraba niños[15].

Generalmente se ha leído la emergencia de las niñas como personajes en los cuentos de la revista, de forma autobiográfica, es decir como homenajes de Martí a María Mantilla: la niña que según muchos críticos era su hija natural y que permaneció con Martí en Nueva York luego de la partida de su hijo a Cuba[16]. Según Lolo y Arias, las niñas imaginadas de *La Edad de Oro*

---

[14] En la carta a Manuel Mercado, Martí dice que México estaba presente en los planes de distribución de la revista desde el principio ya que Da Costa siempre le decía: «Con México me basta [...] yo tengo en México mucha fe». Y añade también que «cuando se reúna el famoso Congreso Pedagógico, que va a dejar más huellas que el mismo Congreso Político, a él y a cada uno de sus representantes le irá la circular y un número. —Al pueblo más infeliz ha de llegar este mensaje de cariño. —Ya de la frontera están llegando pedidos» (*OC*, XX, 147). Alcubierre y Carreño King mencionan cuatro congresos de instrucción pública en las dos últimas décadas del siglo XIX en México (1996: 41). Es posible que Martí se refiriera en su carta al congreso que va de noviembre de 1889 a marzo de 1890.

[15] Alcubierre y Carreño King hacen este punto con respecto a los niños pobres y vagabundos de México cuando dicen que «ni siquiera eran considerados dignos de ostentar el honroso sustantivo *niños*; era más apropiado referirse a ellos simplemente como *muchachos*» (1994: 68).

[16] José Miguel Oviedo, en un libro titulado *La niña de Nueva York*, defiende esta idea. Dice que en las cartas a María Mantilla éste siempre se refiere a María Mantilla como «mi hijita».

son figuraciones culturales de esa otra niña que en la vida real le sirve a Martí para procesar el duelo por la partida del hijo y que se retrata con él en Nueva York en una conocida fotografía (Fig. 2). En el caso de esta imagen, el padre no posa de espaldas, como en la ilustración de la muñeca negra, sino de frente, con la mano muy abierta sujetando el cuerpo de la niña. Aunque tanto Martí como María Mantilla tienen los ojos fijos en la cámara, la cercanía física entre padre e hija queda sugerida por esa ligera inclinación del torso infantil hacia el cuerpo protector del padre. El hecho de que Martí aparezca sentado y no de pie genera una horizontalidad mayor con la niña que se sitúa, toda vestida de blanco, en la zona iluminada del retrato. El «detalle» que hace la foto, es decir, aquello que Barthes llamó el *punctum* por oposición al *studium*, lo constituye en este caso, el sombrero de la niña,

Fig. 2. Martí y María Mantilla en Nueva York.

un objeto fetichizado de la moda finisecular que contrasta con la vestimenta más bien humilde y sencilla del padre y la hija[17].

El poema narrativo «Los zapaticos de rosa» está dedicado «a *Mademoiselle Marie*», una persona que para algunos críticos no era otra que la María Mantilla de la fotografía. La relación biográfica de esta niña con el poema queda sugerida por el hecho de que en las cartas de despedida que Martí le escribe a ésta desde Cabo Haitiano le recomienda que lea *La Edad de Oro* y le dice: «Cuando alguien me es bueno y bueno para Cuba, le enseño tu retrato [...]. Todo me es razón de hablar de ti, el piano que oigo, el libro que veo, el periódico que llega» (*OC*, XX, 216). En términos visuales, las ilustraciones de Adrian Marie se relacionan genealógicamente con los cuadros impresionistas de Auguste Renoir y Marie Cassatt en los que también se promovía una visión sentimental y privilegiada de la infancia. En particular, la niña dibujada por Adrian Marie parece transplantada de un cuadro de Renoir que Martí debía conocer y que es la Marie Goujon de *La fillette au Cerceau* (*Niña con aro*) de 1885 (Fig. 3)[18]. El uso de una fuente visual para componer el poema remite al lema de *ut pictura poesis* y al deseo de que la poesía imite más a la pintura como artefacto cultural que a su referente biográfico[19].

Decir que la metaforización de Pilar en «Los zapaticos de Rosa» está hecha en términos plásticos es postular casi un lugar común de la crítica martiana, pero es también situar el poema dentro de un proyecto mayor de colaboración entre las artes. El desplazamiento de Pilar de un jardín a una playa, dos espacios en los que se colocaba frecuentemente a las niñas en la pintura impresionista de la época, queda planteado gráficamente. Dice el sujeto lírico: «Ella va de todo juego, / Con aro, y balde, y paleta / El balde es color violeta: / El aro es

---

[17] Dice Barthes sobre el *punctum:* «En este espacio habitualmente tan unitario, a veces (pero, por desgracia, raramente) un "detalle" me atrae. Siento que su sola presencia cambia mi lectura, que miro una nueva foto, marcada a mis ojos con un valor superior. Este "detalle" es el *punctum* (lo que me punza)» (1989: 78).

[18] En una carta que Martí dirige a *La Nación* el 2 de julio de 1886, éste escribe sobre una exposición de cuadros impresionistas en Nueva York. Lo que más le llama la atención de los cuadros que describe es el uso de la luz en «los cuadros resplandecientes de Renoir»: «Los Renoir lucen como una copa de borgoña al sol; son cuadros claros, relampagueantes, llenos de pensamiento y desafío» (*OC*, XIX, 306).

[19] Scott en *Pictorialist Poetics* sostiene que las imágenes, al igual que las palabras, tienen una etimología que se inscribe en un marco específico de circulación y consumo: «a medida que una misma imagen va apareciendo en diferentes contextos lingüísticos o visuales, adquiere sucesivas capas de significación. Cada imagen tiende a inscribirse en un repertorio de representaciones relacionadas» (1988: 58; traducción mía).

Fig. 3. La ilustración de Adrien Marie para «Los zapaticos de rosa» y su modelo pictórico, la Marie Goujon de Renoir.

color de fuego» (*La Edad de Oro*, 94)[20]. Algo que diferencia a las niñas de Renoir de las de Martí, sin embargo, es que mientras en la fuente pictórica éstas aparecen casi siempre colocadas en una escenografía doméstica (el salón de música, el jardín, el interior de una mansión), Martí hace que sus niñas abandonen las comodidades de la vida burguesa para tener un encuentro con la otredad. El deseo de politizar y poner en movimiento a la niña de Renoir remite entonces a un choque de contextos en el que los *topoi* europeos se utilizan para reflexionar sobre problemas locales que en este caso coinciden con la desigualdad de clase y la falta de distribución de la riqueza.

Una estrategia cultural que Martí usa en estos cuentos es convertir a los niños en figuras-puente que le sirven para conectar universos socio-culturales en conflicto. A través de la compasión, los personajes infantiles que

---

[20] Fryda Schultz de Mantovani habla de «Los zapaticos de rosa» en términos de una «postal de playa» de la época. Por otro lado, Fina García Marruz establece un paralelismo literario-visual entre las playas de Martí y las de Renoir. Aunque no menciona ningún cuadro específico de Renoir o Manet, dice que la playa de Martí es una «playa impresionista» (1980: 202) de «señoras a lo Renoir o a lo Manet, vestidas deliciosamente, con esa piedad que siempre les atribuye como para hacerles perdonar su riqueza» (*ibid.*, 203).

actúan como dobles del lector se relacionan con niños de otras clases sociales y grupos étnicos. Aunque la caridad es una virtud deseada para los niños de ambos sexos, ésta se transmite mayormente por vía materna. El protagonista infantil de «Bebé y el señor Pomposo» le regala un sable a un primo pobre y recibe lecciones de caridad de una madre tuberculosa que lo lleva a hacer visitas a los ciegos y a los mendigos. Es tal vez en estos barrios donde la madre de Bebé contrae una enfermedad letal en el siglo XIX que muy pronto dejará al niño rico en la misma situación de orfandad del primo desgraciado. En textos como «La muñeca negra» y «Los zapaticos de rosa», Martí altera la relación de poder entre madres e hijas porque trata de que las niñas eduquen a sus madres inculcando en ellas la virtud de la benevolencia. En «La muñeca negra», es Piedad la que desafía los deseos homogeneizantes de la madre que trata de que su hija reemplace a la muñeca negra (sin pelo y con la boca desteñida de besos) por una nueva, de ojos azules y «pelo de sol». La preferencia de Piedad por la muñeca negra se conecta con un lado rebelde de su personalidad que le hace querer a la muñeca negra porque nadie la quiere. Están aquí en juego dos modelos de nación: por un lado, el más exclusivista de los padres que se avergüenzan de que su hija tenga una muñeca andrajosa; y, por otro, el más benevolente de la niña que valora la diferencia racial aunque incorporándola como objeto de piedad. En este sentido, la relación afectiva de Piedad con su muñeca remite a una estructura maternalista en la que la muñeca negra ingresa a la familia nación como un objeto de compasión mudo que necesita que un otro superior a ella (la niña) traduzca su sufrimiento a palabras. En uno de los diálogos-monólogos que Piedad tiene con la muñeca y que recuerda el uso ficcional de las muñecas que hace Louisa May Alcott en *Little Women*, dice Piedad: «Ven, pobrecita: ven, que esos malos te dejaron aquí sola: tú no estás fea, no, aunque no tengas más que una trenza, la fea es ésa, la que han traído hoy, la de los ojos que no hablan, [...] ¡te dejaron tan sola! ¡no me mires así, porque voy a llorar yo! ¡no, tú no tienes frío! ¡aquí conmigo, en mi almohada, verás como te calientas! [...] ¡y a dormir, abrazadas las dos! ¡te quiero, porque no te quieren! (*La Edad de Oro*, 116)[21].

---

[21] Ver también el poema «Los zapaticos de rosa» en el que una niña de la playa que no es Pilar juega a las muñecas pero enterrándolas con los brazos cortados en la arena. Aunque la escena ocurre en los márgenes del *tableau* lírico es posible vislumbrar en ella un cierto descontento con respecto a la pasividad emblemática de la muñeca como doble ornamental de la niña.

Dentro del campo de los estudios martianos se tiende a establecer una separación tajante entre «Nuestra América» y «La muñeca negra», porque uno es un texto canónico, abiertamente político y otro un texto sentimental perteneciente al campo «menor» de la literatura para niños. Sin embargo, creo que aunque ambos textos apelan a diferentes lectores se encuentran ideológicamente a la hora de proponer una forma retórica de imaginar la nación. En ambos casos se visualiza una comunidad utópica sentimental en la que el corazón de los opresores se conduele por la penuria de los oprimidos. En una frase de «Nuestra América», Martí apunta que el sentimentalismo y la acción no son incompatibles porque: «El genio hubiera estado en hermanar, con la caridad del corazón y con el atrevimiento de los fundadores, la vincha y la toga» (*OC*, VI, 20). Cuando Martí critica en «Nuestra América» el positivismo etnocéntrico de los proyectos liberales lo hace secularizando el discurso de la caridad cristiana para proponer un proyecto benévolo. Si, en el modelo anti-utópico que se trató de imponer desde la colonia, «[e]l indio mudo nos daba vueltas alrededor, y se iba al monte, a la cumbre del monte, a bautizar a sus hijos» (*OC*, VI, 20), en la mudez de este grupo social reverbera como un eco la pasividad de la muñeca negra. El deseo martiano de que la clase dirigente a la que pertenecen los lectores infantiles sienta piedad por los grupos desamparados sirva tal vez para explicar el fetichismo de las cabelleras rubias que salpican las ilustraciones y cuentos de la *La Edad de Oro*. Que los niños latinoamericanos quieran imitar a los personajes filantrópicos (y rubios) de los cuentos es uno de los propósitos de la colección. Sin embargo, para que eso ocurriera, el sujeto narrativo debía acatar los códigos de belleza dominantes, anclados en el racismo positivista, que asociaban la pureza angelical de la niñez con la claridad del pelo y la blancura de la piel.

«Los zapaticos de rosa» se inaugura con el alejamiento de Pilar del hogar, una casa con jardín adonde se halla como un «pájaro preso» bajo la mirada protectora del padre. Aunque el padre está en las afueras del cuadro, despidiendo y recibiendo desde la casa a la madre y la hija, es una figura de autoridad que enmarca cronológica y espacialmente la acción del poema. Orgullosa de su ropa, Pilar interioriza la visión de sí misma como un objeto de la mirada masculina que quiere salir a estrenar, en un lujoso balneario, su sombrero de pluma y sus «zapaticos de rosa». Convertida en niña-fetiche de múltiples bañistas, militares y *flâneurs*, Pilar se interna en una playa segregada en términos de clase como una muñeca elegantemente vestida de la mano de la madre. La inmovilidad del *tableau* se interrumpe cuando la niña abandona la parte rica del balneario para internarse en «la barranca de todos», un espacio marginal y periférico donde «suenan las olas mejor»:

Dice: «¡Se va allá, donde ¡muy lejos! / Las aguas son más salobres / Donde se sientan los pobres, / Donde se sientan los viejos!» (*La Edad de Oro*, 95). En este espacio ocurre el encuentro sentimental de Pilar con el sufrimiento de la niña pobre al que responde magnánimamente con un acto espontáneo de caridad. Frente al espectáculo de una pobreza convertida en artefacto estético, una niña que parece de cera o sacada de un retrato, su contraparte rica actúa impulsivamente y le da sus zapatos más finos. «Mira! La mano le abrasa, / Y tiene los pies tan fríos! / Oh toma, toma los míos: / Yo tengo más en mi casa!» (*ibid.*, 96). Este impulso igualitario del cuento que plantea la necesidad de empobrecer a la niña rica para igualarla con la pobre queda subvertido por un discurso jerárquico que mantiene la separación entre las clases y que utiliza el vocablo señora para la madre de Pilar y el menos honorable de mujer para la madre pobre. A pesar de que Pilar se desprende de sus posesiones, alentada ahora por la madre —«—"¡Sí, Pilar, dáselo! ¡y eso / También ¡tu manta! ¡tu anillo!" / Y ella le dio su bolsillo, / le dio el clavel, / le dio un beso» (*ibid.*)—, la niña pobre, que no tiene nombre ni voz ni identidad en el poema, acaba muriendo en condiciones sumamente insalubres y poco humanitarias. A nivel de la resolución del poema, la caridad ayuda más a los que la ejercen (la niña y la madre ricas) que a las que la reciben (la niña y la madre pobres). En el caso de Pilar, el discurso de la benevolencia le permite salir del espacio asignado (la parte rica del balneario), alejarse de la prisión del hogar y desprenderse de todas esas ropas victorianas incómodas que le impiden circular libremente por el ámbito público.

Las niñas angelicales de *La Edad de Oro* se mueven dentro de los rígidos parámetros del discurso de las esferas (doméstico-público) en el que se apoya la ideología liberal. El deseo de disciplinar y encarrilar a las niñas por el camino del bien se puede leer también como respuesta a un tipo de niña más peligroso que emerge en los cuentos de la colección. Me refiero a Nené Traviesa, la niña desobediente que viola la prohibición del padre de adentrarse en la sala de los libros. La niña de este cuento es una musa transgresora que, no contenta con su rol doméstico, aspira a un saber identificado en el cuento como masculino. Lo que se les da a entender a los lectores es que todo estaba bien cuando Nené jugaba a las cosas «naturales» que juegan las niñas: «a mamá», «a tiendas», «a hacer dulces» y «a salir de compras» (*La Edad de Oro*, 46). Sin embargo, el cuento da un giro de ciento ochenta grados cuando el padre de Nené trae a la casa «un libro muy grande» que apela a la curiosidad de una hija culturalmente más ambiciosa que las otras: «¡Oh, cómo pesaba el libro! Nené lo quiso cargar, y se cayó con el libro encima, no se le veía más que la cabecita rubia de un lado, y los zapaticos negros de otro. Su papá vino corriendo y la sacó de debajo del libro, y se rió mucho de Nené, que no tenía seis años todavía y quería cargar un libro de cien años» (*La Edad de Oro*, 47). En este caso, la ausencia del padre (poseedor del libro) es lo que posibilita la entrada de la niña en el recinto prohibido de la biblioteca. En uno de los días que el padre está trabajando «para comprarle a la niña vestiditos blancos, y cintos azules» (*ibid.*), la hija se apodera del libro y arranca entusiasmada una por una sus páginas favoritas. En la escena final del cuento, el padre regaña a la hija que acepta la autoridad del padre y le pide disculpas por haberle desobedecido. Dice el sujeto narrativo: «Nené, blanca como el papel, se alzó del suelo, con la cabecita caída, y se abrazó a las rodillas de su papá: —"¡Mi papá", dijo Nené, "mi papá de mi corazón! ¡Enojé a mi papá bueno! ¡Soy mala niña! ¡Ya no voy a poder ir cuando me muera a la estrella azul!"» (*La Edad de Oro,* 49). A nivel iconográfico, el *exposé* engrandece la figura del padre y coloca a la niña en una posición de sumisión (con la cabeza gacha entre las rodillas del padre). La transgresión de la niña provoca una escena distópica que exige una respuesta disciplinaria por parte del adulto. El momento punitivo del cuento sirve para devolver a la niña a su lugar de complementariedad y para magnificar de forma casi hiperbólica la figura del yo paterno. Dice el sujeto narrativo: «Nené no ve. Nené no oye. Le parece que su papá crece, que crece mucho, que llega hasta al techo, que es más grande que el gigante del monte, que su papá es un monte que se le viene encima» (*ibid.*).

Pero, ¿qué tipo de mensaje les estaba dando Martí a las niñas en este cuento sobre los malos usos de la cultura, en una revista que supuestamente quería promover la lectura femenina desde la infancia? Desde una perspectiva de género, entonces, propongo leer este cuento en términos alegóricos como un síntoma de la ansiedad que causaba en la esfera masculina la democratización genérica de la ciudad letrada. A través del acto de la lectura, la niña deja de ser un complemento subordinado del niño para transformarse en posible rival. La idea de la niña como competidora del niño en el campo cultural queda sugerida en la introducción de la revista cuando Martí anuncia la existencia de un concurso de escritura para niños. Al especificar que el concurso estará abierto para los niños de ambos sexos concluye con una frase ligeramente irónica: «De seguro que van a ganar las niñas» (*La Edad de Oro*, 3). Lo que emerge en «Nené Traviesa», un poco a contrapelo de la visión angelical de las otras niñas de la revista, es el fantasma de la niña intelectual capaz de convertirse en una igual intelectual de los niños del otro sexo. La posibilidad de que la relación entre los géneros sea más horizontal que jerárquica queda cancelada en los cuentos a través de un mensaje pedagógico que afirma la diferencia sexo-genérica. Al convertir a Nené en un anti-modelo de virtud femenina, el cuento genera una cierta paranoia en el público lector que remite a la necesidad de apartar a ciertos grupos (en este caso a las niñas) del mundo sagrado de la cultura y de restaurar las barreras entre los géneros. Civilizar y domesticar a las niñas se vuelve una consigna para el sujeto martiano que reserva los sables como juguetes/bienes de caridad para los niños y las muñecas y los zapatos rosados para el otro sexo. El deseo de transformar a las niñas en eventuales sujetos domésticos, ángeles de caridad o figuras complementarias del sujeto masculino, remite al peligro de que se conviertan en las sufragistas o escritoras profesionales con las que Martí tiene que convivir y competir en Estados Unidos. Aunque Martí se muestra a favor de que el sujeto masculino abrace una especie de androginia en la que se canibalizan valores definidos culturalmente como «femeninos», no está de acuerdo en que las niñas sean educadas para tener una participación más activa en la esfera pública.

La preocupación martiana por un desorden genérico asociado con la yuxtaposición de lo público y lo privado (provocado en parte por la profesionalización de las mujeres vivida como masculinización) emerge también en las cartas que Martí le envía a María Mantilla desde México. En esta zona doméstica del epistolario se propone una distinción tajante entre las niñas de Nueva York y las de la periferia mexicana basada en la forma en que atienden a sus padres. Lo que Martí admira de esa pre-modernidad genérica a la que identifica con América Latina es que allí el discurso de las esferas no parece haber sido erosionado por los reclamos de las mujeres. Lo que le entusiasma de la infancia mexicana (y aquí hay que tener en cuenta que se trata otra vez de una niñez privilegiada) es que el niño mexicano se diferencia de la niña como «el gusano de la flor». «Pero lo admirable aquí», sostiene Martí en la misma carta, «es el pudor de las mujeres, no como allá, que permiten a los hombres un trato demasiado cercano y feo» (*OC*, XX, 211). La necesidad de congelar el crecimiento de las niñas, de impedir que se profesionalicen o sexualicen son recurrentes en el epistolario y culminan con este comentario sobre las hijas mexicanas de Manuel Mercado. Dice el sujeto epistolar:

> Son mujeres ya las tres hijas de Manuel Mercado, y para mí son como si fueran niñas. La casa parece una jaula de pájaros deshecha cuando llego. Me han puesto la mesa llena de rosas y nardos: me ha hecho cada una con sus manos un plato finísimo, de comida o de dulce: cada una me ha preparado una sorpresa. A mí, a veces, se me llena de lágrimas el corazón. —Y me pongo a pensar, y me pregunto si tú me querrás así, […]. ¿Qué plato fino me preparas tú, hecho con tus

manos? Aquí todas las niñas saben hacer platos finos. —Y yo, temblar [*sic*] de miedo de que tú no me quieras como aquí me quieren (*OC*, XX, 211).

En este pasaje, el sujeto martiano usa «el acá» mexicano como una utopía desde la que leer el problemático «allá» neoyorquino. La domesticidad de las hijas de Mercado le sirve a Martí para hacerle un reproche a la propia: la niña de Nueva York que se encuentra, según su padre, en un entorno cultural más peligroso. La idealización de la niña doméstica que construye su identidad atenta a las necesidades de los otros, se articula con el deseo martiano de cuestionar, desde la perspectiva de una masculinidad amenazada, los cambios turbulentos, sexualmente hablando, de una peligrosa modernización.

Bibliografía

ALCUBIERRE, Beatriz y CARREÑO KING, Tania (1996): *Los niños villistas. Una Mirada a la historia de la infancia en México, 1900-1920*. México: Instituto Nacional de Estudios Históricos de la Revolución Mexicana.
ALMENDROS, Néstor (1972): *A propósito de «La edad de oro». Notas sobre literatura infantil*. La Habana: Gente Nueva, 1972.
ARIAS, Salvador (1989): *Acerca de la Edad de Oro*. La Habana: Letras Cubanas.
— (2001): *Un proyecto martiano esencial. La edad de oro*. La Habana: Centro de Estudios Martianos.
ARIÈS, Philippe (1962): *Centuries of Childhood*. New York: Vintage Books.
BARTHES, Roland (1989): *La cámara lúcida. Nota sobre la fotografía*. Buenos Aires: Paidós.
GARCÍA MARRUZ, Fina (1980): «La Edad de Oro». En: Salvador Arias (ed.), *Acerca de la Edad de Oro*. La Habana: Centro de Estudios Martianos, 192-209.
GRYLLS, David (1978): *Guardians and Angels. Parents and Children in Nineteenth-Century Literature*. London/Boston: Fabert and Faber.
HECHT, Tobías (ed.) (2002): *Minor Omissions. Children in Latin American History and Society*. Wisconsin: The University of Wisconsin Press.
HEYWOOD, Collin (2001): *A History of Childhood. Children and Childhood in the West from Medieval to Modern Times*. Cambridge: Polity Press.
HIGONNET, Anne (1998): *Pictures of Innocence. The History and Crisis of ideal Childhood*. London: Thames and Hudson.
HUNTER, Jane H. (2002): *How Young Ladies Became Girls. The Victorian Origins of American Girlhood*. New Haven/London: Yale University Press.
KERBER, Linda (1986): *Women of the Republic*. New York/London: Norton.
LARRIVA DE LLONA, Lastenia (1919): *Cartas a mi hijo. Psicología de la mujer*. Lima: Imprenta del Ejército.

LOLO, Eduardo (1995): *Mar de espuma. Martí y la literatura infantil*. Miami: Ediciones Universal.
MARQUÉS, Josep-Vicent (1997): «Varón y patriarcado». En: Teresa Valdés y José Olavaria (eds.), *Masculinidad/es. Poder y crisis*. Santiago de Chile: Ediciones de las mujeres, 17-30.
MARTÍ, José (1963): *Obras completas*. La Habana: Editorial Nacional de Cuba.
— (1999): *Ismaelillo. Versos libres. Versos sencillos*. Edición de Ivan A. Schulman. Madrid: Cátedra.
— (2001): *La Edad de Oro*. Edición de Eduardo Lolo. Miami: Ediciones Universal.
MOLLOY, Sylvia (1999): «His America, Our America: José Martí Reads Whitman». En: Doris Sommer (ed.), *The Place of History, Regionalism Revisited in Latin America*. Durham: Duke University Press, 262-271.
NELSON, Claudia (1991): *Boys Will be Girls. The Feminine Ethic and British Children's Fiction. 1857-1917*. New Brunswick/London: Rutgers University Press.
— (1995): *Invisible Men: Fatherhood in Victorian Periodicals, 1850-1910*. Athens: University of Georgia Press.
— y VALLONE, Lynne (eds.) (1994): *The Girl's Own. Cultural Histories of Anglo-American Girl, 1830-1915*. Athens/London: The University of Georgia Press.
OVIEDO, José Miguel (1989): *La niña de New York. Una revisión de la vida erótica de José Martí*. México: Fondo de Cultura Económica.
PELUFFO, Ana (2003): «Decadentismo y necrofilia: El culto a la amada muerta en la poesía de fin de siglo». En: Friedhelm Schmidt-Welle (ed.), *Ficciones y silencios fundacionales: Literaturas y culturas postcoloniales en América Latina*. Frankfurt/Madrid/Caracas: Vervuert/Iberoamericana, 239-253.
— (2006): «Homo-sentimentalismo, fraternidad y lágrimas en José Martí». *Confluencia: Revista Hispánica de Cultura y Literatura* vol. 21, n° 1, 79-94.
RAMA, Ángel (1974): «La dialéctica de la modernidad en José Martí». En: Manuel Pedro González (ed.), *Estudios martianos: Memoria del seminario José Martí*. Río Piedras: Editorial Universitaria.
SABOURIN, Jesús (1989): «Filosofía Social en "Los zapaticos de rosa"». En: Salvador Arias (ed.), *Acerca de la Edad de oro*. La Habana: Letras Cubanas, 154-156.
SCOTT, David (1988): *Pictorialist Poetics. Poetry and the Visual Arts in Nineteenth-Century France*. Cambridge: Cambridge University Press.
ZELIZER, Viviana A. (1985): *Pricing the Priceless Child: The Changing Social Value of Children*. New York: Basic Books.

Masculinidad rechazada:
El artista recluido y no productivo en Darío y Silva

Kelly Comfort
Georgia Institute of Technology

En su famoso prólogo a *The Madwoman in The Attic: The Woman Writer and the Nineteenth-Century Literary Imagination*, Sandra Gilbert y Susan Gubar sostienen que «tanto en la vida como en el arte [...] las mujeres artistas [...] estaban literal y figurativamente recluidas» (1979: xi; traducción mía)[1]. Además afirman que abundan las «imágenes de encierro y escape» en la literatura escrita por mujeres en el siglo XIX (*ibid.*). A pesar de una obvia diferencia en género y geografía, el presente trabajo también considera las imágenes de encierro y escape en el análisis de dos cuentos cortos de Rubén Darío, «El pájaro azul» (1886) y «El velo de la reina Mab» (1887), y en dos textos de José Asunción Silva: la novela *De sobremesa* (1887-1896) (escrita en 1896, pero publicada póstumamente en 1925) y el relato «La protesta de la Musa» (1890). Esta investigación de la representación modernista de la figura del hombre artista en obras escritas por varones está centrada en lo que Gilbert y Gubar, en su estudio de la figura de la mujer artista en obras escritas por mujeres, llaman «un impulso común y femenino de liberarse de la reclusión social y literaria a través de redefiniciones estratégicas del yo, del arte y de la sociedad» (1979: xii). Evaluaremos hasta qué punto Darío y Silva redefinen el yo artístico, el arte y la sociedad en las obras elegidas y también analizaremos el significado y las repercusiones de tales redefiniciones con respecto a un tipo concreto de masculinidad, la del artista varón en la sociedad latinoamericana finisecular. Lo importante es explicar cómo y por qué rechazan el papel del hombre provechoso y productivo del mercado capitalista al refutar el concepto dominante de la masculinidad.

---

[1] Todas las traducciones de la obra de Gilbert y Gubar son mías.

Artistas recluidos y apartados: un primer nivel de encarcelamiento

La figura del artista varón se presenta recluida y aislada en Darío y Silva. Darío sitúa a sus artistas protagonistas en espacios limitados y reducidos, fuera del espacio público y del mundo del comercio, especialmente cuando se trata de la compraventa de arte. Los personajes artistas se sienten encarcelados porque están atrapados físicamente. Garcín, el poeta-protagonista de «El pájaro azul», se esconde en su «cuartucho destartalado» (Darío 2000a: 205), un domicilio humilde donde el poeta se reúne con sus amigos poetas. Aunque estrecho, es el lugar de sus «alegres reuniones», pero también es el espacio donde se suicida Garcín (*ibid.*). De la misma manera, los cuatro artistas bohemios que protagonizan «El velo de la reina Mab» de Darío están congregados en una «buhardilla», otro espacio apartado que es típicamente el sitio más incómodo, pequeño y alto de una residencia, donde hace mucho calor en verano y mucho frío en invierno. Al colocar a los «brillantes infelices» en el estrecho espacio de la atiborrada buhardilla, Darío establece un paralelo entre la falta de productividad y utilidad tanto de los objetos indeseados como de los artistas no apreciados (2000c: 181).

En ambos relatos se menciona el limitado espacio en las escenas de apertura y clausura. En «El pájaro azul», se usa el término «cuartucho destartalado» una vez en el segundo párrafo y otra vez en el antepenúltimo. En «El velo de la reina Mab», la palabra «buhardilla» se emplea una vez en el primer párrafo y otra vez en el último, un paralelo casi exacto. La repetición de estos términos espaciales al principio y al final de los cuentos dibuja los claros límites físicos del estado atrapado de los personajes. Las palabras funcionan como precisos paréntesis o barreras lingüísticas que enmarcan la narración y tanto su significado como su ubicación reflejan el aislamiento de los protagonistas, totalmente apartados del mundo capitalista y de la sociedad burguesa. Además de su aislamiento, los artistas darianos muestran otras características estereotípicamente femeninas como la sensibilidad, la afectividad y la hiperestesia. Garcín es un «desgraciado» que se siente «triste casi siempre» (Darío 2000a: 207, 205). Los cuatro artistas de «El velo de la reina Mab» pasaban «lamentándose como unos desdichados» hasta que la reina Mablo arregló todo para que «cesar[a]n de estar tristes» y se olvidaran de «sus profundas decepciones» (2000c: 181, 184)[2]. Los artis-

---

[2] La reina Mab es una figura conocida del folclore celta. La referencia más notable de ella la encontramos en el acto IV de Romeo y Julieta de Shakespeare, cuando

tas darianos sufren tremendamente a causa de su reclusión, de igual modo que las artistas analizadas por Gilbert y Gubar[3].

Algo similar ocurre en «La protesta de la Musa». Silva coloca a su protagonista en un «cuarto sencillo y triste» y limita los eventos de la trama a este escenario interior (1987: 69). Además de este uso singular de la palabra «cuarto» en la primera oración del cuento, el narrador menciona el «aposento» del poeta una vez en el segundo párrafo y otra vez en el último párrafo (*ibid.*, 69, 72). Es interesante ver cómo tal aposento «se iluminó de una luz diáfana de madrugada de mayo» con la llegada de la musa al principio del texto. Por el contrario, la luz desaparece junto con la musa al final del relato (*ibid.*, 69).

En el caso de la novela de Silva, José Fernández, otro protagonista-poeta, también se halla en un espacio encerrado e interno. Tal como en los otros tres cuentos citados, se repiten las referencias al estrecho lugar al principio y al final del texto, ya que la novela comienza y termina con descripciones físicas de la casa del protagonista, del salón de su «Villa Helena»[4]. Aunque es cierto que la mansión de José Fernández, con sus adornos excesivos y sus muebles importados y exóticos, es muy distinta del «cuartucho destartalado» de Garcín, de la «buhardilla» de los cuatro artistas de «El velo de la reina Mab», o del «cuarto sencillo y triste» del poeta satírico, este artista aristocrático se limita a sí mismo y permanece en el espacio privado, evitando todo tipo de interacción con el mundo exterior.

Arte atrapado y aprisionado: un segundo nivel de encarcelamiento

La mayoría de estos artistas reclusos experimenta un segundo nivel de encarcelamiento. De la misma forma en que ellos se encuentran atrapados en lugares aislados y apartados de la sociedad, sus creaciones artísticas también

---

Mercuccio bromea con Romeo de que Mab, la portadora de los sueños, ha visitado a su amigo ciegamente enamorado.

[3] El aislamiento de la mujer fuera de la esfera pública es un lugar que se le asigna a la mujer en el siglo XIX, aunque es justamente a finales de siglo que la «nueva mujer» latinoamericana empieza a salir del hogar e incorporarse en la sociedad. Por eso, es particularmente interesante que el hombre artista se encierre en el hogar y se aleje de la esfera pública precisamente en el momento en que las mujeres experimentan los principios de su liberación.

[4] *De sobremesa* comienza y termina con una descripción del salón donde tiene lugar la «sobremesa». Antes de que empiece la conversación entre José Fernández y sus invitados, el narrador describe la decoración y los adornos de la casa y repite las mismas descripciones de varios objetos concretos en escenas paralelas al principio y al final de la

están aprisionadas dentro de ellos. Garcín confiesa que «dentro de la jaula de [su] cerebro está preso un pájaro azul que quiere su libertad» (2000a: 207). El pájaro representa la potencia estética latente del poeta, su ideal artístico simbólico pero efectivamente «aprisionado» porque no hay nadie con quien lo pueda compartir o porque no hay nada que le inspire a crear la obra maestra con que sueña (*ibid.*, 208). Los cuatros artistas del otro cuento dariano también se quejan de que sus mejores obras creativas están encerradas en la «celda» de sus mentes (2000c: 183). «Los sueños de mármol» del escultor, el «gran cuadro» del pintor, las «escalas cromáticas» del músico y el «ideal [que] flota en el azul» del poeta están enjaulados «dentro» (*ibid.*, 181-183) y no pueden expresarse.

En *De sobremesa*, el diálogo inicial de la escena titular nos presenta las ideas del protagonista acerca de la producción artística. Habiendo dejado pasar los últimos dos años sin escribir, José Fernández, el una vez famoso poeta latinoamericano, incondicionalmente declara: «no volveré a escribir un solo verso... Yo no soy poeta» (Silva 1993: 232). Los amigos más íntimos que entablan conversación con él creen que es «un crimen» que José Fernández se disponga a desperdiciar sus habilidades artísticas y su talento de escritor y a «dejar que pasen los días, las semanas, los años enteros sin escribir una línea» (*ibid.*, 231). Ellos creen que «lo mejor» de su amigo consiste en su «vocación íntima» y su «alma de poeta» (*ibid.*, 232). A pesar de las quejas de sus invitados, el ex-poeta insiste: «No, no soy poeta [...]. Eso es ridículo. ¡Poeta yo! Llamarme a mí con el mismo nombre con que los hombres han llamado a Esquilo, a Homero, al Dante, a Shakespeare, a Shelley... Qué profanación y qué error» (*ibid.*). Al oponerse a ser comparado con sus héroes artistas, Fernández rechaza con firmeza la clasificación de poeta. Reconoce, sin embargo, que «[p]ara el público hay que ser algo», y el término «poeta» refleja cómo la sociedad ha decidido clasificarle, por erróneo que le parezca este apelativo a su poseedor (*ibid.*, 233). A pesar de la negación de Fernández, el narrador omnisciente llama al protagonista una vez «poeta» y dos veces «escritor» en las cuatro páginas que preceden a los extractos recitados del diario.

La decisión de Silva de subrayar el papel de poeta a pesar de que el protagonista repudia esta clasificación es a la vez intrigante y enigmática. Cabe descifrar, pues, hasta qué punto José Fernández es o no es un escritor, un poeta o un artista. Tenemos que averiguar si se conforma o no con el rol de productor

---

novela: «humo tenue de los cigarrillos de Oriente», «el terciopelo color de sangre de la carpeta», «el frasco de cristal tallado», «las frágiles tazas de china», etc. (1993: 351).

artístico en la sociedad latinoamericana de fines del siglo XIX. Para ofrecer una respuesta breve y provisional, basta con mencionar la siguiente declaración del protagonista: «es que como me fascina y me atrae la poesía, así me atrae y me fascina todo, irresistiblemente» (Silva 1993: 233). Por eso, no puede limitar sus acciones a un solo campo simplemente para «ponerse a cincelar sonetos» (*ibid.*). José Fernández lamenta las vidas desaprovechadas y malgastadas de los que mueren habiendo estado «encerrados en una profesión, en una especialidad, en una creencia, como en una prisión que tuviera una sola ventana abierta siempre sobre un mismo horizonte» (*ibid.*, 234). Incluso cuando responde a su pasión por el arte, no lo hace permanentemente ni lo hace en el sentido burgués de tener una profesión. Visto así, el arte o la vida artística sólo es «una prisión» cuando es algo permanente, mientras que es permisible entrar en el campo poético por capricho o en momentos de inspiración. Es importante notar la diferencia entre Silva y Darío: mientras que los artistas darianos se quejan de sus obras encarceladas en el cerebro y de su incapacidad de existir como artistas, el poeta silviano teme una vida aprisionada en la cual ser artista no corresponde a una vocación sino a una profesión.

En el cuento de Silva, sin embargo, el poeta satírico hace precisamente lo contrario que José Fernández cuando se enfoca en el aspecto laboral de su afición poética. «La protesta de la musa» empieza con la imagen del poeta mirando «las páginas frescas [...] [del] libro en que había trabajado por meses enteros» (1987: 69). No sólo disfruta viendo su publicación, sino que también se fija en «esas monedas [...] esos escudos brillantes [que] son el fruto de [su] trabajo» (*ibid.*, 70). El poeta ha escrito un libro de sátiras en que ha mostrado «las vilezas y los errores, las miserias y las debilidades, las faltas y los vicios de los hombres» (*ibid.*, 69-70). Habiendo escrito lo que el público quiere leer y lo que las masas están dispuestas a comprar, el poeta satírico recibe «la protesta» de la Musa. Según la Musa, la poesía debe cumplir «la misión del poeta», la cual «es besar las heridas y besar a los infelices en la frente, y dulcificar la vida con sus cantos, y abrirles [...] las puertas de la Virtud y del Amor» (*ibid.*, 71). Por eso, ella repite la frase «¡Oh, profanación!» (*ibid.*) y le pregunta al poeta: «¿Por qué has convertido tus insultos en obra de arte?» (*ibid.*, 71). Pero el poeta regaña a la Musa por no haberle ayudado o inspirado y la culpa de las consecuencias de sus acciones: «Tú no estabas aquí... No he sentido tu voz al escribirlos, y me han inspirado el genio del odio y el genio del ridículo» (*ibid.*, 70). La Musa se enfada al escuchar eso. Igual que el poeta, mira el libro, pero su tono es totalmente negativo: la Musa pasea «una mirada de lástima por el libro impreso y [...] el oro» (*ibid.*). Este gesto, combinado con la frase final del cuento, en la que el poeta «paseó una mirada de desencanto por el montón de oro y por las páginas de su libro satírico, y con la frente apoyada en las manos sollozó desesperadamente», claramente comunican el mensaje del autor (*ibid.*, 72). Vender el arte equivale a vender el alma y es una inaceptable forma de prostituirse. Puesto que Silva termina el cuento con la imagen del poeta desencantado y sollozando, su crítica al escritor productivo y provechoso que crea de acuerdo a las demandas y los malos gustos del mercado se hace patente. En vez de mostrar a un protagonista impotente e incapaz de crear o de realizar su visión artística, Silva dibuja el perfil de un hombre que sufre a causa de su éxito, por muy lucrativo que haya resultado.

Artistas paralizados por la pobreza

El segundo nivel de encierro, el de la obra artística atrapada, proviene de la necesidad económica del artista. Esto se ve claramente en «El velo de la reina Mab», cuando el pintor se lamenta del «terrible desencanto» y de la desgracia de tener que vender «una Cleopatra en dos pesetas para poder almorzar» (Darío 2000c: 183). De modo parecido, el poeta insiste: «Yo escribiría algo inmortal; mas me abruma un porvenir de miseria y de hambre» (*ibid.*, 184). El narrador de «El pájaro azul» repite ciertos adjetivos claves como «pobre» y «triste» en sus descripciones de Garcín para señalar la necesidad económica y psíquica del protagonista. Aunque no se puede explicar de la misma forma a «le richissime américain don Joseph Fernández et Andrade» (Silva 1987: 334), cuyo «oro trabajaba» por él y cuyas riquezas le dejaban «darse la gran vida sin llegar a pedir pesetas» (*ibid.*, 259, 304), sí es cierto que el poeta de «La protesta de la musa» siente palpablemente la necesidad de ganarse la vida y salir de la pobreza. La diferencia es que éste está dispuesto a sacrificar sus ideales artísticos para conseguir un «montón de oro» (*ibid.*, 72). Visto así, podemos decir que Silva muestra cómo el arte verdadero del poeta está atrapado o encarcelado, al igual que en los relatos darianos, aunque el poeta satírico produce una obra de burlas, que no es precisamente «arte», para poder mejorar su situación económica. Mientras Darío no permite que sus artistas sacrifiquen sus ideales por dinero, Silva presenta las consecuencias negativas de convertir «las formas sagradas» en mercancía (*ibid.*, 70)[5].

---

[5] Los ideales mencionados por la Musa no son alcanzados por el poeta y, en este sentido, «La protesta de la musa» se parece más al famoso cuento de Darío, «El Rey Burgués», ya que los dos narran la situación de un poeta transformado en trabajador. «El Rey Burgués» revela cómo la sociedad burguesa silencia la voz del poeta. Sus primeras

Artistas no productivos: la falta de un público apropiado y un mercado aceptable

Otra razón para que haya obras creativas atrapadas se basa en la incapacidad del público burgués de apreciar obras artísticas por su valor estético. En «El pájaro azul», Darío distingue entre un elitismo intelectual y otro material. Dentro de una sociedad interesada ante todo en los valores del mercado, Darío promociona los valores estéticos por encima de tales cosas como el dinero, la industria, el comercio y la movilidad social. La sensibilidad estética de Garcín tiene un elemento aristocrático y elitista a la vez que el poeta mismo rechaza el mundo materialista de la clase alta (Darío 2000a: 206). Andando por el bulevar, Garcín «veía pasar indiferente los lujosos carruajes, los elegantes, las hermosas mujeres», pero el poeta «se declaraba decididamente envidioso» cuando «pasaba cerca de un almacén de libros» y veía «las lujosas ediciones» (*ibid.*, 207). Aunque le frustra no poder adquirir las lujosas ediciones, algo que su situación económica no le permite, Garcín se muestra indiferente ante otros indicios de riqueza y lujo. Para subrayar aún más los gustos selectivos y estéticamente elitistas de Garcín, totalmente reñidos con una burguesía indiferente al arte, Darío incorpora en su cuento una carta del padre de Garcín, «un viejo provinciano» y «comerciante en trapos», que amenaza con abandonar a su hijo económicamente (*ibid.*, 207). «Sé de tus locuras en París», escribe el padre burgués, «[m]ientras permanezcas de este modo, no tendrás de mí un solo *sou*. Ven a llevar los libros de mi almacén, y cuando hayas quemado, gandul, tus manuscritos de tonterías, tendrás mi dinero» (*ibid.*). En vez de encontrar un público, un editor o un comprador para sus creaciones artísticas, Garcín recibe una oferta de dinero para dejar de escribir poesía y quemar sus libros. Se reitera esta noción cuando Garcín confiesa que los editores «no se dignan siquiera a leer [sus] versos» (*ibid.*, 209). La belleza de su poesía no es transmitida a las masas que ni la apreciarían ni la entenderían. La inercia o impotencia del artista es

---

palabras al rey burgués, «[s]eñor, no he comido», establecen una relación de negociación en la cual se cambiará palabras por comida (Darío 2000b: 158). Pero el mandato del rey, «[h]abla y comerás», pronto se modifica, porque el poeta tiene que hacer música en vez de poesía (*ibid.*). «Daréis vueltas a un manubrio. Cerraréis la boca», insiste su majestad, «como no prefiráis moriros de hambre» (*ibid.*, 160). El nuevo pacto de «[p]ieza de música por pedazo de pan» transforma el acto intelectual del poeta en un trabajo mecánico y repetitivo hecho por un sueldo y reduce la creación artística a un trabajo de asalariado (*ibid.*).

consecuencia de la indiferencia del público ante el arte. La incapacidad de publicar su obra hace que su potencia poética quede atrapada en su cerebro, algo visiblemente notable cada vez que «arrugaba la frente [...] [y] volvía el rostro hacia el cielo», porque «[c]uando el pájaro quiere volar abre las alas y se da contra las paredes del cráneo», causándole a Garcín mucho dolor y frustración (*ibid.*, 207, 208).

De modo parecido, los cuatro artistas de «El velo de la reina Mab» tratan el tema de un arte magnífico sin un público que responda a él. El primer artista en manifestar su queja es el escultor. Con «el espíritu de Grecia en el cerebro» confiesa: «Yo quiero dar a la masa la línea y la hermosura plástica» (Darío 2000c: 182). No obstante, temiendo «las miradas de hoy», es decir, los criterios estéticos no apreciados en la época moderna, el escultor se retira del presente a través de ensoñaciones de la gloria antigua del arte (*ibid.*). Uniéndose a la diatriba de su camarada, el pintor critica de forma parecida el gusto burgués: «Lo que es hoy romperé mis pinceles» (*ibid.*). Revela el hecho de que la sociedad ni acepta ni sanciona su arte y por eso lamenta: «¿Para qué quiero el iris y esta gran paleta del campo florido, si a la postre mi cuadro no será admitido en el salón?» (*ibid.*). El mercado capitalista de la sociedad finisecular no deja que su obra maestra aparezca y ésta queda atrapada dentro de su cuerpo, al igual que el «pájaro azul» de Garcín (*ibid.*). Sumándose a los reclamos de sus frustrados amigos, el músico admite que se ha perdido su alma «en la gran ilusión de [sus] sinfonías» (*ibid.*). Aunque es consciente de numerosas posibilidades musicales, «Todos los ruidos pueden aprisionarse, todos los ecos son susceptibles de combinaciones», tampoco logra transmitir su genio interno a sus contemporáneos (*ibid.*). Por último, el ideal artístico del poeta queda flotando «en el azul», muy por encima de la mediocridad de la tierra de los humanos y como indicio de lo que Darío caracterizaría más tarde en su famoso poema «Nocturno», como «el falso azul nocturno de inquirida bohemia» (*ibid.*; Darío, 2000d: 399).

Algo parecido sucede en *De sobremesa*: en gran parte, José Fernández no sigue escribiendo poesía porque está convencido de que el público no va a entender su obra. «Es que yo no quiero decir sino sugerir», insiste el héroe silviano, «y para que la sugestión se produzca es preciso que el lector sea un artista» (Silva 1993: 236). Seguro de que el público moderno no consiste en artistas, pregunta: «¿qué efecto producirá la obra de arte?», y responde rotundamente: «Ninguno» (*ibid.*). En otro instante menciona el hecho de que sus preferencias artísticas son distintas a las de sus contemporáneos «a quienes dejan fríos las dulces ingenuidades de los pintores prerrafaelistas, las sutilezas del arte japonés, las grandiosas sinfonías de Wagner, los dolorosos personajes que atraviesan la sombra gris de las novelas de Dostoiewsky, las extraterrestres creaciones de Poe» (*ibid.*, 268). En los versos titulados «Un poema», Silva expresa este problema particular. Dedicando los primeros 38 de los 40 versos de su composición al proceso de «forjar un poema», Silva termina con la realidad decepcionante del poeta frente a un crítico inepto y necio:

> Complacido en mis versos, con orgullo de artista,
> Les di olor de heliotropos y color de amatista...
>
> Le mostré mi poema a un crítico estupendo...
> Y lo leyó seis veces y me dijo... ¡No entiendo!
> (Silva 1990: 49).

De acuerdo con la voz poética, el protagonista de la novela piensa que la mitad del arte «está en el verso, en la estatua, en el cuadro», mientras que la otra mitad está «el cerebro del que oye, ve o sueña» (Silva 1993: 236). Aunque la mitad del arte depende del receptor, el público en general es, en su valoración, «casi siempre mesa y no un piano» (*ibid.*). Las masas consumen poesía como si fuera comida, pero sin saber disfrutarla, degustarla o saborearla bien. La noción del público como un piano sugiere la posibilidad de que el lector o el receptor artístico convierta una creación estética en otra. Estimulado por una obra de arte para generar otra, José cree que uno no se esfuerza conscientemente para producir arte, sino que «[l]os versos se hacen dentro de uno, uno no los hace, los escribe apenas» (*ibid.*). Él empezó a escribir simplemente porque «la lectura de los grandes poetas [l]e produjo emociones tan profundas» (*ibid.*, 232). Así, José Fernández expresa la idea de que una obra artística sirve como insinuación para una nueva creación. El artista no mira ni a la vida, ni a la naturaleza, para inspirarse y encontrar sus fuentes artísticas, sino que mira a un mundo estético ya alejado de la realidad[6].

En «La protesta de la Musa», el éxito de la venta de la obra del poeta subraya la diferencia entre el libro de burlas y el arte verdadero que promueve

---

[6] Sostengo que Silva basa su protagonista en el tipo de «crítico artístico» o «impresionista» promovido por Walter Pater en *El Renacimiento* y Oscar Wilde en «El crítico como artista». Este crítico artista es más creativo que el artista mismo, porque su arte surge de su recepción e interpretación de otras obras artísticas en vez de tener su fuente en lo humano o lo natural.

la Musa. Según este cuento, es la Musa, y no el poeta, la que define y concreta el arte modernista (Silva 1987: 72). «La vida es grave, el verso es noble, el arte es sagrado», insiste ella, y por eso va «a buscar a los poetas, a los enamorados del arte y de la vida», en vez de perder el tiempo con el poeta satírico (*ibid.*, 70, 72). Es significativo que este relato presente el mismo argumento que los otros tres textos, pero de forma contraria. Aquí el poeta satírico no crea arte brillante para un mercado inferior, sino que crea arte inferior de acuerdo con un público ínfimo. En este sentido, el poeta se asemeja a los que Julián del Casal, otro autor del modernismo finisecular en América Latina, denomina «los falsos artistas, cortesanos de las muchedumbres, especie de mercaderes hipócritas [...] que cultivan sus facultades, como los labradores sus campos, para especular con sus productos, vendiéndolos siempre al más alto postor» (1963: 148). Al contrario de estos falsos artistas, Casal describe a otros artistas que, «[l]ejos de adaptarse a los gustos de la mayoría, tratan más bien de que ésta se adapte a los de ellos» (*ibid.*). Es este otro extremo el que encontramos en los demás protagonistas silvianos y darianos que hemos discutido, incluyendo el personaje de la Musa en «La protesta de la Musa».

La falsa liberación del artista según Darío *vs.* la falta de liberación del artista según Silva

A pesar de su aislamiento, el artista no tiene mucho éxito en su intento de huir de la realidad y de la sociedad. Mientras que Gilbert y Gubar se fijan en «imágenes de encierro y escape», sólo podemos hablar de una liberación falsa o de una falta de liberación en los textos analizados (1979: xi). En «El pájaro azul», la única posibilidad que tiene Garcín de liberarse del sistema capitalista omnipresente (y de su doble reclusión) es a través de la muerte, del suicidio. Garcín termina su verso y su vida simultáneamente. Por un lado, hay algo trágicamente romántico e incluso glorioso en la muerte de Garcín, la cual ocurre en «¡Plena primavera!», justo después de la muerte de su vecina, Niní (la cual también es su musa secundaria), porque su suicidio sucede en el momento máximo de floración y florecimiento, lejos de la decadencia y del decaimiento del invierno, y porque simboliza la resistencia del artista que no se conforma con los valores estéticos de la sociedad (Darío 2000a: 209). Garcín se convierte en mártir para que «el pájaro azul al[ce] el vuelo al cielo azul» (*ibid.*). Esta noción conlleva connotaciones positivas en Darío, dado el reiterado uso del color azul en la gran mayoría de sus cuentos y poemas, con imágenes del cielo y del vuelo y canto de los pájaros en su caracterización de los ideales modernistas. Por otro lado, Darío introduce en su cuento la idea de que Garcín llegó y se marchó demasiado pronto. El narrador reflexiona: «Era un genio que debía brillar. El tiempo vendría. ¡Oh, el pájaro azul volaría muy alto!» (*ibid.*, 206). El uso del condicional combinado con el lamento final del narrador —«¡Ay, Garcín, cuántos llevan en el cerebro tu misma enfermedad!»— infunden un sabor amargo y melancólico a la narración (*ibid.*, 210). Garcín sólo puede escaparse del mercado y conservar su integridad artística al dejar abierta «la puerta de la jaula al pobre pájaro azul» y al cerrar la puerta a su propio futuro, su propia vida (*ibid.*).

Es interesante que «El velo de la reina Mab» no tenga el mismo desenlace sombrío que encontramos en «El pájaro azul», ya que los bohemios son salvados de la miseria y la muerte gracias al velo de un hada. Según el narrador, la reina Mab:

> tomó un velo azul [...] [que] era el velo de los sueños, de los dulces sueños que hacen ver la vida de color de rosa [...] [y] envolvió a los cuatro hombres flacos, barbudos e impertinentes. Los cuales cesaron de estar tristes porque penetró en su pecho la esperanza, y en su cabeza el sol alegre, con el diablillo de la vanidad, que consuela en sus profundas decepciones a los pobres artistas (Darío 2000c: 184).

El velo simbólicamente azul funciona como una droga que modifica la perspectiva de los personajes. Es sólo cuando los cuatro artistas están separados del mundo mercantil que se sienten felices y encuentran consuelo. La reina Mab con su velo azul cambia la situación y permite el «arte por el arte» que los artistas modernistas aparentemente buscan, aunque la separación entre el arte y la vida no es, ni según Darío ni según la mayoría de sus artistas protagonistas, una posibilidad viable. Así Darío presenta una falsa liberación. Como el autor dedica gran parte de su narración a la realidad de la cual los artistas quieren escapar, el final *deus ex machina* parece no sólo un intento artificial sino poco capaz de solucionar las complicaciones de la trama. Fuera del ático y más allá del espacio velado queda el mundo incólume del capitalismo industrial y de los gustos burgueses.

En los textos de Silva, sin embargo, los protagonistas no se liberan, aunque sí es cierto que Fernández inventa un mundo artificial, la Villa Helena, para evitar la realidad externa de un lugar de América Latina, un lugar que muchos críticos suponen que es Bogotá. De aquí que en Silva no hay una falsa liberación, sino una falta absoluta de liberación. Los dos poeta-protagonistas silvianos siguen en los mismos lugares: el poeta satírico del cuento está solo y triste; el ex-poeta de la novela está aislado en su mansión y acompañado por sus pocos amigos íntimos. Ellos siguen sin publicar lo que los textos presentan como el arte verdadero.

El mundo homosocial y un arte para otros artistas varones

Aunque los artistas varones se quedan dentro de espacios privados y no disfrutan de ninguna liberación exitosa, tienen la compañía de otros seres artísticos. En cada cuento, salvo «La protesta de la Musa», los protagonistas participan en una cofradía artística, una especie de fraternidad estética. Garcín, por ejemplo, se reúne con los «buenos y decididos muchachos —pintores, escultores, poetas» (Darío 2000a: 205). En su «cuartucho destartalado», donde tienen lugar las tertulias, las «alegres reuniones», Garcín y sus amigos leen algo nuevo cada noche y comparten «esbozos», «rasgos de futuros Clays», «versos» y «estrofas enteras» (*ibid.*). Según el narrador, toda la obra de Garcín «era excelente, sublime, disparatad[a]» y todos tenían «una alabanza para Garcín» (*ibid.*, 208, 206). Más importante todavía es la declaración del narrador de que los versos de Garcín «eran para nosotros» (*ibid.*, 206), es decir, que no tenían un público más amplio, sino solamente un círculo privado. En «El velo de la reina Mab», podemos hablar de otra cofradía de artistas, ya que los «cuatro hombres flacos, barbudos e impertinentes» buscan refugio y consuelo los unos en los otros (Darío 2000c: 181). Además, la llegada de la reina Mab asegura que ahora «en las buhardillas de los brillantes infelices, donde flota el sueño azul, se piensa en el porvenir como en la aurora y se oyen risas que quitan la tristeza» (*ibid.*, 184). Aunque en este momento están contentos, no difunden sus obras afuera de estas buhardillas. En la novela de Silva, el contenido del diario no es publicado ni presentado al público. Muy por el contrario, José Fernández recita extractos de sus memorias al «grupo», un conjunto seleccionado de receptores, es decir, sus cuatro amigos más íntimos (Silva 1993: 229). Es importante destacar, por un lado, que en varias ocasiones José insiste en que escribe solamente para sí mismo y que sus notas personales sirven para tranquilizarle y para distraerle en sus momentos de angustia. Por el otro, confiesa también que se siente poseído por la «eterna manía de convertir [sus] impresiones en obra literaria» (*ibid.*, 302). Si el diario fue escrito únicamente para José o si fue planeado para alcanzar a un público más amplio, la verdad es que el protagonista comparte sus escritos exclusivamente con sus amigos, y es a través de esta estructura que Silva nos presenta su novela. La «sobremesa» sirve para desarrollar la idea de que el arte, cuando está separado de la esfera pública y mercantil, puede cumplir un papel espiritual con respecto al receptor. Esta forma de encerrar el arte en el espacio privado y, de ese modo, evitar su conversión en mercancía es similar a la situación de Garcín y de los cuatro artistas aislados en el velo de la reina Mab, ya que estos hombres también comparten sus creaciones exclusivamente con sus amigos más cercanos. Dados su público privado y su obra inédita, José Fernández puede distanciarse de los rasgos laborales típicamente asociados con la figura del artista varón en la sociedad burguesa de América Latina. Lo contrario ocurre en «La protesta de la Musa», donde Silva enfatiza el hecho de que «el poeta quedó solo» (1987: 72). Cuando el poeta satírico le reprocha a la Musa su ausencia —«Tú no estabas aquí... No he sentido tu voz al escribirlos»— notamos la soledad y falta de apoyo y compañerismo de que sufre el poeta (*ibid.*, 70). Tal vez por eso decide publicar su obra de sátiras y dar a las masas el tipo de literatura que desean.

El papel de la musa femenina: alianzas entre el poeta y su inspiración asexual y espiritualizada

Ya hemos visto cómo el artista varón en las obras de Darío y Silva se distancia de la construcción social del hombre productivo y provechoso de fines del siglo XIX y se reúne con otros hombres artistas en espacios apartados y privados. Ahora debemos considerar otra manera en la que el artista modernista no coincide con sus contemporáneos varones, y eso se ve a través de su relación con mujeres desexualizadas y espiritualizadas. La relación entre el artista y su musa femenina tiene mucha importancia en cada uno de los cuatro textos tratados.

La única figura femenina en «El pájaro azul» es Niní, la vecina de Garcín, «una muchacha fresca y rosada que tenía los ojos muy azules» (Darío 2000a: 206). Junto con el pájaro azul (otra fuente de inspiración), Niní sirve como musa del protagonista. A Garcín le gustaba «ir a las campiñas nuevas, al entrar la primavera» y de estas excursiones «solía traer ramos de violetas y gruesos cuadernillos de madrigales, escritos al ruido de las hojas y bajo el ancho cielo sin nubes» (*ibid.*). Según el narrador, «[l]as violetas eran para Niní» y «[l]os versos eran para nosotros» (*ibid.*). A pesar de que no escribe directamente para Niní, los pensamientos sobre ella le animan a escribir para sus amigos artistas. Además, la muerte de Niní coincide con la terminación de la obra maestra del protagonista y su propio suicidio. Garcín declara: «¡Una noticia! ¡una noticia! Canto último de mi poema. Niní ha muerto. Viene la primavera y Niní se va. Ahorro de violetas para la campiña. Ahora falta el epílogo del poema» (*ibid.*, 209). Este epílogo se titula: «De cómo el pájaro azul alza el vuelo al cielo azul» (*ibid.*). En la mente de Garcín, hay un vínculo entre la figura femenina de Niní y sus ideas artísticas. Cuando ella muere, él muere también, aunque lo hace en forma de sacrificio. Dada la importancia de Niní, es interesante que Darío no revele ningún detalle romántico de la relación. Ella es «la vecina», no la amante ni la novia. Garcín está enamorado sobre todo de la poesía, al igual que los demás protagonistas. De hecho, el narrador compara «las pupilas de Niní», que son azules, con la inmensidad, el cielo y el amor, así vinculando ideas asociadas con la musa y el arte.

Mientras que Niní funciona como inspiración artística, la reina Mab sirve para proteger a los artistas de la sociedad burguesa y mercantil. Las imágenes asociadas con ella incluyen «un rayo de sol», «un velo azul», «ángeles rubios y pensativos» y «los dulces sueños», todos símbolos muy repetidos en el modernismo a lo largo de la obra dariana (*ibid.*, 181, 184). Gracias al poder positivo de la reina Mab, los artistas ya no están tristes y se sintieron esperanzados, alegres y conformes con alegría y consuelo. El cuento termina mencionando la producción estética de los cuatro protagonistas ya que «un blanco Apolo», «un lindo paisaje», «un violín viejo» y «un amarillento manuscrito» son las últimas obras mencionadas, obras de un escultor, pintor, músico y poeta, respectivamente (*ibid.*, 184). Otra vez, Darío se abstiene de desarrollar un lado amoroso con respecto a la relación entre Mab y los artistas varones. Ella es una figura netamente espiritual y no corpórea.

Es interesante darse cuenta de que la musa en el cuento de Silva tiene rasgos parecidos a los de Niní y la reina Mab. Es «sonriente, blanca y grácil» y tiene «labios rosados» y ojos «profundos» y «claros, en que se reflejaba la inmensidad de los cielos» (1987: 69, 72). Cuando llega al cuarto del poeta, trae «una luz diáfana de madrugada de mayo» y «olores de primavera» (*ibid.*). Silva asocia con su musa imágenes típicamente darianas: ella es «amiga de los pájaros, de los seres alados que cruzan el cielo entre la luz» e inspira «los idilios verdes, como los campos florecidos» (*ibid.*, 70, 71). Según la musa, «la misión del poeta es besar las heridas […] y dulcificar la vida» (*ibid.*, 71), y en este sentido, ella tiene una visión poética parecida a la de la reina Mab, quien hace que los poetas piensen «en el porvenir como en la aurora» y transmitan «risas que quit[e]n la tristeza» (Darío 2000c: 184).

En este cuento tampoco encontramos una relación íntima entre el artista y la figura femenina pues la musa no cumple ninguna función física. «La protesta de la Musa» muestra una relación tensa entre el poeta y la musa, pero de todas formas esta relación es intelectual o espiritual y no física o humana.

La figura de Helena en *De sobremesa* está mucho más desarrollada por la longitud y la amplitud de la novela en comparación con los tres cuentos. A través de la obra, José Fernández demuestra una fuerte tendencia a comparar a Helena con figuras femeninas de las artes literarias y plásticas. Además de nombrar repetitivamente a Beatriz y a Diotima y de evocar los ideales espirituales del amor asociados con ellas, José recuerda el alma divina en relación a Helena en «[l]as estrofas dulcísimas de Fray Luis de León» (Silva 1993: 273); también piensa en «la princesa Helena del idilio de Tenysson» dada la semejanza de sus nombres (*ibid.*, 274); y su amigo Camilo Monteverde lo acusa correctamente de soñar con alguna Dulcinea (*ibid.*, 346). Estas figuras literarias femeninas —Beatriz, Diotima, Helena, Dulcinea— comparten la habilidad de amar de una manera no corporal sino sagrada, lo cual no exige una manifestación directa en la esfera física. Tales referencias a mujeres de ficción están combinadas con alusiones a imágenes femeninas en las artes plásticas. José Fernández opina que Helena se parece al «retrato de una princesita hecho por Van Dyck» (*ibid.*, 270). Sus manos pálidas y finas le recuerdan a las de «Ana de Austria en el retrato de Rubens» (*ibid.*). Ella aparece ingenua y pura como «una virgen de Fra Angélico» (*ibid.*, 271). Dentro de la novela, Helena es también un vestigio de dos mujeres de sus ancestros que aparecen en cuadros de su casa. La imagen que tiene José de Helena está también entrelazada con el retrato de su propia madre, por un lado, y con el cuadro de la abuela del protagonista, por el otro. Por último, el interés de José en estos dos cuadros en concreto coincide con su obsesión general por un movimiento artístico real, el «de la escuela prerrafaelista» que Fernández persigue «con loco entusiasmo» (*ibid.*, 295).

Dado el origen de Helena en personajes femeninos de las artes literarias y plásticas, no nos sorprende su función como criatura o creación ideal que es una alternativa asexual, santa y sobrenatural de las otras siete mujeres de la novela, a las que José llama «horizontales». Fernández consume, intercambia y se deshace de estas otras mujeres; incluso las trata violentamente en dos ocasiones. Consumar una relación con una mujer causa sufrimiento en vez de alegría, repugnancia en lugar de placer, ya que el protagonista de *De sobremesa* añora volver a una época en la cual «amar sin satisfacer el amor e inmortalizando el nombre de Ella en canciones o en estatuas [...] fue empresa de hombres» (*ibid.*, 336). Lamentando la desgracia y decadencia de la sociedad contemporánea «en que el adulterio es fácil y practicable sin peligro, como un *sport*, en que la vida de la mujer es toda entera una lenta y gradual preparación para la caída y en que los maridos vienen a visitar al afortunado para pedirle favores», José critica el tratamiento del amor o de la amada como mercancía que se puede comprar, vender e intercambiar (*ibid.*, 337). La resistencia por parte de José a consumar, es decir, a profanar, su relación con Helena es importante y refleja su concepto idealizado del amor, tan parecido a su idea de un arte puro y no contaminado[7]. Podemos ver su deseo de mantener a la amada sólo como un ideal cuando imagina a Helena moviéndose «sin tocar la alfombra [...] incontaminada por la atmósfera de la tierra» (*ibid.*, 277). Asimismo, cuando el sicólogo británico, doctor Rivington, le pregunta a su paciente: «¿Usted tiene intenciones de casarse con esa hermosa joven si la encuentra, y de fundar una familia?», la reacción de José es de espanto y conmoción (*ibid.*, 284). Tales nociones burguesas de casamiento y familia nunca se le han pasado por la cabeza, a pesar de su obsesión por Helena. «¡Dios mío», reflexiona José Fernández, «yo, marido de Helena! ¡Helena mi mujer! La intimidad del trato diario, los detalles de la vida conyugal, aquella visión deformada por la maternidad... Todos los sueños del universo habían pasado por mi imaginación menos ése» (*ibid.*). Y no sólo no puede imaginarse en una relación conyugal con Helena en la cual ella es la madre de sus hijos, sino que tampoco puede comprender la muerte de ella en términos de un cadáver descompuesto. En la última escena del diario, José descubre la tumba de Helena en un cementerio parisino y empieza a dudar si realmente ha existido: «¿Su tumba? ¿Muerta tú? [...] No, tú no has muerto; tú estás viva y vivirás siempre, Helena [...]. ¿Muerta tú, Helena? [...] No, tú no puedes morir. Tal vez no hayas existido nunca y seas sólo un sueño luminoso de mi espíritu» (*ibid.*, 350). José Fernández no acepta el deterioro del cuerpo de Helena. Ella es intangible: más espiritual que material, más arte que vida. Cuando piensa en ella, se encuentra envuelto en «una niebla espiritual» que le impide «el contacto con el mundo exterior» (*ibid.*, 297). Considerando que José Fernández anteriormente ha criticado la realidad como

---

[7] En «Bienes Suntuarios: El problema de la obra de arte en *De sobremesa*, de José Asunción Silva», Peter Elmore ofrece algunas explicaciones que intrigan de por qué Fernández compara a Helena con Beatriz y la asocia con el movimiento prerrafaelista: «la nostalgia anti-capitalista del prerrafaelismo, el intento de abolir las zozobras e incertidumbres de la modernidad mediante la adhesión sentimental a un pasado utópico» (1996: 204). Estoy de acuerdo con la idea de que Helena ayuda a alejar a José Fernández del mundo capitalista y a acercarle a un mundo sentimental.

«todo lo mediocre, todo lo trivial, todo lo insignificante, todo lo despreciable» y «la vida real» como «la vida burguesa sin emociones y sin curiosidades», es muy significativo que termine por redefinir a Helena como «un sueño más real que eso que los hombres llaman la Realidad» y como «el Misterio mismo» (*ibid.*, 296, 233, 250)[8]. Musa y creación artística a la vez, ella simboliza la combinación de amor y arte puro, la cual es necesaria para «soportar la vida» (*ibid.*, 348-349).

La redefinición del yo artístico, del arte y de la sociedad en los textos de Darío y Silva

Antes de concluir este estudio, quiero volver a analizar el argumento de Gilbert y Gubar sobre cómo las autoras británicas del siglo XIX muestran «un impulso común y femenino de liberarse de la reclusión social y literaria a través de redefiniciones estratégicas del yo, del arte y de la sociedad» (1979: xii). Aplicando esta idea a los artistas varones dentro de los textos de Darío y Silva, es necesario valorar si (o cómo) Darío y Silva redefinen el yo artístico, la obra de arte y la sociedad latinoamericana de fines del siglo XIX. Como ya he demostrado, estos dos autores modernistas presentan el yo artístico como emocional y sentimental, como una figura atrapada y aislada, como un personaje impotente de crear o realizar sus ideales estéticos, como la antítesis del hombre productivo y provechoso del mercado capitalista, como miembro de una cofradía artística en un mundo estético homosocial y privado, e inspirado por mujeres espirituales y asexuales. En otras palabras, presentan a los artistas varones como lo contrario al concepto dominante de la masculinidad: como seres improductivos[9]. Darío y Silva concuerdan no sólo

---

[8] Es interesante considerar la última estrofa del poema «El cisne» de Darío, publicado en *Prosas profanas* en 1896, el mismo año en que Silva termina de reescribir *De sobremesa*: «Bajo tus blancas alas la nueva Poesía, / Concibe en una gloria de luz y de armonía / La Helena eterna y pura que encarna el ideal» (1901: 110). Hablando aquí de Helena de Troya, Darío compara la gloriosa y radiante Helena con el ideal poético de los modernistas, una conexión establecida también por Silva en la novela.

[9] La noción del artista improductivo es muy significativa. Como explica Ángel Rama, en las últimas décadas del XIX y comienzos del XX, ser poeta «pasó a constituir una vergüenza. La imagen que de él se construyó en el uso público fue la del vagabundo, la del insocial, la del hombre entregado a borracheras y orgías, la del neurasténico y desequilibrado, la del droguista, la del esteta delicado e incapaz, en una palabra —y es la más fea del momento— la del improductivo» (1970: 57). Kelly Washbourne también

en su definición del yo artístico, sino también en su definición del arte como lo no vendido, lo no prostituido, lo no apreciado, lo no entendido y lo no consumido; y también como lo bello, lo profundo, lo ideal, lo esencial y lo personal. Para entender el comentario dariano y silviano sobre la sociedad latinoamericana de aquel tiempo, he analizado hasta qué punto los artistas atrapados y aislados se liberan dentro de las obras de ficción, ya que la posibilidad de liberación sugiere la oportunidad de convivencia entre el artista y su sociedad. Mientras que Darío intenta mejorar la situación de sus protagonistas a través de la liberación falsa y poco convincente, Silva no permite ningún cambio en la situación apartada y solitaria de sus personajes principales y por eso podemos hablar de una falta de liberación. En los dos cuentos de Darío, la decisión final de «liberar» a estos artistas de sus espacios encerrados y aislados (o a través del suicidio de Garcín o de la llegada fantástica de la reina Mab) refleja el deseo de Darío de proteger a sus protagonistas de las repercusiones negativas del mercado y de alejar el arte de la sociedad carente de «Buen gusto» y «Refinamiento» (Darío 2000b: 156)[10]. Darío no emancipa a sus protagonistas de una vida caracterizada por la pobreza, frustración y reclusión para reintegrarles a la sociedad corriente. Por el contrario, la liberación del artista varón lo lleva a la muerte o a otro espacio limitado, uno delimitado por el velo azul. Las condiciones necesarias para que los artistas puedan vivir y crear libremente no se puede encontrar en Latinoamérica (ni tampoco en París) a finales del siglo XIX; para crear obras de ficción, se necesita un mundo ficticio, y por eso la huída de los personajes refleja la solución escapista de Darío a un problema real y omnipresente. Silva tampoco prescribe ninguna alternativa satisfactoria, ya que el poeta satírico elige un extremo, el del arte comercial y popular, y José Fernández elige el otro extremo, abstenerse de la producción artística y evitar la sociedad finisecular. En estas dos obras, el autor colombiano critica la sociedad por su mal gusto y por su espíritu capitalista y antiartístico, y es por eso que el artista silviano tiene que huir del mundo y rechazar el concepto dominante del hombre masculino como productivo y provechoso[11].

---

observa una preocupación con «el estatus marginalizado del escritor y su caída de legislador a "no productor"» en el modernismo latinoamericano (2005: 8-9; traducción mía).

[10] Mi uso de los términos «Buen gusto» y «Refinamiento» es intencional. Son las mismas palabras empleadas por el narrador del cuento «El Rey Burgués» para describir irónicamente la superficialidad antiartística del monarca titular.

[11] Quiero expresar mi agradecimiento a Angela Labarca por ayudarme a editar este capítulo.

Bibliografía

CASAL, Julián del (1963): *Crónicas habaneras*. Las Villas: Universidad Central de Las Villas.

DARÍO, Rubén (1901): «El cisne». En: *Prosas profanas y otros poemas*. París: Librería de la V^{da} de C. Bouret, 110.

— (2000a): «El pájaro azul». En: *Azul.../Cantos de vida y esperanza*. Madrid: Cátedra, 205-210.

— (2000b): «El Rey Burgués». En: *Azul.../Cantos de vida y esperanza*. Madrid: Cátedra, 155-161.

— (2000c): «El velo de la reina Mab». En: *Azul.../Cantos de vida y esperanza*. Madrid: Cátedra, 181-184.

— (2000d): «Nocturno». En: *Azul.../Cantos de vida y esperanza*. Madrid: Cátedra, 399-400.

ELMORE, Peter (1996): «Bienes Suntuarios: El problema de la obra de arte en *De sobremesa*, de José Asunción Silva». En: *Revista de Crítica Literaria Latinoamericana* nº 43-44, 201-210.

GILBERT, Sandra y GUBAR, Susan (1979): «Preface». En: *The Madwoman in the Attic: The Woman Writer and the Nineteenth-Century Literary Imagination*. New Haven: Yale University Press, xi-xiv.

PATER, Walter (1986): *Walter Pater: Three Major Texts (The Renaissance, Appreciations, and Imaginary Portraits)*. Edición de William E. Buckler. New York: New York University Press.

RAMA, Ángel (1970): «Los poetas modernistas en el mercado económico». En: *Rubén Darío y el modernismo: circunstancia socioeconómica de un arte americano*. Caracas: EBVC, 49-79.

SILVA, José Asunción (1987): «La protesta de la musa». En: Julio E. Hernández Miyares y Walter Rela (eds.), *Antología del cuento modernista hispanoamericano*. Buenos Aires: Editorial Plus Ultra, 69-72.

— (1990): «Un poema». En: José Asunción Silva, *Obra completa*. Edición crítica de Héctor H. Orjuela. Nanterre/Madrid: ALLCA XX (Colección Archivos, nº 7), 48-49.

— (1993): *De sobremesa* (1887-1896). Bogotá: El Ancora Editores.

WASHBOURNE, Kelly (2005): «Translator's Introduction: "An Art Both Nervous and New"». En: José Asunción Silva, *After-Dinner Conversation: The Diary of a Decadent*. Austin: University of Texas Press, 1-48.

WILDE, Oscar (1982): «The Critic as Artist». En: Richard Ellmann (ed.), *The Artist as Critic: Critical Writings of Oscar Wilde*. Chicago: University of Chicago Press, 341-408.

LOS AUTORES

Kelly Comfort es profesora asistente de Literatura Latinoamericana en el Georgia Institute of Technology. Es editora de *Art and Life in Aestheticism: De-Humanizing or Re-Humanizing Art, the Artist and the Artistic Receptor* (Palgrave Macmillan). Actualmente trabaja en un proyecto de libro titulado *Transatlantic Comparisons of European Aestheticism and Latin American Modernismo: 'Art for Art's Sake' versus 'Art for Capital's Sake'*. Sus artículos han aparecido en revistas como *Bulletin of Hispanic Studies, Latin American Literary Review* y *Mester*.

Christopher Conway es profesor asociado de Literatura Latinoamericana en la Universidad de Texas Arlington. Es autor de *The Cult of Bolívar in Latin American Literature* (2003) y editor de *Peruvian Traditions* (2004) y *The U.S.-Mexican War: A Binational Reader* (2010). Ha publicado artículos en diversas revistas especializadas, incluyendo *Hispanic Review*, *Revista de Crítica Literaria Latinoamericana*, *Revista Iberoamericana*, *Latin American Literary Review*, *Ínsula* y *Bulletin of Spanish Studies*.

José Ricardo Chaves es doctor en Literatura Comparada por la UNAM e investigador del Centro de Poética del Instituto de Investigaciones Filológicas en la Ciudad de México. Es docente en el posgrado de Letras de la UNAM y miembro del Sistema Nacional de Investigadores. Entre sus libros están *Los hijos de Cibeles. Cultura y sexualidad en la literatura de fin del siglo XIX* (1997) y *Andróginos. Eros y ocultismo en la literatura romántica* (2005). Es asimismo autor de novelas (*Los susurros de Perseo*, 2008, y *Paisaje con tumbas pintadas de rosa*, 1998) y de cuentos (*Cuentos tropigóticos*, 1997, y *Jaguares góticos*, 2003).

Claudia Darrigrandi es Ph.D. en Literatura Latinoamericana por la Universidad de California, Davis. Su tesis doctoral está dedicada a las representaciones de figuras urbanas de Santiago de Chile y Buenos Aires durante 1880-1935. Dentro de sus publicaciones destacan su libro *Dramaturgia y género en el Chile de los sesenta* (2001); numerosos artículos sobre estudios urbanos y género incluidos en revistas especializadas del campo; y la edición del quinto volumen de la revista *Brújula* (2006) dedicado al estudio de las ciudades latinoamericanas.

Álvaro Fernández Bravo es director de New York University en Buenos Aires, profesor asociado en la Universidad de San Andrés e investigador adjunto del Conicet. Recibió su Ph.D. en 1996 en la Universidad de Princeton (Estados Unidos) y su Licenciatura en Letras en la Universidad de Buenos Aires en 1990. Entre sus publicaciones pueden mencionarse *Literatura y frontera* (1999), *La invención de la nación* (2000), *Sujetos en tránsito* (2003, coeditor) y *El valor de la cultura* (2007, coeditor). En 2008 publicó una nueva edición de *Mi fe es el hombre* de María Rosa Oliver, en la colección «Los Raros» de la Biblioteca Nacional de Argentina. Asimismo ha publicado artículos en revistas internacionales entre las cuales pueden mencionarse *Márgenes/Margins*, *Revista de Crítica Literaria Latinoamericana*, *Nepantla*, *Estudios* (Venezuela) y *Journal of Latin American Cultural Studies*.

David William Foster (Ph.D. University of Washington) es ex director del Department of Languages and Literatures de la Arizona State University, donde es profesor emérito de Letras Hispánicas y Estudios de la Mujer y de Género. Su programa de investigaciones se concentra en la cultura urbana de América Latina, con énfasis en las cuestiones relativas a la construcción del género y a la identidad sexual. Tiene extensas publicaciones sobre la narrativa y el teatro de Argentina y fue profesor del programa Fulbright en Argentina, Brasil y Uruguay. También fue profesor del Banco Interamericano del Desarrollo en Chile y profesor distinguido en la Universidad Internacional de Florida.

Beatriz González Stephan ocupa actualmente la cátedra Lee Hage Jamail Chair de Literatura Latinoamericana en Rice University. Fue profesora de la Universidad Simón Bolívar y Premio Ensayo Casa de las Américas en 1987. Entre sus libros figuran: *Escribir la historia literaria: capital simbólico y monumento cultural* (2001); *Fundaciones: canon, historia y cultura nacional* (2002); *Galerías del Progreso* (con Jens Andermann, 2006); *Nación y Lite-

ratura. Itinerarios de la palabra escrita en la cultura venezolana (con Carlos Pacheco y Luis Barrera Linares, 2006); y *Andrés Bello y los estudios latinoamericanos* (con Juan Poblete, 2009).

Robert McKee Irwin (Ph.D., NYU, Literatura Comparada) es profesor en el Departamento de Español y en el Grupo de Posgrado en Estudios Culturales en la Universidad de California, Davis. Es autor de *Mexican Masculinities* (2003) y *Bandits, Captives, Heroines, and Saints: Cultural Icons of Mexico's Northwest Frontier* (2007) y coeditor de *Hispanisms and Homosexualities* (1998, con Sylvia Molloy), *The Famous 41* (2003, con Edward McCaughan y Michelle Nasser) y *Diccionario de estudios culturales latinoamericanos* (2009, con Mónica Szurmuk).

Eva-Lynn Alicia Jagoe es profesora de Literatura Comparada y Latinoamericana en la Universidad de Toronto. Su libro sobre las construcciones del sur argentino en el discurso literario, político, viajero y cultural se publicó en 2008 bajo el nombre *The End of the World as They Knew It: Writing Experiences of the Argentine South*. En estos momentos, ella está investigando cuestiones de afinidades culturales en el siglo XIX y la construcción del sonido en la literatura, el arte visual, y el cine.

Graciela Montaldo es profesora de cultura latinoamericana de los siglos XIX y XX en Columbia University. Es autora de: *A propriedade da Cultura* (2004), *Teoría crítica, Teoría cultural* (2001), *Intelectuales y artistas en la sociedad civil* (1999), *Ficciones culturales y fábulas de identidad en América Latina* (1999), *La sensibilidad amenazada* (1995) y *De pronto el campo* (1993), entre otros libros. Es coeditora de *The Argentina Reader: History, Culture and Politics* (2002), *Esplendores y miserias del siglo XIX* (1996) e *Yrigoyen entre Borges y Arlt* (2006). Ha publicado numerosos artículos en antologías y revistas especializadas del campo sobre escritura independentista, culturas de fin de siglo, teorías de la modernidad, literatura contemporánea e industrias culturales en América Latina.

Francisco Morán es poeta, ensayista y profesor de Literatura Hispanoamericana en Southern Methodist University. Es autor de *Casal à Rebours* (1996) y *Julián del Casal o los pliegues del deseo* (2008). Editó las antologías de poesía cubana *La isla en su tinta* (2000) e *Isla de mi hambre/Island of my Hunger* (2007). Ganó el premio de poesía Luis Cernuda (1999) con *El cuerpo del delito*. Es editor de *La Habana Elegante*, <www.habanaelegante.com>.

Sylvia Molloy es crítica y novelista argentina. Ocupa la cátedra Albert Schweitzer de Humanidades en la New York University donde enseña literaturas latinoamericanas y comparadas. Entre sus libros de crítica se cuentan *La Diffusion de la littérature hispano-américaine en France au XXe siècle, Las letras de Borges, Acto de presencia: la literatura autobiográfica latinoamericana,* y *Hispanisms and Homosexualities*. Ha publicado dos novelas, *En breve cárcel* y *El común olvido*, y un libro de relatos, *Varia imaginación*. Ha recibido becas del Social Science Research Council, el National Endowment for the Humanities, y la Fundación Guggenheim. Actualmente prepara un libro de ensayos sobre narrativas de viaje y escribe otra novela, *La vida ajena*.

Gabriela Nouzeilles es profesora de Estudios Latinoamericanos. Antes de incorporarse a la Universidad de Princeton, enseñó en la Universidad de Buenos Aires, Nottingham University, Trinity College (CT) y Duke University. Se especializa en literatura y cultura latinoamericana moderna, teoría crítica, medios y modernidad, y literatura de viajes. Sus artículos han aparecido en *MLN, Revista Iberoamericana, Journal of Latin American Cultural Studies, Revista de Crítica Literaria Latinoamericana* y *LALR*. Fue editora fundadora y directora ejecutiva de la revista interdisciplinaria *Nepantla. Views from South*. Es autora de *Ficciones somáticas. Naturalismo, nacionalismo y políticas médicas del cuerpo* (2000), y *Of Other Places. Patagonia and the Production of Nature* (en prensa). Es editora de *La naturaleza en disputa. Retóricas del cuerpo y el paisaje* (2002), y coeditora de *The Argentina Reader. History, Culture, and Politics* (2003) y *La memoria insastifecha* (en prensa).

Ana Peluffo (Ph.D. New York University) es profesora asociada de Literature y Cultura Latinoamericanas en la Universidad de Davis, California. Es autora de *Lágrimas Andinas: sentimentalismo, caridad y virtud republicana* (2005) y editora de *Pensar el siglo XIX: nuevas miradas y lecturas* (2009). Sus artículos sobre sentimentalismo y modernidad, feminidades republicanas, culturas de la beneficencia y género han aparecido en volúmenes colectivos y revistas especializadas del campo entre los que figuran *Latin American Literary Review, Chasqui, The Colorado Review of Hispanic Studies, Revista Iberoamericana, Revista de Crítica Literaria Latinoamericana, Confluencia, Revista Hispánica, Brújula, Cuadernos de Literatura, Siglo XIX (Literatura Hispánica)* y *Nómada*

Ignacio M. Sánchez Prado es profesor asistente de Literatura Latinoamericana y Estudios Internacionales en Washington University en Saint Louis. Es autor de *El canon y sus formas: la reinvención de Harold Bloom y sus lecturas hispanoamericanas* (2002) y *Naciones intelectuales. Las fundaciones de la modernidad literaria mexicana* (2009). Es editor o coeditor de las siguientes colecciones críticas: *Alfonso Reyes y los estudios latinoamericanos* (con Adela Pineda Franco, 2004); *América Latina en la literatura mundial* (2006); *América Latina. Giro óptico* (2006); *El arte de la ironía. Carlos Monsiváis ante la crítica* (con Mabel Moraña, 2007) y *Arqueologías del centauro. Ensayos sobre Alfonso Reyes* (2009). Es autor de más de una treintena de artículos académicos, aparecidos en publicaciones como *Comparative Literature, Revista de Crítica Literaria Latinoamericana, Revista Canadiense de Estudios Hispánicos, Colorado Review of Hispanic Studies, Journal of Latin American Cultural Studies,* entre otros.